Leben durch Zerstörung?
Über das Leiden in der Schöpfung

Ein Gespräch der Wissenschaften
Herausgegeben von Hans Kessler

Mit Beiträgen von Jürgen Bereiter-Hahn,
Christine Büchner, Brigitte Görnitz, Thomas Görnitz,
Hans Kessler, Kristian Köchy, Christian Kummer,
Peter Kutter, Dieter Stefan Peters, Volker Sommer,
Ursel Theile und Siegfried Wiedenhofer

W0188002

echter

In Zusammenarbeit mit der Katholischen Akademie Rabanus Maurus

Die Deutsche Bibliothek – CIP-Einheitsaufnahme

Leben durch Zerstörung : über das Leiden in der Schöpfung ; ein Gespräch
der Wissenschaften / hrsg. von Hans Kessler. Mit Beiträgen von Jürgen
Bereiter-Hahn ... – Würzburg : Echter, 2000
ISBN 3-429-02200-2

© 2000 Echter Verlag, Würzburg
Umschlag: Felix Kunkler, Düsseldorf
Druck und Bindung: Druckerei Lokay e. K., Reinheim
ISBN 3-429-02200-2

Inhalt

Vorwort und Einführung

Der vorliegende Band ist – nach dem früheren Buch »Gott, der Kosmos und die Freiheit. Biologie, Philosophie und Theologie im Gespräch« (Würzburg 1996) – die zweite gemeinsame Veröffentlichung der interdisziplinären Arbeitsgruppe »Biologie und Theologie«. Dieser Arbeitsgruppe an der J.W.Goethe-Universität Frankfurt am Main, zugleich der Katholischen Akademie Rabanus Maurus als Arbeitskreis assoziiert, gehören derzeit über zwanzig Biologen, Physiker, Psychologen, Philosophen und Theologen vor allem von den Universitäten Frankfurt, Gießen, Marburg, Dortmund und München an.

In den Jahren 1996 bis 1999 bildeten die Fragen nach zerstörerischen Prozessen in der Natur und im Menschsein, nach Übel, Bösem und Leiden in der Schöpfung, nach Destruktion und Theodizee den roten Faden durch die gemeinsame Arbeit. In regelmäßigen Arbeitssitzungen wurden Beiträge aus den verschiedenen Wissenschaften diskutiert, die jeweils eigenen Ansätze der Probe der anderen Perspektiven ausgesetzt, die Fragen im Aufeinanderzudenken vorangetrieben. Einen unvergeßlichen Impuls gab dabei Ende 1996 Wolfgang Friedrich Gutmann (1935 bis 1997) mit seinem Beitrag »Autonomie und Autodestruktion der Organismen« (erschienen in: Jahrbuch für Geschichte und Theorie der Biologie IV, 1997, 149–178), seinem letzten größeren Beitrag in der von ihm mitbegründeten Arbeitsgruppe, ehe er am 15. April 1997 plötzlich verstarb. Seinem Andenken sei der Band gewidmet.

Im März 1998 bot dann die Rabanus Maurus Akademie den Rahmen, um die bis dahin erarbeiteten Perspektiven in einer Fachtagung vorläufig zu bündeln und sie um Beiträge von außerhalb der Arbeitsgruppe (P.Kutter, V.Sommer, U.Theile) zu erweitern. In der Folgezeit ergab sich allmählich das nun in diesem Buch vorgelegte Panorama von Aspekten: kein rundes Ganzes, eher ein Torso, wie es bei der gewählten Thematik kaum anders zu erwarten ist. Im einzelnen setzen die Beiträge folgende Schwerpunkte:

○ Der Physiker *Thomas Görnitz* (Universität Frankfurt/M.) zeigt anhand der heutigen kosmologischen und kernphysikalischen Befunde, wie die Entstehung von Sternen aus strukturlosen Gasmassen und ihre explosionsartige Zerstörung als Supernova die physikalische Vorbedin-

gung dafür darstellt, daß im Universum überhaupt all die chemischen
Elemente vorhanden sein können, ohne welche Leben nicht vorstellbar
ist. Außer diesen kosmischen ›Katastrophen‹ ist ferner die langdauernde
Strahlung eines Sterns wie unserer Sonne als Energiequelle Voraussetzung von Leben. Schließlich impliziert die von der Quantenphysik
erkannte indeterministische Grundstruktur der Welt, daß evolvierendes
Leben im Ausprobieren der relativ indeterminierten Möglichkeiten
unvermeidlich auch lebensuntüchtige Formen hervorbringt.

  o Der Beitrag des Biologen (Zoologen) *Dieter Stefan Peters* (Universität Frankfurt/M. und Senckenberg-Forschungsinstitut) schließt hier
an. Die Gesetzmäßigkeiten der Biosphäre ermöglichen nicht nur Leben,
sie erzwingen auch die Destruktion von Lebewesen. Falls diese ihre
Destruktion oder auch nur die Angst davor als Qual und Leid erfahren,
stellt sich die Frage nach dem Sinn des Leidens in der Natur. Peters stellt
eine Vielzahl von Beispielen für oft qualvolle Zerstörung im Jäger-
Beute-Verhältnis, in innerartlicher Rivalität, im Parasitismus vor und
prüft dann, ob die Biologie als Naturwissenschaft Argumente für eine
Sinndeutung dieses Leidens in der Natur oder wenigstens für eine Entschärfung des Leid-Problems bietet. Er kommt zu dem Ergebnis, daß die
Biologie dies nicht vermag; sie kann lediglich die funktionale Unausweichlichkeit der Destruktion begründen. In diesem Rahmen ließe sich
die Frage nach dem Sinn des Leidens nur durch die Feststellung, daß
Tiere kein Leid empfinden, als irrelevant erledigen. Da sich eine solche
Feststellung nach heutigem Kenntnisstand kaum treffen läßt, ist der
Biologe, falls er an dem Problem einer Sinnfindung überhaupt interessiert ist, auf Philosophie und Theologie angewiesen.

  o Der Primatologe und Soziobiologe *Volker Sommer* (University
College London) sieht den Menschen biologisch (andere Aspekte bleiben
außer acht) nicht wesentlich unterschieden vom Tier. Zerstörerisches
Potential gibt es, gegen den Mythos von der guten Natur bzw. dem guten
Tier, nicht nur beim Menschen: Auch unter Tieren ist destruktives
Verhalten bis hin zum Töten von Artgenossen zu beobachten. Als Mo-
vens hinter destruktivem wie hinter vermeintlich altruistischem Verhalten sieht Sommer den genetischen Eigennutz: Selbstloses Verhalten
erweise sich als bloß scheinbar oder habe, wenn es echt sei (er verweist
auf die kinderlose Mutter Theresa), keine Chance zur bio-genetischen
Fortpflanzung. Doch kann, so wäre zu fragen, dieses bio-genetische
Interesse nicht unwichtig werden gegenüber Zielen und Werten, die auf
übergeordneten Betrachtungsebenen auftauchen? Auf solche muß man
sich ja begeben, wenn die Natur, wie Sommer an vielen Beispielen zeigt,
moralisch völlig indifferent ist, wir aber ethische Maßstäbe entwickeln
müssen. Warum, so fragt er schließlich, stemmen wir uns gegen physi-

sche Destruktion und Schmerzen? Seine Antwort: Lebewesen sind umso schmerzempfindlicher, je mehr die Eltern in die Aufzucht investierten; desto mehr lohnen und entwickeln sich Reparaturmechanismen, und deren integraler Bestandteil ist das Warnsystem aus Schmerz- und Leidensfähigkeit.

○ Der Biologe und Zellforscher *Jürgen Bereiter-Hahn* (Universität Frankfurt/M.) führt über diese Sicht hinaus: Im Unterschied zur Physik seien der Biologie Begriffe wie Bedeutung oder Fehler nicht fremd; dies infolge der unterschiedlichen Komplexitätsebene des jeweils betrachteten Systems. ›Verstehen‹ sei prinzipiell nur vom übergeordneten System aus möglich; innerhalb einer Organisationsebene sei jede Erkenntnis stets nur ›beschreibend‹. Das zeige sich z.b., wenn man das Phänomen Zerstörung auf verschiedenen Organisationsstufen des Lebendigen betrachte. Einzeller, die sich durch Teilung fortpflanzen, unterliegen nicht notwendig dem Tod. Erst bei Vielzellern, sofern sie sich sexuell fortpflanzen, ist der Tod des Individuums vorprogrammiert (und biologisch funktional wegen der begrenzten Ressourcen); Entwicklung und Überleben eines vielzelligen Organismus aber sind eng mit fortwährender Zerstörung seiner Einzelteile, der Zellen, verknüpft. Vergleichbares gibt es auf der nächsthöheren Organisationsstufe der Sozietäten und Ökosysteme: Das Gesamtsystem bleibt stabil, während die Einzelteile ausgetauscht werden. Die Erfahrung von Tod als Leid aber ergebe sich erst bei Vorauswissen des Todes und in sozialen Beziehungen, die umgekehrt dieses Leid auch lindern können. Die Einsicht in die biologische und soziale Notwendigkeit der Zerstörung von Individuen zur Erhaltung des übergeordneten Ganzen ermögliche ein Bestehen dieses Leids durch dessen Begreifen von einer übergeordneten Warte her, letztlich von der Liebe Gottes her als höchster Integrationsebene. Hieraus werde es möglich, in Tod und Zerstörung einen Sinn zu sehen und zugleich an ihrer Überwindung festzuhalten.

○ Die Humanmedizinerin *Ursel Theile* (Universität Mainz und Leiterin der Genetischen Beratungsstelle Rheinland-Pfalz) stellt verschiedene Arten von angeborenen Fehlbildungen und Stoffwechseldefekten sowie eventuell vorhandene therapeutische Maßnahmen aus dem Blickwinkel der genetischen Beraterin dar. Angeborene Fehlbildungen treten in der Regel überraschend bei einem Neugeborenen in Erscheinung, seltener ergibt sich aufgrund der Familienvorgeschichte eine erkennbare Wahrscheinlichkeit des Auftretens. Korrigierende Operationen sind bei einer Reihe derartiger Fehlbildungen möglich. Der genetische Berater könne aufgrund des ›Musters‹ der Störung auf die Pathenogenese rückschließen und versuchen, die Akzeptanz der erschreckten und verstörten Eltern günstig zu beeinflussen. Schwieriger sei diese Aufgabe bei angeborenen, aber zunächst unerkennbaren Enzymdefekten, die durch lebenslange Stoffwechselstörungen zu schweren, meist nicht beeinflußbaren Krankheiten mit Verlust vorhandener körperliche und/oder geistiger Fähigkeiten oder Zerstörung von Geweben und Gliedmaßen führen. Meist bestehe hier Erblichkeit mit Wiederholungsrisiko bei weiteren Kindern. Der Arzt müsse den Ratsuchenden mit viel Empathie begegnen.

o Der Biologe und Naturphilosoph *Christian Kummer* (Hochschule für Philosophie München) unterzieht den Begriff Autodestruktion in W. F. Gutmanns oben erwähntem Beitrag einer Analyse. Zuerst wird das Grundkonzept der Frankfurter Theorie, Organismen als bio-mechnische, energetisch kohärente, hydraulische Konstruktionen zu begreifen, in der nötigen Differenziertheit rekapituliert. Anschließend wird Gutmanns Begriff der Autodestruktion referiert: Den Organismen kommt eine konstitutionelle Instabilität zu, weil ihre Substrukturen mehr Freiheitsgrade besitzen, als der Aufrechterhaltung ihrer Konstruktionseinheit dienlich ist; dies impliziert die Gefahr permanenter gestaltlicher Entgleisung (Mißbildung, Krebs usw.), es sei denn, der Konstruktion gelingt die Reintegration gestaltlich entglittener Substrukturen in einen neuerlichen Gesamtzusammenhang. Kritisierbar an diesem Konzept sei, daß der Begriff ›Auto‹-Destruktion eine Selbsttätigkeit des Organismus vorspiegelt, die es so nicht gibt. Vielmehr sei die Destruktion des Organismus infolge mangelnder biomechanischer Kohärenz ein passives Geschehen, dem das Lebewesen unterliegt. Wenn man den Begriff der Autodestruktion dagegen auf zell- und entwicklungsbiologischer Ebene einführe, erhalte er sehr wohl eine Bedeutung für die organismische Gestaltbildung: Programmierter Zelltod (Apoptose) und indirekte Entwicklung durch set-aside-cells sind in der Ontogenese bewährte morphogenetische Strategien, die auch ein phylogenetisches Erklärungspotential für die Entstehung neuer Bauplantypen besitzen können.

o Der Biologe und Philosoph *Kristian Köchy* (Universität Dortmund) geht der durch erfolgreiche Klonierung von Säugetieren brisant gewordenen Frage nach der Bedeutung von ›Individuum‹ im organischen Bereich nach. Er tut dies anhand der Verhältnisbeziehungen von (1) Einheit und Vielheit, (2) Besonderem und Allgemeinem, (3) statischem Sein und dynamischem Werden. In allen drei Dimensionen zeigt das biologische Individuum sich als durch eine polare Spannung und eine fließende Grenze gekennzeichnet. Der empirische Befund läßt so die Zuschreibung von ›Individualität‹ durchaus gerechtfertigt erscheinen, belegt jedoch zugleich, daß ›Individualität‹ hier weder (1) Unteilbarkeit noch (2) Isoliertheit noch (3) absolute Statik bedeutet. Im Zuge der Untersuchung werden auch die Folgen des besonderen Status hierarchisch strukturierter, flexibler, offener und dynamisch sich umgestaltender ›Individuen‹ für

die Theorie der Biologie und die Philosophie des Organischen (u.a. an
den Beispielen von Leibniz, Hegel und Whitehead) deutlich. Ferner zeigt
sich, daß die konstatierte polare Spannung (4) das Problem der (Auto-)
Destruktion entschärft, insofern Dynamik und Fragilität sich nicht als
Mängel, sondern als Bedingungen der Möglichkeit organischen Seins
erweisen. Durch eine derartige theoretisch-abstrakte Feststellung ließen
sich allerdings die existentielle Betroffenheit des Destruktion als Leid
erfahrenden Individuums und das Aufbegehren gegen Destruktion
niemals beruhigen. Auch der Überlebensdrang sei eben eine essentielle
Bedingung von Leben.

   o Der Mediziner und Psychoanalytiker *Peter Kutter* (Universität
Frankfurt/M.) beleuchtet mögliche Ursachen destruktiven menschlichen
Verhaltens aus psychologisch-psychoanalytischer Sicht: Triebe drängen
nach Zerstörung, schwer lösbare Konflikte lassen keinen andern Ausweg
als Destruktivität, fundamentale existentielle Bedürfnisse werden nicht
befriedigt und führen reaktiv zu Zerstörung. Er grenzt konstruktiv-ag-
gressives Verhalten ab gegenüber destruktiv-aggressivem. Letzteres
scheint ebenso Folge von Defiziten in der Zufuhr elementarer Zuwendung zu sein wie Folge hinzukommender Traumatisierungen. Sonst
schwer erklärbare Phänomene wie Perversionen (Sadismus, Haß, Rache,
Neid, Eifersucht) werden in dieser Sicht ebenso verstehbar wie Fremden-
haß, Ausländerfeindlichkeit und Kriminalität bzw. Delinquenz. Der
Beitrag schließt mit psychoanalytischen Gedanken zum ›Bösen‹. Deren
Quintessenz: Inbegriff des Bösen ist jede Form der Schädigung von
Kindern durch die Eltern (Mißbrauch, Mißhandlung, Vernachlässigung).
Kutter schlägt vor, selber geschädigten Eltern durch verschiedene An-
wendungen der Psychoanalyse zu helfen, die sozialen Verhältnisse durch
politische Maßnahmen zu verbessern und dem destruktiven Verhalten
von Eltern gegenüber ihren Kindern durch vorsorgende Hilfen vorzubeugen.

   o Die Tiermedizinerin und Psychologin *Brigitte Görnitz* (München)
untersucht speziell das Phänomen des Masochismus (eigenes Leiden als
Vorbedingung für Lustempfinden) in seinen verschiedenen Ausformun-
gen (sexuell, moralisch usw.) sowie seine Kehrseite, den Sadismus. Im
Wissen, daß dabei auch andere Faktoren (genetische, biochemische,
gesellschaftliche) wirksam sind, geht sie den Ursachen nach, die in der
psychischen Entwicklung des Kindes liegen. Sie greift auf Freuds Strukturmodell und seine Weiterentwicklungen zurück, geht auf Mythen
(Ödipus, Narziß) in der Psychologie ein, verfolgt die Entwicklung von
Affekten und Aggressionen, von Selbst, Scham und Schuldgefühl, von
ge- bzw. mißlingender Selbstbejahung und Liebesfähigkeit, macht dabei
an einem Fallbeispiel die Bedeutung je unterschiedlicher Beziehungs-

erfahrung und traumatisierender Erlebnisse, aber auch der Phantasie des Kindes deutlich, beleuchtet ferner Darstellungen masochistischer Erscheinungen in der Literatur, und erhellt so das Phänomen des Masochismus sowohl in seiner ›normalen‹ Gestalt wie in seinen extrem selbstschädigenden Formen.

○ Der Theologe *Siegfried Wiedenhofer* (Universität Frankfurt/M.) klärt einige grundlegende Voraussetzungen für ein sachgemäßes Gespräch zwischen religiösem und naturwissenschaftlichem Verständnis der Schattenseite der Welt, des ›Bösen‹ (im weiteren, alle Übel umfassenden Sinn). Er analysiert die Besonderheit religiöser Weltauslegung, zunächst mit P.Ricoeur in den (monistischen, dualistischen und biblischen) Mythen des Bösen, dann mit R.Schaeffler im Kultus. Dabei zeigt sich zum einen, daß religiöse und wissenschaftliche Sicht des ›Bösen‹ unterschiedliche Erkenntnisweisen darstellen, die aber als Verständnisse der einen Wirklichkeit aufeinander bezogen werden müssen (wechselseitige Kritik, Integration, Komplementarität). Zum andern wird sichtbar, daß es in den Religionen selbst, was das dominante Deutungsmuster betrifft, sehr unterschiedliche, ja geradezu alternative religiöse Sichtweisen des Bösen gibt, daß aber in allen Religionen die Sicht des Bösen insgesamt viel komplexer ist als der jeweilige dominante Grundmythos, weil die Wirklichkeit komplex ist. Eine solche religiöse Hermeneutik des Bösen bewährt sich darin, daß sie einerseits die naturwissenschaftlich untersuchbaren Funktionszusammenhänge des Bösen zu integrieren vermag, mindestens aber damit kompatibel erscheint, und daß sie andererseits auf etwaige grundlegende, aber unausgesprochene Sinnvoraussetzungen in naturwissenschaftlichen Argumentationen (Mythen der Wissenschaft) hinzuweisen vermag.

○ Die Theologin *Christine Büchner* (Universität Frankfurt/M.) befaßt sich mit Meister Eckhart, dem mittelalterlichen Mystiker, der gerade keine Leidensmystik entwickelt, vielmehr Übel und Leid in ein grundlegend hoffnungsvolles Welt- und Gottesverständnis zu integrieren versucht. Für Eckhart ist Gott das absolute Sein/Gute in Fülle. Das Geschaffene hat Sein in Teilhabe, was sowohl Hinstreben zu und Einssein mit Gott besagt als auch – so das Geschaffene vereinzelt für sich (gesehen) ist – Entfernung von ihm oder Mangel an Sein, für Eckhart der Grund von Übel, Bösem und Leid. Am Leiden der Kreatur aber leidet Gott, der alles umfaßt, grenzenlos mit. Es leidet daran auch derjenige Mensch, der bewußt sich und alles Vereinzelte losläßt, in Gott lebt und in ihm seine Einheit mit allen Geschöpfen erkennt; er müht sich dann um Linderung auch fremden Leids, das plötzlich kein fremdes mehr ist. Das seiner selbst nicht bewußte Tier bleibt in seinem (unbegriffenen) aktuellen Schmerz gefangen, kann (einfältig mit sich identisch) auch nur für seinen Eigennutz leben, kann sein Sein (und die erlösende Einheit) in Gott nicht aktiv einholen. Der Mensch aber könne Gottes Gegenwart in allem erkennen, könne die Überwindung von Entfernung, Vereinzelung und Leid in Gott – als Hoffnung und als schon jetzige Erfahrung und soziale Praxis – realisieren; ihm komme deshalb eine verantwortungsvolle Aufgabe zu.

o Der Theologe *Hans Kessler* (Universität Frankfurt/M.) befaßt sich einleitend mit den pluralen Perspektiven (der Physik, Biologie usw.) auf die Wirklichkeit und verortet in diesem Kontext die theologische Perspektive: die Frage nach Gott angesichts der Übel. Im ersten Teil werden bedacht: Formen des Übels (physisches, moralisches, strukturelles, metaphysisches, theo-logisches); Leiden nichtmenschlicher Lebewesen; die von metaphysischen Theodizeen unterschiedene religiöse Theodizee-Frage; die Zweideutigkeit der Natur, in der säkularisierte Vernunft Gott nicht findet; die durch Leugnung Gottes nicht verschwindende Problematik; die in moralisch-praktischer Empörung gegen das Leid verborgene Sinn-Option (Hinweis auf ein Unbedingtes); und es wird der oft (als Allein- oder Übermacht) mißverstandene Begriff der Allmacht Gottes präzisiert. Angesichts der Unbegreiflichkeit Gottes wie des konkreten Leids versucht der zweite Teil bruchstückhafte Annäherungen an ein Verstehen, das immer wieder in offene, auszuhaltende Fragen mündet. So bei der free-will-defence, die Naturübel und Böses für unvermeidlich erachtet um des Lebens und der Möglichkeit von Freiheit/Liebe willen; bei der Rede vom (mit-) leidenden Gott, der nur hilft, wenn er nicht bloß passiv leidet; beim Setzen auf die schöpferische All-Macht der unerschöpflichen Liebe Gottes. Es zeigt sich, daß biblisch Gott *gegen* das Leid steht, mit diesem nicht vereinbar ist, daß die Aussagen von Gottes Güte und Allmacht in bewußtem Widerspruch zum (auch naturalen) status quo der Welt stehen und eine aktive Hoffnung implizieren. Ein für Leid sensibler Gott-Glaube erweist sich als nicht unbegründete Option und als ein Lebensexperiment.

Soweit eine summarische Übersicht über die einzelnen Beiträge. Es bleibt mir noch ein mehrfacher Dank auszusprechen: meiner Wissenschaftlichen Mitarbeiterin Christine Büchner und meinen Studentischen Mitarbeitern Michelle Fischer und Jacob Nordhofen für Hilfen beim Korrekturlesen und bei technischen Dingen; der Katholischen Akademie Rabanus Maurus für ihre Unterstützung; besonders aber Herrn Dr. Michael Lauble für die überaus sorgfältige verlegerische Betreuung des Bandes.

Frankfurt am Main, im Februar 2000 *Hans Kessler*

Thomas Görnitz

Die Auflösung von Individualität und Gestalt physikalischer Systeme als Voraussetzung des Lebens

1. Einführung

Ein zentraler Begriff für biologische Systeme scheint aus meiner Sicht als Physiker – die Biologen mögen mich korrigieren – der des »*Individuums*« zu sein. Ein Lebewesen ist von seiner Umwelt verschieden, ist ein Ganzes und sehr oft nicht ohne Schaden zerlegbar. Für Pflanzen gilt letzteres nicht so streng, für Tiere mit wachsendem Organisationsgrad um so mehr.

Für die moderne Physik ist ein Fundamentalbegriff der des *Atoms*. Was man sich wohl ohne Anlaß vielleicht nicht verdeutlicht, ist, daß beide Worte – »ἄ-τομος« und »in-dividuum« – in ihren jeweiligen Herkunftssprachen Griechisch und Lateinisch die gleiche Bedeutung besitzen, die des »*Un-teilbaren*«.

Für diesen Begriff des »*Unteilbaren*« gibt es mehr Gemeinsamkeiten zwischen Biologie und Physik als in den jeweils klassischen Teilen dieser Wissenschaften offenbar ist. Der heute geläufige Sprachgebrauch behandelt hingegen Individuum und Atom so, als ob sie zwei vollkommen unverbundene Begriffe wären. In dem Artikel von Köchy wird allerdings darauf verwiesen, daß bei Whitehead eine solche Analogie zu finden ist.

In dem Versuch, zwischen dem »*Einen*« des Parmenides, das ewig und unveränderlich »ist«, und dem unausgesetzten »Werden« des Heraklit zu vermitteln, wurde von den griechischen Atomisten das »*Eine*« in seiner *Unveränderlichkeit* und *Unzerstörbarkeit* beibehalten – allerdings in sehr vielen Exemplaren. Außerdem wurde die »Existenz des Nicht-Seienden« postuliert, um eine Bewegung der Atome zu erlauben. Heute wissen allerdings die Physiker, daß der damit postulierte »leere Raum« nicht wirklich leer ist.

Die Atome wurden als kleinste Baueinheiten der Welt gesehen, durch deren verschiedene Zusammenballungen und Zerstreuungen dann das Werden und Vergehen der Dinge erklärt werden sollte.

Auch heute wird das Atom als die kleinste Einheit eines Stoffes angesehen, die im Rahmen von Chemie und Biologie unzerlegbar ist. Wir wissen heute, daß alle Atome eines Elementes die gleiche Struktur besitzen und daher auch das gleiche chemische Verhalten zeigen.

Im Rahmen der Physik zeigte es sich in unserem Jahrhundert, daß auch Atome eine komplexe innere Struktur besitzen und daher auch zerlegt werden können. Man unterscheidet die Atomhülle, die aus den Elektronen gebildet wird und die die Chemie festlegt, und den Atomkern. Die im Atomkern vorhandene Zahl von Protonen bestimmt, welches Element vorliegt. Neben den Protonen gibt es im Kern noch die elektrisch neutralen Neutronen, deren Anzahl im Verhältnis zu den Protonen in gewissen Grenzen schwanken kann, man spricht dann von Isotopen. Darüber hinaus haben wir heute gelernt, daß es ein Irrtum ist, zu meinen, daß alle Eigenschaften von Körpern einfach daraus folgen, daß man sie sich als aus Atomen bestehend vorstellt.

Man kann sich fragen, ob diese physikalischen Begriffe für das Verständnis biologischer Probleme wesentlich sind. Die Antwort darauf lautet ähnlich wie in der Physik selbst: So lange man die Zusammenhänge nicht wirklich genau zu verstehen sucht, ist der Begriff des Atoms und ebenso die aus der Auseinandersetzung mit dem Verhalten der Atome entwickelte Quantentheorie überflüssig. Will man aber ein tatsächliches Verstehen der fundamentalen Zusammenhänge erreichen – auch in größeren Bereichen als den einzelnen Atomen – dann wird die *Quantenphysik unverzichtbar* (Görnitz 1999).

Als Beispiel dafür möge ein Vorgang dienen, von dem man meinen möchte, daß er bereits auf einem klassischen Niveau voll verstehbar ist: der Ladungstransport in einer Säure. Man möchte denken, daß dabei gemäß einer klassischen Vorstellung die Wasserstoff-Ionen – d. h. Protonen – von der Anode zur Kathode wandern – etwa so, wie Stäubchen in der Luft unter der Wirkung der Schwerkraft nach unten sinken.

Eine genaue Prüfung (Marx 1999) hat nun gezeigt, daß dieser Vorgang statt dessen so beschrieben werden sollte, daß lediglich die *Information* über das Bindungsverhalten des Wasserstoff-Ions durch die Säure wandert – und dies, wie dies nach der Quantentheorie auch zu erwarten ist, in einer nichtlokalen Weise. Man kann sagen, daß an der Anode die Information über eine zusätzliche positive Ladung an die Säure als Ganzes abgegeben wird und daraufhin durch ein Proton an der Kathode eine positive Ladung eingebracht wird.

In der biologischen Beschreibung von Naturvorgängen, die fast nie einen tatsächlich deterministischen Eindruck erwecken, werden physikalische Zusammenhänge – vollkommen zu Recht – zumeist lediglich als beruhigender Hintergrund verwendet, so Modellvorstellungen aus der Thermodynamik, um Raum für Zufall zu schaffen. Dabei kann leicht übersehen werden, daß im Rahmen der Theorien der klassischen Physik kein Platz für einen objektiven Zufall bleibt. Die in deren Zusammenhang auftretenden Wahrscheinlichkeiten besitzen lediglich den Charakter einer subjektiven Unkenntnis, Zufall ist in ihnen keine Erscheinung, die gemäß der Theorie eine objektive Bedeutung hätte. Das ganze Evolutionsgeschehen bliebe aber ohne die Wirkung des Zufalls unverstehbar. Wenn man dann die Verbindlichkeit dieser Naturgesetze nicht gänzlich leugnen will, dann müsste man – soferne man nur im Rahmen der klassischen Physik zu denken wünscht – den Ablauf des Geschehens vom subjektiven Wissen eines möglichen Beobachters abhängen lassen. Dies wird wohl kein Wissenschaftler anstreben wollen.

Eine mathematische Analyse der verwendeten Strukturen zeigt auf, daß die tatsächlich zu Recht verwendete Hypothese von zufälligem Verhalten – z. B. in der Thermodynamik und der Evolutionstheorie – ihre Berechtigung aus der Quantentheorie erhält, die für alle klassischen Theorien eine Basis liefert, da die klassische Physik in keiner Weise die Stabilität ihrer eigenen Wissenschaftsgegenstände erklären kann. Die Analyse erweist, daß für hinreichend ungenaues Verständnis stets klassische Modelle ausreichend sind, genaues Beobachten und Messen hingegen eine quantenphysikalische Grundlegung benötigen. Eine der mißverständlichsten Vorstellungen in diesem Zusammenhang ist die der Beschränkung von Quantenphysik aufs Mikroskopische, aufs Atomare und Subatomare. Statt dessen sollte man erkennen, daß mit dieser Theorie die erste mathematisch-physikalische Struktur vorliegt, die es erlaubt, sowohl *von Ganzheiten als auch von ihren Teilen* zu sprechen. Solche räumlich ausgedehnten Ganzheiten – Individuen – können heute beispielsweise bereits als nichtlokale Diphoton-Zustände mit einer Erstreckung über mehr als 10 km oder als Bose-Einstein-Kondensate aus Tausenden von Atomen realisiert werden.

In diesem Zusammenhang ist auch eine Bemerkung zum Problem des Determinismus angebracht. Aus einer philosophisch-mathematischen Sicht könnte man geneigt sein, einen Vorgang als determiniert zu betrachten, dessen Eintreten mit einer Wahrscheinlichkeit von 1 zu erwarten ist. Genau dies ist, wie bereits erwähnt, in klassischen Theorien der Fall. In solchen mathematischen Strukturen ist weder Platz für Zufall noch für Freiheit. Was sich bei unseren Beobachtungen in der Natur hingegen zeigt ist ein Wechselspiel von Regelhaftigkeit und Offenheit. Genau diese wird auf mathematische Weise von der Quantentheorie widergespiegelt, gemäß welcher sich die *Möglichkeiten determiniert entwickeln,* die aus ihnen folgenden *Fakten sich aber nach der Theorie zufällig* ergeben.

Diese Zufälligkeit der Fakten hat zur Folge, daß jede reale Entwicklung auch einen Aspekt von Einmaligkeit besitzt. Dies gilt sowohl für die biologische Evolution wie auch für die ihr zugrunde liegende kosmologische Evolution, worauf im Folgenden noch eingegangen werden soll. Für biologische Systeme ist das *Wechselspiel von Gestaltentstehung und Gestaltauflösung* charakteristisch. Nur auf diese Weise ist eine evolutionäre Entwicklung vorstellbar, die so abläuft, daß das Vorhandene Platz macht für das Neue. Dabei wird aus dem zerfallenden Alten auch zugleich Rohstoff für das Neue bezogen. Um die Beschreibung der dazu parallelen physikalischen Vorgänge soll es im Folgenden gehen.

Auf den ersten Blick ist es nicht so evident, daß die physikalischen Strukturen, mit deren Hilfe wir die Welt beschreiben, auf eine ähnliche Weise wie in der Biologie organisiert sind, daß auch dort Gestalten zerfallen, damit Neues entsteht. Allerdings gibt es, wie Bereiter-Hahn betont, in der Physik keine Entsprechung für den biologisch so bedeutsamen Begriff der »Bedeutung«, und damit auch nicht für den des »Fehlers«. Eine Sprechweise von »Entwicklung« in der Physik bedeutet daher bereits auch eine gewisse Überschreitung des Rahmens dieser Wissenschaft. Diese Überschreitung erscheint mir aber gerechtfertigt, wenn man bedenkt, daß es *unsere* Weise ist, die Natur zu verstehen.

Wenn wir die Welt auf der Basis unserer heutigen Naturwissenschaft verstehen wollen, so müssen wir bereits für die unbelebte Materie eine Entwicklung annehmen, die natürlich präbiotisch ist, die aber in *einer analogen Weise durch Gestaltentstehung und -auflösung charakterisiert* werden kann – analog zur Biologie. Dazu ist es nicht einmal nötig, in den Bereich der Spekulationen einzutreten. Bereits die heute als gesichert geltenden Teile der empirischen Daten lassen das Gesagte sichtbar werden.

2. Kosmologische und kernphysikalische Befunde

Es ist heute gesicherter Stand der Forschung, daß das uns zugängliche Universum sich vor etwa 15-18 Milliarden Jahren in einem Zustand befand, welcher vom heutigen total verschieden war.

Der Kosmos war damals gefüllt mit Licht und einem extrem dichten und heißem Plasma, das zu etwa 3/4 seiner Gesamtmasse aus Protonen und zu 1/4 aus Alpha-Teilchen[1] bestand, sowie aus Elektronen. Die letzteren liefern aber für die Massenbilanz nur einen verschwindenden Anteil. Er liegt etwa bei 1/2000 der Gesamtmasse. Die Temperatur war damals so hoch, daß sich diese Teilchen noch nicht zu Atomen verbinden konnten.

1 Als Alpha-Teilchen wird in der Kern- und Elementarteilchenphysik der extrem stabile Atomkern des Heliums bezeichnet, der aus 2 Protonen und 2 Neutronen besteht.

Eine Vorstellung *isolierter Objekte* ist für diese frühe Phase des Kosmos nicht anwendbar. Der Inhalt des damaligen Kosmos ist somit als ein Ganzes anzusehen, auch konservative Physiker bestreiten für diese Epoche nicht die Notwendigkeit einer quantentheoretischen Beschreibung. Diese *strukturlose* Füllung des Weltalls kühlte sich mit der weiteren Expansion des Kosmos ab. Die freien Elektronen verbanden sich mit den Protonen und den Alpha-Teilchen und es bildeten sich Wasserstoff- und *Helium-Atome*. Damit wurde die Welt für Licht durchsichtig. Der Aufbau der Materie nach unsrem heutigen Verständnis wird in Abbildung 1 skizziert. die kleinsten Einheiten bilden theoretische Substrukturen der Kernbausteine, die *Quarks und Gluonen*. Ich be-zeichne sie als theoretisch, da sie nicht – als reale Einzelobjekte –»hergestellt« werden können. Die *Nukleonen* (Proton und Neutron) sind die »Bestandteile« des Atomkernes. Das komplette *Atom* besteht aus seinem Kern und einer Hülle aus Elektronen, diese tragen eine negative Ladung und sind – wie erwähnt – rund 2000 mal leichter als die Nukleonen. Im neutralen Zustand ist die Zahl der Elektronen gleich der der Protonen.

Spekulationen über die Zeit vor der Bildung der Atome und über die Entstehung der Nukleonen selbst müssen uns hier nicht beschäftigen. Es genügt, den Aufbau von Atomen zu beschreiben. Diese sind die ersten Gestalten, denen in der sich ausdünnenden Welt so etwas wie eine Trennung von der Umgebung zugesprochen werden kann.

Durch die Wirkung der Schwerkaft verstärkten sich die zufälligen Anfangs-Inhomogenitäten der so entstehenden Gasmassen, so daß aus diesem Gas *Sterne und Galaxien* und damit die ersten »sichtbaren«, d. h. makroskopischen Gestalten im All entstehen konnten.

Über die Entwicklung der Sterne sind heute bereits sehr viele Einzelheiten bekannt und im Computer nachrechenbar geworden. Man ordnet die Sterne nach ihrer Leuchtkraft und ihrer Temperatur im sogenannten Hertzsprung-Russell-Diagramm an. Je nach ihrer Masse lassen sich dann die Entwicklungsverläufe der Sterne von ihrer Entstehung bis zu ihrem Ende in dem in Abbildung 2 wiedergegebenen Diagramm nachvollziehen.

Spätestens mit den Sternen entstehen in der Welt Objekte, die von ihrer Umwelt getrennt sind und die auch als isolierte Gestalten wahrnehmbar sind.

Bis dahin gab es in der Welt nur Wasserstoff und Helium. Aus diesen beiden Elementen allein kann kein Leben erzeugt werden.

Erst in den ersten Sternen werden durch *Kernfusion die Atome der weiteren Elemente* aufgebaut.Gründen nur bis zum Eisen gehen. In der folgenden Abbildung ist die Bindungsenergie pro Nukleon dargestellt. Man erkennt, daß die größte Bindungsenergie freigesetzt wird, wenn aus Wasserstoff Helium fusioniert wird. Aber auch danach ist der Aufbau von

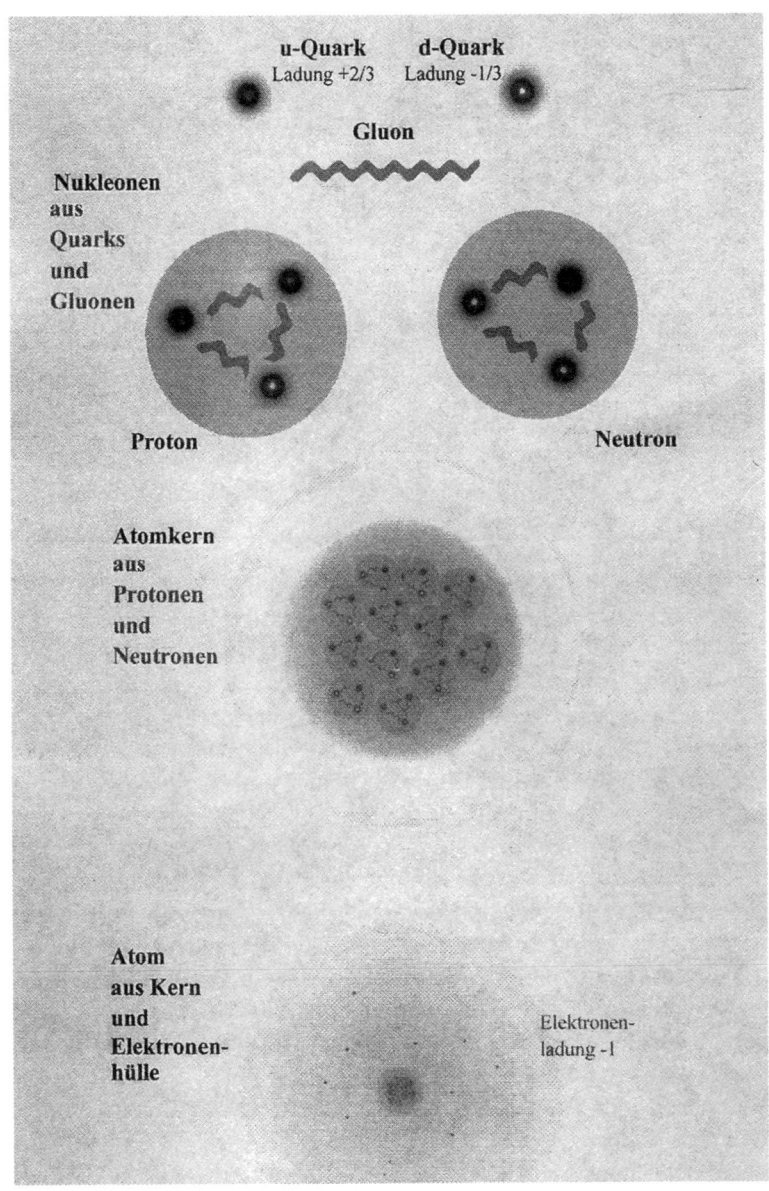

Abbildung 1: Der Aufbau der Materie

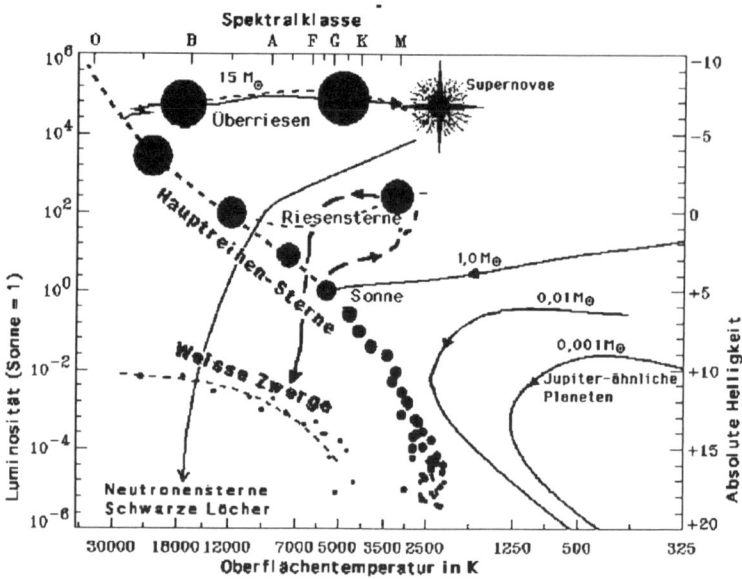

Abbildung 2: Hertzsprung-Russell-Diagramm

schwereren Elementen aus leichteren energetisch bevorzugt. Dieser Prozeß endet auf natürliche Weise beim Eisen. Für dieses ist die Bindungsenergie pro Nukleon maximal. Damit wird auch erklärlich, daß durch die Spaltung von sehr schweren Kernen Energie frei wird, wie in Abbildung 3 zu sehen ist.

Die normale Entwicklung der Sterne verläuft – wenn die Ausgangsmasse genügend groß ist – im Hertzsprung-Russell-Diagramm von einer Wolke aus Gas zu einem Stern der Haupt-Reihe. Dann ist im Inneren des Sternes Druck und Temperatur so hoch, daß der Wasserstoff zu Helium umgewandelt wird und die freiwerdende Energie sichtbar abgestrahlt werden kann. Wenn der Wasserstoff im Sterninneren aufgebraucht ist, setzen neue Prozesse ein, die z. B. Kohlenstoff und Silizium erzeugen. Dabei wandert der Stern von der Hauptreihe unter Ausdehnung und Abkühlung der Außenbezirke in den Bereich der Riesensterne. Für unsere Sonne wird dies in etwa 2,5 Mia. Jahren geschehen. Dabei wird alles dann möglicherweise noch auf der Erde vorhandene Leben ausgelöscht werden.

In diesem regulären Entwicklungsprozeß der Sterne können von den Elementen des Periodensystems damit nur die Elemente bis zum Eisen entstehen.

Wie kann dann das Vorkommen all der anderen chemischen Elemente erklärt werden, die wir auf der Erde auch finden?

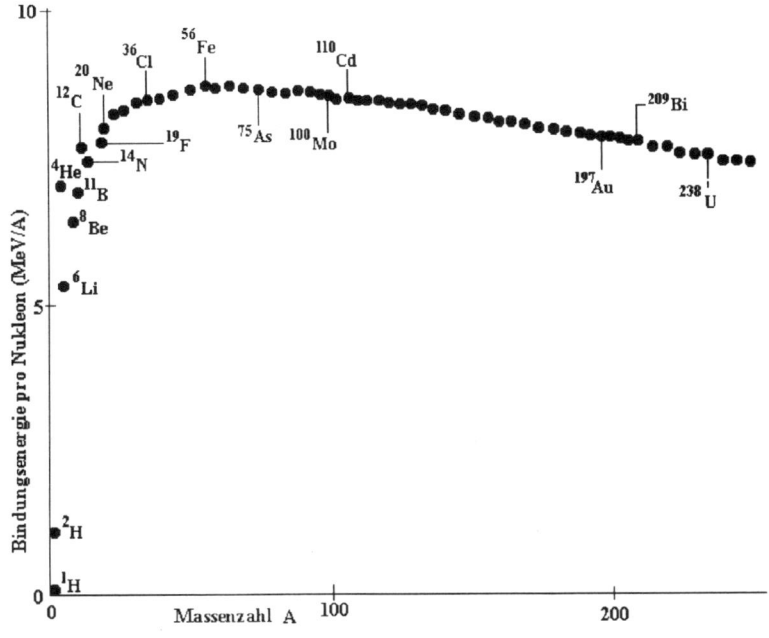

Abbildung 3: Bindungsenergie der Atomkerne

Astronomie und Astrophysik haben auch dafür eine Erklärung finden können. Die schwereren Elemente jenseits des Eisens können lediglich in einer gewaltigen *Explosion* gebildet werden, die bei manchen Sternen am Ende ihrer Existenz auftreten kann. Derartige *Supernova–Ausbrüche* sind sehr selten und gehören zu den gewaltigsten Himmelserscheinungen überhaupt. Bei diesem Prozeß zerplatzt ein ganzer Stern und setzt dabei auf einmal soviel Energie frei wie eine ganze Galaxis, d. h. seine Leuchtkraft steigt auf das Milliardenfache an. Den letzten Supernova-Ausbruch in unserer Milchstraße, der mit bloßem Auge sichtbar war, konnten 1604 die Zeitgenossen von Johannes Kepler beobachten. 1987 ist eine solche Supernova in der astronomischen Nachbarschaft der Milchstraße, d. h. »nur« 180 000 Lichtjahre entfernt im Tarantel-Nebel explodiert, der zu den Magellanschen Wolken gehört, die allerdings nur am Südhimmel sichtbar sind.

Während die Entwicklung eines solchen Sterns wie der Sonne im HR-Diagramm von der Gaswolke zur Haupt-Reihe verläuft und dann zum roten Riesen, um schließlich ein weißer Zwerg zu werden, kann – wenn die Ausgangsmasse genügend groß ist oder wenn ein Doppelsternsystem vorliegt – die Entwicklung auch über eine Supernova-Explosion zu einem Neutronenstern oder gar zu einem Schwarzen Loch führen.

Abbildung 4a: Tarantelnebel mit SN 1987 A

Die Gravitation trägt im allgemeinen Fall zu einer Separation und zur Gestaltformung bei, wobei Gas- und Staubmassen zu Sternen und Galaxien agglomerieren.

Nach ihrer Entstehung verbleiben die Sterne in einem Gleichgewicht von Gravitationsdruck von außen nach innen und dem thermischen Druck, der von innen nach außen gerichtet ist. Der letztere entsteht durch die Energiefreisetzung im Sterninneren.

Wenn schließlich die leichten Elemente aufgebraucht sind, erlischt das Sternenfeuer, und die äußeren Schichten stürzen unter der Wirkung der Gravitation nach innen. Im Falle einer Supernova wird dabei die Energie der in das Sternzentrum stürzenden Massen zum Teil in die Bindungsenergie der schweren Atome umgewandelt, die in diesem Prozeß aus den leichten Elementen gebildet werden. Durch die Explosion wird ein Großteil dieser Materie in den Weltraum geschleudert und steht dann als Sternenstaub auch für die Bildung von Planeten zur Verfügung.

Ohne dieses »Sterben« der Sterne gäbe es keine Entstehung der chemischen Elemente für die Entwicklung von Leben.

Nach der ersten Generation der Sterne gab es dann im Universum nicht nur Gas- sondern auch Staubwolken aus schwereren Elementen.

In den Materiewolken, die von explodierenden Sternen ausgestoßen werden und die sich mit dem ursprünglichem Gas vermischen, kann nun wiederum unter der Wirkung der Gravitation eine erneute Strukturbildung einsetzen, die zu Sternen mit Planetensystemen führen kann.

Abbildung 4b: SN 1987 A vor und während der Explosion

Sterne sind zwar nach menschlichen Begriffen riesig groß, sind aber in ihrem Aufbau einfach zu verstehen und zeigen nur wenig Differenzierungen. Wirklich komplexe Strukturen – wie z. B. Lebewesen – können nach unseren heutigen Vorstellungen nur dann entstehen, wenn die Temperaturen nicht so hoch sind, daß alle Materie ionisiert, oder so niedrig, daß in endlicher Zeit keine chemischen Reaktionen stattfinden, und wenn *Zustände fernab vom thermischen Gleichgewicht* möglich sind. *Daher ist neben einer moderaten Temperatur eine Quelle für Energie nötig, die diese Strukturen erhalten kann.*

Wenn *von ihrer Umwelt getrennte Individuen* entstehen sollen, die nicht lediglich durch die Gravitation gebunden sind – so wie Sterne und Planeten –, müssen die Temperaturen die Entstehung von *Membranen* erlauben.

Ein Stern als Ganzer könnte als Individuum angesehen werden, Teile von ihm wohl kaum. Damit wird deutlich, daß sowohl die *Existenz von Sternen als auch die von Planeten für die Entstehung von Leben* eine notwendige Voraussetzung bilden:

Die auf den Planeten in chemischer Form zur Verfügung stehenden Energiemengen reichen nicht aus, um für lange Zeiträume die für die Strukturbildung und -erhaltung notwendigen Gradienten zu erzeugen. Erst ein Rückgriff auf die durch *Kernfusion* erzeugbaren Energiemengen – wie sie ein Stern zur Verfügung stellen kann – ermöglicht eine längere Entwicklung, die auch zu höheren Lebensformen führen kann.

Meine Phantasie über chemische Prozesse reicht nicht aus, um mir vorstellen zu können, daß auch ohne *flüssiges Wasser* »Leben« möglich sein könnte. Flüssiges Wasser ist aber mit Sicherheit an größere Planeten gebunden.

Dissipative Strukturen, die als Fließgleichgewichte fernab vom Gleichgewicht bestehen, haben die Eigenschaft, die stofflichen Gradienten, denen sie ihre Existenz auch mit verdanken, stetig zu verringern. Geologisch sind dies z. B. die Flüsse, die ganze Gebirge abtragen können.

Im Bereich der Biologie denke man an das Beispiel des Regenwaldes. Dort findet sich ein fast völlig unfruchtbarer Boden und eine Wassermenge, zu der nur wenig von außen hinzukommt. Der einzige noch vorhandene Gradient wird durch die Energieeinstrahlung der Sonne erzeugt. Die Entwicklung dieses Ökosystems hat einen solch hohen Stand von Vernetzung erreicht, daß dieser eine Gradient ausreicht, um die dort gegebene Fülle von Leben zu erhalten. Sowohl das Wasser wie auch die Nährstoffe liegen in einem fast geschlossenem Kreislauf vor und gehen bei einer Verletzung desselben unwiederbringlich verloren.

Eine *geologische Aktivität* des Planeten kann dazu führen, daß durch die Tektonik solche völlig verbrauchten Böden ausgetauscht und damit die Gradienten im Boden wieder neu erzeugt werden. So werden Lavaböden wegen ihrer Fruchtbarkeit besonders geschätzt. In der Regel sind aber solche geologische Aktivitäten andererseits mit der *Zerstörung von bestehenden Strukturen* verkoppelt. Dies trifft nicht nur auf Vulkane und Erdbeben zu. Durch die Plattentektonik der Erde sind ganze Kontinente eingeschmolzen oder zumindest versteinert worden, was durch Muschelschalen auf Berggipfeln bereits den Forschern des letzten Jahrhunderts deutlich wurde.

Eine weitere – und die vielleicht wichtigste Form von Gestaltentstehung und -zerfall – wird durch das *Wechselspiel von Quantenphysik und klassischer Physik* beschreibend erfaßt.

In der Physik werden Ganzheiten durch die Quantentheorie beschrieben, isolierte Objekte durch die klassische Physik.

Die endliche Größe des Planckschen Wirkungsquantums h hat zur Folge, daß es keine beliebig kleine Wechselwirkung geben kann. Unter der Größe von h gibt es dann nur den Wert 0, d. h. überhaupt keine Wirkung. Andererseits erzwingt die Struktur der Quantentheorie, daß Objekte, die mit einer von 0 verschiedenen Wechselwirkung aufeinander einwirken, gemäß der Theorie zu einem Ganzen werden. Voneinander getrennte Objekte gibt es lediglich im Rahmen der mathematischen Strukturen der klassischen Physik. Daraus wird deutlich, daß wir für eine zutreffende Beschreibung der von uns untersuchten Natur gleichermaßen *beide dieser Strukturen* benötigen. Wechselwirkungen konstituieren neue

Ganzheiten, die ihrerseits wieder zerfallen müssen, um wieder Individuen ermöglichen zu können.

In der Feynmanschen Interpretation der Quantentheorie kann man die Bewegung eines Teilchens so deuten, daß dieses Teilchen *alle nur erdenklichen Möglichkeiten* ausprobiert und daß für die klassische Bahn dann die ausgewählt wird, die unter ihnen die wahrscheinlichste ist. Ein Ausprobieren aller Möglichkeiten kann als ein wichtiger Aspekt der biologischen Entwicklung gesehen werden.

Ich meine, daß biologische Systeme von den unbelebten vor allem dadurch unterschieden sind, daß sie durch die ihnen inhärenten Verstärkerstrukturen in der Lage sind, diesen Grundzug der Natur eines Auspro-bierens aller Möglichkeiten in den Bereich des Makroskopischen zu über-setzen. Die Offenheit der lebenden Strukturen führt nun bei diesen fortwährend zu Reaktionen, die »Meßvorgänge« im Sinne der Quantenphysik darstellen. Dabei werden jeweils die *Möglichkeiten des Systems auf ein realisiertes Faktum eingeschränkt.* Dies geschieht auf allen Ebenen eines biologischen Organismus und kann damit auch auf jeder Ebene Auswirkungen besitzen.

Die vom »Frankfurter Modell« (Gutmann et al. 1981, 1994) betonte hydraulische Struktur des Lebens ist eine physikalisch einsichtige Vorbedingung für eine hinreichende Kombination von Stabilität und Veränderungsmöglichkeit. *Eine Population als Ganzheit realisiert dann notwendigerweise sämtliche Möglichkeiten.* Dabei wird sich im Nachhinein herausstellen, welche dieser Möglichkeiten zu denen gehören, die überlebensfähig sind. Mir legt sich daher die These nahe, daß diejenigen Bereiche der Realität, die nicht alle ihre Möglichkeiten wahrnehmen, zur klassischen und damit toten Materie gehören.

Da der Begriff der Möglichkeit nur dann einen Sinn hat, wenn vieles des Möglichen nicht auch wirklich wird, beinhaltet ein »Einlassen darauf« notwendig auch das, was unter einem beobachtenden Gesichtspunkt als Scheitern, als pathologisch, krank und sterbend angesehen werden kann. In diesem Sinne können klassische Systeme nicht sterben, da sie immer tot sind. Leben kann sich dann nur in dem Bereich entwickeln, welcher erkennbar der Quantenphysik zugehört. Diese erweist sich damit als ein Korrektiv zur klassischen Physik.

Der sich – zumindest mir – aufdrängende Eindruck von Determiniertheit der *Evolution* mit der gleichzeitig wahrnehmbaren Nichtdeterminiertheit in ihren Einzelfällen kann damit als ein *Widerschein des quantentheoretischen Indeterminismus* verstanden werden, für den – wie beschrieben – ebenfalls nur die Möglichkeiten – die an Vielheiten zu testen sind – gesetzmäßig bestimmt sind und nicht die jeweiligen einzelnen Fakten.

Zitierte Literatur

Görnitz, Th. (1999): Quanten sind anders, Heidelberg
Gutmann, F. W., Bonik, K. (1981): Kritische Evolutionstheorie – Überwindung altdarwinistischer Dogmen, Hildesheim
Gutmann, F. W. (1994): Konstruktionszwänge in der Evolution, in: Natur und Museum, 124 (1994), 165ff.
Marx, D., Tuckerman, M. E., Hutter, J., Parrinello, M. (1999): The nature of the hydrated excess proton in water, in: Nature, 397 (1999), 601

Dieter Stefan Peters

Biologische Anmerkungen zur Frage nach dem Sinn des Leidens in der Natur

Es sei mir gestattet, mit einer persönlichen Erfahrung zu beginnen, treibt mich doch die Frage nach dem Sinn des Leidens bei Tieren seit Kindheitstagen um. Ausgelöst wurde meine Unruhe durch das beobachtete erbärmliche Schicksal vieler Haustiere. Zugpferde waren damals noch häufiger als Autos, gehörten zum alltäglichen Straßenbild, und der angekettete »Wächter« war der Normalfall der Hundehaltung. Mißhandlungen und Vernachlässigung dieser Tiere waren an der Tagesordnung. Warum durfte das so sein? Daß menschliches Leid nicht sinnlos sein sollte, war auch dem Kind einsehbar, denn Menschen konnten schuldig werden und dafür büßen müssen. Außerdem tröstete die Religion mit der Aussicht auf eine jenseitige ausgleichende Gerechtigkeit. Aber welchen Trost hatten die gequälten Tiere? Der Herr Kaplan in der Seelsorgstunde wußte die Antwort: Tiere leiden nicht. Die Frage, warum es dann Sünde sei, Tiere zu quälen, ließ er nicht als Gegenargument gelten. Denn das Verbot zu quälen bestehe nicht wegen der Tiere, sondern um die sittliche Vervollkommnung des Menschen zu fördern. So einfach war das. Aber ich konnte es nicht glauben.

Zwar gibt es heute, wenigstens hierzulande, keine geschundenen Mähren mehr, die schwere Kohlewagen von Haus zu Haus ziehen, doch immer noch bringt das Handeln des Menschen Pein und Zerstörung über die Natur. Die Skala reicht von der hirnrissigen europäischen Agrarpolitik, die Tierquälerei als Mittel der Ökonomie zuläßt oder gar fördert – als Beispiele seien nur die Legebatterien der Eiproduktion oder die barbarischen Viehtransporte quer durch den Kontinent genannt – bis zur Zerstörung der Wälder und Meere. *Hans Kessler* hat eine Schöpfungsspiritualität und Schöpfungsethik gefordert, um diesem Elend gegenzusteuern (3). Im Erfolgsfall wäre das vom Menschen verursachte Leid dann eingedämmt oder gar aufgehoben. Ein großer Gewinn – aber die Frage nach dem Sinn des Leidens wäre damit nicht beantwortet.

Der Apostel *Paulus* spricht im Brief an die Römer von der unerlösten, seufzenden Schöpfung. Offenbar ist hier nicht nur die Auswirkung menschlicher Herrschaft gemeint. Die Natur stöhnt auch unter der Last ihrer eigenen Gesetze. Hierin scheint mir für die Theodizee das viel schwierigere Problem zu liegen.

Dem Beobachter bietet die Natur ein Vexierbild, in dem ergreifende Harmonie und tief verstörende Grausamkeit wechselseitig füreinander den Hintergrund bilden. Die sanfte, gute, für alle Kreaturen sorgende »Mutter Natur« gibt es nicht. Dabei ist es gar nicht so lange her, daß manche Verhaltensforscher uns die Tiere, vor allem Raubtiere, als »die besseren Menschen« vorstellten, die, wenn sie schon töten müssen, ihre Opfer rasch und fast schmerzlos sterben lassen (2, 6). Tatsächlich gibt es ihn, den blitzschnellen Tötungbiß, der das Rückenmark in der Halswirbelsäule durchtrennt und innerhalb von Sekunden zum Tode führt (5). Aber ihn beherrschen nur einige Katzen. Einen vergleichbaren Effekt erreichen andere Raubtiere, etwa Wölfe und ihre Abkömmlinge, die Haushunde, durch das Totschütteln, bei dem die Wirbelsäule bricht, ähnlich wie es uns bei einem Schleudertrauma im Auto zustoßen kann. Doch ist ein solch schneller Tod nicht die Regel.

Man muß sich vor Augen halten, daß die Beute vor allem Nahrung darstellt. Diese sollte möglichst risikolos und mit möglichst geringem Aufwand gewonnen werden. Das Töten ist demnach kein Selbstzweck, sondern ein zwar unausweichliches, aber doch eher beiläufiges Geschehen. Die Art und Weise zu töten wird also von den Umständen der Erbeutung abhängen. So darf man erwarten, daß Einzeljäger, deren Beutetiere groß, wehrhaft und schnell sind, gut daran tun, ihre Opfer rasch zu töten, damit sie nicht doch noch entkommen oder ihre Jäger verletzen. Das gilt z. B. für die schon erwähnten Katzen. Ein Gepard, der in atemberaubendem Lauf eine erwachsene Gazelle eingeholt und niedergeschlagen hat, ist meistens so ausgepumpt, daß er sich auf keine Spielchen einlassen kann und seine Beute umgehend erwürgt. Kurzen Prozeß machen auch Leoparden und Tiger mit ihren großen Beutetieren, derer sie gewöhnlich aus dem Hinterhalt mit einem Überraschungsangriff habhaft werden. Leoparden fangen gern Paviane. Wenn man das furchterregende Gebiß dieser Affen kennt, versteht man sofort, daß ein Leopard, der sich für die Tötung Zeit ließe, grob fahrlässig mit seiner Gesundheit oder gar seinem Leben spielte. Daß diese Katzen die Todesangst und wohl auch den Schmerz ihrer Opfer auf ein Minimum begrenzen, hat nichts mit »Ritterlichkeit«, sondern viel mit Eigennutz zu tun. Man erkennt das schon daran, daß schwache und ungeschickte Beutetiere keineswegs immer schnell getötet werden, sondern oft für Spiele herhalten müssen oder den jungen Katzen zu »Übungszwecken« vorgesetzt werden. Die letzten langen Minuten einer davon betroffenen jungen Antilope oder Maus sind dann alles andere als angst- und schmerzfrei.

Andere Bedingungen ergeben sich bei Arten, die im Verband jagen, wie etwa Wölfe, afrikanische Wildhunde (Hyänenhunde) oder Tüpfelhyänen. Sie können große Beute überhaupt nur im Rudel überwältigen. Und sie tun es auf höchst brutale Weise. Das gehetzte Opfer kann sich nicht gegen alle Angreifer gleichzeitig wehren. Es wird bald hier, bald dort gebissen und schließlich bei lebendigem Leibe zerrissen und gefressen. Sehr naturverbundene Farmer in Namibia, auf deren Ländereien eine reiche Tierwelt einschließlich Leopard und Gepard Gastrecht hat, versicherten mir, daß sie Wildhunde bei sich nicht dulden könnten, weil diese auch über die Rinder in ihren Kralen herfielen und sie verstümmelt, etwa ohne Euter, aber noch lebend zurückließen. Beute ist eben Nahrung. Wenn wir nun die Säugetiere verlassen und uns bei anderen Tieren umschauen, wird das Bild nicht beruhigender. Reiher und Störche schlucken ihre Beute oft lebend. Greifvögel und Eulen töten meistens schnell, aber nicht immer. Ich beobachtete selbst einen Sperber, der einen lebenden Star rupfte, wobei letzterer ständig seinen Warnruf hören ließ.

Unter den Schlangen töten manche Arten ihre Beute relativ schnell, entweder durch eine Giftinjektion oder indem sie sie umschlingen und erwürgen. Bei anderen Arten aber fallen Fressen und Töten zusammen. So verschlingt z. B. unsere einheimische Ringelnatter ihre Opfer, vorwiegend Fische, Molche und Frösche, lebend. Ihre für Schlangen typische Zahnstellung – die zahlreichen Zähne sind spitz und nach hinten gebogen – läßt auch einen muskulösen und sprunggewandten Frosch nicht entkommen, wenn er einmal gefaßt ist. Der Schlingakt kann sehr lange dauern, und der Frosch hat Glück, wenn er am Kopf und nicht am Hinterende gepackt wurde.

Besonders krasse Beispiele findet man bei den Fischen. Hier gibt es unter anderem Spezialisten, die anderen Fischen die Schuppenhaut abraspeln, wie manche Buntbarsche (Cichlidae) in den Seen der ostafrikanischen Grabenzone. Noch ausgefallener zeigt sich der zur gleichen Familie zählende *Haplochromis compressiceps* aus dem Nyassasee. Zu seiner Nahrung gehören auch die Augen anderer Fische, die er ihnen mit einem raschen Angriff ausreißt; damit im Zusammenhang steht die für Buntbarsche ungewöhnlich lange Schnauze dieses Räubers (13).

Spinnen, die nicht akut Hunger leiden, legen sich Vorräte an, indem sie Tiere, die in ihr Netz gegangen sind, einfach einwickeln und dadurch fesseln. Viele Grab- und Wegwespen versorgen ihre Brut mit Insekten oder Spinnen, die sie nur gelähmt, aber nicht getötet haben.

Die Beispiele ließen sich beliebig vermehren und sie werden nicht unbedingt milder, wenn wir uns vom Jäger-Beute-Verhältnis ab- und den innerartlichen Beziehungen zuwenden. Obwohl hier Überraschungen warten.

Denn ausgerechnet zu dem für den Beobachter so nervenaufreibenden Verhalten jagender Hyänenhunde gibt es auch das Kontrastprogramm. Gerade die Hyänenhunde sind nämlich unter sich äußerst sanft und friedlich, ja geradezu liebevoll. Zweifellos gehören sie zu den sozialsten Wirbeltieren überhaupt. Es stimmt auch, daß innerartliche Kämpfe gerade bei Arten mit gefährlichen Gebissen oder Hörnern meistens ritualisiert ablaufen, so daß Verletzungen weitgehend verhütet werden. Der Unterlegene verfügt oft über ein Verhalten, das die Aggression des Siegers hemmt, oder es steht ihm die Flucht offen. Verallgemeinerungen lassen sich aber nicht aufstellen. Schimpansen etwa, unsere nächsten Verwandten, sind ziemlich unangenehme Zeitgenossen, die sogar Kriege untereinander führen, die mit der Vernichtung der Gegner enden können. Übrigens jagen sie auch andere Tiere, z. B. kleine Antilopen und Affen. Wie man sogar im Fernsehen erleben konnte, zerteilen sie ihre Beute bisweilen schon, bevor sie tot ist.

Es war für manchen Verhaltensforscher, vor allem wenn er »Arterhaltung« für den ultimaten Zweck allen Verhaltens angesehen hatte, ein großer Schock, als sich herausstellte, wie verbreitet Kindestötung im Tierreich ist. Das nunmehr schon klassische Beispiel liefern die Löwen, die, abweichend von anderen Katzen, in Sozialverbänden leben. In solchen Rudeln wechselt das dominierende Männchen alle paar Jahre. Der neue Herrscher beginnt seine Kariere gewöhnlich damit, daß er alle Jungen im Rudel, die noch von ihren Müttern abhängen, umbringt. Damit bewirkt er, daß die Weibchen wieder bald fortpflanzungsbereit werden, so daß er seine eigenen Nachkommen zeugen kann. Ähnliches findet man auch bei anderen sozial lebenden Tieren, etwa bei manchen Affen. Das Schauspiel der vor Angst und Wut schreienden Affenmütter, der hilflosen Jungen, die sich an sie klammern, und des rasenden Paschas, der doch gewinnt und die Jungen erbarmungslos massakriert, erinnert fast etwas an die schwärzesten Kapitel altgriechischer Sagen und ist nichts für empfindsame Gemüter.

Erbarmungslos und quälend langsam herrschen Mord und Totschlag auch an Orten, wo man sie am wenigsten vermutet, nämlich in zahlreichen Vogelnestern. Der auch in Deutschland heimische Schreiadler legt gewöhnlich zwei Eier, und es schlüpfen meistens auch zwei Kücken. Aber es wird fast immer nur eines flügge, in der Regel das ältere. Da die Eier im Abstand von 3–4 Tagen gelegt werden, die Bebrütung aber schon nach Ablage des ersten Eies beginnt, schlüpfen die Jungen nicht gleichzeitig. Dem Zweitgeborenen bereitet das ältere Geschwister ein elendes Ende. Es kriecht nämlich auf seinen Rücken und bleibt dort unbeirrt hocken, bis das Jüngere nach Tagen mehr oder minder plattgedrückt stirbt. Bei manchen anderen Greifvogelarten wird das jüngere Kücken mit Schnabelhieben drangsaliert, es wird vom Futter abgedrängt und geht schließlich an seinen Verletzungen und an Entkräftung ein. Biologisch betrachtet, sind die Zweitgeborenen gewissermaßen Ersatzkinder, eine Absicherung des

Bruterfolges. Stirbt nämlich das ältere Kücken frühzeitig, entwickelt sich das jüngere ganz normal. Offenbar können Schreiadlereltern nur ein Junges ernähren. Und da der Fortpflanzungserfolg der Maßstab des Evolutionserfolges ist, erscheint die Ersatzkinder-Strategie zur Absicherung dieses Erfolges als sehr sinnvoll. In abgeschwächter Form kommt eine solche Abpufferung des Erfolges bei vielen anderen Vögeln vor, z. B. bei Meisen. Hier werden die Kleinsten zwar nicht umgebracht, aber bei Nahrungsknappheit werden sie kaum noch gefüttert und verhungern schließlich, denn die Eltern stopfen das Futter immer in die sperrenden Schnäbel, die sich am höchsten recken. So werden vielleicht wenigstens einige Jungen flügge, während bei »gerechter« Verteilung des wenigen Futters keines groß geworden wäre.

Das Panoptikum des »sinnvollen Schreckens« wäre unvollständig, wenn man den Parasitismus nicht erwähnte, denn hier haben sich besonders raffinierte Verhaltensweisen des langsamen Tötens herausgebildet. Die Larven zahlreicher parasitischer Schlupfwespen verzehren ihre Wirte, etwa eine Raupe, von innen, aber so, daß diese selbst noch weiter fressen können. Erst ganz zum Schluß, vor der eigenen Verpuppung, frißt der Parasit auch die unbedingt lebenswichtigen Organe. Die zu den besonders schön metallisch glänzenden Goldfliegen gehörende *Lucilia silvarum* legt ihre Eier an Kröten ab. Die Larven dringen in die Nasenlöcher ihrer Opfer ein und fressen diese von innen auf. Es kann Wochen dauern, bis die befallene Kröte blind und verstümmelt endlich stirbt.

Oft schädigen Parasiten ihren Wirt nicht nur, sie »zwingen« ihn auch noch zu Verhaltensweisen, die ihrer eigenen Verbreitung dienen. Wir brauchen hier nur an das Niesen zu denken, durch das die Schnupfenerreger versprüht werden.

Das Agieren und Reagieren von Parasiten und Wirten gehört zu den fesselnsten Kapiteln der Evolutionsbiologie. Die Übergänge von aggressiven, todbringenden Beziehungen bis zu harmlosen oder gar wechselseitig nützlichen Symbiosen sind fließend. Nicht wenige Biologen sehen in der Symbiogenese, in den zu Qualitätssprüngen führenden Interaktionen verschiedener Organismen sogar einen besonderen Modus der Evolution (11).

Pflanzen sind übrigens vom Parasitismus keineswegs ausgenommen. Manche, wie etwa die einheimischen zu den Windengewächsen zählenden Seiden (*Cuscuta*) oder die Sommerwurzgewächse (Orobanchaceae) befallen andere Pflanzen und zapfen ihnen Wasser und Nährstoffe ab. Kletterpflanzen benutzen Bäume und Sträucher als Gerüst, um ans Licht zu kommen, und manche davon, wie etwa die Würgerfeigen, bringen, wenn sie von selbst aufrecht stehen können, ihre Stützen schließlich um.

Erst seit kurzem ist bekannt, daß Pflanzen Tiere zu Hilfe rufen können, wenn sie etwa von Raupen befallen sind. So hat man z. B. bei Tabak, Baumwolle und Mais festgestellt, daß diese Pflanzen, wenn bestimmte Schmetterlingsraupen an ihren Blättern fressen, chemische Stoffe an die Luft abgeben, die Lockmittel für Schlupfwespen, die Parasiten der Raupen sind, darstellen. Dabei scheinen diese Lockstoffe ganz spezifisch zu wirken, denn die parasitischen Wespen sind meistens streng an ganz bestimmte Wirtsarten gebunden. Es ist eine ungewohnte Vorstellung, daß Pflanzen offenbar merken, von wem sie gefressen werden.

In welchen Seelenzustand versetzen uns all diese Beispiele, die so schrecklich und wunderbar erscheinen? Können wir *Johannes vom Kreuz,* dem spanischen Mystiker aus dem 16. Jahrhundert, folgen, der über die Lebewesen sagt:»Denn sie alle zusammen und jedes einzelne haben ein Mitwesen mit Gott, kraft dessen ein jedes mit seiner Sonderstimme dartut, was in ihm Gott ist« (zitiert nach *Kessler* 1990, 89). Oder trifft uns eher *Reinhold Schneider* (10, 178) mit der Feststellung:»Die Bewunderung der Zweckmäßigkeit, mit der ein Tier zur Vernichtung des anderen ausgestattet ist, ... grenzt an Verzweiflung.« Und an anderer Stelle (120): » ohne Myriaden von Zerstörern zu beherbergen, ohne von ihnen sich bedienen zu lassen, könnte kein höherer Organismus bestehen; ohne sie also könnte auch der Geist sich nicht aussagen. Und was sind nun Liebe und Schönheit? Es bedarf äußerster Kraft, sie niemals zu verletzen. Wenn man die Visionen des Hieronymus Bosch im Irdischen läßt, woher sie stammen, so ist er unwiderlegbar.« Reicht uns die hier zaghaft implizierte Möglichkeit, man könnte *Boschs* gemalten irrlichternden Pessimismus aus dem»Irdischen« in einen höheren Bedeutungshorizont heben?

Aber vielleicht sollte der Biologe zuerst versuchen, ob sich das Problem des Leidens nicht mit Argumenten seiner Wissenschaft, wenn schon nicht lösen, so doch wenigstens entschärfen läßt. Ein solcher Versuch mag deshalb von fünf Blickpunkten aus gewagt werden.

1. Als erstes drängt sich die Einsicht auf, daß Destruktion für das Leben konstitutiv sein kann, und zwar nicht nur auf dem Umweg über Freßfeinde, sondern als artspezifische Notwendigkeit. Ein besonders bizarres und deshalb oft angeführtes Beispiel liefern manche Arten der Gottesanbeterinnen (Fangschrecken, Mantodea), bei denen das Weibchen oft noch während des Geschlechtsaktes beginnt, das Männchen auf-zufressen. Die biologische Pointe dieses Vorganges liegt darin, daß das Männchen, nachdem es seinen Kopf samt den darin befindlichen Nerven buchstäblich verloren hat, die Begattung effektiver vollziehen kann als vorher. Es kommt also seinem Fortpflanzungserfolg zugute, wenn es

gefressen wird. Ähnliche Verhältnisse herrschen auch bei anderen Tieren, z. B. bei manchen Spinnen. Die Männchen sind hier meistens das viel kleinere Geschlecht, das bei der Paarung, die bei Spinnen reichlich kompliziert ist, oft Gefahr läuft, vom Weibchen getötet zu werden. Bei *Araneus pallidus*, einem Verwandten der allbekannten Kreuzspinne, kommt eine erfolgreiche Paarung überhaupt nur zustande, wenn das Weibchen das Männchen mit seinen Giftklauen festhält und dabei tötet. Auch hier ist der Bräutigam zugleich der Hochzeitsschmaus. Er muß es sein, wenn er Kinder haben will.

Den Weibchen geht es oft nicht viel besser. Allerdings dienen sie nicht dem Männchen, sondern ihrem Nachwuchs als Futter. Das gilt etwa für einige Spinnen, welche Brutpflege treiben, die mit dem Tod der Mutter und einem reichlichen Mahl der Kinder endet. Bei der Milbe *Pediculopsis graminum*, die auf Gräsern lebt und dort die Weißährigkeit verursacht, fallen Geburt und Tod der Gebährenden in Eines. Die Jungen entwickeln sich im Weibchen, das dabei auf ein Vielfaches seiner Normalgröße anschwillt und schließlich platzt.

2. Manches scheint darauf hinzudeuten, daß viele Verhaltensweisen von Tieren unbewußt als festgelegte, mechanische Bewegungskoordinationen ablaufen. Tiere scheinen oft nicht zu wissen, was sie tun und wozu sie etwas tun.

Seit langem bekannte Beispiele sind Grabwespen aus der Gattung *Ammophila*. Als Nahrungsvorrat für ihre Brut fangen und lähmen sie Raupen, die sie in ihren unterirdischen Nestern verstauen. Die Wespe gräbt zuerst das Nest und verschließt es, bevor sie sich auf die Jagd begibt. Die gefangene Raupe wird zum Nest transportiert, meistens zu Fuß, und vor dem Eingang abgelegt. Die Wespe scharrt nun den Eingang frei, schlüpft ins Nest und erscheint nach einer Weile wieder mit dem Kopf im Eingang, packt die Raupe und zieht sie hinein. Entfernt man nun die Raupe ein Stück von dem Nest, während die Wespe darin ist, muß die Wespe aus dem Nest krabbeln, um die Raupe zu holen. Und nun verschwindet sie nicht etwa, wie man erwartet, mit der Beute im Loch, sondern legt die Raupe davor ab, inspiziert das Nest, erscheint wieder und ... wenn man die Raupe noch einmal vom Nest weggezogen hat, wiederholt sich der ganze Ablauf. 30 bis 40 mal macht die Wespe das sinnlose Spiel mit, ehe sie die Raupe ohne vorherige Nestinspektion direkt einträgt.

Ähnlich starre, offenbar von keinerlei Einsicht begleitete Verhaltensabläufe kennt man von vielen Tieren, die man durch Manipulation zu völlig sinnlos erscheinendem Tun bewegen kann. So bauen zahlreiche Spinnen Kokons, in die sie ihre Eier legen. Beim Bau muß der Spinnfaden durch bestimmte Bewegungen des Hinterleibs in entsprechender Weise verknüpft werden, damit der Kokon seine richtige Form erhält. Stört man nun diesen Bauvorgang, indem man schon fertige Teile des Kokons entfernt oder die Produktion des Fadens durch die Spinnwarzen unterbindet, führt die Spinne trotzdem die planmäßige Bewegungsfolge aus, das heißt, sie nimmt auf die Beschädigungen keine Rücksicht und spult einfach das Programm »Nestbau« ab, als wäre nichts geschehen, ja, sie »spinnt« sogar ohne Faden weiter und legt ihre Eier schließlich in ein gar nicht vorhandenes Nest.

Sogar »höhere« Tiere erweisen sich häufig als sehr starr und uneinsichtig. Je nach eigenem Temperament ist man belustigt oder befremdet, wenn der Familienhund, auf den man große Stücke hält, plötzlich so tut, als könnte er seinen Knochen in den harten Fliesen des Dielenbodens vergraben, oder wenn die sonst so kluge Hündin nach einer Scheinschwangerschaft tagelang in regelmäßigen Abständen eine Kleiderbürste zu ihrem Lager trägt, um sie zu säugen. Da scheinen fertige Programme abzulaufen, selbst wenn ihre Ausführung unsinnig ist. Triebstau, statt Einsicht scheint die Parole zu heißen.

Vögel mit nesthockenden Jungen füttern nur die Jungen, die im Nest sitzen, aber sie kennen sie offenbar gar nicht. Ein junger Kuckuck wirft bekanntlich während seiner ersten 3 bis 4 Lebenstage alles aus dem Nest, was ihm dort begegnet, und das sind vor allem die Eier oder Jungen seiner Wirte. Diese sehen natürlich ihre hinausgeworfenen Kinder und könnten sie auch erreichen, aber sie kümmern sich nicht um sie, sondern nur um den Kuckuck, der im Nest sitzt. Allerdings gibt es auch Vogelarten, denen so etwas nicht passiert, weil sie nämlich fremde Eier erkennen. Sie werfen ein Kuckucksei aus dem Nest oder picken es an, so daß es verdirbt, oder sie verlassen das ganze Gelege und beginnen eine neue Brut. Der Wettlauf der Verhaltensänderungen zwischen Wirten und Parasiten ist ein besonders fesselnder evolutionsbiologischer Prozeß, auf den wir aber hier nicht näher eingehen können. Doch müssen wir festhalten, daß starres, uneinsichtiges Verhalten häufig zu sein scheint. Auch die Maus, mit der die Katze ihr Spiel treibt, möchte zwar entkommen und sucht einen Unterschlupf. Oft erlebt man, daß sie ihn dann ausgerechnet im Schatten der Katzenpfoten zu finden glaubt. Der menschliche Beobachter ist irritiert und fragt sich, ob denn die Maus nur mechanisch reagiert und gar nicht weiß, daß und woher ihr Gefahr droht. Hat der eingangs zitierte Kaplan doch recht?

3. Werden wir allgemeiner. Während die grünen Pflanzen autotroph sind, d. h. ihre Energie aus dem Sonnenlicht (der Photonen-Energie) gewinnen, sind Tiere heterotroph, angewiesen also auf bereits vorgebildete organische Substanz. Allein aus dieser Tatsache folgt, daß Destruktion und Weiterleben unlösbar miteinander verbunden sind, und zwar nicht

nur, wie unter Punkt 1 erörtert, als individuelles Schicksal, sondern als allgemeines Prinzip der Biosphäre. Zwar gibt es heterotrophe Arten, die nicht töten, weil sie nämlich von Aas oder anderen Überresten bereits toter Lebewesen leben, die meisten aber beziehen Energie und Material für ihren Stoffwechsel auf Kosten anderer, und es gibt keinen Faktor, der sie daran hindern könnte. Selbst die »friedlichen« Rinder und sonstigen Weidetiere gehören dazu, denn die Pflanzen, die sie fressen, leben ja auch.

4. Man kann die Begründung für die eben geschilderten Zusammen-hänge noch um eine Stufe weiter verallgemeinern: Alle Bewegungen in der Welt sind energetische Prozesse. Auch die Lebensvorgänge können nur dank eines Energie- und Stoffwandels ablaufen. Deshalb zeichnen sich die Ökosysteme, in die alle Lebewesen nolens volens eingebunden sind, durch ständigen Energietransfer aus, der die verschiedenen Trophie-ebenen entstehen läßt, die den Ökologen so sehr interessieren. Alle bisher genannten Beispiele sind ja auch Beispiele für ökologische Beziehungen. Die Möglichkeit zur Bildung von Trophieebenen ist eine wichtige Bedingung für die Ausbildung der Vielfalt von Lebensformen und Lebensäußerungen (Biodiversität), damit aber auch der uns so schockie-renden Beziehungen.

5. Schließlich können wir auch eine Ausflucht in unserer eigenen Beurteilung der Dinge suchen. Dazu sei noch einmal *Reinhold Schneider* etwas länger zitiert (129-131):»Aber man gehe nur einmal durch das Naturhistorische Museum – und Gott ist ebenso nahe wie fern. Es ist unmöglich, ihn vor dieser unübersehbaren Gestaltenwelt, dieser entsetzli-chen Fülle der Erfindungen zu leugnen; ihn zu leugnen vor der absurden Architektur des Dinosauriers – eine Kathedrale der Sinnlosigkeit, des Lebenswillens, der nicht leben kann; vor den bösen Gespenstern japa-nischer Krabben, eines hochbeinigen Liebespärchens aus dem Inferno .... Das Schaurige ist, daß menschliche Formen durch die Ungetüme spielen; das Knie des Dinosauriers erinnert an ein menschliches Knie, und die Fünfzahl der Finger und Zehen verbirgt sich noch in den Stützflossen der Elefantenrobbe. Der schönste Vogel hascht im Flug den schönsten Schmetterling; er pflückt die Schwingen ab und läßt sie dahinwehen und verschlingt den zarten Leib, der sich für seine kurze Dauer mit ein wenig Nektar begnügte und schutzlos das Farbenspiel der Flügel, ein Blitz aus den Händen des Vaters, an die Welt verschenkte. Auch ist zur Zerstörung der Rose, wie es scheint, eigens ein grüngoldschimmernder Käfer er-schaffen worden. Ich sah ihn bei der Arbeit in Muzot. Er hat, unreiner Widerspruch, keine Rose verschont.
Und das Antlitz des Vaters? Das ist ganz unfaßbar.«

Gewiß ist man betroffen von der Trauer und der latenten Verzweiflung, die aus diesen Zeilen sprechen. Aber können wir die Beobachtungen des Dichters als Grund und Auslöser einer solchen depressiven Weltsicht verstehen? Ist es nicht vielmehr die Depression des Schwerkranken, die seine Wahrnehmung und Reflexion verdüstert? Wie kann ein Saurier als »Kathedrale der Sinnlosigkeit«, als »Lebenswille, der nicht leben kann«, angesprochen werden? Warum sind die Übereinstimmungen im Knie des Sauriers und des Menschen schaurig? Wenn man die jahrmillionenlange Geschichte der Saurier kennt, erscheinen diese Tiere alles andere als lebensunfähig. Und das Kniegelenk hier und dort ist doch eher staunenswert, weist es doch auf die invarianten Baugesetze der sich evolutiv verändernden Organismen hin. *Schneider* fehlten offenbar die uns heute geläufigen Kenntnisse; der Schrecken des Unverstandenen überfiel ihn.

Wir wollen dies nicht weiter analysieren. Aber könnte es nicht sein, daß auch wir die Phänomene, die vorgeblichen Tatsachen falsch deuten? Versuchen wir vielleicht eine Theodizee aus falschen Voraussetzungen? Müßten wir *Cervantes* ernster nehmen, der seinen Ritter von der traurigen Gestalt sagen läßt:»Tatsachen, mein Freund, sind die Feinde der Wahrheit.«?

Konkret: Vermenschlichen wir die Tiere zu sehr, wenn wir aus ihrem Verhalten auf ihre Leidensfähigkeit schließen? Muß es uns nicht zu denken geben, wenn uns zwar das zappelnde, von Wölfen gegriffene Reh leid tut, der sich im Schnabel der Nachtigall windende Wurm aber (fast) nicht? Man hat festgestellt, daß zumindest bei gestreßten Wirbeltieren, selbst bei an der Angel hängenden oder in Keschern eingepferchten Fischen, ähnliche physiologische Prozesse ablaufen wie bei Menschen in Notsituationen (4). Darf man daraus den Schluß ziehen, die Tiere litten ähnlich wie ein Mensch? Die Regeln der Logik zwingen uns nicht zu diesem Schluß. Aber seien wir vorsichtig. *Descartes* und die meisten Naturwissenschaftler danach sahen in den Tieren nicht viel anderes als Maschinen. Vivisektionen gingen den Forschern deshalb leicht und ohne Gewissensbisse von der Hand. Erst in jüngerer Zeit glaubt man wieder wissenschaftlich vertretbare Hinweise zu haben, daß die nichtmenschlichen Lebewesen keineswegs bloße Instinktapparate sind. Im Gegenteil, sie scheinen uns immer näher zu rücken (9). Raben zeigen einsichtiges, vorausschauendes Handeln, Graupapageien ahmen menschliche Sprache nicht nur automatisch nach, sondern »wissen« offensichtlich, was sie sagen (8), Tauben können den Malstil von *Monet* und *Picasso* unterscheiden (12) und selbst Kanarienvögel können abstrakte Begriffe bilden (7). Es wundert uns dann nicht mehr, daß Menschenaffen sich manchmal so benehmen, als wenn sie ein Selbstbewußtsein hätten; und wahrscheinlich haben sie es auch. – Hier liegt es wieder vor uns, das Vexierbild der Natur. Welche Sicht ist die angemessene?

Schluß

Ist die Frage nach dem Sinn des Leidens nun entschärft? Mir scheint es nicht der Fall zu sein. Unsere Überlegungen können allenfalls die Hoffnung auf eigene Denkfehler und Unwissenheit stärken, die Hoffnung darauf, daß vielleicht alles, was uns erschreckt, »gar nicht so schlimm« ist. Bringt solche Hoffnung Trost?

Im übrigen weisen unsere Versuche der Entschärfung des Problems eigentlich nur auf die Unumgehbarkeit der jeweiligen Rahmenbedingungen hin, die nicht allein zur Harmonie, sondern auch zur Destruktion führen. Unausweichlichkeit aber ist kein Trost, jedenfalls nicht, solange sie »im Irdischen bleibt.«

Biologen können den Trost also nicht liefern, sie stehen ihm aber hoffentlich auch nicht im Wege. Wenn sie als Naturwissenschaftler den Ausweg wüßten, brauchten sie keine Philosophen und keine Theologen.

Literatur

1. Eibel-Eibesfeld, I.: Grundriß der Vergleichenden Verhaltensforschung, München 1967
2. Grzimek, B.: Auch Nashörner gehören allen Menschen, Berlin, Frankfurt/M. 1962
3. Kessler, H.: Das Stöhnen der Natur, Düsseldorf 1990
4. Klausewitz, W.: Über Schmerzempfinden und Leidensfähigkeit der Fische, in: Fischökologie 1 (1989), 65–90
5. Leyhausen, P.: Über die Funktion der Relativen Stimmungshierarchie, dargestellt am Beispiel der phylogenetischen und ontogenetischen Entwicklung des Beutefangs von Raubtieren, in: Zeitschr. f. Tierpsychologie 22 (1965), 412–494
6. Lorenz, K.: Das sogenannte Böse, Wien 1963
7. Pastore, N.: Discrimination learning in the Canary, in: J. compar. Physiol. Psychology 47 (1954), 188–189; 389–390
8. Pepperberg, I. M.: Cognition in an African Grey Parrot (*Psittacus erithacus*): Further evidence for comprehension of categories and labels, in: J. compar. Psychology 104 (1990), 41–52
9. Roth, G.: Ist das menschliche Gehirn einzigartig? in: König, V., Hohmann, H. (Hrsg.): Bausteine der Evolution, Gelsenkirchen – Schwelm 1997, 105–114
10. Schneider, R.: Winter in Wien, Freiburg – Basel – Wien 2. Aufl. 1996
11. Schwemmler, W.: Symbiogenese als Motor der Evolution, Berlin – Hamburg 1991
12. Watanabe, S., Sakamoto, J. & Wakita, M.: Pigeons' discrimination of paintings by Monet and Picasso, in: J. exper. Analysis Behav. 63 (1995), 165–174
13. Wickler, W.: Ein Augen fressender Buntbarsch, in: Natur und Museum 96 (1966), 311–315

Volker Sommer

Destruktives Verhalten bei Tieren
Über Eigenutz und Selbstlosigkeit, über Gut und Böse

Eine moderne »Biologie des Menschen« ist immer zugleich eine »Biologie vom Menschen als Tier«. Erklären und Verstehen können wir die Natur unserer Spezies nur – jedenfalls gemäß dem Paradigma der Evolutionsbiologie –, wenn wir sie als Puzzle-Stückchen im schillernden Mosaik aller Lebensformen begreifen. Mehr und mehr büßen jene Denkrichtungen an Einfluß ein, die eifrig bemüht sind, *biologisch* eine »Sonderstellung« des Menschen herauszustreichen. Denn dieses Unterfangen wird stets aufs Neue durch Forschungen relativiert, die graduelle Übergänge zwischen den Arten belegen und nicht etwa einen plötzlichen Sprung, so daß ein unüberbrückbarer Hiatus entstünde.

Mittlerweile ist es eine Selbstverständlichkeit, daß Forschungsergebnisse, die sich auf Menschen als Studienobjekte beziehen, in Zeitschriften wie »Animal Behaviour« (»Tier-Verhalten«) und »International Journal of Primatology« (»Internationale Zeitschrift für Primatologie«) veröffentlicht werden – gleich neben Beiträgen über Stichlinge, Amseln und Paviane. Dieser Trend wird zweifellos an Dynamik gewinnen.

Der Titel dieses Aufsatzes – »Destruktion bei Tieren« – geht deshalb eindeutig von der Prämisse aus, daß Menschen lediglich eine besondere Art von Tieren sind. Warum es in der Natur Phänomene gibt, die zerstörerisch wirken oder die wir als zerstörerisch empfinden, läßt sich vielleicht am besten erhellen, wenn wir zunächst einmal unser traditionelles Naturverständnis hinterfragen.

Der Mythos von der guten Natur

Im Einklang mit der Natur zu leben – das ist eine Forderung, der sich vermutlich heutzutage viele Menschen gerne verpflichten würden. Denn »Natur« steht in unserer als hochzivilisiert begriffenen Gesellschaft für das Unverdorbene, das Gesunde, das Heilspendende, das Harmonische. Mit »Natürlichkeit« werben Hersteller selbst der künstlichsten Produkte – ob sie nun den angeblich frischesten Bio-Joghurt oder das sauberste Vollwaschmittel anzupreisen haben. Und nicht nur New-Age-Bewegte suchen Orientierung in der Geisteswelt der »Na-

tur«-Völker, die angeblich in wohlbalancierter Einheit mit ihrer Umwelt
leben.
   Wenn der Mythos vom »guten Wilden« fröhliche Urständ feiert,
dann ist in der Regel die Mär vom guten Tier auch nicht fern. Der mittel-
alterliche Versdichter Sebastian Franck machte sich darauf folgenden
Reim:

»Wo hat ein schlang ein schlangen toedt /
Ein Loew eim loewen anthon not?
In welchem wald hat ye ein Beer /
ein schwein vnd indisch Tigerthier
Getobt in sein gleich / wahrlich nie /
Schwein hat mit schwein stets frieden hie.
Aber Gott ein mensch der thuot
Vil leyds eim menschen / seinem Bluot.«

(Zit. in Wickler 1977, S.67.)

   Ganz ähnlich geht es einige Jahrhunderte später dem franzö-
sisch-schweizerischen Philosophen und Naturkritiker Jean Jacques
Rousseau darum, den angeblich naturwidrigen und schädlichen Luxus
einer verderbten Gesellschaft anzuprangern und von den als ursprünglich
natürlich und damit unschuldig gedachten Individuen fernzuhalten.
Geradezu hymnisch läßt er seinen Erziehungsroman »Emile« (1762)
beginnen: »Alles ist gut, wie es hervorgeht aus den Händen des Urhebers
aller Dinge; es entartet unter den Händen des Menschen« (Rousseau
1762).
   Ist aber die Natur wirklich so harmonisch, wie viele gerne glauben?
Die Frage hat nicht allein philosophische Bedeutung. Einerseits setzen
nämlich viele Moralapostel das, was sie für »gut« halten, mit »natürlich«
gleich, und das, was sie für »böse« halten, mit »unnatürlich«. Andererseits hat die idealistische Vorstellung von der harmonischen Natur
gerade jene Wissenschaft besonders geprägt, die sich speziell der Naturgeschichte des Verhaltens annimmt: die klassische vergleichende Verhaltensforschung. Einer ihrer Gründungsväter, der Verhaltensphysiologe
Konrad Lorenz, und einer seiner vornehmsten Schüler, Irenäus
Eibl-Eibesfeldt, prägten mit ihren exzellent geschriebenen allgemeinver-
ständlichen Werken auch das Denken weiter Kreise einer deutschspre-
chenden Lesergemeinde (Lorenz 1963; Eibel-Eibesfeld 1970; ders.
1975). Breiten Raum in diesen Schilderungen nimmt etwa die Vorstellung ein, daß Instinkte und Regelmechanismen das Verhalten von
Organismen dergestalt vorprogrammieren, daß die Arterhaltung gefördert wird und daß Betrügen, Schädigen oder gar Töten von Artgenossen vermieden wird.

Unter Verhaltensforschern und Evolutionsbiologen vor allem angels-
ächsischer Lehrtradition wird das Verhältnis von Natur und Kultur jedoch mittlerweile ganz anders gesehen (Übersichten: Wilson 1975;
Trivers 1985; Alcock 1993; Voland 1993). Statt des Prinzips Arterhaltung, so die neuere Denkungsart, herrscht auch und gerade in der Natur
ein Prinzip vor, das vielen lange Zeit als Charakteristikum kulturverdor-
bener Menschen galt: das Prinzip Eigennutz (Vgl. Wickler, Seibt 1981).
Ausgangspunkt der Überlegungen ist hierbei, daß – gemäß den von
Charles Darwin erstmals beschriebenen Mechanismen der natürlichen
Auslese – das Erbgut nur jener Organismen in zukünftigen Generationen
vertreten ist, die sich fortpflanzen. Die natürliche Selektion bewertet
dabei Erfolgsereignisse und Mißerfolge: Jene Hasen, die Beutegreifern
entkommen, werden mit größerer Wahrscheinlichkeit im künftigen
Genpool von Hasen vertreten sein, als jene Hasen, die geschlagen werden. Und die Gene jener Beutegreifer, die Hasen zu oft entkommen
lassen, werden in zukünftigen Generationen ebenfalls spärlicher repräsentiert sein als die erfolgreicherer Jäger. Die gemäß Erfolg und
Mißerfolg veränderten Genfrequenzen sind dabei die Dokumentations-
zentren, das Gedächtnis für diese Ereignisse.

Bevor es im Folgenden darum gehen soll, die Wirkweise dieser
Prinzipien zu veranschaulichen, sei betont, daß eine Vokabel wie »Eigennutz« nichts ist als eine Metapher. Weder eine moralisch wertende noch
eine teleologische Position sind intendiert. Es wird nicht behauptet, daß
die natürliche Selektion zielgerichtet eigennützige Organismen hervorbringt oder daß diese gar voller Absicht handelten und egoistische Inten-
tionen hätten. Wenn dennoch davon geredet wird, daß Organismen
»reproduktive Strategien« verfolgen oder »Motive« hätten, oder wenn
»genetische Programme« erwähnt werden, wird damit lediglich auf jene
Zweckmäßigkeit angespielt, die den Körperbau und das Verhalten sich
erfolgreich reproduzierender Organismen notgedrungen auszeichnet.
Denn genetisch erfolgreiche Organismen müssen sich so verhalten
haben, »als ob« sie sich reproduzieren wollten – hätten sie das nicht
getan, wären sie ausgestorben. Ihr Erscheinungsbild wird damit »qua-
si-rational«. In diesem Sinne ist auch die Rede vom genetischen »Egoismus« eine Metapher für Quasi-Rationalität: Wir benutzen ein Wort aus
der Alltagssprache, um in einer Art semantischer Stenografie evolutions-
biologische Prinzipien zu veranschaulichen (vgl. Dawkins 1976).

Gemäß diesem Ansatz versucht die moderne Verhaltensökologie, die
reproduktiven Strategien von Organismen zu verstehen, wie sie sich in
einem Wechselspiel von Erbgut und Umwelt entfalten. Dabei setzte sich
mehr und mehr eben die verblüffende Erkenntnis durch, daß sich angeblich »sel bstloses« Verhalten in der Regel relativ einfach umdeuten

läßt als im Grunde dem eigenen genetischen Interesse dienlich. Die Selbstlosigkeit sähe deshalb nur so aus, wäre also lediglich »phäno-typisch«. Als konsequentes Postulat läßt sich deshalb formulieren: Wahre Selbstlosigkeit existiert nicht – jeder Altruismus ist nur phänoty-pisch und läßt sich entlarven als genetischer Egoismus.

Ich werde im Folgenden für diese Position zu werben versuchen. Wer sich ihrer Radikalität, Simplizität und ihrem Reduktionismus nicht anschließen kann, kann sich vielleicht zumindest für den Gedanken erwärmen, daß ein solcher Blickwinkel aus heuristischen Gesichts-punkten nützlich sein kann – nämlich zunächst einmal kein hehres Motiv zu vermuten, wenn sich auch ein niedriges finden läßt.

Manifestationen des Eigennutzes

Relativ einfach läßt sich genetischer Egoismus hinter dem oft als quintessentiell altruistisch interpretierten Eltern-Kind-Verhalten ent-decken. Denn es läßt sich kaum abstreiten, daß die Fürsorge einer Mutter oder eines Vaters für ihren Nachwuchs der Beförderung eigenen Erb-gutes in die nächste Generation dienlich sind. Daß aber die angeblich selbstlose Liebe ihre durchaus pragmatischen Grenzen hat, zeigt sich spätestens beim Entwöhnungskonflikt: Mütter versuchen, das Invest-ment in ihr Kind vor allem dann zu reduzieren, wenn der Zeitpunkt für ein weiteres Kind gekommen ist. Dieses Geschwister ist aber für das erste Kind ein Konkurrent, weshalb zwischen den Elternorganismen und dem Nachwuchs unvermeidlich ein Konflikt vorprogrammiert ist (Tri-vers 1974).

Nach Selbstlosigkeit sieht auf den ersten Blick auch jene Hilfe aus, die Artgenossen anderen bei der Aufzucht von deren Kindern angedei-hen lassen. Sogenannte Helfer-am-Nest finden sich bei zahlreichen Vogelarten, bei Mungos, bei Wildhunden oder bei Krallenaffen. Nun wäre es verständlich, wenn noch nicht geschlechtsreife Individuen bei der Aufzucht jüngerer Geschwister assistieren würden. Die Helfer – welche die Jungen bewachen, herumtragen, ihnen das Fell oder Gefieder säubern oder Nahrung herbeischaffen – sind in der Regel jedoch bereits geschlechtsreif und könnten eigenen Nachwuchs haben. Dennoch ver-zichten sie auf Reproduktion. Eine genauere Analyse der ökologischen Bedingungen, unter denen diese Arten leben, zeigt dann im allgemeinen recht schnell, daß die Umweltbedingungen die Wahrscheinlichkeit einer erfolgreichen Aufzucht eigenen Nachwuchses relativ stark einschränken. Was die Helfer daraufhin tun, ist das unter den gegebenen Bedingungen Bestmögliche. Selbstlos ist ihr Verhalten damit keineswegs. Dem aus

Neuseeland stammenden Evolutionsbiologen William Donald Hamilton ist die in diesem Zusammenhang wichtige Erkenntnis zu verdanken, daß es im darwinischen Ausleseprozeß gleichgültig ist, woher die Genkopien stammen, mit denen sich ein Individuum reproduziert (Hamilton 1964). Denn identische genetische Information steckt nicht nur in den direkten Nachkommen (im Mittel zu 50 Prozent), sondern auch in anderen Blutsverwandten. Mit einem Neffen oder einer Nichte ist ein Organismus zu immerhin noch 25 Prozent genetisch identisch. Wenn nun ein Bruder oder eine Schwester aufgrund der Assistenz eines Helfers-am-Nest zwei zusätzliche Kinder aufziehen kann, schlagen diese beiden indirekten Nachkommen mit 2 x 25 = 50 Prozent weitergegebener genetischer Information zugute – und das ist dann genauso gut, wie es ein eigenes Kind wäre (1 x 50 Prozent).

Auch Hilfeleistungen unter Nicht-Verwandten lassen sich oft auflösen als im Grunde doch dem Ego dienlich. Nach dem Motto »Kratzt Du mir den Rücken, kratz' ich Dir den Rücken« sind beispielsweise die Interaktionen sozialer Fellpflege in vielen Affengesellschaften als sogenannter reziproker Altruismus deutbar (Trivers 1971). Bei dieser »Selbstlosigkeit auf Gegenseitigkeit« pflegen die Individue n dem Gegenüber vorzugsweise jene Körperpartien – etwa den Rücken, das Gesicht, die Oberarme – die vom Ego nicht eingesehen werden können. Nach kurzer Vorleistung präsentiert dann gewöhnlich das reinigende Individuum einen eigenen Körperteil, und die Reihe ist an dem zuvor Gepflegten, die Vorleistung in gleicher Münze zurückzuzahlen.

Neben den eben vorgestellten Beispielen eines lediglich phänotypischen Altruismus handeln Organismen aber auch offensichtlich eigennützig – etwa dann, wenn sie andere falsch informieren, um sich selbst Vorteile zu verschaffen. Betr ügerisches Signalisieren ist auch und gerade unter Artgenossen verbreitet (Byrne und Whiten 1988; Sommer 1992). Die Lügenbarone im Tierreich sind dabei die Primaten – Halbaffen, Affen, Menschenaffen und natürlich Menschen. Die Übergänge in den geistigen Kapazitäten sind hier überaus fließend, wobei etwa der falsche Alarm ein beliebtes Mittel ist, um andere auszutricksen. In einer von mir beobachteten Gruppe in Indien lebender Langurenaffen versuchten beisp ielsweise die rangniederen Affen eine zeitweilige Beinverletzung des ranghöchsten Tieres – des Alphaaffen – auszunutzen und machten ihm das Futter streitig: von einem Akazienbaum heruntergefallene reife Früchte. Der Alphaaffe – ein alter, erfahrener Haudegen – stieß während einer solchen Rempelei plötzlich und unvermittelt kehlige Laute aus, wie sie sonst nur dann zu hören sind, wenn Gefahr droht: von einem Rudel Hunde etwa, einem Tiger oder Leoparden. Dieser Alarmlaut schickte die anderen Affen sofort auf die Bäume. Alpha aber saß ruhig am Boden und verzehrte seine Schoten. Diese kleine Episode ist kein Einzelfall, sondern wurde in ähnlicher Form viele Male bei verschiedensten Affenarten beobachtet.

Besonders evident ist das ansonsten oft unterschwellige Motiv des Eigennutzes angesichts des Tötens unter Artgenossen. Während Konrad Lorenz unter anderem in seinem 1963 erschienenen Bestseller »Das sogenannte Böse« noch die Auffassung vertrat, solche Tötungen kämen praktisch nicht vor, weil sie dem Prinzip der Arterhaltung widersprächen (s. auch Lorenz 1955, 105–140), liegen mittlerweile sowohl aus Labors wie aus dem Freiland zahlreiche Beobachtungen dazu vor (Hausfater 1984; Sommer 1987; Vogel 1989). Artgenossentötungen wurden beispielsweise bei so unterschiedlichen Organismen beobachtet wie Dungkäfern, Wespen, Fischen, Amphibien, Mäusen, Löwen, Languren, Gorillas, Schimpansen oder Menschen. Die Ursachen der Tötungen sind sehr vielfältig. Häufig handelt es sich um Kindestötungen, sogenannte Infantizide. Bei Säugetieren werden Infantizide oft in Verbindung gebracht mit einer Abkürzung der zeitweiligen Unfruchtbarkeit während der Stillzeit. Häufig sind es Männchen, die das von einem Vorgänger gezeugte Baby töten, um mit der Mutter rascher ein eigenes Kind zeugen zu können (Sommer 1994; ders. 1996). Von Schimpansen wiederum sind regelrechte Ausrottungskämpfe bekannt, bei denen eine Gruppe über Jahre hinweg ein benachbartes Gruppenmitglied nach dem anderen umbringt – oft auf sehr grausame Weise -, vermutlich, um in den Besitz des Nachbargebietes mitsamt seinen Ressourcen zu gelangen (Goodall 1986). Daß auch viele blutige Konflikte unter Menschen von diesem Motiv getrieben werden, dürfte kaum bestreitbar sein.

Dennoch – die oben vorgetragene Behauptung, *aller* Altruismus sei phänotypisch, lasse sich also als genetischer Egoismus entlarven, bedarf in einem Punkte der Relativierung.

Nehmen wir also einmal an, die selbst kinderlose Mutter Teresa habe keine Blutsverwandten in Albanien gehabt, die von ihren heiligen Taten mittelbar profitiert hätten. Aus der Sicht der Biologie ist dieses Verhalten klar maladaptiv zu nennen, »unangepaßt«: die wahre Selbstlosigkeit, die dem Ego Nettokosten verursacht, kann von der natürlichen Auslese nicht gefördert werden. Das heißt aber nicht, daß wahre Selbstlosigkeit ausstirbt. Denn die Evolution ist blind, und bringt gleichsam als Mutanten immer wieder quasi experimentelle Wesen hervor, die ihr Heil im Altruismus suchen. Die genetische Prädisposition für ihr Verhalten nehmen diese Individuen allerdings mit ins Grab. Es hat keine Chance, sich auszubreiten. Das hindert uns freilich nicht, gerade diese Individuen – die in gewissem Sinne »gegen die Natur« handeln – als ethisch hochstehend zu bewundern. Denn sie – nicht die Mütter, die ihr Kind stillen – sind die wahren »Heiligen«.

Moral in der Natur?

Die Zustände in der Natur können also nicht ohne weiteres zum Vorbild und nachahmenswerten Maßstab erklärt werden. Wer das dennoch tut, kennt sie eben nicht – die Natur. Dennoch finden sich immer wieder offizielle oder selbsternannte Hüter der Moral, die etwas deshalb befürworten, weil es angeblich »natürlich« ist, und anderes Verhalten verdammen, weil es ihnen »unnatürlich« dünkt. Besonders häufig rankt sich diese Denkfigur um den Bereich der *Sexualmoral* (Boswell 1980; Weinrich 1987; Sommer 1990). Gerade hinsichtlich des Sexualverhalten werden in wohl allen Kulturen starke ethische Positionen bezogen – was aus evolutionsbiologischer Perspektive auch nicht weiter verwundert, da ja Reproduktion im Zentrum der Evolution steht und die Kontrolle und Überwachung fremden Fortpflanzungsverhaltens zur Sicherung und Durchsetzung eigener Interessen als wichtiger Handlungsantrieb vorhersagbar ist.

Unter Berufung darauf, daß ein bestimmtes Verhalten »in der Natur« nicht vorkomme, wurden oder werden beispielsweise (beson-ders in der christlich-abendländischen Tradition) folgende Phänomene als »widernatürlich« verdammt: Masturbation, Pädophilie, Inzest, Vergewaltigung, Aborte, sexuelle Enthaltsamkeit, Homosexualität, Bisexualität, andere Eheformen als Monogamie oder Ehebruch.

Den Naturrechtlern gegenüber kann und muß allerdings deutlich darauf hingewiesen werden, daß ihr Widernatürlichkeits-Argument keine Grundlage hat – jedenfalls dann nicht, wenn man zugesteht, daß sich die Naturvertreter par excellence »natürlich« verhalten: Tiere. In der Tat belegt der Verhaltenskatalog gerade jener, die wie die Menschen Säugetiere sind und wie diese zur Ordnung der Primaten zählen, daß alle bei Menschen beobachteten Formen sexuellen und reproduktiven Verhaltens in guter Annäherung auch in der Natur vorkommen (Zusammenfassung in: Sommer 1989; ders. 1998).

Aus freier Wildbahn – also von sich völlig natürlich verhaltenden Individuen, die keineswegs durch Labor- oder Gefangenschaftsbedingungen »abnorm« wurden – liegen beispielsweise Berichte über folgende Phänomene vor:

* Bei Bonobos – der zweiten, lediglich in Zaire lebenden Schimpansenart und dem Menschen am nächsten verwandte Spezies – werden sowohl bei Weibchen als auch bei Männchen regelmäßig sexuelle Selbstbefriedigung, sexuelle Kontakte mit Kindern und homosexuelles Verhalten beobachtet – und zwar in Anwesenheit von zu sexuellen Kontakten bereiten gegengeschlechtlichen Partnern (Sommer 1993).

* Bei den in Indonesien lebenden Orang-Utans – einer asiatischen Menschenaffenart – kommt es vermutlich manchmal zu Vergewaltigungen von Weibchen durch heranwachsende Männchen (vermutlich ein Resultat der einzelgängerischen Lebensweise der Orangs; bei in sozialen Gruppen lebenden Primaten fehlen hingegen Hinweise auf die Existenz von erzwungenen Kopulationen) (vgl. Smuts u. a. 1987).

* Bei schwangeren Weibchen indischer Langurenaffen kommt es besonders häufig beim Wechsel des in einer Haremsgruppe lebenden erwachsenen Männchens zum Verlust des Fetus. Die Weibchen beugen dadurch wahrscheinlich einer zu erwartenden Kindestötung durch das neue Männchen vor (Agoramoorthy u. a. 1988).

* Eine naturgegebene Eheform läßt sich aus dem stammesgeschichtlichen Primatenerbe ebenfalls nicht nachweisen, denn alle nur denkbaren Formen sind vertreten: Ein-Männchen-Viel-Weibchen-Gruppen (Polygynie oder Vielweiberei) etwa bei Gorillas und Orang-Utans; Viel-Männchen-Viel-Weibchen-Gruppen (Polygynandrie oder Gruppenehe) etwa bei Schimpansen und Bonobos; Viel-Männchen-Ein-Weibchen-Gruppen (Polyandrie oder Vielmännerei) etwa bei manchen Krallenaffen; Ein-Männchen-Ein-Weibchen-Gruppen (Monogamie oder Einehe) etwa bei Gibbons (Vogel und Sommer 1992).

* In den einehigen Beziehungen lassen sich Ehebrüche feststellen: Bei einer von meiner Arbeitsgruppe im thailändischen Khao-Yai-Nationalpark studierten Population von Weißhandgibbons sind 12 Prozent aller Paarungen sogenannte Extra-Paar-Kopulationen (Reichard und Sommer 1997).

* Bei zahlreichen Krallenaffenarten leben geschlechtsreife Individuen im Sinne der oben beschriebenen Rolle als »Helfer-am-Nest« in der Gruppe, ohne selbst sexuell aktiv zu sein (Goldizen 1987) – ein Analogon also zur sexuellen Enthaltsamkeit, wie sie unter Menschen zu finden ist.

* Zu inzestuösen Verbindungen zwischen Vätern und Töchtern, Müttern und Söhnen oder unter Geschwistern kommt es – mehr oder weniger häufig – beispielsweise bei Gibbons oder bei Berberaffen (Brokelman 1984; Paul und Küster 1985).

Warum können wir leiden?

Philosophische Betrachtungen oder faktische Belehrungen helfen jenen wenig, die an der wie auch immer wertneutral zu betrachtenden Natur leiden. Wir wollen nicht betrogen werden noch nehmen wir schulterzuckend hin, als Opfer einer Artgenossentötung auserkoren zu sein. Zudem mag uns allerhand zu schaffen machen, was mehr oder weniger in der Natur unserer ureigenen Sache zu liegen scheint – beispielsweise

Rückenschmerzen. Warum aber stemmen wir uns so gerne gegen den Gang der Natur? Warum sind wir designt, nicht gleich aufzugeben angesichts der destruktiven Tendenzen, die uns von allen Seiten benagen? Die Biologie, die Wissenschaft vom Lebendigen, kann uns hierzu Verständnishilfen liefern, weil sie im Grunde eine Geschichtswissenschaft ist. Bio-Historiker interessieren sich dabei für zwei Lebenslinien: für die des jeweils einzelnen Wesens – also für die Individualentwicklung oder *Ontogenese* – und für die von Arten – also für die Stammesentwicklung oder *Phylogenese*. Beide Prozesse legen Zeugnis ab für die Bewertung, die Lebensformen – einschließlich des Menschen – durch den Prozeß der natürlichen Auslese erfuhren. Körperbau, Physiologie und Verhaltensweisen von Menschen sind deshalb – wie die Merkmalspalette aller Kreaturen – Kapitel in einer Art lebendem Geschichtsbuch. Diese Betrachtung bliebe jedoch rein deskriptiv, rein beschreibend, wenn Biologen nicht eine Neigung hätten, ihre Geschichtsperspektive mit einer Frage zu würzen: der Frage »*Warum*?« Erst sie generiert eine spannende Wissenschaft – auch und gerade weil das Wörtchen »warum« strittig ist.

In einem Biologieseminar könnte etwa ein Streit darüber entstehen, warum wir an Rückenschmerzen leiden. Eine Partei weist darauf hin, daß hier in den Nervenzellen bestimmte biochemische Prozesse ablaufen, die diese Empfindung hervorrufen. Eine andere Partei meint, die Erklärung gehe am Kern der Sache vorbei. Schmerzempfindung sei dazu da, uns zu warnen, etwas an der Situation zu ändern, bis wieder Wohlbefinden eintritt. Beide Ansichten sind durchaus vereinbar, wenn die Ebene berücksichtigt wird, auf der sie argumentieren. Die erste Erklärung bezieht sich auf eine Wirkursache, da sie auf physiologisch- psychologische Vorgänge abhebt. Die zweite Erklärung bezieht sich auf eine Zweckursache, die dazu führte, daß dieses Merkmal sich im Laufe der Evolution ausbreiten konnte. Die Hypothesen konkurrieren deshalb nicht, sondern ergänzen einander. Biologen charakterisieren die *Wirkursachen* auch als *unmittelbar* oder *proximat*, da sie sich auf den *Mechanismus* der Ausprägung eines Merkmales beziehen. Hier ist die Warum-Frage eigentlich eine Frage nach dem *Wie:* Wie sind die inneren (physiologischen, hormonellen oder genetischen) Vorgänge und Strukturen eines Organismus beschaffen, die ein bestimmtes Merkmal ausprägen oder Verhalten steuern? *Zweckursachen* wirken hingegen *mittelbar* oder *ultimat,* da sie sich auf die *Funktion* von Eigenschaften beziehen. Diesmal ist die Warum-Frage eigentlich eine Frage nach dem *Wozu:* Wozu dient ein bestimmtes Merkmal und auf welche Art und Weise fördert es die Fortpflanzungstauglichkeit seiner Träger?

Eine enge Verwandtschaft besteht zwischen der Frage nach der Funktion (welchem Zweck dient ein Merkmal, so daß es von der Selektion aufrecht erhalten wird?) und der Frage nach seiner Stammesgeschichte (welches waren die vormaligen Formen, aus denen die Selektion das gegenwärtige Merkmal gestaltete?). So mündete beispielsweise das Aufkommen einer im Rücken eingelagerten Stütze in die Entwicklung einer Wirbelsäule. Als die frühen Menschen biped wurden, also aufrecht zu gehen begannen, kam es zu Umkonstruktionen am Skelett. Die konnten aber wenig daran ändern, daß ein von oben ausgeübter Druck auf eine vertikale Anordnung von Wirbeln und Bandscheiben schmerzanfällig ist. Rekonstruktionen der Funktion und Phylogenese eines Merkmales beruhen auf *Längsschnitten* durch die Geschichte des Lebens – d. h. einem Vergleich verschiedener lebender oder ausgestorbener Arten –, während die komplementär verwandten Aspekte von Physiologie und Ontogenese eher über einen *Querschnitt* erschlossen werden – d. h. durch Vergleiche der Zustände verschiedener Angehöriger derselben Art. Der niederländische Verhaltensforscher Niko Tinbergen – im Jahre 1973 Nobelpreisträger in Physiologie, gemeinsam mit Konrad Lorenz und Karl von Frisch – machte als erster klar aufmerksam auf die Existenz der vier Problemfelder Mechanismus, Funktion, Ontogenese und Phylogenese in allen Bereichen der Biologie. Wissenschaftler tendieren dazu, sich einem Problembereich speziell zu widmen – oft unter ausdrücklicher oder erzwungener Vernachlässigung des anderen. Allerdings wagen mehr und mehr Forscher, die über die Mechanismen nachdenken, auch über ultimate Ursachen zu spekulieren. Und jene, die sich für das grobe Bild interessieren – die breiten Linien der Evolution –, erkennen zunehmend deutlicher, wie dieses Bild aus feinen Pinselstrichen individueller Prozessabläufe zusammengesetzt ist.

Mit diesem Raster können wir leichter verstehen, warum nicht alle Lebensformen auf Erden leidensfähig, ja noch nicht einmal schmerzfähig sind – zumindest nicht in einem uns ähnlichen Sinne. Manche Würmer lassen sich mittlings durchteilen, nur um dann als zwei separate Wesen weiterzuleben. Manche Heuschrecken scheinen nicht einmal den Verlust ihres Hinterleibes zu bemerken: Was sie mittels der Mandibeln in ihren Mund befördern, fällt hinten wieder heraus.

Grober Trend: Ein Tier ist umso schmerzempfindlicher, je mehr die Elterntiere in die Aufzucht investieren. Manche Spezies setzen auf Quantität bei der Reproduktion (etwa Austern oder Krabben), und eine extrem hohe Sterblichkeit der Jungtiere ist eingeplant. Die immaturen Individuen sind kaum gepuffert: Die leiseste Verletzung oder Beschädigung führt zum Tod. Anders jene Arten, die auf Qualität setzen, wie beispielsweise die Säugetiere. Oft werden pro Wurf nur wenige Kinder in die Welt gesetzt, und im Extremfalle nur eines – wie bei den meisten Affen, Menschenaffen und bei Menschen. Die Jungen erfahren intensive Brutpflege,

und die Eltern sind daraufbedacht, die Sterblichkeit gering zu halten. Wer
kränkelt, hat eine gewisse Chance, wieder aufgepäppelt zu werden – denn
schließlich haben speziell die Mütter durch Schwangerschaft und Stillen
bereits enorm in ihren Nachwuchs investiert. So lohnte es sich, Reparaturmechanismen einzuführen – und ein integraler Bestandteil derer ist das
Warnsystem aus Schmerz- und Leidensfähigkeit. Ob Infektionskrankheit,
psychisches Leiden an einer Partnerbeziehung, Rückenschmerzen durch
krumme Haltung oder die Hand auf der heißen Herdplatte – im Grunde
operieren dabei Sensoren, die uns anweisen:»Du befindest dich nicht in
einer optimalen Situation; mach dich auf die Suche, verändere etwas,
versuche wieder in den Zustand von Wohlbefinden zu gelangen.« Wir
sind vorprogrammiert, so lange zu leiden, bis uns das gelingt.

Gut, Böse und der naturalistische Fehlschluß

Wenn Biologen »Warum?« fragen, erlegen sie sich eine Selbstbe-
schränkung auf. Denn das in »Wie?« und »Wozu?« aufgeteilte »Warum?«
entbehrt völlig jener Sinnfrage, wie sie in den Worten Jesu am Kreuz zum
Tragen kommt:»Warum hast du mich verlassen?« Hier ist das »Warum?«
in ein Paradigma von Gut und Böse eingebettet, also in einen bewertenden
Zusammenhang. Biologen haben hier – zumindest als Biologen – wenig
Nützliches zu sagen. Und das, was sie dazu sagen, entbehrt oft nicht eines
gewissen Amateurismus. Dem in freundlicher gegenseitiger Belehrung
und Kritik etwas abzuhelfen – daran liegt die Chance und Aufgabe von
Arbeitskreisen wie jenen zwischen Biologen und Theologen.
      In der Natur ist jedenfalls vieles möglich. Es dürfte damit klar sein,
daß die reine Existenz eines Phänomens im natürlichen Repertoire der
Tiere keine Unbedenklichkeitsbescheinigung sein kann hinsichtlich ihrer
ethischen Erwünschtheit. Andererseits muß aber auch den Naturrechtlern
klar gesagt werden, daß etwa die Verdammung sexueller Praktiken wie
Homosexualität oder Ehebruch oder Masturbation als »unnatürlich«
schlicht auf Desinformiertheit beruht.
      Gleichwohl besteht wenig Hoffnung, daß das Naturargument ganz
aus der Debatte um Gut und Böse verschwindet – es ist zu handlich und
kann je nach Bedarf bequem eingesetzt werden. Häufig gilt zu-dem
nicht nur das, was (angeblich) »unnatürlich« ist, als etwas Schlechtes,
Böses, Verwerfliches. Nach Gusto wird auch genau umgekehrt argumentiert, die Natur sei etwas brutal »Viehisches«, »Animalisches« und der
Mensch müsse sich über seine niederen Triebe erheben.[1]

---

1   In einer Linie mit letzterer Position steht i nteressanterweise auch unsere Haltung
      manchen bestimmten Naturprodukten gegenüber: Wenn sie Krankheiten verursa-

Damit bleibt den Evolutionsbiologen wieder einmal die Aufgabe, auf den naturalistischen Fehlschluß zu verweisen, also auf jene vom englischen Philosophen David Hume herausgestrichene Maxime, wonach aus dem Sein kein Sollen folgt (Vogel 1985; Alexander 1987). Die Natur ist demnach völlig indifferent in moralischer Hinsicht, und wenn wir moralische oder ethische Maßstäbe entwickeln wollen, müssen wir das mit ganz anderen Argumenten tun. Vielleicht – aber selbst das ist umstritten – ist die Kenntnis der natürlichen Vorgaben zumindest hilfreich, weil sie über die Rahmenbedingungen unseres Seins informiert und uns vielleicht davor bewahrt, zu naturferne Sollens-Forderungen aufzustellen. Doch wo genau Naturerkenntnis zum Korrektiv ethischer Gesellschaftsstrukturen werden kann, soll oder gar muß, heißt es im Einzelfalle genau zu diskutieren.

Erschwerend kommt hinzu, daß gesellschaftlicher Konsens erheblich differiert – sowohl in der Horizontalen (also im Vergleich der Kulturen untereinander), in der Vertikalen (also im Vergleich des geschichtlichen Wandels von Werten innerhalb einer Kultur) als auch im Punktuellen (im Vergleich von Situationen untereinander):

* Betrug und Lüge mögen als gute Handlungen begriffen werden, wenn etwa – wie durch die Finte des Odysseus mit dem trojanischen Pferd – der Feind hinters Licht geführt wird.

* Artgenossentötung mag als etwas Gutes angesehen werden, wenn im Krieg Gegner vernichtet oder Todesstrafen vollstreckt werden.

* Askese und sexuelle Enthaltsamkeit werden in den Religionen, teilweise auch in unterschiedlichen Strömungen ein und derselben Religion, manchmal als moralisch gut bewertet und hochgeschätzt, manchmal nicht.

* Während sexuelle Kontakte mit Minderjährigen in Deutschland und vielen anderen Ländern als Verbrechen gelten, gehörten pädophile Kontakte im antiken Griechenland zur Tagesordnung und praktizieren Stammesvölker Neuguineas auch heute noch rituelle Fellatio, bei der Knaben das Sperma von Männern aufnehmen.

* In zahlreichen Gesellschaften sind Abtreibungen grundsätzlich verboten. Demgegenüber: Während in Deutschland das Abtöten eines Ungeborenen erst nach einer bestimmten Schwangerschaftsdauer als Verbrechen gilt, werden in manchen Teilen Nordwestindiens auch heute noch neugeborene Mädchen getötet, wenn für das ökonomische Wohlergehen der Familie nur die Geburt eines Knaben wünschenswert scheint.

chen, wird Lebewesen wie Bandwürmern, Tollwuterregern oder AIDS-Viren gnadenlos der Garaus gemacht – und nur selten wird gefragt, ob nicht auch solche Lebensformen eine Daseinsberechtigung haben, die wir kuscheligen Wesen wie Koalas oder Pandas emphatisch zugestehen.

Angesichts eines solchen Sittenrelativismus und angesichts der enormen Vielfalt von Handlungsoptionen, die in der Natur (auch von anderen Tieren als *Homo sapiens*) verwirklicht sind, ist es ohne Zweifel keine leichte Aufgabe, sozial verträgliche Maßstäbe zu entwickeln, um Gut und Böse unterschieden zu können. Ein Beitrag aus evolutionsbiologischer Sicht dürfte deshalb auch kaum zur Klärung des Problemes wesentlich beitragen können – hoffentlich aber wenigstens zu einer kritischen Bestandsaufnahme und besseren Einschätzung der Möglichkeiten und Grenzen ethischer Normen. Wer einen Feind – in diesem Falle »das Böse« – bekämpfen will, tut jedenfalls gut daran, ihn zunächst möglichst gut zu kennen.

Nachspiel im Himmel

Ob aber das Böse wirklich immer und überall ein Feind ist? Vielleicht ist es abschließend angebracht, an eine Denkfigur zu erinnern, wie sie etwa im hinduistischen Denken zu finden ist. Der böse Dämon steigt dort, nachdem er in der apokalyptischen Schlacht vom guten Gotte besiegt wurde, sogleich in den Himmel auf (Tulsidas 1975). Er hat sich den paradiesischen Aufenthalt wohl verdient. Denn Gott konnte seine Macht und Herrlichkeit nur deshalb wunderbar demonstrieren, weil ihm der Dämon durch seine böse Existenz quasi einen roten Teppich ausbreitete. Ganz ähnlich mag uns das Gute nur im Kontrast zum Bösen deutlich werden. Bei solcher Betrachtung freilich haben wir den Horizont naturwissenschaftlichen Erkennens längst hinter uns gelassen.

Literatur

Agoramoorthy, G.; Mohnot, S. M.; Sommer, V. & Srivastava, A. (1988): Abortions in free ranging Hanuman langurs – a male induced strategy? in: Human Evolution 3, 1988 S. 297-308

Alexander, R. D. (1987): The Biology of Moral Systems, New York 1987

Alcock, J. (1993): Animal Behavior: An Evolutionary Approach. Sunderland, Mass. [5]1993

Boswell, J. (1980): Christianity, Social Tolerance, and Homosexuality: Gay People in Western Europe from the Beginning of the Christian Era to the Fourteenth Century, Chicago 1980.

Brokelman, W. Y. & Sompoad Srikosamatara (1984): Maintenance and social evolution of social structure in gibbons, in: Preuschoft, H., u. a. (Hrsg.): The Lesser Apes. Evolutionary and Behavioural Biology, Edinburgh 1984, 298–323

Byrne, R. W. & Whiten, A. (Hrsg.) (1988): Machiavellian Intelligence. Social Expertise and the Evolution Intellect in Monkeys, Apes and Humans, Oxford 1988

Dawkins, R. (1976): The Selfish Gene, New York 1976; deutsch: Das egoistische Gen, Berlin–Heidelberg–New York 1978

Ders. (1986): The Blind Watchmaker, New York 1986; deutsch: Der blinde Uhrmacher, München 1987

Eibel-Eibesfeld, I. (1970): Liebe und Haß. Zur Naturgeschichte elementaren Verhaltensweisen, München 1970

Ders. (1975): Krieg und Frieden aus der Sicht der Verhaltensforschung, München 1975

Goldizen, A. W. (1987): Tamarins and marmosets. Communal care of offspring, in: Smuts, B. u. a. (Hrsg.) (1987): Primate Societies, Chicago 1987, 34–43

Goodall, J (1986): The Chimpanzees of Gombe. Patterns of Behavior, Cambridge/Mass. 1986

Hamilton, W. D. (1964): The genetical evolution of social behavior, part 1 and 2, in: Journal of Theoretical Biology 7 (1964), 1–51

Hausfater, G. & H., & Blaffer, S. (Hrsg.) (1984): Infanticide. Comative and Evolutionary Perspectives, New York, 1984

Lorenz, K. (1955): Über das Töten der Artgenossen, in: Jahrbuch der Max-Planck-Ges., Göttingen 1955 (Nachdruck unter gleichem Titel in: Lorenz, K.: Das Wirkungsgefüge der Natur und das Schicksal des Menschen, München ³1983)

Ders. (1963): Das sogenannte Böse. Zur Naturgeschichte der Aggression, Wien 1963

Paul, A., & Küster, J. (1985): Inter-group transfer and incest avoidance in semi-free- ranging Barbary macaques (macaca sylvana), in: Folia Primatologia 42 (1985), 2–16

Reichard, U., & Sommer, V. (1997): Group encounters in wild gibbons (Hylobates lar.), in: Behaviour 134 (1997), 1135–1174

Rousseau, J.-J. (1762): Emil oder Über die Erziehung. Bibliothek pädagogischer Klassiker. Mann, Friedrich (Hrsg.), Bd. I, Langensalza 1876 (Erstausgabe: Emile ou de l'éducation, 4 Bde., Den Haag–Amsterdam 1762)

Smuts, B. u. a. (Hrsg.) (1987): Primate Societies. Chicago 1987.

Sommer, V. (1987): Das Töten von Artgenossen. Kontroversen der Verhaltensforschung, in: Albertz, H. (Hrsg): Die Zehn Gebote, Bd. 6 (Du sollst nicht töten), Stuttgart 1987, 85–97

Ders. (1989): Die Affen. Unsere wilde Verwandtschaft, Hamburg 1989

Ders. (1992): Lob der Lüge. Täuschung und Selbstbetrug bei Tier und Mensch, München ²1992

Ders. (1993): Wider die Natur? Homosexualität und Evolution. Perspektiven der modernen Verhaltensbiologie, in: Mannheimer Forum 93/94, 7–47

Ders. (1994): Infanticide among langurs of Jodhpur Testing the sexual selection hypothesis with long-term record, in: Migiani, S., & Saal, F. v. (Hrsg.), Infanticide and Parental Care, London 1994, 155–198

das Problem umgangen wäre, inwieweit die vom forschenden menschlichen Geist geschaffene Ordnung in der Natur vorfindliches Abbild ist oder ihr übergestülpt wurde[2].

Das Sich-selbst-begreifen-Wollen des Wissenschaft treibenden Menschen ist sehr umfassend zu verstehen. Es betrifft gleichermassen die Entwicklung des Körpers in Ontogenie und Phylogenie, wie die Frage des Verhältnisses von Körper und Geist, die Grundlagen unserer Intel-

---

2   Nach Auffassung der evolutionären Erkenntnistheorie kommt die Passung zwischen der die Organismen umgebenden Welt und dem Wahrnehmungsvermögen der Organismen dadurch zustande, daß durch die dauernde Wechselwirkung zwischen Organismus und Umwelt nur solche Organismen überleben, deren Sinnesorgane und Interpretationsapparat der Sinneseindrücke (z. B. Gehirn und darüber gesteuerte Verhaltensweisen) mit der »Wirklichkeit« übereinstimmten. Plastisch ausgedrückt, ein Affe, der sich über den Abstand zum nächsten Ast eine falsche Hypothese bildet, hat nur noch sehr geringe Fortpflanzungchancen. Es gibt zu diesem Themenkreis eine sehr umfangreiche Literatur. Eines der fundiertesten Werke ist das des Naturphilosophen Vollmer, Evolutionäre Erkenntnistheorie, Stuttgart 1980, sehr eingängig geschrieben ist z. B. von R. Riedl, Biologie der Erkenntnis. Die stammesgeschichtlichen Grundlagen der Vernunft, Berlin–Hamburg, [2]1980.
In letzter Konsequenz bedeutet dies, daß nur solche Organismen eine Entstehenschance haben, deren Sinneswahrnehmung und Verarbeitung von Umweltreizen wenigstens soweit mit den relevanten Faktoren dieser Umwelt übereinstimmen, daß wichtige Überlebens- und Fortpflanzungsmechanismen wie Ernährung, Schutz und Partnerfindung sichergestellt sind. Im Umkehrschluß bedeutet diese Betrachtung, daß unsere Wahrnehmung der Welt zumindest in dem für die biologische Entwicklung relevanten Rahmen richtig sein muß. Dies ist für die Funktion und Verarbeitung von Sinneseindrücken wohl kaum zu widerlegen. Inwieweit abstrakte Hypothesen, solche die von den unmittelbaren Sinneseindrücken und ihren Wirkungen losgelöst sind, aus der Evolution der Organismen Gültigkeitsansprüche ableiten können, bleibt hingegen sehr zweifelhaft. Das Prinzip der Selektion solcher Hypothesen hat wohl kaum etwas mit Fortpflanzungserfolg zu tun, weder mit dem physischen ihrer Vertreter noch mit dem der Hypothese selber (wenn sie sich durchsetzt), da die Wahrheit einer Hypothese nicht durch die Anzahl der sie vertretenen Personen dokumentiert wird.
Die Frage nach in der Natur vorfindlichen Ordnungsprinzipien liegt in einem Grenzgebiet zwischen dem der Sinneswahrnehmung (ergänzt durch Meßgeräte) und rein theoretischer Hypothesenbildung. Dementsprechend ist auch keine allgemein gültige Antwort möglich: Die Ordnung des Periodensystems der Elemente ergibt sich aus beobachtbaren Größen und wäre auf der Basis evolutionärer Erkenntnistheorie als zutreffend anzunehmen. Der Artbegriff hingegen, als systematische Kategorie erscheint nur auf den ersten Blick von Beobachtungen abgeleitet (etwa in dem Sinne, daß wir einen Hund von einer Katze unterscheiden können und sie zwei verschiedenen Arten zuordnen). Bei genauerer Betrachtung erweist sich der Artbegriff für Pflanzen und für einzellige Lebewesen als schwer zu definieren und von dem der meist auf Tiere angewandt wird, als verschieden (G. v. Wahlert). Letztlich steht die Berechtigung einer Kategorisierung von Organismen durch den Artbegriff in Frage.

ligenz, die Wurzeln des Sozialverhaltens, der biologischen Vorbedingungen für freie Willensentscheidungen wie die Entwicklung einer Wertewelt und religiöser Bezüge. Wir wollen wissen, woher wir kommen, ob die Entwicklung zum Menschen zielgerichtet verlaufen ist oder ob wir Fleisch gewordener, blinder Zufall einer gegenüber Werten und geistigen Prozessen indifferenten Welt sind. Dies sind Fragen ganzheitlicher Betrachtung und Weltbeschreibung im Gegensatz zu einer strikt reduktionistischen Auffassung von Lebewesen als rein physikalisch-chemischen Entitäten, und sie sind von entscheidender Bedeutung für unser Selbstverständnis.

Zu allen Zeiten waren Menschen bestrebt, ihr Leben *secundum naturam* zu leben. Damit ist natürlich mehr als die biologische Natur des Menschen gemeint, aber sie ist eingeschlossen und es stellt sich die Frage, inwieweit Auffassungen über die biologischen Wurzeln des Menschen unser Verhalten, ja selbst unsere Wertvorstellungen, prägen können. Eine solche aus der »Natur« ableitbare Wertvorstellung wäre die Ausrichtung auf optimierten Fortpflanzungserfolg, eine derzeit weitverbreitete und mathematisch untermauerte Vorstellung über das Verhalten von Tieren im innerartlichen Konkurrenzkampf (s. z. B. Voland 1993 und den Beitrag von Sommer in diesem Band). Solche Vorstellungen müssen nicht notwendig vor der Bewertung kultureller Leistungen und gesellschaftlicher Normen Halt machen, und es ist sicher legitim, im Spiel wissenschaftlicher Arbeit jede Verhaltensregung und Kulturleistung konsequent gemäß einer Theorie durchzudenken. Es wäre jedoch ein Fehlschluß zu glauben, dass aus Naturforschung abgeleitete Prinzipien Aufschluß über Wertmaßstäbe geben könnten. Sofern es diesen Anschein hat, sind sie stets nur Projektionen im gesellschaftlichen Kontext entwickelter, menschlicher Werte auf den zu erforschenden Gegenstand. Dies betrifft letztlich auch die Frage um die es in diesem Beitrag zum Thema »Das Leid in der Natur« geht.

Im Rahmen des Theodizeeproblems werden Fragen gestellt, wie die nach der Notwendigkeit und dem Sinn von Leid. Tod und Zerstörung werden von uns Menschen als leidvoll erfahren. Letztlich nagt der Zweifel, ob die Welt die beste aller möglichen Welten sei. In Anbetracht der unfaßbaren Komplexität von Lebewesen und des ganzen Universums mutet diese Frage für sich schon als Gotteslästerung an, auch kann von den Naturwissenschaften keine Aussage darüber erwartet werden, ob eine »bessere« Welt denkbar sei. Naturwissenschaften können nur zum Verständnis des Vorfindlichen beitragen und werten nicht, was besser oder schlechter sei. So ist auch dieser Beitrag über Tod und Zerstörung im Reich des Lebendingen zu verstehen. Es ist ein Versuch, eine Facette menschlicher Existenz zu beleuchten.

In der praktischen biologischen Forschung haben sich reduktionistische Ansätze als außerordentlich erfolgreich erwiesen[3]. Sie gehen von unidirektionalen, linearen Kausalitätsbeziehungen aus, die bestenfalls durch das Erkennen von Vernetzungen von Ursachen und Vorgängen etwas komplizierter werden. Dieser Ansatz verstellt leicht den Blick zu einer Betrachtung übergeordneter Systeme. In der Evolutionsbiologie zeigt sich dies am deutlichsten in der Vorstellung einer graduellen Addition kleiner Änderungen als Grundlage für die Entstehung der gesamten organismischen Vielfalt. Fragen, wie sie z. B. von S. Gould (1984) diskutiert werden, was eigentlich ist der Gegenstand, an dem Evolution abläuft (das Genom, der Einzelorganismus, die Population, die Art, Ökosysteme, die Erde[4]), bleiben außen vor bzw. werden vorschnell beantwortet. Ideologien ist damit Tür und Tor geöffnet, und die Fokussierung auf die individuellen Genome als axiomatischer Ansatzstelle für Selektion im Rahmen der Evolution (vgl. Beitrag Sommer) ist solch ein Beispiel.

Die Konsequenz ist, daß Naturwissenschaften mit einem Phänomen wie Tod oder dem Begriff Leben nicht viel anfangen können. Natürlich gibt es naturwissenschaftliche Erklärungs-versuche, warum Organismen altern und letztlich sterben, jedoch fehlt eine biologische Theorie des Todes und damit auch des Lebens, die diese Phänomene in einen größeren Gesamtzusammenhang einordnete. Beschrieben werden Phänomene, die die Zustände tot oder lebendig charakterisieren, jedoch was nun genau einen Organismus zum lebendigen macht, bleibt letztlich unklar.

Der Tod bleibt für viele Menschen etwas zu Überwindendes. Für die restliche Natur wissen wir natürlich, daß Stoffkreisläufe notwendig sind, und damit wird auch der Untergang von Organismen, ihr Tod, für uns akzeptierbar. Für uns Menschen aber hat der Tod offensichtlich keinen Sinn. Sinnfragen sind nichts für Biologen – oder doch? Grundsätzlich ergibt sich »Sinn« immer erst aus einer »Top-down«-Betrachtung, und es ist eine Grundentscheidung, ob wir solches Vorgehen in der Biologie als wissenschaftlich prinzipiell zulassen oder nicht.

---

3   Der Begriff »Erfolg« ist hier in einem bereits auf Verfügungswissen eingeengten Sinne gebraucht. Was Erkenntnisfortschritt ist, muß jeweils definiert werden. Ist es z. B. das Erkennen größerer Zusammenhänge, sind es Erklärungen oder geht es um die Aufdeckung von Kausalitätszusammenhängen. Letztere ist die dominante Form naturwissenschaftlicher Forschung, hier entscheiden sich Erfolg und Mißerfolg.
4   Diese Frage wird noch komplexer, wenn Ko-evolutionen von sehr verschiedenen Organismen, wie Insekten und Blütenpflanzen, betrachtet werden (s. hierzu auch v. Wahlert, 1996)

»Verstehen« von Vorgängen ist nur top-down möglich, innerhalb einer
Organisationsebene ist jede Erkenntnis stets nur »beschreibend«

Wenn dieser Satz richtig ist, folgt daraus, daß die Frage nach der
Bedeutung von Existenz und Zerstörung (wie z. B. Ausrottung von
Spezies, Untergang von Ökosystemen, Tod eines Individuums) über die
Beschreibungsebene nur hinausgehoben werden kann durch eine Untersu-
chung von der jeweils übergeordneten Ebene aus. Nur so bestünde die
Chance, diese Begriffe in eine Theodizeediskussion einzubringen.

Die Bedeutung der Betrachtungsebenen läßt sich am Begriff der
Fehlerhaftigkeit, der mit der Befürchtung, die Welt sei, weil fehlerhaft,
vielleicht nicht die beste aller möglichen Welten, eng mit der Theodizeefrage verknüpft ist, veranschaulichen. Dieser Begriff ist z. B. der Physik
fremd. Nicht jedoch der Biologie, da hier von Anbeginn der Evolution
der Organismen Bedeutung (semantische Bedeutung) eine Rolle spielt:
z. B. die DNA kann fehlerhaft repliziert werden. Ein Physiker würde hier
nur Nicht-Identität feststellen. Fehlerhaftigkeit ergibt sich erst aus der
Notwendigkeit zur identischen Replikation zwecks Aufrecht-erhaltung
bestimmter Proteinmuster. Notwendigkeit ist wiederum kein Begriff, der
in der Physik eine Rolle spielt, da physikalische Vorgänge im Gegensatz
zu biologischen Prozessen keiner Bewertung (z. B. durch Funktionstüchtigkeit oder durch die Selektion) unterliegen. Funktionstüchtigkeit
wie Selektion sind jedoch Begriffe, die erst von einer dem DNA-Molekül
übergeordneten Organisationsstufe her eingeführt werden können. So ist
auch eine der zahlreichen Theorien über Altern, das letztendlich zum Tode
führt, die der Akkumulation von Fehlern. Eine dem entgegengesetzte
Fragestellung lautet:

Sind Tod und Zerstörung unabdingbare Prinzipien des Lebendigen?

Steter Stoff- und Energieumsatz sind konstitutiv für lebende Organismen. Dies erfordert fortwährende Zerstörung des einmal Gebildeten,
gekoppelt an einen fortwährenden Aufbau. Die Gesamtstruktur bleibt
hierbei erhalten oder verändert sich sehr viel langsamer, als die der
Struktur zugrundeliegenden Teile ausgetauscht werden. Nur so ist es
möglich, einen Organismus über längere Zeit als denselben zu identifizieren, obwohl vielleicht der weitaus größte Teil seiner molekularen oder
zellulären Bestandteile ausgetauscht worden ist. Bei solch fortwährenden
Umwandlungs-prozessen können schon allein auf Grund der alle chemischen Reaktionen begleitenden Entropiezunahme »Fehler« passieren.
Insofern Gott als an die Gesetze der Physik gebunden gedacht wird, kann

kein Schöpfungsprozeß diese außer Kraft setzen, und es werden stets solche Fehler auftreten.

Der Unausweichlichkeit einer zwar geringen aber vorhandenen Fehlerrate stehen eine Fülle von Reparaturmechanismen gegenüber, die z. B. auf molekularer Ebene Schäden an der DNA, dem genetischen Material, erkennen und entfernen können, oder die Wundheilungs- und Regenerationsvorgänge auf der Ebene eines Organismus. Die Existenz von Reparaturmechanismen setzt Erkennungsmechanismen für »falsch« und »richtig« voraus, d.h. die übergeordnete Ebene muß kausal auf die untergeordnete einwirken.

Trotz der Allgegenwart von Stoffumsätzen und der damit verbundenen Fehlerhaftigkeit bei der fortlaufenden Neugestaltung von Strukturen führen diese nicht notwendig zum Tode. Einzeller können z. B. alleine durch Teilung dem Schicksal eines individuellen Todes entgehen, sie geben ihre Existenz in den beiden Tochterindividuen auf. Der Tod als ein von Beuteverhältnissen oder sonstigen Umwelteinflüssen unabhängiges Phänomen tritt erst bei Organismen auf, die sich sexuell fortpflanzen, d.h. erst bei vielzelligen Individuen.

Dies bedarf einer Erklärung: Viele Tiere und Pflanzen können sich asexual (z. B. durch Knospung oder Bildung von Ausläufern) fortpflanzen. Unter den Tieren sind hierfür typische Beispiele die Schwämme (Porifera) und die Nesseltiere (Cnidaria). Sie können durch Knospung zu großen Kolonien heranwachsen. Der Individuumsbegriff ist hier kaum auf das einzelne Stockmitglied (z. B. den einzelnen Polypen) anwendbar, da keine klare räumliche Abgrenzung möglich ist. Erst mit der Bildung einer gesonderten Sexualform, der Medusen (Quallen), entsteht ein Einzelindividuum, das unausweichlich dem Tod geweiht ist. Das Fortleben ist in die Keimzellen hinein verlagert, deren Kontinuität garantiert das Fortbestehen der genetischen und strukturellen Eigenschaften der Elternorganismen (Abb. 1).

So ergibt sich: Erst durch Sexualität wird Individualisierung vielzelliger Tiere möglich, der Preis für die Sexualität von Vielzellern ist der Tod des Individuums.

Die biologische Funktionalität dieser Verhältnisse ist leicht einsichtig, wird doch so die Konkurrenz zwischen Eltern und Nachkommen um Ressourcen zeitlich begrenzt. In manchen Beispielen stellen sogar die Körper der Eltern die erste Ernährung der Nachkommen dar (bei einigen Spinnenarten). Eine biologische Begründung des Todes eines Individuums ergibt sich aus der Differenzierung von Zellen und Geweben als notwendiger Voraussetzung für einen sexuellen Fortpflanzungsprozeß. Bei sexuell sich vermehrenden Vielzellern ist stets zwischen den Zellen der Keimbahn, also den zukünftigen Keimzellen, und denen des Soma zu unterscheiden. Letztere stellen die Gesamtheit der physiologischen Leistungen sicher und ermöglichen damit die Bildung der Keimzellen und der aus ihnen hervorgehenden Zygoten. Besondere physiologische Leistungen sind das Ergebnis von Differenzierung, und diese schränkt die Potenzen von Zellen ein, häufig auch deren Fähigkeit zur Vermehrung, und begründet damit deren Tod. Im Gesamtorganismus könnte dieser Verlust an differenzierten Zellen aus einem Reservoir an pluripotenten (embryonalen) Zellen ausgeglichen werden. Dies würde den Alternsprozeß unterlaufen. Jedoch auch die embryonalen Zellen unterliegen der für Vielzeller typischen Regulation von Vermehrungsprozessen, die ihre Körpergröße beschränkt. Eine weitergehende Erklärung, wie die Entwicklung zwangsläufig zum Tode führt, bedürfte einer ausführlichen Behandlung der Theorien des Alterns und geht damit über das Ziel dieses Essays hinaus. Kein Zweifel besteht daran, daß die maximal einem Organismus zugemessene Lebensspanne genetisch fixiert ist. Äußere Faktoren können diese Spanne verkürzen, aber die Grenze nicht überschreiten, innere Faktoren bestimmen primär die »Differenzierung zum Tode«.[5]

Es wurde bereits gesagt, daß Verstehen prinzipiell nur vom übergeordneten System aus möglich ist. Das wird sehr deutlich bei der Betrachtung des Vorkommens und der Funktion von Zerstörung auf verschiedenen Organisationsstufen des Lebendigen. Die Entwicklung und das Überleben eines vielzelligen Organismus sind eng mit der fortwährenden Zerstörung seiner Einzelteile, der Zellen, verknüpft. Solange Zellen als Einzeller auftreten, ist ihr individueller Tod, wie bereits erwähnt, keine Zwangsläufigkeit. Ihre Einordnung in ein übergeordnetes System, einen vielzelligen Organismus, »versklavt« diese Einheiten. Einige Beispiele mögen diese Verhältnisse verdeutlichen. Hände bei Primaten oder Flossen bei Fischen entstehen in der embryonalen Anlage voll eingebettet in dazwischenliegendes Gewebe. Erst durch Degeneration dieses Gewebes während der Embryonalentwicklung werden die Finger freigestellt. Ähnliches gilt für die Flossenstrahlen mancher Fische, die mit diesen zu schreiten vermögen, nachdem einzelne Strahlen durch Auflösung der dazwischenliegenden Häute einzeln beweglich wurden. Dies geschieht durch programmierten Zelltod (Apoptose). Solch programmierter Zelltod

5 Durch die Methoden der molekularen Genetik konnten Gene so modifiziert werden, daß die Lebensspanne eines Organismus deutlich verändert – z. B. verlängert – wurde. Sollte es einmal erreichbar sein, menschliches Leben ad infinitum zu verlängern, und auf diese Weise den Tod zu überwinden, sind die Folgen weniger ein biologisches als ein soziales und ethisch-moralisches Problem. Das heißt, die Folgen können kaum von der Ebene des einzelnen menschlichen Individuums her betrachtet werden, sondern primär von der nächsthöheren Ebenen, der Gesellschaft.

passiert an vielen entscheidenden Stellen. So ist die Abgrenzung lebender Individuen nach außen häufig durch Zellen gebildet, die entweder bereits abgestorben sind, wie z. B. die Oberhautzellen bei Säugern, oder nur noch eine sehr kurze Lebensspanne haben, wie z. B. die Darmepithelzellen. Aber auch die Modellierung so tief gelegener Organe wie des Gehirns erfolgt zu einem großen Teil durch Absterben nicht beanspruchter Zellen, wie für die Entwicklung der Nervenzellen des Wurmes *Caenorhabditis* exakt nachgewiesen wurde. Apoptose ist eine sehr häufige Folge finaler Differenzierung und kann als Vorgang verstanden werden, ähnlich dem Modellieren einer Figur aus einem großen Werkstück.

Das gesamte Immunsystem wäre nicht funktionsfähig ohne ein solches Massensterben all jener Zellen, deren Abwehrkraft gegen körpereigene Substanzen gerichtet ist.

Auch bei Pflanzen kommen solche programmierten Absterbevorgänge in großem Maße vor. So sind z. B. alle Wasserleitgewebe durch die Wände abgestorbener Zellen gebildet, oder der jährliche Laubfall ist Ergebnis apoptotischer Vorgänge, die damit ganze Organe zum Absterben bringen. Auch bei vielen Pflanzen bildenÜberreste abgestorbener Zellen (die Borke) die Grenze zur unbelebten Umwelt. Holzbildung oder Korkbildung ist aus zellulärer Sicht eine Form programmierten Todes.

Vergleichbare Phänomene lassen sich auf der nächsthöheren Organisationshöhe, der der Sozietäten und Ökosysteme, beobachten. Das Gesamtsystem bleibt stabil, während die Einzelteile in ständigem Wandel entstehen und vergehen. Anthropozentrische Betrachtungsweise steht einer solchen Sicht natürlich entgegen, und doch ist es gelebter menschlicher Alltag, wenn z. B. Menschen (z. B. Soldaten oder zum Tode verurteilte Verbrecher) zur Aufrechterhaltung eines Staates und der ihn konstituierenden Ordnung »geopfert« werden[6].

Staaten wie Ökosysteme existieren durch den ständigen Fluß ihrer Glieder. Der Tod des Individuums durch die Einwirkung von Räubern oder Parasiten ist ein Teil im Funktionieren, im »Leben« eines Ökosystems.

Selbst auf kulturellem Gebiet lassen sich diese Phänomene, oft nicht weniger blutig, beobachten: Ideen, Ideologien entstehen, konkurrieren miteinander und vergehen oder werden zumindest abgewandelt. Der Entwicklung eines Ideensystems können sogar ganze Völker oder Gruppen von Menschen geopfert werden, wie die Geschichte zeigt. Das Prinzip der »Versklavung« der Untereinheiten scheint auch bis in die Welt des Geistes hineinzureichen, es ist dies die andere Seite der Emanzipation des überge-

---

6   Dies möge nicht als Plädoyer für die Todesstrafe mißverstanden werden.

ordneten Systems gegenüber seiner jeweiligen Umwelt (s. Bereiter-Hahn, 1996)[7].

Bedeuten Tod und Zerstörung zwangsläufig Leid?

Hier ist zunächst die Unterscheidung zwischen Schmerz und Leid zu treffen. Diese beiden Begriffe hängen zwar sehr eng zusammen, sind jedoch nicht identisch. Physisch ist Schmerz die Folge einer Überbeanspruchung des ansonsten für das Zurechtfinden in der Welt essentiellen Sinnesapparates. Wird Schmerz unausweichlich, stark und dauernd, entsteht Qual, sicherlich eine Form von Leiden. Biologisch wirken Endorphine[8] oder das Absterben von Neuronen übermäßigem Schmerz entgegen. Darüber hinaus »ist die Natur gleichgültig« gegenüber der leidvollen Erfahrung von Schmerz. Die Erfahrung von Tod, des eigenen wie von nahen Lebewesen, als Leid ergibt sich erst im Rahmen sozialer Beziehungen und des Vorauswissens der Endlichkeit. Ohne dieses Wissen wird Schmerz erfahren, dieser kann sehr quälend sein. Wird solcher Schmerz durch ein anderes Lebewesen bewußt zugefügt, eben mit der Absicht zu quälen, so setzt dies immer bereits soziale Beziehungen voraus und konstituiert damit die Erfahrung von Leid. Dies wird an einem einfachen Beispiel leicht erkennbar: Ein Stein, der mir auf den Fuß fällt, verursacht Schmerz. Wird der Stein von einem anderen Menschen auf meinen Fuß geworfen, so mag der Schmerz genau dasselbe Ausmaß haben, die Qualität des Leides ist jedoch hinzugekommen. Erst das bewußte Erleben von Demütigung, Schmerz, schweren Verlusten ermöglicht das Erleben von Leid. Es ist an Vergleichsmöglichkeiten mit Situationen ohne Leid geknüpft. Störungen sozialer Beziehungen werden gleichbedeutend mit physischem Schmerz und damit in den Leidbegriff einbezogen. Umgekehrt sind es gerade soziale Beziehungen und nur diese, die Leid zu mindern vermögen. Es ist das »Mitleiden« und das Wissen um das Leid anderer, das die Unerträglichkeit der eigenen Leiderfahrung mindert.

Das Wissen um unseren eigenen Tod und den naher »Angehöriger« eröffnet erst die Möglichkeit, diesen als leidvoll zu erfahren.

---

7 Die Entstehung von Systemen jeweils höherer Ordnung erlaubt eine zunehmende Emanzipation von Umweltfaktoren. Systeme jeweils höherer Ordnung sind von Außeneinflüssen unabhängiger als Systeme niedrigerer Ordnung. Dies wurde als Grundlage für die Ermöglichung freier Willensentscheidungen diskutiert (Bereiter-Hahn, 1996). Die Einbindung von Teilen in solch ein übergeordnetes System bedingt jedoch die Aufgabe der Eigenständigkeit dieser Teile.

8 Endorphine sind vom Gehirn produzierte Substanzen, die gegen Schmerzen und Überbeanspruchung unempfindlich machen.

Die Sinnvermittlung aus der biologischen und gesellschaftlichen Notwendigkeit der Zerstörung der Individuen zur Erhaltung des übergeordneten Ganzen ermöglicht prinzipiell eine Überwindung dieses Leides durch dessen Relativierung; nur wird diese nicht mehr von der Biologie, sondern von der Religion geleistet. Religiöse Argumentation macht sich ebenfalls die Argumentation von einer übergeordneten Warte her, also z. B. der Liebe Gottes als höchster Integrationsebene her, zu eigen und stiftet dadurch Sinn für Tod und Zerstörung. Dies ist mit letzter Konsequenz im Christentum verwirklicht. Hier werden Leid und Erlösung durch die Leiderfahrung Christi miteinander verbunden. Es ist ein geradezu ungeheuerlicher Gedanke, Gott leiden zu lassen. Durch die Akzeptanz von Leid durch Christus ist eigentlich die Theodizeefrage bereits beantwortet als eine Durchgangsstation zu einer höheren Seinsform (Erreichen einer nächsthöheren Integrationsebene[9]). Leid soll dadurch, daß es bewußt auf sich genommen wird, einen Sinn erhalten. Dies zu akzeptieren fällt sehr schwer in Anbetracht des Leides z. B. durch große Naturkatastrophen oder der unsäglichen Leiden, die Menschen sich während ihrer Geschichte zugefügt haben. Im Sinne der hier aufgezeigten Argumentationsstruktur, daß Verstehen von Vorgängen stets nur von der nächsthöheren Ebene aus möglich ist, müßte eine solche Ebene konstruiert, gedacht, erfunden oder geglaubt werden. Es könnte dies eine Gesellschaft sein, in der die Menschen untereinander und Mensch und Umwelt ausgesöhnt zusammenleben, Menschen durch Einsicht geprägt sind, einander zu achten und zu lieben. Der Begriff der christlichen Nächstenliebe entspricht recht genau dieser Utopie. Sie würde wenigstens das von Menschen anderen Lebewesen zugefügte Leid überwinden und Trost bei Leiderfahrungen spenden, die z. B. durch Naturkatastrophen hervorgerufen werden. Das Aufgehen der Welt in Gott (etwa wie Teilhard de Chardin es beschreibt) bedeutete dann die Überwindung auch des Leides.

Es bleibt offen, ob die Lebewesen je solch einen Zustand erreichen. Der Aufwand zum Erreichen einer höheren Komplexitätsstufe kann gar nicht hoch genug eingeschätzt werden. Man denke etwa an die molekularen Steuermechanismen, die sicherstellen, daß ein mehrzelliger Organismus so aussieht, wie er es letztlich tut, und seine Funktions-fähigkeit über eine gewissen Zeit hin aufrechtzuerhalten. Die Fülle miteinander wechselwirkender Signalverarbeitungssysteme nur für die Steuerung der Fortbewegung einer Hautzelle während der Wundheilung zeigt z. B. bereits, mit

---

9   Eine genauere Ausführung über die Erlangung von »Freiheit«, d. h. über das Zunehmen der Emanzipation im Rahmen der Evolution, wurde an anderer Stelle versucht (Bereiter-Hahn, 1996). Das Erreichen einer höheren Integrationsebene bedeutet nur für das Gesamtsystem eine Zunahme an Freiheitsgraden, für die Teile des Systems bedeutet die Einbindung eine wenigstens teilweise Versklavung.

welcher Redundanz und mit welch hohem Aufwand die Existenz des übergeordneten Systems Organismus sichergestellt wird[10]. Die Komplexität dieser »einfachen« Vorgänge beginnen wir gerade zu begreifen. Sie stellen nur einen winzigen Ausschnitt aus dem gesamten Kontrollsystem für die Bildung und Aufrechterhaltung eines vielzelligen Organismus dar. Um wieviel komplexer sind die Interaktionsmechanismen in Gesellschaftssystemen und Ökosystemen anzusetzen. Wenn die Analogie zu den Regulationssystemen auf zellulärer und organismischer Ebene erlaubt sein sollte und diese Analogie auch Hinweise auf Strukturen sozialer Systeme erlauben sollte, dann ließe sich erahnen, welch ungeheuerer Aufwand an Erlebnissen, an Leiderfahrung notwendig ist, um die Menschheit in ihrer Bewußtseinsstufe weiterzubringen. Hoffnung hierfür könnten vielleicht die Erfahrungen aus zwei Weltkriegen und ihren Folgen in Europa geben, die eine Etablierung demokratischer Strukturen mit einem großen Maß an sozialer Fürsorge des Staates in mehreren Ländern bewirkten[11]. Die heutige Globalisierung von Information, Lebensweise und Ideen ist auch eine Konsequenz, die aus den ungeheuerlichen Verbrechen und damit aus schier unfaßbarem Leid, das über Millionen von Menschen gebracht wurde, erwuchs. Der Globalisierung von Information und Wirtschaft muß zum Erreichen einer Integration auf dem Niveau des Erdballes, die Globalisierung ethischer Normen und die Globalisierung von Verantwortung und sozialen Hilfeleistungen folgen. Dies alles ist schon auf dem Weg[12]. Es könnte damit wirklich ein umfassenderes Verständnis von Zusammengehörigkeit und gemeinsamer Verantwortung erreicht werden; der Weg von der wechselseitigen Fürsorge im Familienverband bis zur Weltgemeinschaft wäre eine bedeutende Abstraktion einer zunächst nur durch unmittelbare Erfahrung gestützten sozialen Interaktion bis hin zu einer praktisch nicht mehr erfahrbaren Akzeptanz von universalem Menschsein. Nichts weist darauf hin, daß einfache Mechanismen im Spiele sind, und damit sind auch einfache Erklärungen nur psychologisch attraktiv, die Wahrscheinlichkeit, durch sie Wirklichkeit abzubilden, ist nach aller Erfahrung jedoch sehr gering. Hier muß sich in manchen biologischen Disziplinen, die der ungeheuren

10 Einen kleinen Überblick zu diesem Problem geben J.M. Lackie, G. A. Dunn, G. E. Jones (eds): Cell Behaviour: Control and Mechanism of Motility, Eynsham 1999.

11 Demokratie und soziale Fürsorge der Gemeinschaft für ihre Mitglieder wird als ein Schritt zu einer besseren Gesellschaft angesehen, die auf dem Weg ist, ein etwas höheres Organisationsniveau zu erreichen, als es z. B. Systeme sind, bei denen soziale Verantwortung nur dem unmittelbaren Familienverband gegenüber wahrgenommen wird.

12 Dies bezieht sich auf eine Entwicklung von den Idealen der französischen Revolution bis zur Deklaration der Menschenrechte durch die UNO oder zu weltweiten Katastrophenhilfen.

Komplexität aller Lebensvorgänge sich noch nicht stellen mußten, ein mühsamer Paradigmenwechsel vollzogen werden (s. Beitrag Sommer). Wie ist also die Frage nach der Möglichkeit einer Biologie des Leides zu beantworten? Für menschliches Leid kann es keine unmittelbare biologische Erklärung geben. Unter der Voraussetzung, dass die hier vorgestellte Betrachtung struktureller und sinnstiftender Beziehungen zwischen verschiedenen Organisationsebenen allgemeine Gültigkeit besitzt, konnten Voraussetzungen für ein Verständnis, für eine Deutung von Leiderfahrungen gegeben werden, und es ergeben sich Ansätze zur Extrapolation auf zukünftige Evolutionspotenzen von Organismen.

Zitierte Literatur

Bereiter-Hahn, J. (1996): Biologische Vorbedingungen für die Ermöglichung freier Willensentscheidungen, in: H. Kessler u. G. Fuchs (Hrsg.): Gott, der Kosmos un die Freiheit. Biologie, Philosophie und Theologie im Gespräch, Würzburg 1996, 31–57

Gould, S. J. (1984): Darwin nach Darwin. Naturgeschichtliche Reflexionen, Frankfurt am Main

Voland, E. (1993): Grundriß der Soziobiologie, Stuttgart–Jena

Vollmer, G. (1980): Evolutionäre Erkenntnistheorie, Stuttgart

von Wahlert, G. (1996): Evolution als Geschichte der belebten Erde: eine ergänzende Perspektive, in: Jb. f. Geschichte u. Theorie d. Biologie 3, 131–180

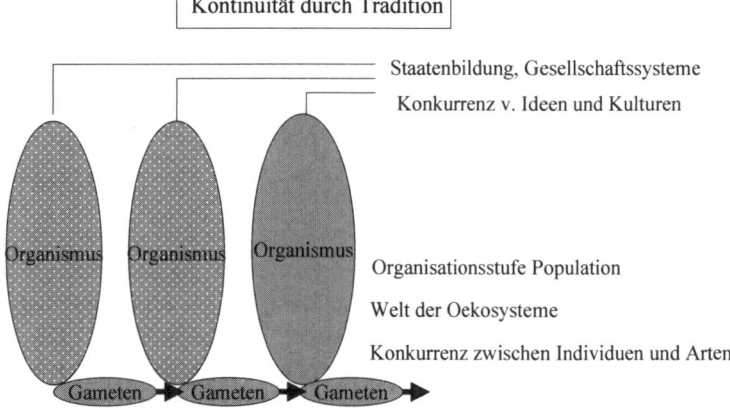

Kontinuität durch Tradition

Staatenbildung, Gesellschaftssysteme
Konkurrenz v. Ideen und Kulturen

Organismus   Organismus   Organismus   Organisationsstufe Population
                                          Welt der Oekosysteme
                                          Konkurrenz zwischen Individuen und Arten

Gameten   Gameten   Gameten

Kontinuität durch die Keimzellen: Einzelindividuum nur dissipative Struktur

Abbildung 1
Schema der Kontinuität der Informationsübertragung. Nach den Vorstellungen der Soziobiologen ist Kontinuität ausschließlich über die Gameten gegeben. Der Phänotyp, der übrige Organismus, hat lediglich die Aufgabe, für die möglichst erfolgreiche Weitergabe der genetischen Information in den Gameten zu sorgen. Dieses Schema schränkt Informationsübertragung ungerechtfertigter Weise ein und berücksichtigt z. B. nicht, daß Gameten stets auch bereits fertige Zellen sind, mit ausgeprägter Struktur. Auf diesem Strukturen wird aufgebaut, aus ihnen wird im Wechselspiel mit genetischen Faktoren ein neuer Organismus geformt. Nach soziobiologischer Auffassung ist die einzige Aufgabe des Phänotyps (des Gesamtorganismus), die möglichst erfolgreiche Weitergabe der genetischen Information zu sichern. Mögliche Funktionen z. B. durch Einbindung in ein Ökosystem werden nicht näher betrachtet. Hierdurch erfolgt eine Einschränkung auf das Individuum als den zentralen Gegenstand biologischer Selektion.

In Sozietäten hingegen kommt dem Phänotyp sehr wohl auch die Aufgabe zur Informationsweitergabe durch Fortführen von Tradition zu. Im Bereich der gameten-vermittelten Informationsweitergabe konstituiert die Summe der Phänotypen (Organismen) Populationen und Ökosysteme. Hier ist das Feld der Konkurrenz zwischen Individuen einer Art. Der Bereich der Kontinuität durch Tradition hingegen ist rein phänotypisch geprägt. Er ist durch die Bildung von Gesellschaftssystemen und Staaten gekennzeichnet. Es ist das Feld der Konkurrenz von Ideen und Kulturen. Die genetische Basis ist nur noch von sehr marginaler Bedeutung.

Ursel Theile

Destruktion durch angeborene Fehlbildungen und Defekte

Angeborene Fehlbildungen begegnen dem Frauen- und Kinderarzt nicht ganz selten, rechnen wir doch mit 2 – 4 % Auffälligkeiten bei Neugeborenen nicht verwandter Eltern und einer doppelt so hohen Zahl bei blutsverwandten Elternpaaren. Der genetische Berater ist natürlich besonders häufig mit dieser Thematik konfrontiert, wenn sich die Frage der Entstehungsursache und eines evtl. Wiederholungsrisikos in einer Folgeschwangerschaft oder auch bei den Nachkommen gesunder Geschwister des betroffenen Kindes stellt.

Daher steht die Pathogenese häufig in unseren Überlegungen im Zentrum, aber natürlich dann auch eine Aussage zu möglicher Erblichkeit und Gefährdungen für die Familienplanung naher Angehöriger.

Der Arzt hat im Laufe seiner Ausbildung gelernt, auf das ungewöhnliche Erscheinungsbild seines Patienten nicht mit Ablehnung oder gar Abscheu zu reagieren, er ist gehalten, zu helfen, wenn dies notwendig und möglich ist, er sollte mit interpretierenden Kommentaren einer Auffälligkeit zurückhaltend sein und die Sensibilität von Menschen mit Fehlbildungen, schweren körperlichen Auffälligkeiten und Handicaps beachten. Dies gilt in ganz besonderem Maße für Frauen, die gerade ihr Kind geboren haben, die gerade erfahren, daß ihr Kind»nicht ganz in Ordnung ist«.

Destruktivität oder Destruktion?

Mit dem Begriff»Destruktivität« tue ich mich schwer. Hinter diesem Wort steckt für mich ein aktiver Vorgang, eine zerstörerische Absicht – und wem wollen wir diese unterstellen? Ich fürchte, ich bin an dieser Stelle zu sehr in der Naturwissenschaft verwurzelt, die mich über die Entstehungsweise nachdenken läßt und die die Warum-Frage ausklammert. Wer will uns darauf eine Antwort geben? Soll ich als Berater etwa von Strafe Gottes – für etwas mir in der Regel doch völlig Unbekanntes – sprechen? Haben nicht alle Mütter, die ein Kind mit Auffälligkeiten oder Fehlbildungen geboren haben, ohnehin schon viele Schuldgefühle? Ich halte es für nahezu unvorstellbar, daß eine Frau willentlich und wissentlich ihr Kind schädigt, also schuldhaft ein behindertes oder fehlgebildetes Kind bekommt. Das Trauma dieser Familien ist in der Regel so groß, der

Verlust an Selbstwertgefühl so bedeutsam, daß der beratende Arzt nur versuchen kann, über eine möglichst exakte pathogenetische Erläuterung die Akzeptanz zu fördern und Schuldgefühle abzubauen.

Destruktion jedoch, die kann es bei angeborenen Störungen geben. Dies trifft eher zu für Krankheitsbilder, die wir zur Gruppe der Stoffwechselstörungen rechnen, d.h. daß bestimmte Stoffwechselvorgänge nicht normal ablaufen und dadurch im Laufe des Lebens bei einer so betroffenen Person Destruktionen an oder in bestimmten Organen auftreten und zunehmend deutlich werden. Erbliche Enzymdefekte sind die Ursache, Stoffwechsel-Zwischenprodukte entstehen, persistieren und können nicht, wie normalerweise, abgebaut werden.

Dies kann zur Anreicherung von Zwischenprodukten führen, die toxisch wirken, z. B. auf Gehirnzellen, die Leber, das blutbildende Knochenmark. Es kann zur Speicherung von Stoffwechsel-Zwischenprodukten in bestimmten Organen kommen, mit ihrem zunehmenden Ausmaß wird die normale Zellfunktion gestört, die Zelle stirbt, der Mensch wird krank, sein Organismus wird destruiert.

Die Destruktion kann auch äußerlich sichtbar werden, wenn Gewebe zerfallen, dadurch z. B. Finger verkürzt werden, Gelenke verschmelzen und ihre Beweglichkeit verlieren, die Haut sich spannt und schlecht durchblutet wird oder aber wenn Lippen und Fingerkuppen krankheitsbedingt zerbissen werden. Kinder mit schweren Verhaltensstörungen zeigen oftmals Autoaggressionen, wobei sie den Kopf wieder und wieder an die Wand schlagen, sich Prellungen und Haematome zuziehen, auch liebevoller Zuwendung nicht zugänglich sind, sich die Finger zerbeißen oder durch Lutschen und Schlagen sich selbst Schmerzen und blutende Wunden bereiten.

Im Folgenden soll anhand von einigen Beispielen die Entstehung – naturwissenschaftlich betrachtet – von Fehlbildungen deutlich gemacht werden, auf einige erbliche Störungen eingegangen und anhand von Stoffwechselkrankheiten die Destruktion verdeutlicht werden. (Tab. 1) Man kann heute bei einer kleineren Gruppe derartiger Störungen durch bestimmte Behandlungsverfahren eine Destruktion verhindern – leider noch bei viel zu wenigen – dazu dient u.a. auch das Neugeborenen-Screening (Tab. 2). Es wird angewendet bei einigen relativ häufigen, aber auch einigen sehr seltenen Krankheitsbildern, die einer vorbeugenden Behandlung zugänglich sind und wodurch sich, bei frühzeitiger Erfassung, die Auswirkungen der jeweiligen Erkrankung mildern lassen oder ihr Auftreten sogar verhindern läßt, wodurch sich aber auch für weitere Schwangerschaften eine besondere Überwachung und Risikominderung erreichen läßt.

Bei dem Begriff »angeborene Fehlbildung« denkt man zunächst an äußerlich erkennbare Anomalien, Defekte und Fehlentwicklungen. Die ausgewählten Beispiele betreffen die Hände. Unsere Hände sind in der Kommunikation besonders bedeutsam, daher gelten Handfehlbildungen als schwerwiegende Belastung.

I. Angeborene Fehlbildungen (Destruktion der Körperform)

1. Beispiel: Acheirie mit Fingerknospen (Abb. 1)

Hierbei handelt es sich um eine sehr charakteristische Fehlbildung einer Hand, häufig endet der Unterarm kurz unterhalb des Ellenbogengelenks, das noch eine gewisse Beweglichkeit zeigt. Auf dem Stumpf lassen sich meist kleinste Fingerknospen, oft mit Nagelanlagen, erkennen. Eine derartige Fehlbildung wird mit intrauterinen Durchblutungsstörungen eines den Arm versorgenden Blutgefäßes in ursächlichen Zusammenhang gebracht, z. B. als Folge einer Embolie. Die Störung tritt immer sporadisch auf und ergibt für Nachkommen oder Geschwister kein erhöhtes Wiederholungsrisiko.

2. Beispiel: Amniogene Fehlbildung (Abb. 2)

Mit einer Häufigkeit von etwa 1 auf 10 000 Neugeborene wird diese durch Eihautstränge innerhalb der Fruchthöhle ausgelöste Fehlbildung von Händen und /oder auch Füßen beobachtet, die durch unsymmetrische Verschmelzungen einiger Finger und/oder Zehen, nicht selten mit Verlust der Endglieder einschließlich der Nagelanlagen, gekennzeichnet ist. Zur Absicherung der Diagnose wird der Nachweis einer sog. Schnürfurche gefordert, die an einem Finger oder an einer Zehe, aber auch an Arm oder Bein erfaßbar ist. In seltenen Fällen sind auch quere Gesichtsspalten Ausdruck einer amniogenen Fehlbildung. Die Wiederholungswahrscheinlichkeit ist nicht erhöht.

3. Beispiel: Hexadaktylie (Plus-Variante! monogenes Merkmal) (Abb. 3)

Bei der Hexadaktylie (Sechsfingrigkeit) werden präaxiale und postaxiale Formen unterschieden, meist liegt symmetrische Ausprägung vor. Im ersten Falle findet man eine Verdopplung des Daumens, im zweiten Falle einen zusätzlichen Finger an der seitlichen Handkante. Oftmals läßt sich eine familiäre Vorgeschichte erfassen, allerdings müssen nicht immer beide Hände und/oder beide Füße betroffen sein, jedoch wird in der Regel die spezielle Form (prä- oder postaxial) vererbt. Das Merkmal folgt dem autosomal dominanten Erbgang, d. h. für Nachkommen besteht eine Wiederholungswahrscheinlichkeit von 50 %, gelegentlich werden Generationen übersprungen. Die Ausprägung kann schwanken. Es ist zu beachten, daß das Merkmal Hexadaktylie durchaus auch Symptom innerhalb eines genetischen Syndroms sein kann, dann entspricht das Wiederholungsrisiko dem Erbgang dieser Störung.

Als Sequenz bezeichnet der Genetiker ein Störungsmuster, das sich als Abfolge von Symptomen verstehen läßt; eines ist die auslösende Ursache, die anderen Merkmale sind die Folge davon.

4. Beispiel: Potter-Sequenz (Potter-Syndrom l) (Abb. 4)
Die amerikanische Frauenärztin L.E. Potter beschrieb ein sehr charakteristisches Krankheitsbild des Neugeborenen, das gekennzeichnet ist durch ein auffällig plumpes Gesicht, wenig ausgeformte Ohrmuscheln, hypoplastische Lungen, Klumpfüße und funktionslose oder aplastische Nieren. In der Schwangerschaft ist der Nachweis von wenig Fruchtwasser (Oligohydramnion) charakteristisch. Die Lebenserwartung wird durch die Unmöglichkeit der Beatmung der Kinder begrenzt, meist bringt erst die Obduktion das Fehlen funktionstüchtiger Nieren zum Nachweis.

Pathogenetisch steht am Beginn der Störung die Nierenanomalie, diese bewirkt die geringe Bildung von Fruchtwasser. Als Folge davon entwickeln sich Lungenhypoplasie und Klumpfüße sowie ein »verdrücktes« Gesicht mit Ausbildung einer »Unterlidwangenfalte« und dysplastischer Ohren. Die meisten Fälle werden sporadisch beobachtet, nur gelegentlich wird über Geschwisterfälle berichtet. Familiäre Belastungen mit Nierenanomalien, z. B. Einzelniere, gedoppeltes Nierenbecken u. ä. werden als Risikofaktoren gewertet.

Hemmungsfehlbildungen sind Veränderungen, bei denen ein normaler Entwicklungsablauf nicht ganz bis zu Ende abgelaufen ist. Die Ursachen dafür sind nicht bekannt, man geht davon aus, daß eine gewisse genetische Anfälligkeit (Disposition) vorliegt, daß also eine Reihe von Erbanlagen bei dem betreffenden Kind zusammenkommt und Umwelteinflüsse zusätzlich wirksam werden. Dies muß in einem bestimmten Zeitabschnitt, der sog. sensiblen Phase der jeweiligen Organentwicklung stattfinden. Diese Faktoren werden auch als Realisationsfaktoren bezeichnet (Abb. 5).

5. Beispiel: Neuralrohrdefekt, syn. Spina bifida aperta, offener Rücken
Zwischen dem 19. und 27. Entwicklungstag des Embryo wird aus der Neuralplatte am späteren Rücken des Keimlings die Neuralrinne gebildet, die sich dann, in einem sehr charakteristischen Ablauf, zum Neuralrohr verschließt. Zum Kopf hin entsteht durch Wachstumsprozesse das Gehirn , zum Steiß hin das Rückenmark. Ist der Neuralrohrschluß erfolgt, werden Wirbelkörper und entsprechende Muskelgruppen gebildet, die Nerven zur Versorgung der Peripherie sprossen segmental zwischen den Wirbelkörpern aus.

Kommt es zum unvollständigen Neuralrohrverschluß, so entwickelt sich eine schwere neurologische Störung, vergleichbar einer Querschnitts- lähmung, die je nach Lokalisation und Ausdehnung zu unterschiedlichen Ausfällen bei dem heranwachsenden Kind führt. Zum einen sind Bewe- gungsstörungen unterhalb des Defektes zu erwarten, zum anderen aber auch Funktionsbeeinträchtigungen der Schließmuskeln von Darm und Blase und anderer vegetativer Leistungen. Der Neuralrohrdefekt am Rücken des Kindes muß gleich nach der Geburt operativ versorgt werden, um schwerwiegende Infektionen zu verhüten. In vielen Fällen kommt es zusätzlich zur Entwicklung eines Wasserkopfes (Hydrocephalus), der einer Versorgung mit einem ableitenden Ventil bedarf.

Für diese Fehlbildung wird multifaktorielle Vererbung angenommen, das bedeutet ein Zusammenwirken von Erbanlagen - Zahl unbekannt - und Umweltfaktoren, die bei Neuralrohrdefekten am ehesten aus dem Tier- versuch bekannt sind: Sauerstoffmangel, Strahlenbelastung, Vit.A-Mangel oder -Überdosierung, Folsäure-Mangel u.v.a.m. (Abb. 6) Familiäre Häufungen sind bekannt, für Geschwister und Nachkommen einer betrof- fenen Person ist mit einer Wiederholungswahrscheinlichkeit von ca. 3–4 % zu rechnen. Durch Einnahme von Folsäure bereits vor Eintritt einer Schwangerschaft und während des ersten Trimenons läßt sich die Gefähr- dung verringern. Diese Prophylaxe wird heute allen Schwangeren empfoh- len.

6. Beispiel: Lippen-Kiefer-Gaumen-Spalte (Abb. 7)

Die Ausbildung dieser Hemmungsfehlbildung erfolgt zwischen dem 36. und 47. Entwicklungstag durch unvollständige Verschmelzung der drei Gesichtsfortsätze, die Weichteiloberlippe, Kiefer und Gaumen bilden. Die Ausprägung ist unterschiedlich, beidseitige Formen werden bei Knaben etwas häufiger als bei Mädchen gesehen, linksseitige Spalten sind häufiger als rechtsseitige. Familiäres Vorkommen ist bekannt, multifakto- rielle Vererbung wird angenommen. Zu unterscheiden ist das relativ häufige Vorkommen der Spalte als Teil eines Syndroms von ihrem isolierten Auftreten. Die Wiederholungswahrscheinlichkeit einer isolierten Spaltbildung liegt bei 4–6 %. Gesunde Ernährung und Lebensweise sowie die Einnahme von Multivitaminen werden Risikoschwangeren empfohlen.

Alle diese Fehlbildungen stellen den Arzt vor die Aufgabe, therapeu- tisch einzugreifen oder aufklärend den Eltern deutlich zu machen, daß z. B. die Wiederherstellung einer normalen Hand nicht gelingen kann, auch nicht eigentlich notwendig ist, da die betreffenden Kinder meist sehr gut lernen, mit ihrer veränderten Hand die gewünschten Funktionen zu erfüllen. Das Kind kennt es nicht anders, die Eltern wünschen häufig die »völlige Normalisierung«, der Arzt muß ihnen verdeutlichen, daß dies entweder gar nicht geht, daß operative Eingriffe durch Narbenbildung Beeinträchtigungen nach sich ziehen können, daß durch Operationen Nerven durchtrennt werden, Sensibilität verlorengeht, evtl. sogar die Bewegungsfähigkeit deutlich verschlechtert werden kann.

Bei den anderen genannten Fehlbildungen ist es erforderlich, auch Spätkomplikationen mit den Eltern zu erörtern, um ihre Aufmerksamkeit auf diese zu lenken, z. B. Sprach- oder Hörprobleme bei Spaltkindern, Kontinenzprobleme bei Kindern mit Neuralrohrdefekt.

II. Stoffwechselstörungen mit nicht sichtbaren Veränderungen (Destruktion durch abnorme Stoffwechselverläufe)

7. Beispiel: Chorea Huntington

Destruktion von Geweben, z. B. des Gehirns in bestimmten Abschnitten, ist die Folge der Mutation im Chorea Huntington-Gen auf Chromosom Nr. 4. Betroffene erfahren u.a. im Bereich ihres Nucleus caudatus und im Pallidum eine Nervenzell-Degeneration, eine Einlagerung von Pigmenten als Ausdruck von Zelluntergang, die über einen langen Zeitraum (ca. 30 bis 40 Jahre) zu schweren Bewegungsstörungen und in einem großen Teil der Fälle auch Demenz führen. Die Patienten können sich nicht mehr selbst versorgen, werden invalide und pflegebedürftig. Beginn und Verlauf der Krankheit können interfamiliär erheblich variieren (Abb. 8).

Das Krankheitsbild wird durch ein dominantes Gen ausgelöst, das bedeutet für die Nachkommen eine Wiederholungswahrscheinlichkeit von 50 %. (Abb. 9). Eine prädiktive Diagnostik – vorhersagende Genuntersuchung, bevor Krankheitsmerkmale erkennbar sind – steht zur Verfügung, bedarf aber einer genetischen Beratung und einer intensiven Betreuung der Risikopersonen vor, während und nach dem Untersuchungsprozeß. Freiwilligkeit ist dringend geboten, psychotherapeutische Gesprächsbegleitung ist für sie und auch für den Partner erwünscht. Eine prädiktive Diagnostik kann erst ab Volljährigkeit bei einer Risiko-person erfolgen.

8. Beispiel: Myotone Dystrophie

Bei der Myotonen Dystrophie bewirkt das krankheitsauslösende Gen sehr unterschiedliche Symptome, aussagekräftige und weniger spezifische (Abb. 10). Grauer Star und Diabetes mellitus sind in der allgemeinen Bevölkerung so häufig, daß man bei ihrem Auftreten nicht an diese schwere Muskelkrankheit denkt. Kommen dann aber Muskelschwäche, verwaschene Sprache und Herzschwäche hinzu, so wird die Diagnose schon sehr viel wahrscheinlicher. Frauen, die bereits während einer

Schwangerschaft Krankheitssymptome aufweisen, sind gefährdet, Kinder mit schwerer Muskelhypotonie zur Welt zu bringen, deren unmittelbare Lebenserwartung deutlich reduziert ist (sog. floppy babies).

Der Myotonen Dystrophie vom Typ Curschmann-Steinert liegt auf Chromosom 19 ein dominant erblicher Gendefekt zugrunde, der heute genau bekannt ist und aus dessen Ausdehnung – es handelt sich um zahlenmäßige Wiederholungen der Basensequenz in der DNA, sog. CTG-repeats – in gewissem Umfang auf Schweregrad und Krankheitsbeginn geschlossen werden kann (Abb. 11). Wirksame Behandlungsmaßnahmen im Sinne einer kausalen Therapie stehen derzeit weder für die Chorea Huntington noch für die Myotone Dystrophie zur Verfügung, ebensowenig wie für das Krankheitsbild, über das als nächstes berichtet wird.

9. Beispiel: Tay-Sachs-Syndrom – Gangliosidose
Diese erbliche Stoffwechselkrankheit wird in verschiedenen Verlaufsformen beobachtet. In jedem Falle kommt es nach einem charakteristischen erscheinungsfreien Intervall (frühkindliche, infantile oder adulte Form) zum Verlust von bis dahin bereits erworbenen Fähigkeiten wie gehen, sprechen, dann aber auch sehen und hören. Ursache ist ein Enzymdefekt, der zur Speicherung von Stoffwechsel-Zwischenprodukten in den Ganglienzellen, zu deren Schädigung und schließlich Nekrose führt. Nach mehrjährigen Krankheitsverlauf versterben die Betroffenen unter den Zeichen der Decerebration. Da die Kinder mit ganz unauffälligem Erscheinungsbild geboren werden und keinerlei wirksame Therapie bis heute zur Verfügung steht, handelt es sich um eine sehr schwerwiegende Belastung für die betreffenden Familien. Die Wiederholungswahrscheinlichkeit für weitere Kinder liegt bei 25 %. (Abb. 12) Die Krankheit wird unter Ashkenasi-Juden besonders häufig beobachtet.

Bei einigen anderen Stoffwechseldefekten verfügen wir über wirksame, symptomatische Behandlungsverfahren, die das Krankheitsbild in seinen klinischen Auswirkungen verhindern können, vorausgesetzt, die Diagnose wird frühzeitig gestellt. Bei der Phenylketonurie (PKU) gelingt dies im Rahmen des Neugeborenen-Screenings. Eine phenyl-alaninreduzierte Diät, die mindestens bis zum 10. Lebensjahr konsequent eingehalten werden muß, kann das Auftreten von schweren Krankheitsmerkmalen wie Schwachsinn, ausgeprägte Spastik, Mikrocephalie und Pigmentstörungen verhindern. Betroffene Frauen sollen vor einer geplanten Schwangerschaft wieder zu der strengen Diät zurückkehren, um Schäden wie Herzfehler und Mikrocephalie bei ihren (zwangsläufig mischerbigen) Kindern zu verhüten.

Die Verdachtsdiagnose einer meist erst bei Erwachsenen auftretenden Kupfer- oder Eisenspeicherkrankheit (Morbus Wilson bzw. Haemochromatose) wird leider viel zu selten gestellt, besonders in einer Gegend, wo der Weinkonsum im täglichen Leben eine recht große Rolle spielt. Die hier beobachtete Lebercirrhose ist Folge einer Kupfer- oder Eisenüberladung des Organs, wodurch ganz ähnliche Symptome aus-gelöst werden wie bei Cirrhose nach Hepatitis oder durch Alkoholbelastung. Häufig kommen die entsprechenden Patienten in eine höchst mißliche Lage, da man ihnen Unehrlichkeit und überhöhten Alkoholkonsum unterstellt, der in Wirklichkeit nicht vorliegt. Schwerste Auswirkungen dieser Erkrankungen sind Gehirnschädigungen mit Bewegungsstörungen, verwaschener Sprache, Tremor und geistigem Abbau, in manchen Fällen auch Blutungskomplikationen durch Schädigung des Knochenmarks, sowie endokrine Störungen, u.a. Fertilitätsprobleme und Diabetes mellitus.

Während der Mb. Wilson als relativ selten gilt, ist die Haemochromatose eine recht häufige Erkrankung in unserer Bevölkerung, die aber heute noch zu selten diagnostiziert wird. Beide Störungen werden autosomal rezessiv vererbt, es besteht die Behandlungsmöglichkeit mit Substanzen, die die Schwermetalle aus dem Körper durch Chelat- Bildung entfernen können. In diesen Fällen beobachtet man durchaus eine Besserung des Beschwerdebildes, eine häufig weitgehende Normalisierung der pathologischen Laborwerte und eine günstigere Lebenserwartung.

III. Stoffwechseldefekte mit sichtbaren Veränderungen (Erkennbare Destruktion)

10. Beispiel: Lesch-Nyhan-Syndrom
Zu erkennbaren Destruktionen kommt es bei einem sehr schweren Krankheitsbild der jungen Kinder – nur bei Knaben – dem Lesch-Nyhan-Syndrom. Es handelt sich um einen geschlechtsgebunden vererbten Stoffwechseldefekt im Harnsäure-Stoffwechsel, dabei zeigen sich bereits im Säuglingsalter Symptome einer schweren Gicht , es entwickelt sich ein autoaggressives Verhalten besonderer Art – die Kinder zerbeißen sich die Lippen und die Finger mit der Folge schwerster Mutilationen. Im Gehirn bewirkt der Stoffwechseldefekt geistige Entwicklungsstörung, Spastik und das Auftreten von Krampfanfällen. Eltern und Betreuer sind von der Selbstzerstörung der Kinder verstört und geraten in völlige Hilflosigkeit. Extreme Maßnahmen, wie die totale Extraktion aller Zähne, sind verzweifelter Ausdruck dieses Zustandes. Eine wirksame Behandlung – z. B. durch Harnsäure senkende Medikamente – ist wegen der notwendigen extrem hohen Dosen nicht möglich, denkbar wäre vielleicht eine Gentherapie durch Einbringen des korrekten Gens mittels eines

Vektors in den Körper des Kindes, so daß eine gewisse Menge des Enzyms synthetisiert werden kann. Noch ist dies eine Wunschvorstellung.

11. Beispiel: Cheney-Syndrom – Akroosteolyse

Hier kommt es meist im Erwachsenenalter zur Mutilation der Endglieder von Fingern und Zehen, manchmal so weit fortschreitend, daß Teile der Füße amputiert werden müssen, weil sie nekrotisch wurden. Von einem Patienten wurde mir berichtet, daß immer wieder nachamputiert werden mußte, da die Durchblutung der Extremitäten so schlecht war, daß stets neue Gewebeuntergänge auftraten. Auch dies ist ein monogen vererbtes Krankheitsbild, es ist also bereits zu Beginn des Lebens im Erbgut verankert und wird auftreten, ohne daß eine unmittelbare Vorbeugung oder Behandlung möglich erscheint.

Zu den angeborenen Veränderungen, die auf Stoffwechselstörungen zurückzuführen sind und einen typischen Aspekt im Laufe der Krankheitsgeschichte entwickeln, gehören die Muskelkrankheiten (der Muskelschwund). In aller Regel entwickeln sich bei diesen nicht seltenen Erkrankungen, in einer jeweils typischen Reihenfolge, ein Untergang der Muskulatur, eine Beeinträchtigung der Beweglichkeit und daraus folgend Allgemeinsymptome wie Atemnot oder Herzschwäche. Dies führt schließlich zu einem charakteristischen Aspekt als Folge der krankheitsbedingten Destruktion normaler Gewebe.

Bei Muskeldystrophien liegt die genetische bedingte Schädigung in der Muskelzelle selbst, erkennbar durch Erhöhung der Muskelenzyme im Blut der Betroffenen (z. B. CK, LDH oder Aldolase), heute aber auch molekulargenetisch nachweisbar.

Muskelatrophien sind die Folge einer Störung in der Versorgung der Muskelzellen mit Nervenreizen und der daraus entstehenden Inaktivitätsatrophie. Die Störung kann im Rückenmark, in peripheren Nerven oder in der Muskelendplatte mit ihren Überträgerenzymen liegen, aber auch z. B. Folge einer zerebralen Schädigung, einer Blutung im Gehirn u.ä. sein.

In jedem Fall beobachtet man einen charakteristischen Phänotyp, einen typischen Krankheitsverlauf, den Befall von bestimmten Muskelgruppen in definierter Reihenfolge. Die Lebenserwartung betroffener Personen liegt – je nach Krankheitsbild – bei Monaten bis Jahr-zehnten.

Für die große Zahl unterschiedlicher Muskelkrankheiten werden verschiedene Erbmodalitäten beobachtet. Neben einigen relativ häufigen Formen der Muskeldystrophie, die dem geschlechtsgebundenen Erbgang folgen und für Brüder oder Neffen betroffener Jungen (Söhnen von Schwestern) eine mit 50 % hohe Wiederholungswahrscheinlichkeit bedingen (Abb. 12 a und b), steht eine große Gruppe vorwiegend von Muskelatrophien mit autosomal rezessivem oder autosomal dominantem

Erbgang. Je nach Krankheitsform lassen sich die Wiederholungswahrscheinlichkeiten berechnen (Abb. 9 und 12) – Voraussetzung ist eine möglichst exakte Diagnosestellung bei dem Indexpatienten.

12. Beispiel: Mucopolysaccharidosen
Eine spezielle Gruppe angeborener Stoffwechselkrankheiten mit auffälligem Phänotyp stellen die Mucopolysaccharidosen dar, von denen verschiedene Formen je nach Enzymdefekt und klinischem Erscheinungsbild unterschieden werden. Betroffen ist der Stoffwechselweg, der zum Abbau der sauren Mucopolysaccharide führt, verschiedene der dafür verantwortlichen Enzyme sind betroffen und lösen das unterschiedliche klinische Bild aus. Als Folge entstehen Makromoleküle – die sog. Mucopolysaccha-ride –, die sich in jeweils charakteristischen Gewebeabschnitten des Körpers ablagern. Die betroffenen Personen sind in der Regel bei Geburt unauffällig, verändern sich vom Aspekt her in jeweils kennzeichnender Weise durch Vergröberung der Gesichtszüge, z.T. Hornhauttrübungen, struppiges Haar, Störungen der Bewegungsabläufe u.a. durch Deformierungen der Gelenke, und entwickeln teilweise eine sehr deutliche geistige Retardierung. Einige Formen führen zum frühen Tod der Kinder, andere gestatten ein längeres Leben, bewirken aber bemerkenswerte Beeinträchtigungen.
Der Erbgang ist für die meisten Formen rezessiv mit Wiederholungsrisiko von 25 % bei Geschwistern, der Morbus Hurler wird geschlechtsgebunden vererbt.

Schlußbetrachtung

Man kann nun fragen: Wie gehen wir als Ärzte mit derartigen Leiden um?
In der Regel bittet man um Behandlung, um Linderung und Hilfe in der Akzeptanz und Bewältigung – letzteres durchaus auch für die Familienangehörigen.
In vielen dieser Fälle gibt es keine unmittelbar wirksame Therapie, nichts, was die weitere Destruktion verhindern oder aufhalten könnte. Und doch wird man versuchen, symptomatisch einzugreifen, sicher, wenn notwendig, Schmerzen lindern, Fehlhaltungen entlasten, wenn irgend möglich, Lebensqualität zu verbessern suchen.
Entlastungen der betreuenden Personen, Anregungen zu Hilfsmitteln, zu Beschäftigungsmöglichkeiten, beispielsweise Hörkassetten, Krankengymnastik, Basteln, Vorschläge zu künstlerischem Tun, welches keine

große Muskelkraft benötigt, Vorlesen u.ä. können hilfreich sein. Die Einbeziehung von externen Pflegepersonen oder die vorübergehende Unterbringung der zu pflegenden Person in einer geeigneten Institution und damit Entlastung von Eltern, die auf diese Weise einmal Urlaub machen können – vielleicht auch einmal unbeschwert mit den gesunden Geschwistern des Behinderten etwas unternehmen können –, dies sind Möglichkeiten, die zwar nicht in allen Fällen gelingen oder auch angenommen werden können.

Ich will gestehen, daß für uns – auch als genetische Berater, die wir die traurigen Erlebnisse dieser Familien nur im Gespräch erfahren – derartige progressive und zur Destruktion normaler Funktionen des Körper führende Erkrankungen besonders bedrückend und belastend sind. So kommt es, daß wir eine Muskeldystrophie Duchenne als viel schwerwiegender empfinden als der medizinische Laie, der sich beispielsweise sehr viel mehr durch ein Kind mit Down-Syndrom belastet fühlt.

Der genetische Berater hat vordringlich die Aufgabe, zu erklären, wie ein Krankheitsbild zustande kommt, wie man es verstehen kann. Auch ihm wird die Frage des Warum gestellt, häufiger aber die Frage: Wiederholt sich das beim nächsten Kind?

In fast allen Beratungsgesprächen kommen Schuldgefühle, Akzeptanzprobleme, Trauer und Verzweiflung der Eltern und ihre außerordentliche Hilflosigkeit zutage. Hier kann und muß es unsere Aufgabe sein, Hilfen zur Bewältigung anzubieten, Mut zu machen, daß sich stellende Aufgaben auch neue Kräfte wecken können. Der Arzt kann im Gespräch die Möglichkeit bieten, Sorgen, Ängste, Selbstvorwürfe und Kränkungen aussprechen zu dürfen, ohne daß diese unterdrückt oder als nichtig dargestellt werden. Emphatische Zuwendung, Zuhören und vielleicht den einen oder anderen anregenden Gedanken im Gespräch einbringen, das sind in derartigen Situationen möglicherweise die einzigen Hilfen, unsere »Behandlung« dieser belasteten Menschen.

Anfangs habe ich davon gesprochen, daß wir Ärzte lernen müssen – sollen – zu helfen. Ich habe, so hoffe ich, deutlich gemacht, daß dies bei angeborenen Störungen oftmals nicht medikamentös, nicht im Sinne einer Heilung oder auch nur einer wesentlichen Besserung möglich ist. Dennoch können wir uns nicht erschreckt, verstört oder gar vor Abscheu abwenden, wenn uns Menschen mit derartigen Störungen, von denen ich über einige exemplarisch berichtet habe, begegnen. Unser Beruf lebt von der Liebe zum Menschen, ich denke, sie muß sich gerade hier bewähren.

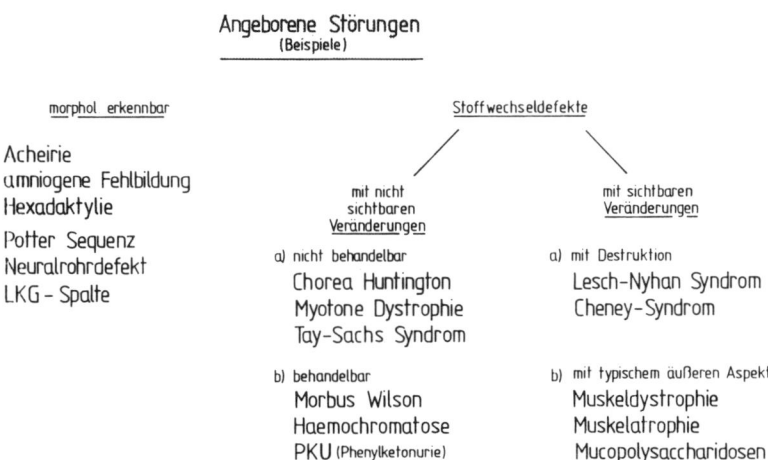

Tabelle 1: Gruppierung der dargestellten angeborenen Störungen, bei denen Destruktion mehr oder weniger deutlich zu beobachten ist.

Krankheit	erste Symptome	Häufigkeit
Galaktosämie /	wenige Tage	1 : 12 000 - 1 : 30 000
Galaktokinase-Mangel	wenige Tage	ca. 1 : 50 000
Ahornsirupkrankheit	wenige Tage	1 : 10 000 - 1 : 100 000
Phenylketonurie /	Monate	1 : 5 000 - 1 : 10 000
Hyperphenylalaninämie	Monate	
Homozystinämie	Jahre	ca. 1 : 20 000 - 1 : 250 000
Histidinämie	unterschiedlich	ca. 1 : 15 000
durch Guthrie-Test früh erfaßbar		
Hypothyreose	Wochen	ca. 1 : 5000
Mucoviscidose	Tage, Wochen	1 : 2 000 - 1 : 2 500

Tabelle 2: Neugeborenen-Screening auf erbliche Stoffwechselstörungen (BRD 1999).

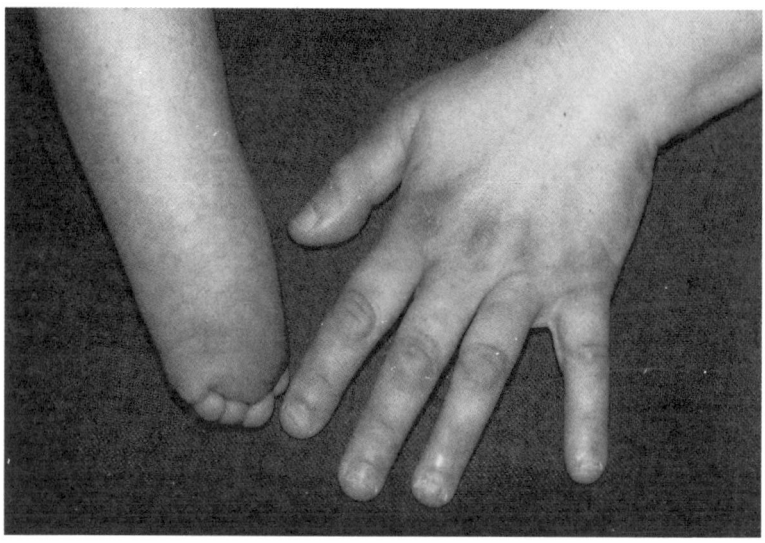

Abbildung 1: Acheirie mit Fingerknospen (auch als Ektrodaktylie bezeichnet).

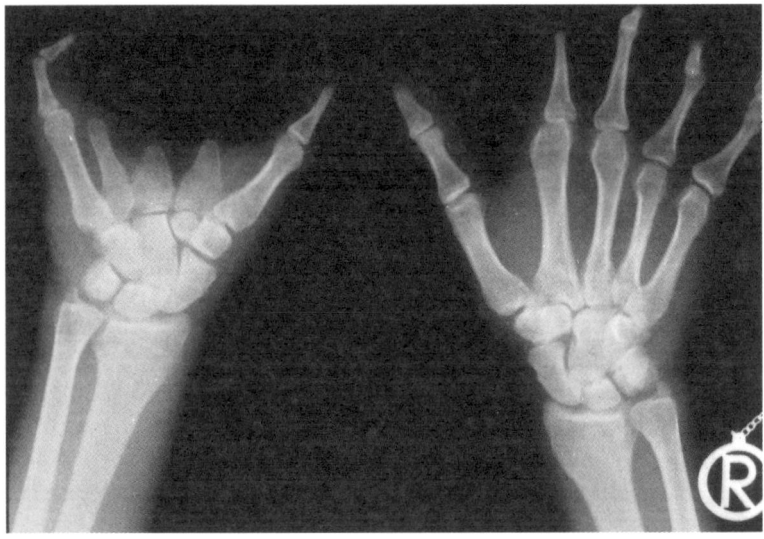

Abbildung 2: Amniogene Fehlbildung (Röntgenbild), beachte: unsymmetrische Ausprägung der Veränderungen). Röntgenbild aus dem Inst. f. Klin. Strahlenkunde der Univ. Mainz.

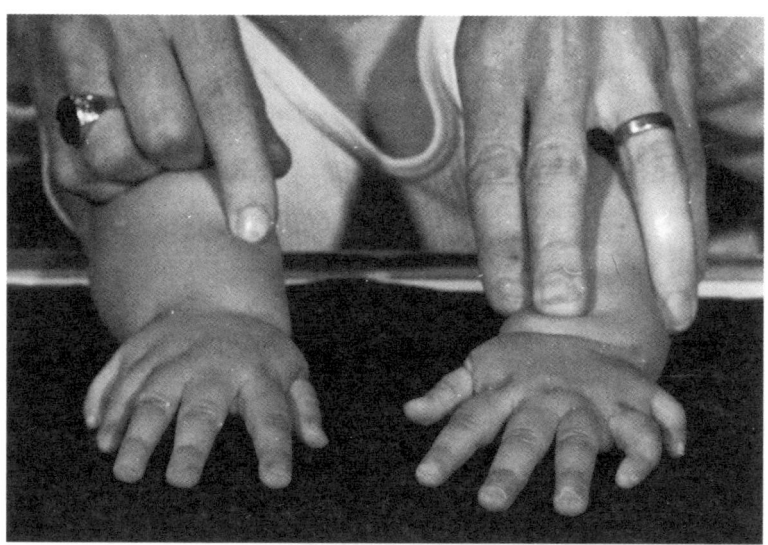

Abbildung 3: Hexadaktylie beider Hände – als isoliertes Symptom vorkommend oder im Rahmen eines genetischen Syndroms. Aus dem Inst. f. Humangenetik der Univ. Marburg/L.

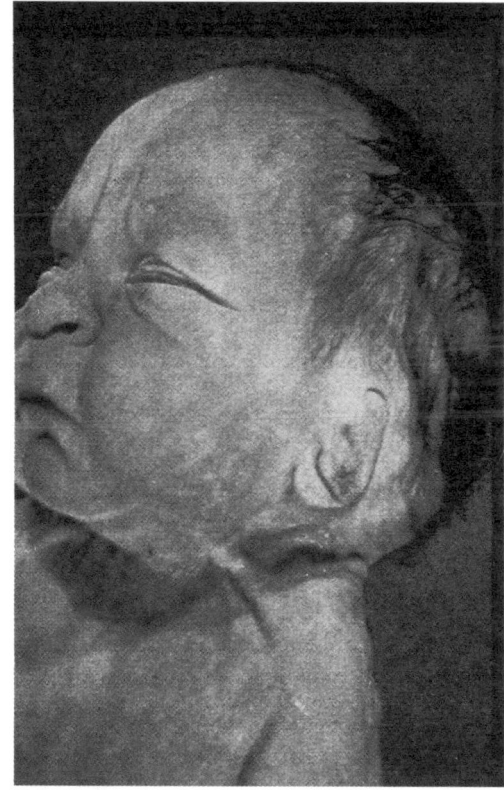

Abbildung 4: Sog. Potter-Facies. Beachte »verdrücktes« Mittelgesicht, dysplastische Ohrmuschel. Aus der Abt. Kinderpathologie d. Univ. Mainz.

Abbildung 5: Multifaktorielle Vererbung
(Schema), Zusammenwir-
ken von Erbanlagen und
Umwelt- (Realisa-
tions-)Faktoren.
Überschreiten einer
Schwelle zum Zeitpunkt
der sensiblen Phase der
Organentwicklung. Hier
am Beispiel eines
Neuralrohrdefektes
abgeleitet.

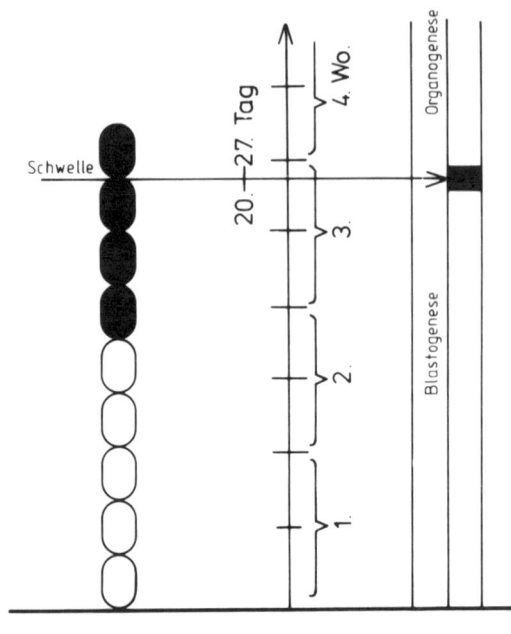

O Erbanlagen   ● Umweltfaktoren

Abbildung 6: Sog. Erbe-
Umwelt-Diagramm zur
Verdeutlichung der multifak-
toriellen Vererbung im Vergleich zu monogenen und
erworbenen Merkmalen oder
Störungen.

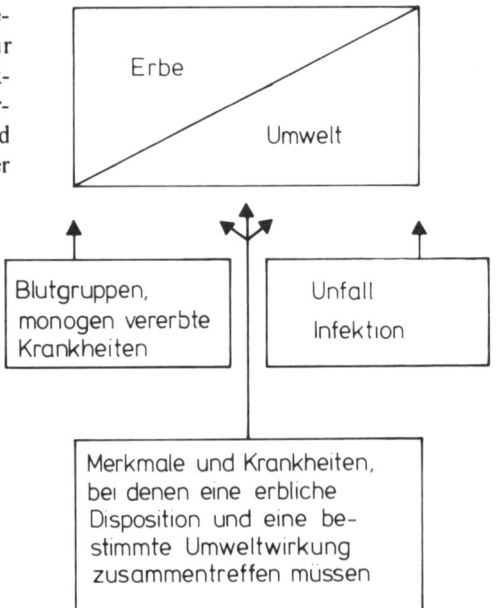

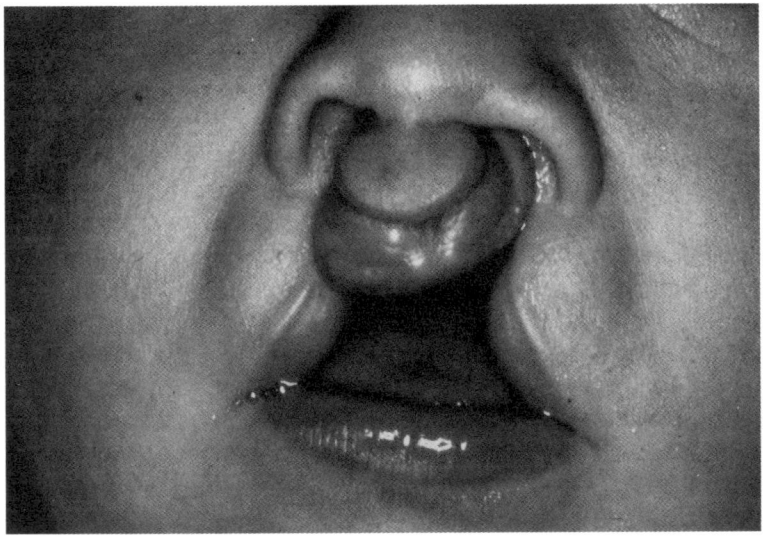

Abbildung 7: Doppelseitige Lippen-Kiefer-Gaumen-Spalte. Aus der Zahn-, Mund- und Kieferklinik der Univ. Mainz.

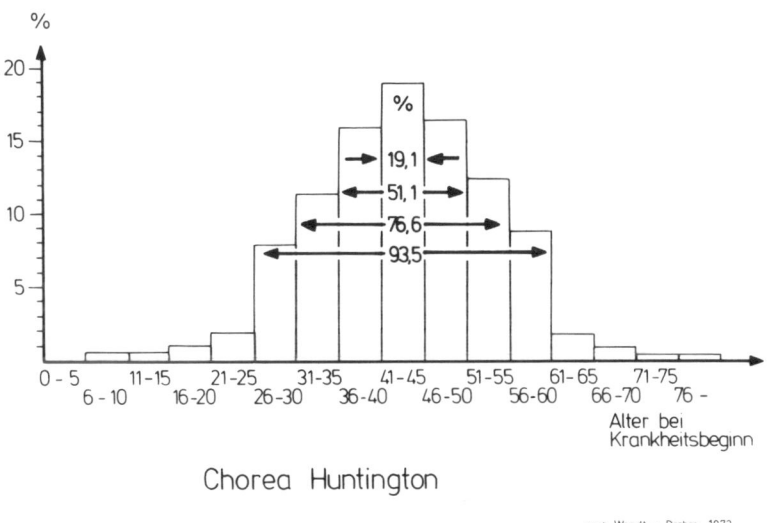

Abbildung 8: Verteilung des Erkrankungsalter bei Chorea Huntington.

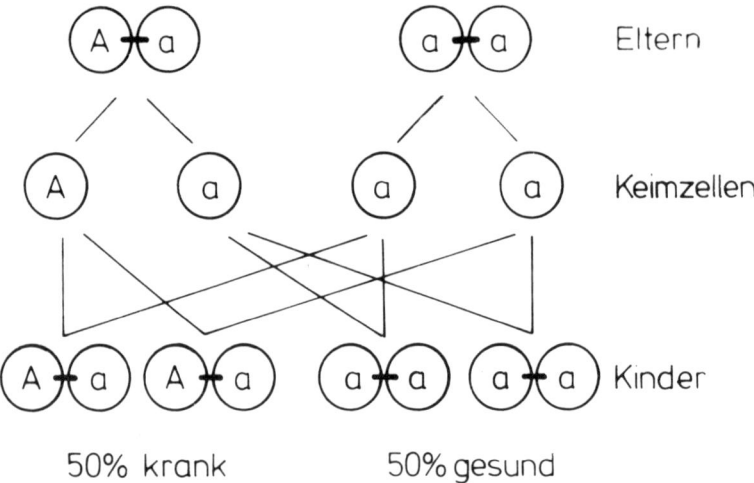

Eltern

Keimzellen

Kinder

50% krank   50% gesund

Abbildung 9: Erbschema des autosomal dominanten Erbgangs. Die Anlage A entspricht dem merkmalsauslösenden Gen, a dem »gesunden« Gen. Betroffene Personen sind heterozygot Aa.

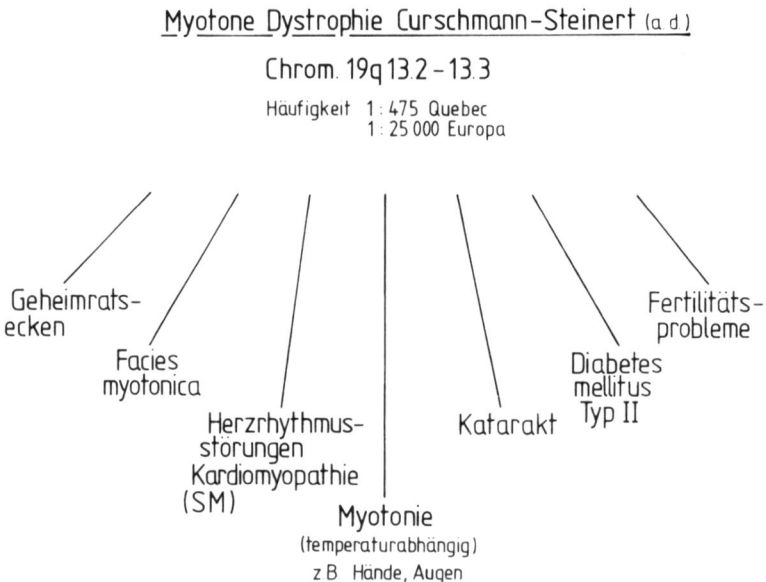

Myotone Dystrophie Curschmann-Steinert (a d)

Chrom. 19q 13.2 - 13.3

Häufigkeit 1 : 475 Quebec
            1 : 25 000 Europa

Geheimrats-
ecken
        Facies
        myotonica
                Herzrhythmus-
                störungen
                Kardiomyopathie
                (SM)
                        Myotonie
                        (temperaturabhängig)
                        z B Hände, Augen
                                    Katarakt
                                            Diabetes
                                            mellitus
                                            Typ II
                                                    Fertilitäts-
                                                    probleme

Abbildung 10: Klinisches Bild bei Myotoner Dystrophie. Beachte die unterschiedliche Expressivität des Gens.

Abbildung 11: Schemati-
sche Darstellung der DNA
in zwei-dimensionaler An-
sicht mit Andeutung von
Triplett-Codons. Wenige
CTG-repeats als Sonder-
form einer genetischen Mutation exem-plarisch ge-
zeigt.

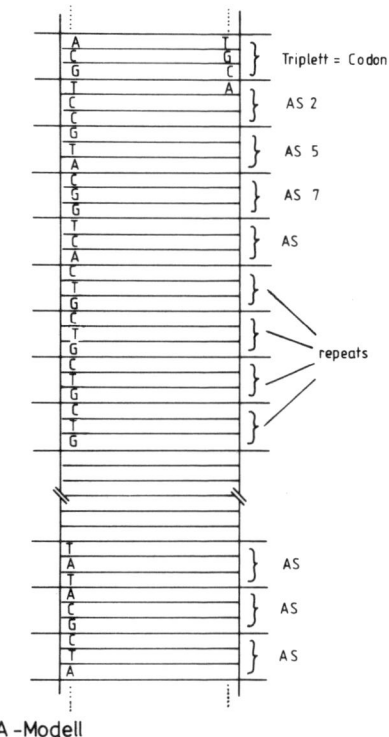

Abbildung 12: Erbschema
des autosomal rezessiven
Erbgangs, die Anlage B
entspricht dem »gesunden«
Gen, b dem merkmals-aus-
lösenden Gen. Betroffene
Personen sind homozygot
bb.

DNA -Modell
Genmutation als Folge von Repeats

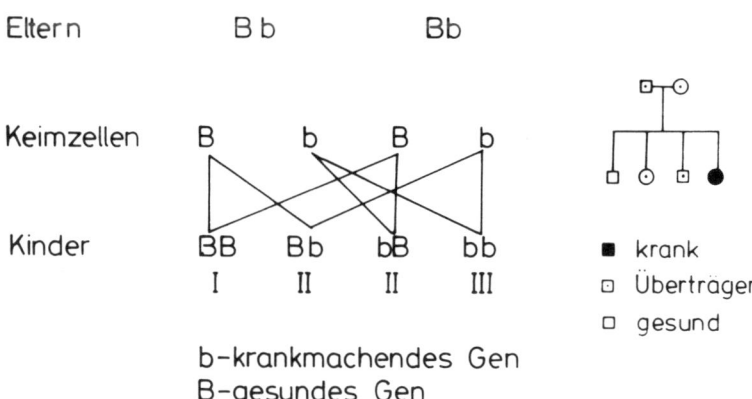

autosomal rezessiver Erbgang

b-krankmachendes Gen
B-gesundes Gen

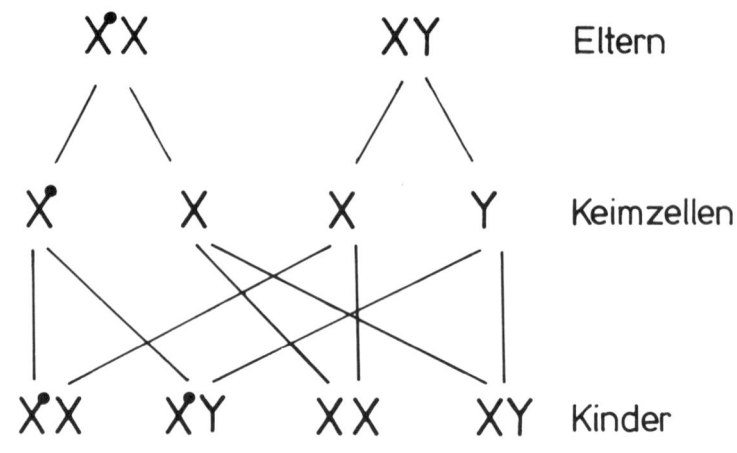

X-chrom. rez. Erbgang

XX = gesunde Frau   XY = gesunder Mann
X̊X = Konduktorin   X̊Y = betroffener Mann

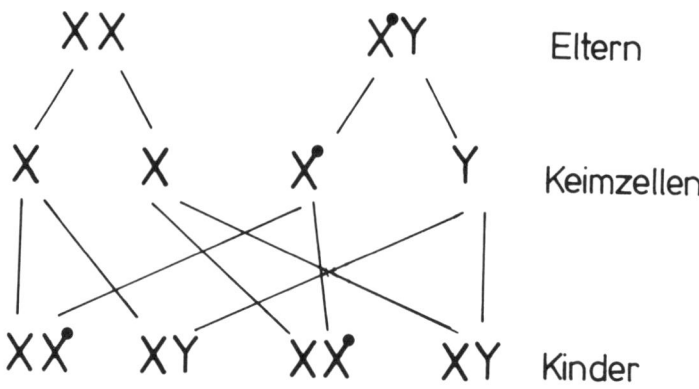

X-chrom. rez. Erbgang

XX = gesunde Frau   XY = gesunder Mann
X̊X = Konduktorin   X̊Y = betroffener Mann

Abbildung 13: Erbschema des X-chromosomal rezessiven Erbgangs. Die Symbole X und Y entsprechen den Geschlechtschromosomen des Menschen.
    a) Erbschema, wenn Mutter Konduktorin für das Merkmal,
    b) Erbschema, wenn Vater betroffen von dem Merkmal.

Christian Kummer

Organisation und Destruktivität
Überlegungen zu W. F. Gutmanns Begriff
der Autodestruktion

Wir sind gewohnt, alle Organismen ganz selbstverständlich als eingepaßt
in eine Umwelt aufzufassen: der Fischkörper paßt zur Fortbewegung im
Wasser, der Giraffenhals zum Laub von Bäumen in der Savanne, die
keilförmige Muschelschale zum Eingraben in den Sand, die Kalkaus-
scheidung von Korallenpolypen zum Aufbau von Riffen in optimaler
Meereshöhe, und selbst die Kleinheit der gestaltlich nicht gerade aufregenden
Bakterien ist dafür geeignet, so ungewöhnliche Lebensräume wie unsere
Mundhöhle zu besiedeln. Und nicht erst Darwin hat das Schlagwort von
der Anpassung geprägt; auch für die alten »Artkonstanzler« , wie Linné
oder Cuvier, war es eine Selbstverständlichkeit, daß die Vielfalt der Lebewesen einen (göttlichen) Plan der Ausnutzung aller denkbaren Lebensräume
darstellt (Ospovat 1995, 33).

Für Darwin und die Evolutionstheorie wurde Anpassung freilich zu
einem Schlüsselbegriff für die Erklärung des Lebendigen, wobei überraschen-
derweise zu konstatieren ist, daß damit eigentlich gar nichts über das Wesen
des Lebendigen ausgesagt ist. Daß es Lebewesen gibt, muß nach diesem
Ansatz einfach hingenommen werden – angesichts der unbelebten Weiten
des Weltalls alles andere als eine Selbstverständlichkeit. Daß der Muskel-
saum einer Napfschnecke das Gehäuse unverrückbar mit dem darunter
liegenden Stein verbindet, ist unbenommen; aber warum sitzt dem Stein
überhaupt eine Schnecke auf?

1. Das Konzept der Frankfurter Theorie

Was also der (oder den) gängigen Evolutionstheorie(n) abgeht, ist eine
Theorie des Organismus. Eine solche Theorie kann nicht, ohne zirkulär
zu sein, selbst wieder aus Darwins Ansatz gewonnen werden, sondern ist
aus allgemeineren, wenn man so will, »vor-evolutionären« Prinzipien
abzuleiten. Das Wort ›vor-evolutionär‹ will dabei wohlgemerkt als »metho-
disch vorgängig zur evolutionären Erklärung« verstanden sein (wie etwa
die Gesetze der Physik) und nicht als Rückkehr zu einer vor-darwinistischen
Betrachtungsweise in der Biologie. Es ist das Verdienst W. F. Gutmanns

und einiger seiner zoologischen Fachkollegen am Senckenberg-Museum, Frankfurt/Main, eine Theorie des Organismus im dargelegten Sinn entwickelt zu haben. Allerdings ist es trotz des klaren Bewußtseins, Organismen als konstruktionsmorphologische Ableitungen zu verstehen, Gutmann oft nicht gelungen, seine Sicht von einer Konkurrenz zur darwinistischen Erklärungsebene freizuhalten. Dadurch erscheint diese »Frankfurter Theorie« in den Augen vieler Evolutionsbiologen tatsächlich als anti-evolutionär, was sie von ihren Voraussetzungen her weder sein kann noch will. Es ist mit eine Absicht dieser Zeilen, zur Klärung dieses Mißverständnisses beizutragen.

Worin besteht nun die Grundaussage der Frankfurter Theorie?

Sie begreift Organismen – vor allen physiologischen Lebenserscheinungen und allen darwinistischen Anpassungsleistungen – als biomechanische Konstruktionen. Aufgrund ihrer morphologischen Ausrichtung und, genauer noch, des selbstgesteckten Ziels, eine Neubegründung der Morphologie als eigenständige wissenschaftliche Disziplin zu liefern, geht sie von der nur anfänglich trivialen Tatsache aus, daß Lebewesen neben all ihren Leistungen stets eine bestimmte, definierbare Gestalt besitzen. Ohne sich jedoch bei der Verhältnismäßigkeit von Tiergestalt und Umwelt aufzuhalten, fragt sie danach, wie sich die Gestaltbildungen des Lebendigen – angepaßt oder nicht – physikalisch realisieren lassen. Dabei ist festzuhalten, daß Lebewesen sich aus Bestandteilen aufbauen, in erster Linie den Proteinen, deren Form und Funktion von ihrer Lösung in Wasser abhängt. Gleichzeitig stellen sich Organismen von ihren ersten Ursprüngen her als Einheiten dar, die durch eine spezielle Oberflächenstruktur, die sogenannte Biomembran, von dem wässerigen Milieu, dem sie entstammen, abgegrenzt sind. Der Ausdruck »Zelle« (von lat. *cellula* = Kämmerchen), mit dem die Grundeinheit lebendiger Organisation bezeichnet wird, trägt dieser individualisierenden Abgrenzung Rechnung. Da die Oberflächenmembran »semipermeabel« ist, d. h. durchlässig für kleine Moleküle, wie z. B. Wasser, und unpassierbar für die großen Protein-Moleküle im Inneren, entsteht ein osmotisches Drucksystem: die gelösten Proteine und sonstigen Biomoleküle des Zellinneren ziehen solange Wasser von außen an, bis diese Tendenz zum Druckausgleich durch den Gegendruck der sich spannenden Oberflächenmembran zum Stillstand kommt. Das »Zellsäckchen« wird prall und nimmt, einen gleichmäßigen Bau der Oberflächenmembran vorausgesetzt, kugelige Gestalt an. Das ist die Grundidee der lebendigen Gestaltbildung, die Gutmann bzw. die Frankfurter Theorie mit dem Schlagwort verbindet, Organismen seien »hydraulische Konstruktionen«. Ihre Gestalt entsteht nicht durch die Zusammensetzung einzelner Bausteine, sondern sie ergibt sich in erster Linie aus dem Zusammenspiel von Binnendruck und elastischer Hülle – vergleichbar einem aufblasbaren Gummitier im Planschbecken.

Bevor dieses hydraulische Modell der Gestaltbildung auf die reale Morphogenese der tierischen Baupläne angewendet werden kann, ist es noch durch eine energetische Betrachtung zu ergänzen, weil Lebewesen ihre Form durch Stoffwechsel aufrechterhalten. Aus thermodynamischen Gründen ist es notwendig, die molekular konstituierte Ordnung lebendiger Strukturen durch ständige Energiezufuhr gegen das nivellierende Gefälle der Entropie aufrechtzuerhalten (Schrödinger 1944; Kummer 1999). Damit ist aber auch die gesamte hydraulische Konstruktion in einen Strom fortwährender Energiezufuhr und -transformation eingebunden und davon abhängig. Ohne die Erschließung äußerer Energiequellen und ihrer Nutzung für die chemischen und mechanischen Prozesse des Zellinneren würde die hydraulische Konstruktion samt ihren zugehörigen mechanischen Binnenstrukturen im Nu degenerieren. Pflanzen benützen für diesen Energiegewinn das Sonnenlicht, d. h. sie bleiben an Ort und Stelle und lassen sich mit Strahlungsenergie beliefern. Tiere schlagen dagegen den umgekehrten Weg ein und bewegen sich selbst auf nutzbare äußere Energiequellen zu, wozu sie sich der mit einer hydraulischen Konstruktion gegebenen Möglichkeiten bedienen: Wenn die Festigkeit der Körperoberfläche lokal veränderlich ist, läßt sich der Binnendruck zur Verformung des Körpers und, entsprechende Haft- bzw. Reibungsflächen gegenüber dem umgebenden Medium vorausgesetzt, als Vortrieb für die Ortsbewegung ausnützen. Der einfachste Fall solcher Fortbewegung ist diejenige der Amöben mittels Scheinfüßchen, vorübergehenden Ausstülpungen der Zellhaut, in welche das flüssige Zellinnere einfließen und damit seine Lage verändern kann. Genauso, wie die vom Flüssigkeitsdruck erzeugte hydraulische Form durch innere und äußere Stützelemente (Skelett- und Bindegewebsstrukturen) stabilisiert wird, ist es nun auch möglich, den Primitivzustand hydraulischer Bewegung durch mechanische Elemente zu optimieren: Geißel- bzw. Wimperschlag, Muskelkontraktion und Gliedmaßenbewegung sind Beispiele effizienter biomechanischer Anwendung des hydraulischen Verformungsprinzips.

Die tierische Konstruktion ist also in einer doppelten Weise energieabhängig: einmal zur Aufrechterhaltung der eigenen Form und zweitens zur der Selbsterhaltung dienenden Bewegung. Es ist damit nicht so, wie es auf den ersten Blick scheinen könnte, daß Gutmanns Definition des Organismus sich in Zirkularität verfängt: Organismen sind sich selbst bewegende Maschinen, deren Bewegung dazu dient, die Energie aufzutreiben, die sie für ihre Bewegung brauchen ... Diese Karikatur vom Organismus im »energetischen Leerlauf« ist nach dem bisher Gesagten falsch, und ich habe sie an anderer Stelle Gutmann zu Unrecht unterstellt (Kummer 1993, 46). Der Organismus bewegt sich nicht, um sich bewegen zu können, sondern um sich selbst zu erhalten. Die hydraulische Konstruktion

womit die hydraulischen Konstruktionen die Möglichkeit erlangen, sich selber zu reproduzieren und im strikten Sinn zu evolvieren.[1]

Ob die Autonomie des Lebendigen auf ausschließlich biomecha-nischer Grundlage entwickelt werden kann, sei dahingestellt. Das ist aber auch gar nicht die eigentliche Aufgabe der Frankfurter Theorie. Sie will ja vor allem zeigen, wie es aufgrund der physikalischen Bedingungen und Zwänge, die mit einer hydraulischen Konstruktion im dargestellten Sinn gegeben sind, zur Ausbildung der organismischen Formenvielfalt kommen konnte und mußte. Das geschieht einmal mit dem Nachweis, welche Strukturbildungen der Kohärenz von Energie-fluß und Kraftschluß dienlich sind, und zum andern durch den Ausschluß derjenigen theoretischen Möglichkeiten, die mit einer hydraulischen Verwirklichung im Widerspruch stehen (etwa die Bildung von Rädern als Fortbewegungsorgane). Allerdings wäre neben der Biomechanik hier auch noch die Neurosensorik zu berücksichtigen, d. h. die Evolution der Organisation unter dem Gesichtspunkt der Reizaufnahme und -verarbeitung darzustellen. Schließlich gehört zum Erreichen einer äußeren Energiequelle nicht nur die Bewegung sondern auch die Ortung. Daß sich daraus auch Konsequenzen für die organismische Konstruktion ergeben (etwa die Ausbildung einer mit Sinnesorganen bestückten Kopfregion), wurde von der Frankfurter Theorie, soweit ich sehe, nicht weiter thematisiert. Dies ist nicht als Vorwurf einer eingeschränkten Geltung des konstruktionsmorpho-logischen Ansatzes gemeint, sondern als Vorschlag für einen weiteren Ausbau. Wenn der Maschinenvergleich sich als tragfähige Grundlage für eine Organismustheorie erweist, und die Frankfurter Theorie hat genau das gezeigt, dann sollten Organismen gleichermaßen als biomechanische und informationsverarbeitende Maschinen behandelt werden.

---

1 Die hier dargestellten Überlegungen zu einer Lebensentstehung auf hydraulischer Grundlage entsprechen dem Ansatz Gutmanns, sind aber keine exakte Wiedergabe seiner eigenen Auffassung, die hier relativ allgemein und im Rahmen der üblichen Ursuppen-Theorie ausfällt (Gutmann 1989, 70–77). Wichtig ist für ihn die präzelluläre Individualisierung durch Membranbildung am Anfang des Biogeneseprozesses. Demgegenüber ist zu betonen, daß auch andere Ansätze denkbar sind, bei denen von offenen chemischen Reaktionszyklen ausgegangen wird, die zunächst frei an energieliefernde Oberflächen gebunden sind und erst nach der Bildung von Ribonukleinsäuren und Proteinen zu membranumhüllten Zellorganismen werden (Wächtershäuser 1997). Am Anfang leitet hier also die chemische Determiniertheit von Autokatalyse-Zyklen den Fortgang des Selbstorganisationsprozesses, und nicht der Gesamtzusammenhang eines automobilen Systems. Insofern ist die molekulare Selbstorganisation des Lebendigen infolge hydraulischer Bewegungsfähigkeit wohl nicht der erste Schritt der Biogenese. Gutmann selber läßt die Möglichkeit rein chemoevolutiver Vorstadien vor der eigentlichen hydraulischen Präzellbildung offen (a.a.O. 77).

2. *Ableitung des Begriffs der Autodestruktion*

Es erscheint also möglich und sinnvoll, Organismen auf bio-mechanischer Grundlage zu definieren und ihre gestaltliche Vielfalt verständlich zu machen. Die Vielfalt erklärt sich dabei aus den unterschiedlichen Strategien, die hydraulische Konstruktion beweglich zu machen bzw. Binnendruck und Oberflächenelastizität zu verspannen. Hier hätte nun Darwins Erklärung von Variabilität und Auslese ihr eigentliches Terrain – freilich mit der Korrektur, daß es die hydraulischen Konstruktionsbedingungen selber sind, die in erster Instanz über die Zulässigkeit von Neuerungen entscheiden, und nicht die Umwelt. Wimpern und Geißeln mögen vorzüglich an das Wasser angepaßte Antriebsgeräte für die Bewegung von Einzellern sein – wenn aber die Zellhülle nicht stabil genug verspannt ist, zerreißt die Kraft solcher Außenbordmotoren die ganze Konstruktion. Dieses simple Beispiel kann zeigen, daß die hydraulische Konstruktion den Organismus nicht nur der Theorie nach konstituiert, sondern auch seine reale evolutive Entstehung erklärt. Während die synthetische Evolutionstheorie nach klassisch-darwinistischem Muster dafür eine äußere Optimierungsstrategie bemüht, nämlich die Auslese und Anhäufung kleiner, im Überlebenskampf sich vorteilhaft erweisender Veränderungen, entwirft Gutmann eine innere Revolutionsstrategie des Organismus. Nicht mehr die erbbedingte Variabilität des äußeren Erscheinungsbildes (Phänotyps) ist es demnach, was die Evolution vorantreibt, sondern die unvollständige Determiniertheit der Teil-strukturen innerhalb der Gesamtkonstruktion. Den Molekülen, Zellen und Geweben eines Organismus stehen viel mehr Wege der Interaktion und des Wachstums offen als für den funktionierenden Organismus tunlich sind. Das beste Beispiel für eine derartige, nicht mehr integrierte Entgleisung der Eigenaktivität von Teilstrukturen ist das ungeordnete Zellwachstum von Tumoren. Aber auch Stoffwechsel-krankheiten (als Abweichungen von der molekularen Reaktionsnorm) und körperliche Mißbildungen (als solche in der Gewebe- bzw. Organentwicklung)[2] sind in diesem Zusammenhang zu sehen. Gelungene Organisation ist somit alles andere als selbstverständlich und kommt nur zustande, solange die potentielle Divergenz der Substrukturen von der Konvergenz des biomechanischen Zusammen-hangs beherrscht ist. Sind die Abweichungen zu groß, bricht das Gesamtsystem zusammen, weil an irgendeiner Stelle der kraftschlüssige Verbund zerstört ist; sind sie tolerabel, läßt sich die hydraulische Maschine mit mehr oder weniger Ächzen im biomechanischen Räderwerk betreiben.

Gutmann drückt die Kontrollfunktion der hydraulischen Konstitution über ihre Substrukturen mit dem Begriff der »Bionomie« aus: der ›Nomos‹, das Gesetz des konstruktiv Möglichen, liegt nicht in den Umwelt-

---

2   Vgl. den Beitrag von U. Theile, in diesem Band.

bedingungen, sondern im ›Bios‹ selber, in der Ausbildung einer lebens-fähigen, und das heißt biomechanisch und energetisch kohärenten, hydrau-lischen Konstruktion. Damit ist ein zweifaches dynamisches Element konstitutiv für die Selbsterhaltung des Lebendigen: thermodynamisch bedingte äußere Beweglichkeit und konstruktiv bedingte innere Instabilität. Evolution ist auf diese Weise geradezu unvermeidlich.

Die substrukturell bedingte »Varianzgenese« bedeutet nun keines-wegs immer gleich ein Ausscheren aus der Klammer der hydraulischen Konstruktion. Auch wenn Fehler im biomechanischen Verbund vorliegen, bricht dadurch die hydraulische Formbildung nicht einfach zusammen, sondern sie erzeugt – nach Maßgabe des konstruktiv Möglichen – andere Gebilde, die zwar unter bionomer Rücksicht meist dysfunktional sind, deshalb aber nicht minder hochkomplexe Konstruktionen darstellen. Gerade die Embryonalentwicklung der Säugetiere bzw. des Menschen liefert eindrucksvolle Beispiele dafür, wie eine fehlgeleitete Entwicklung der Embryonalhüllen zu Monstrositäten führt, die trotz ihrer Abartigkeit als hydraulische Konstruktionen aufzufassen sind (Gutmann 1997, 165ff).

Von hier aus ist es nur noch ein kleiner Schritt, darüber zu spekulieren, ob solche gestaltlichen Entgleisungen nicht auch zur Grundlage für die Ausbildung neuer bionomer Konstruktionen werden könnten. Die Grundlage dafür könnte vor allem die Mechanik der morphogenetischen Bewegung von Zellverbänden abgeben. Der Zusammenhalt von Zellen im Gewebeverband wird nämlich unter anderem durch bestimmte in die Membranen eingelagerte »Adhäsions-proteine« (z. B. Cadherine) gewährleistet. Veränderungen in der zellu-lären Syntheserate dieser Cadherin-Moleküle, oder auch nur in ihrer lokalen Verteilung, wirken sich umgehend auf die Form aus, in die ein Zellverband durch den Druck des eigenen Wachstums bzw. um-liegender Gewebepartien gelenkt wird. Die Umbildung von flachen, einschichtigen Zellverbänden (sogenannten Epithelien) zu Rinnen, Röhren und Kavernen ist auf diese Weise mechanistisch gut nachzuvollziehen. Entsprechend könnte man sich vorstellen, daß durch eine lokale Veränderung in der Produktion von Adhäsions-Molekülen ein neuer epithelialer Hohlraum im Körperinneren entsteht, der das Material zu einer neuen Organbildung liefert. Oder es könnten sich epitheliale Scheidewände im gallertgefüllten Binnen-raum eines einfachen Vielzellers bilden, welche die Grundlage für eine neue biomechanische Verspannung und Verbesserung der Bewegungs-fähigkeit abgeben. Auch eine Vermehrung der Anzahl an Beinen wäre auf diese Weise denkbar, wenn in einem Frühstadium der Extremi-täten-Entwicklung das Deckgewebe eine zufällige Spaltung erfährt und so aus einer

Gliedmaßenknospe zwei werden. Derartige Mißbildungen sind den Embryologen längst bekannt und werden von ihnen auch in beliebiger Menge experimentell erzeugt. Neu ist in unserem Zusam-enhang jedoch ihre Bewertung: sie werden nicht einfach als konstruktive Fehlschläge aufgefaßt, sondern als »hopeful monsters« (Goldschmidt 1940), als glückliche Zufälle mit latentem, evolutionär testbarem Konstruktionspotential.

Morphogenetische Plastizität ist so nicht mehr nur ein unvermeidlicher Effekt einer unvollkommenen konstruktiven Determi-nierung organismischer Substrukturen, sondern ein Mittel zur Entwicklung neuer konstruktiver Modelle. Aus der Selbstbehauptung der organismischen Form auf einem Berg von mißglückten Realisie-rungen wird, um im Bild Gutmanns zu bleiben, eine Allee gesäumt von den Bäumen des Dysfunktionalen und Monströsen (Gutmann 1997, 150). Mit einem Wort: die Varianzgenese wird zur Evolution. Es liegt nahe, in diesem Zusammenhang den Begriff der »*Autodestruktion*« einzuführen, wie Gutmann das tut: Es muß zum Wesen des Leben-digen gehören, daß es seine etablierten Konstrukionen dauernd selbst torpediert, denn auf diesem Weg ist eine evolutive Optimierung der biomechanischen Konstruktion nachvollziehbar, wie sie sich uns in den verschiedenen Bauplänen darbietet.

3. Kritik am Autodestruktionsbegriff

Gutmanns Begriff der Autodestruktion erklärt sich also aus einem Antagonismus zwischen der Varianzbreite elementarer Gestaltungsprozesse und der Limitation durch die Bionomie der Gesamtkonstruktion. Chaotische Momente der Elementarprozesse bombardieren die Rahmenbedingungen der bionomen Konstruktion mit dem Effekt der Destruktion bzw. der Transformation. Destruktion erfolgt, wenn die molekularen Prozesse bzw. die»subservienten" Strukturen auf irgendeiner Ebene des Konstruktionsgefüges den Rahmen der Bionomie sprengen und damit einen nicht mehr lebensfähigen Organismus hinterlassen. Transformation kann erfolgen, wenn solche Entgleisungen die Einheit der Konstruktion nur anfanghaft stören und noch einmal in den Rahmen der Bionomie zurückintegriert werden können. Damit ist die latente Anlage zur Autodestruktion, die dem Organismus immanent ist, Bedingung der Möglichkeit von Evolution.

Mit welchem Recht wird aber ein Prozeß, der auf mangelhafter Stabilität in der Etablierung der lebendigen Organisation beruht, als *Auto*destruktion bezeichnet? Es ist daran zu erinnern, daß die Vorsilbe

›auto‹ bei Lebensprozessen von Wilhelm Roux, dem Begründer der
Entwicklungsmechanik, eingeführt wurde, um die Eigentätigkeit des
Lebendigen zu betonen. Grundlegend ist dabei der Begriff der
»Autoergie« (Roux 1912, 34):

»Autoergie, Selbsttätigkeit der Lebewesen, [wird] diejenige Tätigkeit
des ganzen Lebewesens oder seiner lebenstätigen Teile [genannt], welche
in den betreffenden Gebilden ›determiniert‹ ist, deren die Art oder
Qualität des Geschehens ›bestimmende‹ Faktoren also in diesen Gebilden
selber gelegen sind. Die gleichfalls zum Geschehen nötigen, aber die Art
derselben nicht bestimmenden Realisationsfaktoren (Wärme, Licht,
Sauerstoff, Wasser, Nahrung) können dabei außerhalb des Gebildes
liegen. Es ist sehr charakterisierend für die Lebewesen, daß sie alle
Faktoren, welche ihre typische, also beständige Gestaltung sowie ihre
Erhaltungstätigkeit »determinieren«, in sich selber enthalten und daher
zu diesen Tätigkeiten von außen her bloß der indifferenten Realisationsfaktoren bedürfen.«

Der Begriff der Determination, auch *causa determinans* oder
»vollständige Bestimmungsursache« genannt, wird in einem eigenen
Artikel nochmals erläutert als »die Gesamtheit derjenigen Faktoren,
welche die Art (Qualität, Besonderheit) des Geschehens [...] zumeist im
voraus verursachen.« Unterschieden werden davon die »indiffe-renten
Realisationsfaktoren« wie Wärme, Nahrung, Licht und der-gleichen,
welche in unspezifischer Weise für eine Verwirklichung des durch die
causa determinans Bestimmten noch hinzukommen müssen (a.a.O. 93).

Die Frage ist, zu welcher Ursachengruppe die Autodestruktion eher
gehört – zur Bestimmungsursache oder zu den indifferenten Realisationsfaktoren. Folgt aus der substrukturell bedingten Deforma-
tionsanfälligkeit unmittelbar die Transformation zu neuen Kon-
struktionstypen? Ist, noch schärfer gefragt, das Destruktive innerhalb der
organismischen Konstruktion direkt auf die »Erfindung« neuer Baupläne
ausgerichtet? Ist Destruktion in diesem Sinne eine Eigentätigkeit des
Organismus, oder etwas, das ihm widerfährt? Es wird schwierig sein, die
Destruktion auf der Ebene von Roux' »vollständiger Bestimmungsursache«
zu sehen, weil die bestimmende Tätigkeit des Gesamtorganismus die
Integration der Substrukturen ist, und nicht ihre Zerstörung. Destruktion
wird ja nach Gutmann gerade umgekehrt verursacht durch nicht hinreichend
geordnete Elementarprozesse, welche das Gefüge der Organisation
torpedieren. Andererseits gehört die Eigengesetzlichkeit der untergeordneten
Organisationsebenen auch nicht einfach zu den »nichtbestimmenden
Realisationsfaktoren« wie Licht, Wasser oder Nahrung, da sie
Gestaltinformation nicht einfach ausführen, sondern im Zusammen-spiel
mit der »*downward causation*« der hydraulischen Konstruktion erstellen.

Und erst auf der Ebene der hydraulischen Konstruktion wird die molekulare Aktion zur Fehlfunktion. Bedeutet das nicht doch eine eigenständige Akzeptanz der molekularen Variabilität durch den Gesamtorganismus? Ist Varianzgenese dann Mittel oder Mangel, Mutabilität Lebenserscheinung oder Materialeigenschaft?

Man wird sich in diesen Fragen dadurch behelfen können, daß man zwischen Integration und Destruktion unterscheidet. Die Integration der Subsysteme durch die hydraulische Konstruktion ist konstitutiv für den Organismus. Sie ist, wie wir ausgeführt haben, die Grundlage seiner Selbsterhaltung in Eigenbewegung und Generationenfolge. Daß dabei auch Destruktion auftritt, ist eine unvermeidliche Begleiterscheinung – ein äußerer Effekt, aber kein inneres Mittel der Bionomie. Integration gehört damit zu den bestimmenden Faktoren des Organismus (zumal, wenn man ihn als biomechanisch-kraftschlüssigen Verbund begreift), Destruktion dagegen nicht. Eine hydraulische Maschine wäre ohne Destruktion theoretisch denkbar (wenngleich mit dem gebotenen Material nicht realisierbar), ohne Integration dagegen nicht. Integration bekäme von Roux in diesem Zusammenhang das Präfix ›Auto‹ sicher verliehen, während er der Destruktion diese Auszeichnung ebenso gewiß verweigern würde.

Wie aber, wenn die Destruktion in dem von Gutmann vorgeschlagenen Sinn zum Motor organismischer Transformation wird? Autodestruktion wäre hier diejenige Eigenschaft oder Fähigkeit des Organismus, die es ihm erlaubt zu evolvieren. Dies würde indessen implizieren, daß Evolution nicht nur zum Wesen, sondern zur Zielsetzung des Organismischen gehört: Weil es im Sinne von Organismen ist, zu evolvieren, müssen sie auch einen Mechanismus besitzen, mit dem sie das bewerkstelligen – analog wie sie Mechanismen zur Erhaltung ihrer Struktur aufweisen müssen. Eine solche teleologische Note ist aber in der Rede von der Evolution der Organismen vermeidbar und sollte darum Ockhams Rasiermesser ausgesetzt werden. Evolution läßt sich in Gutmanns Ansatz ohne weiteres als direkte Konsequenz des Antagonismus von Freiheitsgraden der Substruktur und Integration durch die Konstruktion darstellen. Darin ist sie der synthetischen Evolutionstheorie insofern gleich, als beide Evolution als Konsequenz eines zufälligen (oder besser: ungerichteten) Mechanismus verstehen – hier der nicht vollständigen Determiniertheit der Substrukturen durch die Organismus-Konstruktion; dort der nicht vollständigen Stabilisierung des Erbmaterials durch die Umweltanpassung. Damit wird aber die Entgleisung des Konstruktiven, wiewohl Bedingung evolutiver Transformation, zu einem Geschehen *am* Organismus und nicht *des* Organismus. Der Ausdruck *Auto*-Destruktion, der gemäß Roux eine Selbsttätigkeit voraussetzt, besteht dann nicht mehr zu Recht.

Ein interessanter Gedanke wäre indessen, ob das Konzept des Organismus als hydraulischer Konstruktion notwendig schon Optimierung einschließt. Wenn die Selbsterhaltung der hydraulischen Konstruktionen aus energetischen Gründen Bewegungsfähigkeit verlangt, ist damit eine Tendenz zur Verbesserung dieser Leistung nicht unvermeidlich? Die Forderung optimaler Energietransformation würde so zur ständigen Zensureinrichtung der Evolution. Diese gliche einem einfallsreichen Konstrukteur, der rastlos einen Plan nach dem anderen entwirft, aber bei jeder Ausführung feststellt, daß es noch besser gehen müsse. Eine solche Vorstellung findet sich immer wieder bei idealistischen Evolutionskonzepten, etwa bei Schelling, für den die fortwährende Produktivität der Natur sich in immer neuen Entwürfen bricht, aber eben wegen der Vorläufigkeit der empirischen Brüche zur Fortsetzung der Produktion Anlaß hat (Kummer 1987, 88). Auto-destruktion wäre hier also Vernichtung des Verwirklichten um der Freisetzung besserer Möglichkeiten willen – etwa, wie man das eigene Wohnhaus abbricht, um sich komfortabler darin einzurichten. Ähnlich denkt Teilhard de Chardin, wenn er den evolutiven Aufstieg als »Tasten« beschreibt, das, schon vom Begriff her, neben allem Zufälligen des Vorgehens, von einer Zielvorstellung her geprägt ist. Ich taste z. B. im Dunkeln nach meiner Brille, weil ich sie finden will. Entsprechend ist das »Spiel der großen Zahlen«, das unendliche Variieren, zwar ein ungerichteter Prozeß, der aber evolutionäre Effektivität dadurch erhält, daß er vom *Festhalten* der geglückten Zufälle begleitet ist (Haas 1971, 304). Aus dem Variieren ergibt sich also nur dann Fortschritt, wenn der Organismus in der Lage ist, Veränderungen als neue »Erfindungen« zu ergreifen. Das setzt seinerseits wieder einen Begriff voraus, was als »glücklich« oder »innovativ« zu bewerten ist. Mit den Konstruktions-erfordernissen der hydraulischen Theorie könnte es möglich sein, einen derartigen Bewertungsmaßstab von Erfindungen und damit eine Richtung der Evolution frei von aller bewußtseinsanalogen Konnotation zu formulieren.

Da Gutmann (1997, 153) das Bild des Tastens an einer Stelle ausdrücklich verwendet, könnte man vermuten, daß er in den Bahnen solcher idealistischen Konzepte denkt. Auch das Aufgreifen des Geglückten kommt hier vor, wenn auch unter dem Stichwort der Bewertung der organismischen Konstruktion (ebd. 154). Allerdings wird dabei die »Selbstbewertung«, auf die es in diesem Zusammenhang in erster Linie ankäme, zwar als Begriff geprägt, aber fast im selben Atemzug wieder auf eine »Bewertung im Rahmen der Populationen« (ebd. 155) zurückgeführt. Also bleibt es im Grunde doch wieder beim alten Modell: entweder ist der Organismus in der Kohärenz seiner Subsysteme derart entgleist, daß er nicht mehr als hydraulische Einheit realisierbar ist und sich mithin »selbst« zerstört; oder er bleibt im Rahmen des hydraulisch Tragbaren, und seine Abweichung von der bisher geltenden Norm muß sich in der Konkurrenz bewähren. Selbstbewertung geschieht da nur unter konservativer Rücksicht: hydraulisch durchführbar oder nicht; die Bewertung des Innovativen wird ganz der äußeren Selektion durch die Konkurrenz zugeschlagen, und das ist – man mag sich hier sträuben, soviel man will – Darwi-nismus im striktesten Sinn. Denn nach der Lektüre von Malthus (1826) war auch für Darwin die eigentliche Ursache der natürlichen Zucht-wahl die Konkurrenz zwischen den Individuen, und nicht, wie er anfänglich noch glaubte, die Anpassung an neue Umweltbedingungen (Ospovat 1995, 84). Was im Konzept Gutmanns fehlt, ist aber gerade die Möglichkeit einer innovativen Selbstbewertung durch die innere Selektion biomechanischer Perfektion. Natürlich wird auch diese sich in der Realität des Konkurrenzkampfs nach außen bewähren müssen. Aber Durchsetzungsvermögen sagt noch wenig über die Geglücktheit der Konstruktion, weil Selektion auf der Koppelung sehr verschiedener Bewertungsebenen beruhen kann. So hat sich, um ein Beispiel aus dem Konkurrenzkampf technischer Innovationen zu gebrauchen, der PC gegenüber dem Mac ja auch nicht wegen seiner besseren Technik durchgesetzt.

Daß der Gedanke der organismischen Selbstbewertung, wiewohl eigentlich zum Kern der hydraulischen Organismustheorie gehörig, so wenig zum Tragen kommt, liegt vermutlich an der unscharfen Konturierung von Gutmanns Bionomie-Begriff. Einerseits erscheint Bionomie als formaler Begriff des konstruktiv Erlaubten, insofern diese Konstruktion den Bedingungen der lebendigen Selbsterhaltung durch Energiewandel gehorchen muß. Zum anderen wird aber »bionom« jedes Ausstattungsmerkmal genannt, das den Organismus zum Überleben und zur Reproduktion befähigt (Gutmann 1997, 151). Diese funktionale Bedeutung von Bionomie überwiegt in Gutmanns Ausführungen bei weitem und läßt seinen Ansatz immer wieder in genau dem selektionstheoretischen Licht erscheinen, gegen das er sich so heftig wehrte. Aber nur, wenn der Bionomiebegriff in der oben genannten formalen oder, vielleicht besser, normativen Bedeutung angewendet wird, ist der Rede von der Autodestruktion im Rahmen der Frankfurter Theorie ein gewisser Sinn abzugewinnen.

Man muß sich dazu erinnern, was das Wort »autonom« im Vokabular dieser Theorie eigentlich meint. Gleich im ersten Satz seines Beitrags bezeichnet Gutmann die Organismen als »autonome Einheiten« , wobei sich diese Autonomie von ihrer Konstitution als energiewandelnde Maschinen her definiert (Gutmann 1997, 149). Was das bedeutet, haben wir im ersten Teil ausgeführt. Klar ist damit, daß es sich um eine Autonomie der Gestaltbildung handelt und diese im Gegensatz zur »darwinistischen« Anpassung verstanden werden soll, wonach die Form des Organismus sich aus den Anforderungen der Umwelt ergibt. Autonome Gestaltung,

Selbstgestaltung, bedeutet demgegenüber, daß die Organisation eines
Lebewesens sich aus den Eigentümlichkeiten und Erfordernissen der eigenen
biomechanischen Konstitution und insofern »aus sich selbst« erklärt. Die
Fischflosse bildet also nicht das Wasser ab, wie Konrad Lorenz (1975,
15 und 38) den Anpassungsvorgang beschreibt, sondern sie ist zuerst einmal
Ausdruck für die Lösung des Bewegungsproblems einer Achsenstab-Muskel-
Konstruktion. Das Prinzip ist genausogut im Wasser wie auf festem Boden
einsetzbar, wie die Fortbewegung der Quastenflosser, einer der ältesten
Vertreter der Knochenfische, zeigt. Daß sich dann das für den Vortrieb
benutzte Milieu auch in einer ständigen Nachbesserung der Ausführung
der Bewegungskonstruktion niederschlägt, steht außer Frage. Optimierung
und Spezialisierung auf bestehender Organisationsgrundlage sind
anerkanntermaßen das eigentliche Terrain für die äußere Selektion, und
die Ausbildung von Strahlenflosse und Vierfüßigkeit sind in diesem Fall
das Resultat davon. Hier muß zwischen Darwin und Gutmann kein
Grabenkampf entstehen.

Die Evolution der organismischen Form wird also durch die internen
biomechanischen Konstruktionsbedingungen diktiert und gutgeheißen.
Autodestruktion heißt dann nichts anderes als Zerstörung der Form infolge
Nichtbeachtung dieser Bedingungen. Also kein eigener Akt der Zerstörung,
wie es der Anklang an Roux' Begrifflichkeit zunächst vermuten lassen
könnte, sondern einfacher Effekt von Mechanismen, die ohne alle subjektive
Zielsetzung formulierbar sind. Auch kein Vitalismus, der eine aktive
Ausrichtung auf Vervollkommnung oder eine »bewußte« Erfindertätigkeit
in die Evolutionsabläufe projizierte, sondern direkte Konsequenz der
biomechanischen Kohärenz. Allerdings sollte dann, wie schon angesprochen,
auch der Bionomie-Begriff in seinem starken Sinn verwendet werden, statt
in schwache populationsbiologische Begründungen abzugleiten. Bionomie
im starken, hier geforderten Sinn bedeutet, daß der Organismus in erster
Instanz über seine kon-struktiven Möglichkeiten befindet (insofern sie
energetisch und biomechanisch »lebbar« sind) und nicht die Zufälligkeiten
irgend-welcher Umweltbedingungen. Nur unter dieser Rücksicht, wenn
der Organismus sein eigener Gesetzgeber in Sachen Gestaltbildung ist,
kann man auch sagen, daß er die Anlage zur Selbstzerstörung in sich enthält
(wenn er die Grundlage dessen, wodurch er sich selbst konstituiert, durch
mangelnde Integration aufgibt). Die Vorsilbe ›auto‹ vor der ›‹Destruktion‹
ist dann lediglich rückbezüglich zu verstehen und impliziert genausowenig
Subjektsein wie die Selbstbewegung eines Automobils.

Damit ist der Gebrauch des Ausdrucks ›Autodestruktion‹ im Rahmen
der Terminologie Gutmanns einigermaßen gerechtfertigt. Es ist aber noch
nichts darüber ausgemacht, ob und in welchem Umfang die gestaltliche
Entgleisung tatsächlich Ursache neuer Konstruktions-typen ist. Gewiß ist

ein solcher Ansatz denkbar; ohne konkretes Beispiel bleibt hier aber alles im Bereich des Spekulativen und bloß theoretisch Deduzierten. Die von Gutmann gelieferten Beispiele, namentlich aus der Säugerembryologie, zeigen allesamt lediglich, daß auch embryologische Mißbildungen hydraulische Konstruktionen und insofern »hochgeordnet« sind. Es wird jedoch in keinem einzigen Fall sichtbar, wie derartige Mißbildungen den Ausgangspunkt für bionome Umkonstruktionen abgeben können. Daß die Hydraulik ein entschei-dender Integrationsfaktor für die »subservienten« Gestaltbildungs-prozesse ist, kann nicht bezweifelt werden; in welchem Umfang sie auch ein Evolutionsfaktor ist, durch den sich organisatorisches Neuland erschließt, ist bisher noch nie positiv gezeigt worden.

Was dagegen einigermaßen bekannt ist, ist die Rolle bestimmter Gene bei der Bauplan-Neugestaltung. Vor allem die Bedeutung der sogenannten homeotischen Gene bei Insekten und Säugern ist hier gut untersucht. Ihren Namen verdanken diese Gene der Tatsache, daß der Körper bei den Insekten, und der Anlage nach auch bei den Wirbeltieren, aus organisatorisch gleichwertigen Untereinheiten, den Segmenten, aufgebaut ist. Das erinnert an die Vorstellung, wie (entsprechend der Darstellung des Aristoteles) bei Anaxagoras die materiellen Körper aus lauter qualitätsgleichen Elementen, den »Homoiomeren« bestehen. Von dort her wurde er wohl von einem noch griechisch gebildeten Morphologen auf das Kennzeichen der segmentalen Gliederung übertragen, daß nämlich die Segmente modulare Grundeinheiten der Organisation sind, die alle dasselbe Entwicklungspotential besitzen, aber nach Maßgabe der Lage im Gesamtorganismus unterschiedlich spezifiziert werden können. Man nehme als Paradebeispiel einen Krebs: die für jedes Segment charak-teristischen Beinanlagen sind im Bereich des Hinterleibs nur kleine stummelförmige Spaltfüße, im Brustbereich werden sie dagegen zu echten Schreitbeinen und noch weiter vorn zu Scheren, Mundwerkzeugen und Antennen. Welche Spezifizierung ein bestimmtes Segment erhalten soll, wird durch die genannten homeotischen Gene bestimmt, die aufgrund dieser zentralen Rolle bei der Bauplangestaltung bisweilen auch »Selektorgene« oder »master genes« genannt werden (García-Bellido u. a. 1979).

Gewiß sind auch diese »Master-Gene« noch in übergeordnete Organi-sationsniveaus der Gestaltbildung eingebettet. Und ebenso gewiß arbeiten sie nur innerhalb des gesamten Netzwerks epigenetischer Gen-Regulation (Kummer 1996, Kap. 6), worin sie nur die Funktion besonders zentraler Relais-Stationen haben. Aber wie das eben bei Schaltern ist: so groß auch das System der Verkabelung sein mag, in dem sie stecken – ihre Betätigung betrifft das ganze Netz. Entsprechend beruht es auf der definierten Wirkung einzelner homeotischer Gene, daß an einem Segment die Ausbildung von Beinen unterdrückt wird, Fühler statt Beine entstehen oder ein zusätzliches Flügelpaar gebildet wird. Es war die bahnbrechende Arbeit von E. B. Lewis (1978), durch welche gezeigt werden konnte, daß die homeotischen Gene in derselben Reihenfolge als zusammenhängender Gen-Komplex auf einem Chromosom angeordnet sind, wie es der Reihe der Segmente im Körperaufbau entspricht. Die Anordnung im Genom repräsentiert hier also tatsächlich die »homoiomere« Gliederung des Bauplans. Insofern wird die Einheit der Organisation nicht nur von oben nach unten, von der hydraulischen Gesamtkonstruktion zu den davon überformten Einzelstrukturen erzeugt, sondern zumindest teilweise auch umgekehrt von unten nach oben durch entsprechende Strukturierungen des genetischen Schaltplans gewährleistet. Das bedeutet keine Absage an das Grundkonzept der hydraulischen Doktrin, aber doch das Zugeständnis, daß die Entstehung von Neukonstruktionen auch auf andere Weise in Gang gebracht werden kann als durch hydraulische »Entstaltung«. Hier, im Falle der homeotischen Mutationen, liegt die determinierende Ursache für die gestaltliche Transformation eindeutig auf der Seite der Gene, während die Hydraulik demgegenüber die Rolle der Realisationsfaktoren übernimmt.

4. Autodestruktion als zell- und entwicklungsbiologisches Phänomen

Nach dieser vielleicht zu sehr im Spitzfindigen mündenden Begriffsanalyse von Gutmanns Ansatz noch einige Bemerkungen, wie Destruktion des Vorhandenen über den gewohnten *struggle for life* hinaus zu einer positiven Voraussetzung für organismische Gestaltentwicklung werden kann. Zunächst ist nämlich gar nicht einzusehen, warum Tod überhaupt eine Eigenschaft des Lebendigen ist, und nicht nur als fremdverursachte Zerstörung auftritt.

Wie die in unbegrenztem Rhythmus von Wachstum und Zweiteilung existierenden Einzeller zeigen, ist zelluläres Leben prinzipiell unsterblich. Erst die vielzelligen Organismen weichen von diesem Paradieseszustand ab und weisen mehr oder weniger definierte ontogenetische Lebensspannen auf. Es ist deshalb in den Schulbüchern üblich geworden, die Sterblichkeit der Organismen mit ihrer Viel-zelligkeit in Verbindung zu bringen und sie auf die Arbeitsteilung von vegetativen Körperzellen und generativen Keimzellen zurückzuführen. Nur in letzteren ist die potentielle Unsterblichkeit der Einzeller erhalten und genügt, um auf dem Weg der Zeugung immer wieder neue Organismen hervorzubringen. Als Paradebeispiel für die Ausbildung dieser Strategie gilt seit jeher die aufsteigende Evolutionsreihe der Grünalgenkolonien, die in der Kugelalge *Volvox* kulminiert. Hier zerfällt bei der Vermehrung nicht mehr die ganze Grünalgenkolonie in Einzelzellen, die dann nach Einzeller-Teilungsmanier wieder neue Kolonien bilden, sondern diese Fähigkeit zur Reproduktion bleibt auf einige definierte Zellen der Kolonie, sogenannte Gonidien, beschränkt. Aus ihnen wachsen neue Kolonien in den inneren Hohlraum der Mutterkugel hinein, lösen sich nach innen als kleine Minikugeln ab, wachsen heran und werden durch Selbstzerstörung der Mutterkugel freigesetzt. Ein echter Fall von Autodestruktion!

Daß es sich bei der Zerstörung der Mutterkolonie nicht bloß um ein passives Zerreißen aufgrund des Wachstums der Tochterkolonien handelt, zeigt sich daran, daß die somatischen Zellen der Mutterkolonie ab einem bestimmten Zeitpunkt ein spezifisches Set von Proteinen synthetisieren, das ihren Tod und ihre Auflösung bewirkt (Gilbert 1994, 19). Es wurden auch Mutanten einer bestimmten Volvoxart (*V. carteri*) isoliert, bei denen sich die somatischen Zellen nicht mehr auflösen können, sondern statt dessen in generative Zellen zurückverwandeln, was schließlich zu einem heillosen Wust ineinander geschachtelter, aber nicht mehr freisetzbarer Kolonie-Generationen führt (D. H. Kirk 1988). Aus diesen Befunden ist zu folgern, daß der zelluläre Tod nicht einfach bzw. nicht immer eine passive Folge nicht mehr korrekt geregelter Stoffwechselvorgänge ist, sondern von einem spezifischen Programm diktiert sein kann, das im Dienst organismischer Entwicklung und Veränderung steht. Der Sinn solcher zellulärer Selbstmordprogramme läßt ihren Erforscher Kirk geradezu biblisch werden: »Thus emerges one of the great themes of life on planet Earth: Some die that others may live.«

Die geschilderten Befunde sind mehr als 10 Jahre alt. Inzwischen ist die Lehre vom programmierten Zelltod, von der Apoptosis, wie das Fachwort dafür heißt, zu einer wohletablierten Disziplin der Zell- bzw. Entwicklungsbiologie geworden.[3] Vor allem die Entwicklungsverhält-nisse von *Caenorhabditis elegans*, eines kleinen, im Erdboden lebenden Fadenwürmchens, haben dazu beigetragen, uns eine Vorstellung von Ausmaß und Bedeutung des Zelltodes bei der organismischen Formbildung zu geben. *C. elegans* war dafür insofern besonders instruktiv, weil hier der zelluläre Stammbaum von der Eizelle bis zum fertigen Wurm vollständig definiert und entschlüsselt ist, und man somit das Lebensschicksal jeder einzelnen Zelle genau verfolgen konnte: wann wo einzelne Zellen absterben, um welchen anderen Platz zu machen; was sich an der Formbildung ändert, wenn man künstlich Zellen im Verband zerstört und dergleichen mehr. Man hat auf diese Weise auch eine ganze Reihe von Apoptose-Genen identifiziert. Selbstverständlich sind auch viele auffällige Metamorphose-Phänomene, wie etwa das jedermann bekannte Einschmelzen des Kaulquappen-Schwanzes bei der Froschentwicklung, durch Apoptose

3   Vgl. zum Folgenden auch den Beitrag von J. Bereiter-Hahn in diesem Band.

gesteuert. Weniger bekannt ist vielleicht, daß die Ausbildung unserer Finger und Zehen, anatomisch gesprochen: der fünfstrahligen Tetrapodenextremität, auf dem Absterben definierter Zellbereiche in den Gliedmaßenknospen beruht. Also Apoptose, programmierter Zelltod, wohin man sieht in der Entwicklung. Es ist auch leicht nachzuvollziehen, daß der eine Grundpfeiler organismischer Formbildung, der regulierte Zellzyklus, also das nach Zeit und Ort gestaffelte Programm der Zellteilung, durch einen zweiten ergänzt sein muß, jenen des programmierten Zelltodes, der Überflüssiges in der Materiallieferung beseitigt bzw. vorübergehend benötigte Hilfskonstruktionen nachträglich wieder entfernt. Beides, Zellvermehrung wie Apoptose, sind hochgradig Organismus-autonom regulierte Prozesse, für die ein ständig wachsendes Arsenal an Signal- und Schaltfaktoren entdeckt wird. Das muß so sein, weil jede Nachlässigkeit in den Steuerungsvorgängen rasch zu einer unvor-hersehbaren Störung der konzertierten Aktionen eines vielzelligen Organismus führt – zu Krebs. Es sei nur am Rande vermerkt, daß unser Immunsystem solchen entgleisten Zellwucherungen unter Umständen die Signale zum Selbstmord (und damit zur Heilung des Organismus) setzen kann (Wittig 1997).

Auf der zellulären Ebene behält also der Ausdruck Autodestruktion sein gutes Recht. Es ist wirklich eine Aktivität der Zellen selbst, wenn sie sich zerstören, und es geschieht um eines eindeutigen Zieles willen, nämlich der Entwicklung bzw. Aufrechterhaltung einer bestimmten Form von Organisation. Allerdings wird auf diese Weise, wenn man den Begriff der Autodestruktion von der zellulären Ebene aus mit Inhalt füllt, die Perspektive für die Konstituierung des Organismischen verändert. Sie geschieht jetzt nicht mehr im Ausgang von der Gesamtkonstruktion, wie das Gutmann postuliert, sondern der Organismus gerät zum zellulären Ensemble, das freilich noch einmal hydraulisch in Form gehalten wird. Aber es sind die zellulären Prozesse, die in erster Instanz die Formbildung steuern und ihre evolutive Veränderung ermöglichen, und nicht die biomechanischen Konstruk-tionsprinzipien als solche. Das muß wiederum kein Widerspruch zu Gutmanns Theorie sein – aber die Synopse von zellulären Mechanismen und hydraulischen Bedingungen harrt noch ihrer Ausarbeitung.

Ein Schritt weiter in die Richtung einer gesamt-organismisch verstandenen Autodestruktion ist das, was Peterson und Mitarbeiter (1997) als indirekte Entwicklung aus »set-aside-cells« vorschlagen. Was darunter zu verstehen ist, läßt sich am besten an der Metamorphose in der Insektenentwicklung veranschaulichen, auch wenn es sich hierbei nach der Terminologie der genannten Autoren gerade um keine wirklich indirekte Entwicklung handelt. Bei der Verpuppung verwandelt sich bekanntlich die wurmförmige Fliegenlarve oder Schmetterlingsraupe in ein ganz anders aussehendes Wesen, das Vollinsekt (die Imago) mit zierlichem Körper,

Flügeln, wohlentwickelten Beinen und veränderten Mundwerkzeugen. Entsprechend ist auch die Lebensweise von Larve und Imago ganz verschieden. So hängen etwa die Larven der Stechmücken mit ihrem Atemrohr kopfunter an der Wasseroberfläche und strudeln Kleinstlebenwesen als Nahrung ein, während die erwachsenen Weibchen als Blutsauger durch die Abendluft sirren (die Männchen nehmen überhaupt keine Nahrung zu sich oder saugen Pflanzensäfte). Der Grund für diese vollständige Verwandlung der Larvenform in einen ganz anderen Organisationstyp ist in den Imaginalscheiben zu sehen, die in jedem Segment des Larvenkörpers vorhanden sind.[4] Das sind kleine Inseln von beiseite gelegten Zellen, die während der Larvenentwicklung ruhen (also wirklich »set aside« sind), aber während des Puppenstadiums auf Kosten der Larvenzellen zu wachsen beginnen und gemäß ihrem eigenen Entwicklungsprogramm die Organisation des Vollinsekts erstellen. Die Larve ist so nichts anderes als ein Nähr-Organismus, in dessen Innerem die Imago wie ein Parasit heranwächst und ihn dabei aufzehrt. Anders herum gesehen: die Larvenzellen lösen sich in die Imaginalscheiben hinein auf, damit daraus die fortpflanzungsfähige Form des Insekts werden kann. Also ein Fall echter Autodestruktion: Selbstzerstörung eines Organismus zugunsten der Ausbildung eines anderen.

Allerdings geschieht der Transformationsprozeß bei der indirekten Entwicklung im Unterschied zu Gutmanns Ansatz nicht auf der Ebene der Evolution, sondern der Ontogenese. Aber es ist zumindest vorstellbar, daß diese Strategie der Entwicklung durch »set-aside-cells« im Verein mit einer Veränderung der homeotischen Genwirkung auch die Grundlage liefern könnte für eine evolutive Veränderung von Bauplänen. Bei gleicher basaler Larvenentwicklung könnte das Entwicklungsprogramm der Imaginalscheiben infolge homeotischer Mutationen in verschiedene Richtungen divergieren und zur Ausbildung neuer Erwachsenenstadien führen, die wir aufgrund ihrer abgewandelten Gestalt als eigene Tierklassen (oder gar -stämme) einordnen müßten. Wir unterscheiden so beim »Würmchen im Obst« kaum zwischen Larve und Raupe; wohl aber stellen wir Fliegen und Schmetterlinge in zwei getrennte Ordnungen von Insekten.

4 Dies ist eine nicht ganz statthafte Vereinfachung. Genau genommen bewirken die Imaginalscheiben nur die Metamorphose von Strukturen der Körperoberfläche (Epidermis), und dies vor allem im Kopf- und Brustbereich. Innere Körperstrukturen, wie z. B. die Muskulatur, werden dagegen häufig von kleinen, eine bis wenige Zellen umfassenden set-aside-Inseln inmitten des larvalen Gewebes gebildet, und die Umbildung während der Verpuppung vollzieht sich hier nicht so sehr nach einem eigenen Entwicklungsprogramm als nach Art einer allmählichen Substitution der embryonalen Organisation (Roy & Vijay Raghavan 1999). Dies ist auch der Grund, warum Peterson et al. (1997) die Insekten-Metamorphose nicht als vollständig indirekte Entwicklung ansprechen.

Entsprechend haben viele verschiedene Wirbellose, wie Weichtiere, Ringelwürmer, Rädertiere u.a., ein und denselben Larventyp, die sogenannte »Trochophora«. Die Vermutung liegt nahe, daß sich die verschiedenen Baupläne dieser Tiergruppen auf die genannte Weise durch unterschiedliche Spezifizierung von »set-aside-cells« aus dieser Larvenform als ihrem gemeinsamen »phylotypic stage« entwickelt haben (Slack et al. 1993). Autodestruktion als Ursache evolutionärer Gestaltentstehung ist damit ein durchaus ernstzunehmendes Konzept, wenn auch erst nach Erweiterung des Gutmannschen Ansatzes durch die hier dargestellte zelluläre und genregulatorische Betrachtungsweise.

Literatur

García-Bellido, A., Lawrence, P.A. und Morata, G. (1979): Kompar-timentierung, in: Spektrum der Wissenschaft, Sept. 1979, 8–16.

Gilbert, S.F. (1994): Developmental Biology, Sunderland [4]1994

Goldschmidt, R. (1940): The Material Basis of Evolution, New Haven–London [2]1982

Gutmann, W.F. (1989): Die Evolution hydraulischer Konstruktionen, Frankfurt a. M. 1989

Gutmann, W.F. (1991): Organismus und Energie, in: Naturwissen-schaftliche Rundschau 44, 253–260

Gutmann, W.F. (1997): Autonomie und Autodestruktion der Organismen, in: Jahrbuch für Geschichte und Theorie der Biologie 4, 1997, 149–178.

Haas, A. (1971): Teilhard de Chardin-Lexikon, 1. Band, Freiburg–Basel– Wien 1971

Kirk, D.I. (1988): The ontogeny and phylogeny of cellular differentiation in Volvox., in: Trends in Genetics 4, 32–36

Kummer, C. (1987): Evolution als Höherentwicklung des Bewußtseins, Freiburg–München 1987

Kummer, C. (1993): Evolution und Selektion ohne Sinn? in: Ethik und Sozialwissenschaften 4, 44–46

Kummer, C. (1996): Philosophie der organischen Entwicklung, Stutt-gart–Berlin–Köln 1996

Kummer, C. (1999): Die Selbstorganisation des Lebendigen, in: Hilpert, K., und Hasenhüttl, G. (Hrsg.): Schöpfung und Selbstorganisation, Paderborn–München–Wien–Zürich 1999, 152–167

Lewis, E.B. (1978): A gene complex controlling segmentation in Droso-phila, in: Nature 276, 565–571

Lorenz, K. (1973): Die Rückseite des Spiegels, Sonderausgabe, München–Zürich 1975

Malthus, T. (1826): An Essay on the Principle of Population, London 1970

Ospovat, D. (1995): The Development of Darwin's Theory, Cambridge 1981 und 1995

Peterson K.R., Cameron, R.A. & Davidson E.H. (1997): Set-aside cells in maximal indirect development: evolutionary and developmental significance, in: BioEssays 19, 623–631

Rahmann, H. (1987): Präbiologische Evolution, in: Siewing, R. (Hrsg.): Evolution, Stuttgart–New York ³1987, 109–132

Roux, W. (1912): Terminologie der Entwicklungsmechanik der Tiere und Pflanzen, Leipzig 1912

Roy, S. & VijayRaghavan, K. (1999): Muscle pattern diversification in Drosophila: the story of imaginal myogenesis, in: BioEssays 21, 486–498

Schrödinger, E. (1944): Was ist Leben? Die lebende Zelle aus den Augen des Physikers betrachtet, Bern 1951; Neuauflage München–Zürich 1993

Slack, J.M.W., Holland, P.W.H. & Graham, C.F. (1993): The zootype and the phylotypic stage, in: Nature 361, 490–492

Wächtershäuser, G. (1997): The origin of life and ist methodological challenge, in: Journal of Theoretical Biology 21, 483–494

Wittig, B. (1997): Gentherapie. In: P. Brandt (Hg.): Zukunft der Gentechnik, Basel 1997, 121–134

Kristian Köchy

Die Einheit des Individuums und seine Destruktion

Ein philosophisches und lebenswissenschaftliches Problem

> »What is an individual? is a question which many
> readers will think it easy to answer. Yet it is a question
> that has led to much controversy among Zoologists and
> Botanists, and no quite satisfactory reply to it seems
> possible.« *(Spencer, System II, 245).*

Brisanz und Aktualität der Frage nach der Einheit des biologischen Individuums wurden in den letzten Jahren durch die Meldungen über die erfolgreiche Klonierung von Säugetieren auf dramatische Weise offenbar. Die nachfolgende kontroverse Debatte hat nicht nur die lebenspraktischen und ethischen Aspekte dieser Fragestellung aufgedeckt, sondern auch deren spezielle systematische Relevanz für die Biotheorie und die darüber hinausgehende generelle philosophische Tragweite. Sucht man angesichts dieses Umfanges nach einer eindeutigen Bestimmung des Begriffes »Individuum« mit Blick auf den biologischen Gegenstandsbereich, so sieht man sich einer Aufgabe gegenüber, die ins Uferlose zu führen scheint und in all ihren Aspekten und Facetten keinesfalls umfassend behandelt werden kann. Aus Gründen einer ersten Eingrenzung soll deshalb die folgende Analyse auf das biologische Individuum qua Organismus fokussiert werden – verwandte Themenfelder, die sich um Begriffe wie »Person«, »Subjekt« oder »Selbst« erstrecken, werden zunächst als nebenrangig betrachtet. Zum Leitfaden der Begriffsbestimmung wird ein bestimmtes, dreigliedriges Spannungsverhältnis gewählt. Dabei darf nicht verschwiegen werden, daß dieses Vorgehen zwar denkökonomische Vorteile bietet, zugleich jedoch als subjektive Wahl die Einnahme eines bestimmten Standpunkts bedeutet und mit spezifischen Hervorhebungen und gleichzeitiger Ausblendung anderer Zugangsweisen einhergeht. Im Sinne von Spinozas *omnis determinatio est negatio* stellt der Versuch einer Begriffsbestimmung mit seiner Grenzziehung immer auch eine Vorentscheidung zur Ausgrenzung und damit den Verzicht auf mitunter durchaus relevante Aspekte dar. Auch die historische Dimension könnte bei systematischer Fragerichtung als vernachlässigbar erachtet werden. Die strikte Trennung von systematischer und historischer Fragestellung ist jedoch nicht unproblematisch, denn nur die Geschichte liefert das empirische Material für systematische Analysen. Die strikte Ausklammerung der historischen Dimension verwandelt die wissenschaftsphilosophische Studie deshalb schnell in ein leeres Spiel der Begriffe (Lakatos, 1974, 271; Fleck, 1980, 73). Aus diesem Grund erfolgen die systematischen Überlegungen unserer Untersuchung auf dem Boden des historischen Materials von Wissenschafts- und Philosophiegeschichte.

Der genannte Zugang zur Untersuchung der Bedeutung des Begriffes »Individuum« im organischen Phänomenbereich wird im folgenden mittels dreier fundamentaler Verhältnisbeziehungen gewonnen: Es sind dies (1) das Verhältnis von *Einheit und Vielheit*, (2) das Verhältnis von *Besonderem und Allgemeinem* sowie (3) das Verhältnis von *statischem Sein und dynamischem Werden*. Die Analyse dieser drei Verhältnisbeziehungen liefert eine erste Konturierung des Individuumbegriffs. Es werden gewissermaßen besonders auffällige Landmarken eines noch näher zu erkundenden Geländes kartiert. Die so entstehende grobe Topographie des Problemfeldes erlaubt schließlich eine Orientierung für spätere Detailuntersuchungen. Zugleich zeigt die nachfolgende Bestimmung, daß der Begriff »Individuum« selbst bezüglich aller drei Punkte Ausdruck eines *Spannungsverhältnisses* mit polarem Charakter ist[1]. Gerade diese immanente Polarität ist es, die das scheinbar Problemhafte dieses Konzepts für Wissenschaft und Philosophie ausmacht. Zugleich leuchtet jedoch gerade in dieser Spannung für die Frage nach dem Verhältnis von *Individuum und Destruktion* eine Möglichkeit zur Vermittlung auf. Diese Überlegung stellt den Gegenstand des vierten Abschnitts dar.

I. Einheit und Vielheit: Das echte Dividuum
   ist auch das echte Individuum[2]

Unter Berücksichtigung der ersten Verhältnisbeziehung wird mit der Bezeichnung »Individuum« die Einheit und Unteilbarkeit hervorgehoben. Begriffsgeschichtlich wird dieser Aspekt in der Ableitung des lateinischen *individuum* vom griechischen *atomon* deutlich[3]. Ein Individuum in dieser Bedeutung ist das, was nicht zerteilt werden kann. Es ist das Gleichartige, Indifferente. Als quasi atomares Endglied der Reihung *genus – species –*

---

1 Dabei sei unter »Polarität« in Anlehnung an die Bestimmungen von W. Bloch (1972, 12f) eine spezifische zweigliedrige Relation von einander ergänzenden qualitativen Gegensätzen verstanden.
2 Novalis, 1978, II, 693.
3 Pieper, 1973; Kaulbach, 1976; Kobusch / Oening-Hanhoff / Borsche, 1976; Mauthner, 1980, I, 52ff, 552f; Sève, 1990. Zur unterschiedlichen Konnotation von *atomon*, *monas*, und *hen* vgl. Gloy, 1996, II, 43.

individuum besitzt das Individuum deshalb schon in der aristotelischen Tradition substantiellen Charakter. Es wird als Unteilbares dem Zusammengesetzten gegenübergestellt. Dabei zeigen die entsprechenden Überlegungen der *Kategorienlehre* (Aristoteles, Kat. 2a 8ff), daß durch die Fokussierung auf die individuellen Bildungen des Dieses-hier (*tode ti*), die besondere Ebene der sinnlichen Einzeldinge, (das für uns Erste, *proteron pros hemas*) in den Blick genommen wird. Die Auswahl der von Aristoteles vorgebrachten Beispiele für die Kategorie »Substanz« zeigt, daß schon er primär an organische Individualbildungen dachte, eben an diesen individuellen Menschen oder dieses individuelle Pferd. Deweys (EuN, 205ff) Deutung, nach der der klassische Begriff des Individuums primär auf die Ebenen der Spezies, des Familien-Typus oder der Gattungsform bezogen ist, erweist sich hinsichtlich dieser Schwerpunktsetzung des Aristoteles als einseitig. Sie wird allerdings erklärlich, wenn man berücksichtigt, daß erst in der Neuzeit hervorgehoben wird, daß das Individuelle stets das Singuläre, Einmalige und Unverwechselbare ist (vgl. Punkt II unserer Analyse).

Bei der Übertragung dieser aristotelischen Bestimmung des Individuums als eines Substantiellen und nicht weiter Teilbaren auf den organischen Gegenstandsbereich wird schnell erkennbar, daß die Zuschreibung »Individuum« im Organischen nicht unproblematisch ist. Organische Systeme sind nach dem heutigen Kenntnisstand hierarchisch gegliederte Ganzheiten[4] und damit alles andere als einheitlich oder homogen. Mit ihrem Stufenaufbau aus Makromolekülen, Zellorganellen, Zellen, Geweben, Organen und Organsystemen gleichen sie eher einem Mikrokosmos aus heterogenen Substrukturen, deren semiautonomer Status bereits Goethe[5] zur Bezeichnung »Versammlung« veranlaßte. Schnell stellt sich deshalb die Frage, welche Systemstufe als Individuum im Sinne der Unteilbarkeit anzusprechen ist. Sind es die Organismen, deren Subsysteme oder nur deren elementarste Teile?[6]

Blickt man angesichts dieser Frage in die Geschichte zurück, so findet man in Leibniz' Philosophie einen – metaphysischen – Vorläufer dieses Problemkomplexes. Dessen Auseinandersetzung mit der Frage der Einheit biologischer Individuen kann als aussagekräftiges Fallbeispiel für die hier auftretende polare Spannung im Verhältnis von Einheit und Vielheit

---

4 Vgl. dazu u. a. Bertalanffy, 1949, 124; Mayr, 1991, 24ff und 1998, 46f; Lorenz, 1992, 151; Mahner / Bunge, 1997, 142.

5 Goethe (MA, XII, 14): »Jedes Lebendige ist kein Einzelnes, sondern eine Mehrheit; selbst insofern es uns als Individuum erscheint, bleibt es doch eine Versammlung von lebendigen selbstständigen Wesen, die der Idee [...] nach, gleich sind, in der Erscheinung aber gleich oder ähnlich, ungleich oder unähnlich werden können.«

6 Diese Problematik hat schon Pascal (1940, 73) formuliert: »Ein Mensch ist sub-stanzielle Einheit; zerlegt man ihn aber, ist diese Einheit dann der Kopf, ist sie das Herz, der Magen, die Adern, der Teil einer Ader, das Blut, jedes Blutkörperchen?«

fungieren. Obwohl Leibniz den Terminus »Individuum« in den für diese
Frage einschlägigen Schriften (*Monadologie* und *Principes de la Nature
et de la Grâce*) nicht verwendet, kann die Individualität als eines der
signifikantesten Merkmale der Monade gelten[7]. In Übereinstimmung mit
der obigen Definition von »Individuum« läuft Leibniz' Überlegung zunächst
darauf hinaus, unter »Individuum« eine unteilbare Einheit zu verstehen.
Nach diesem Verständnis kann die Bezeichnung »Individuum« legitimerweise nur für die elementare und metaphysische Dimension der Monaden
gelten. Nur hier liegen im strengen Sinne unteilbare und einfache Einheiten
vor (Leibniz, Monad., § 1). Alle sinnlich zugänglichen Objekte der Welt
gehören hingegen in die Klasse des Zusammengesetzten. Ihre vermeintliche
Einheit und Individualität – auch die der Organismen – muß bei strikter
Anwendung dieser Begriffsbestimmung als sinnliche Täuschung erklärt
werden. Es ergibt sich somit, daß ein Organismus, der aus einer Fülle von
Subsystemen zusammengesetzt ist, ein bloßes Aggregat darstellt. In
materieller Hinsicht gleicht das Organische damit dem Anorganischen.
In beiden Bereichen gelten die Gesetze der Mechanik, die die kausale
Interaktion zwischen Gliedern eines Zusammengesetzten regeln. Ent-
sprechend dieser Schlußfolgerung lehnt Leibniz Stahls Vitalismus ab (vgl.
Steudel, 1960, 16ff) und tritt für einen umfassenden mechanischen
Erklärungsansatz des Organischen ein (vgl. Leibniz, Betrachtungen, 341;
Gurwitsch, 1974, 353ff). Umgekehrt müssen jedoch auch die Grundlagen
der Mechanik eine derartige Vertiefung und Erweiterung erfahren, so daß
sie zureichend werden, dem Problem des Organismus zu genügen (Cassirer,
1962, 402).

Allerdings ist die individuelle Einheit von Organismen auf der
anderen Seite empirisch so unbezweifelbar und spielt für Leibniz philosophisch eine so tragende Rolle, daß er nach Wegen sucht, diese Einheit
auch in seinem System adäquat zu berücksichtigen. Eine Modifikation
der ursprünglichen Überlegung ist für Leibniz vor allem aus dem Grund
gefordert, daß mit der Negation der organischen Einheit auch die menschliche Persönlichkeit und die individuelle Freiheit in Zweifel geraten.
Eines der Grundanliegen seiner Philosophie ist es jedoch – das macht die
Labyrinth-Analogie in der *Theodizee* deutlich (Leibniz, Theod., Vorwort,
13f) –, die praktische Frage nach dem Verhältnis von Freiheit und
Notwendigkeit in Verbindung zu bringen mit der theoretischen Frage
nach der Vereinbarkeit von Stetigkeit (Kontinuität) und unteilbaren
Entitäten (Diskontinuität). Die Descartsche Lösung, die darin besteht, eine
wesenhafte Differenz zwischen unfreien Tiermaschinen und freien
Menschen zu konstatieren, ist für Leibniz nicht gangbar. Um die Indivi-

---

7   So Gloy (1996, II, 49). Vgl. zum Begriff des Individuums bei Leibniz auch: Cassirer,
    1962, 384–422; Böhle, 1978.

dualität aller Lebewesen sicherzustellen, modifiziert Leibniz deshalb seine ursprüngliche Annahme schrittweise und entwickelt seine Philosophie des Organischen vom elementaristischen zum organismisch-ganzheitlichen Standpunkt fort: Die Notwendigkeit dazu ergibt sich streng genommen schon – selbst bei Ausklammerung der Organismus- und der Freiheits-Problematik –, wenn man die Frage nach dem Zusammenhang des kosmischen Kontinuums stellt. Bei strikter Beschränkung auf das Konzept atomistischer Isolation von Monaden bleibt das Gesamt des »Kosmos« prinzipiell unzugänglich. Das Universum zerfällt ebenso wie jede sinnliche Einzelbildung in ihm in ein bloßes Nebeneinander isolierter Stücke. Analog dazu bliebe auch die subjektive Erfassung der Wirklichkeit im Zustand des bloßen Nebeneinander vergleichbar mit Humes *bundle of perceptions*, das Kontinuum müßte dem theoretischen Zugriff entgehen. Um diese Konsequenz zu vermeiden, deutet Leibniz die Monaden nicht als isoliert-statische Atome oder als mathematische Punkte, sondern vielmehr als dynamische Kraftzentren. Zudem unterscheidet er die in ihnen wirksame Kraft als innere oder ursprüngliche (*vis primitiva*) von allen bekannten physikalischen Kräften (*vis derivativa*) (vgl. Cassirer, 1962, 292ff). Durch diese Spezifizierung werden die Monaden zu Zentren lebendiger Aktivität. Sie werden zu organischen oder seelischen Einheiten. Die metaphysischen Individuen können deshalb theoretisch aus zwei verschiedenen Perspektiven betrachtet werden: Könnte der Mensch in der Außenperspektive ihre physikalisch-mechanische Analyse durchführen, so erschienen sie als isolierte, fensterlose Entitäten. Das aus diesen isolierten Einheiten zusammengesetzte Universum wäre keine Einheit, sondern ein bloßes Aggregat, dem weder Seelenhaftigkeit (Leibniz, Briefe, 229) noch organische Qualitäten im Sinne Brunos (Leibniz, Theod. II, § 195) zukämen. Bei einem Wechsel zur metaphysisch-psychischen Innenperspektive wandelt sich jedoch das Bild. Die Seelenqualität der Monaden äußert sich in deren Strebung (*tendance, appetitus*) und belegt deren Intentionalität. Bei Einbeziehung dieser Verweisungstendenz, in relationaler Hinsicht also, wird das kosmische Kontinuum zu einem symbolischen Konnex von lebendigen Subsystemen, die sich gegenseitig und das Ganze abspiegeln (Leibniz, Monad., §§ 56f und § 61; Principes, § 12).

Für die Frage nach dem Zusammenhang und der Einheit organischer Individuen scheint damit zunächst wenig gewonnen, denn einerseits basiert auch das kosmische Verweisungsganze auf der Zusatzannahme einer prästabilierten Harmonie und andererseits führt die Übertragung der Seelenqualität von der metaphysischen Ebene auf die empirisch zugängliche Ebene der Lebewesen zunächst nur dazu, in Lebewesen statt ein Aggregat materieller Teile nun ein Aggregat von Seelenpunkten zu sehen.

Die Einheit dieser Seelenpunkte und damit auch die Individualität und Geschlossenheit des Lebewesens bleibt weiter unverständlich. Aus diesem Grund geht Leibniz auf Aristoteles zurück, welcher in jedem lebendigen Körper ein *einziges* Prinzip, eine einzige *entelechie* walten sah. Um diesen klassischen Entelechiegedanken mit den zeitgenössischen Überlegungen des Atomismus zu vereinen, erweitert Leibniz seinen ursprünglichen Entwurf und führt den Begriff der »Zentralmonade« ein (Leibniz, Principes, § 4, Kopie A): »Ein solches Lebewesen heißt *Tier*, wie seine Monade eine *Seele* genannt wird, die sozusagen eine beherrschende Monade ist [*qui est pour ainsi dire une Monade dominante*]«. Neben der von der *lex continui* geforderten kontinuierlichen Stufung aller Monaden im Gesamtsystem der Natur – erkennbar durch die graduelle Zunahme des Perzeptionsvermögens (Cassirer, 1962, 407) – wird so auch innerhalb der Einzelbildung Organismus eine Hierarchie postuliert. Einige Monaden stellen nun die Organisation aller Monaden sicher und verbürgen damit die organische Einheit des Gesamtsystems. Die Argumentation ist jetzt in eine Richtung gelenkt, in der das organische Ganze nicht mehr lediglich als Sinnestäuschung erscheint, sondern vielmehr den Charakter einer tatsächlichen Individualität in Form eines einheitlich-geschlossenen Systems gewinnt.

Da diese Überlegung jedoch offensichtlich mit dem ursprünglichen Monadengedanken konfligiert und die postulierte Einheit einen gewissen künstlichen Zug bloßer Zusammensetzung behält, modifiziert Leibniz auch diesen Gedanken nochmals. In einem Schreiben an Des Bosses (Leibniz, Briefe, 265f) führt er mit dem *vinculum-substantiale*-Konzept eine Denkfigur ein, die sicherstellen soll, daß das Lebewesen als Ganzes substantielles Eines (*unum substantiale*) ist und sich prinzipiell von einem einfachen Aggregat (*simplex aggregatum*) unterscheidet. In dieser letzten Modifikation wird deutlich, daß die Spannung im Begriff »Individuum« als Spannung zwischen den Polen »Einheit« und »Vielheit« bestehen bleibt und dennoch die Anwendung dieses Begriffes hier nicht nur möglich, sondern der Sache nach gerechtfertigt erscheint. Mit »Individuum« wird nun die Tatsache umschrieben, daß ein Organismus die besondere Eigenschaft einer zusammengesetzten Substanz (*substantia composita*) besitzt und insofern *Einheit in Vielheit* ist.

Nun sind zwar weder heutige Fachwissenschaftler noch Philosophen an die metaphysische Substanzenlehre gebunden, aber selbst bei Beschränkung auf die empirischen Daten der Biowissenschaften bleibt die von Leibniz aufgeworfene Problematik virulent. Auch eine heutige Theorie – falle sie in den Zuständigkeitsbereich der theoretischen Biologie oder aber in den der Philosophie des Organischen – muß angesichts von Befunden, die auf spezifische »Systemeigenschaften« der Organismen verweisen und die eine übersummative oder emergente Charakteristik des Gesamtsystems nahelegen, Konzepte zur adäquaten Berücksichtigung eben dieser Systemganzheit suchen. Jede philosophische Reflexion über den biologischen Individuum-Begriff muß deshalb der Tatsache Rechnung tragen, daß Organismen trotz ihrer nahezu unendlichen Subdivision kein beziehungsloses Nebeneinander von Teilen darstellen. Gerade die geregelte Unter- und Nebenordnung von wechselseitig aufeinander bezogenen Gliedern in einem einheitlichen Gefüge macht die Besonderheit organischer Individuen aus. Vertreter des holistischen und organismischen Programms haben stets diese besondere Eigenständigkeit des Gesamtorganismus betont: Mit Termini wie »Invarianz« (Weiss, 1970, 21) oder »Beharrung« (Bertalanffy, 1937, 61) umschreiben sie dessen Individualität im Sinne der genannten Unteilbarkeit. Dieser Annahme widersprechen hingegen die Vertreter von mechanistischen und elementaristischen Modellen. Gemäß deren Verständnis kann nur die elementare Stufe des Lebens im Sinne der Unteilbarkeit ein Individuum sein.

Eine gewisse Berechtigung haben solche Einwände, da die Ebene des Gesamtsystems sich bei Berücksichtigung der vorliegenden Vielfalt der Lebensformen als weites Spektrum unterschiedlich komplexer Organisationsformen darstellt. Das Spektrum erstreckt sich vom selbständigen Einzeller über lockere Zellverbände (Coenobien), Aggregationsverbände, Plasmodien, Syncytien, Zellkolonien, Thalli, Filz-, Flecht- und Scheingewebe (Plectenchyme, Pseudoparenchyme), hoch organisierte, arbeitsteilig differenzierte, vielzellige Lebensformen (Cormophyten, Metazoa) bis hin zu überindividuellen stockbildenden Formen, symbiontischen und parasitären Vereinigungen[8]. Besondere Probleme für die wissenschaftliche Klassifi-

8   Erläuterung: (1) *Coenobien* (z. B. bei der Blaualge *Gloeocapsa*) sind Zellverbände, die entstehen, wenn die aus einer Zellteilung hervorgehenden Einzeller durch gemeinsam ausgeschiedene Gallerten oder durch gemeinsame Zellwände mechanisch miteinander verbunden bleiben; (2) *Aggregationsverbände* (z. B. bei der Grünalge *Pediastrum*) bilden sich, wenn sich nach vegetativer Fortpflanzung eine größere Zahl zunächst freibeweglicher Einzeller zusammenlagert, im Gegensatz zum echten Vielzeller findet die Verbindung erst im Anschluß an ein Trennungsstadium statt (postgenital); (3) *Plasmodien* (z. B. bei Schleimpilzen) sind vielkernige, nackte Plasmamassen; (4) *Syncytien* sind durch Ausbleiben der Zellteilung nach erfolgter Kernteilung oder durch nachträgliche Fusion entstandene vielkernige Plasmabezirke vielzelliger Tiere, die nicht durch Zellmembranen unterteilt sind; (5) *Zellkolonien* (z. B. bei *Volvocaceen*) bilden eine Organisationsstufe zwischen der mechanischen Verbindung gleichwertiger Glieder (Coenobien, Aggregationsverbände) und dem arbeitsteilig differenzierten Thallus. Eine Kolonie besitzt eine bestimmte Gestalt und stellt eine funktionelle Einheit dar, die ohne Einbuße des Individualcharakters nicht mehr beliebig zerlegt werden kann; (6) *Thallus* (z. B. bei *Spacelaria racemosa*) ist eine vielzellige Organisationsform aus miteinander verwachsenen unterschiedlich differenzierten Zellen, deren Komplexität von einfachen fadenförmigen Zellverbänden bis zu höher organisierten Formen reicht, die jedoch niemals eine tatsächliche

kation verursachen dabei vor allem diejenigen Organisationsformen, deren systemarer Zusammenhalt flexibel bleibt und leicht durch künstliche Eingriffe aufgehoben werden kann. Das wissenschaftshistorisch einschlägigste und philosophisch relevanteste Beispiel dafür bilden sicherlich die von Trembley (*Mémoirs pour servir à l'histoire d'un genre de polypes d'eau douce*, 1744) untersuchten Süßwasserpolypen (*Hydra*). Sie haben u. a. die Philosophie des Organischen von Herder, Schelling, Hegel, Schopenhauer, Bergson und Driesch beeinflußt[9]. Ein weiterer klassischer Fall für eine biologische Organisationsform, die der eindeutigen Abgrenzung des Begriffes »Individuum« entgegensteht, bilden die Schleimpilze (*Myxomyceten*). Sie stellen unter bestimmten Außenbedingungen ihre normale Vermehrung über Zellteilung ein und gehen statt dessen dazu über, viele zunächst amöboid bewegliche Einzelzellen (*Myxamöben*) zu bilden, die sich dann zu einem vielzelligen Fruchtkörper (*Pseudoplasmodium*) zusammenlagern[10].

Stellt man sich angesichts dieser Grenzfälle, die die Bezeichnung »Individuum« für das Gesamtsystem Organismus problematisch erscheinen lassen, auf den elementaristischen Standpunkt und beschränkt sich darauf, »Individuum« in Analogie zu Leibniz' Monaden nur auf die elementare Ebene der Zelle anzuwenden, so ist man jedoch der Lösung des Problems nicht deutlich näher gekommen. Die innere Problematik des elementaristischen Ansatzes wird erkennbar, wenn man in die Geschichte der Biologie zurückblickt und sich dabei auf ein bestimmtes Zeitfenster

anatomische Gewebedifferenzierung aufweisen; (7) *Plectenchyme, Pseudoparenchyme* (z. B. bei Rotalgen und höheren Pilzen) enstehen durch Verflechtung oder postgenitale Verwachsung und sind höher organisierte Verbände von thallusartigen Fadensystemen, die einen gewebeähnlichen Aufbau besitzen; (8) *Cormophyten* und *Metazoa* stellen die echten vielzelligen Organisationsformen mit wirklicher Gewebebildung von Pflanze und Tier dar; (9) *Stock* (z. B. bei Hohltieren wie *Hydrozoa*) heißt die Bildung von arbeitsteilig organisierten Organismenkollektiven, bei denen die durch vegetative Fortpflanzung (Knospung) entstandenen Tochterorganismen mit ihrem Mutterorganismus verbunden bleiben; (10) *Symbiose* ist das wechselseitige Verhältnis zweier Arten, von dem beide Partner profitieren; (11) *Parasitismus* nennt man eine Modifikation des Räuber-Beute-Verhältnisses zwischen zwei Arten, bei der der Parasit seinen Wirt im allgemeinen zur Gewinnung von Nahrung nutzt; Vgl. dazu u. a. Hesse, 1910, 33–42; Hertwig, 1920, 467–506; Haeckel, 1924, IV, 166ff; Bertalanffy, 1937, 51–60; Strasburger, 1978, 86–100.

9 Zu dieser Thematik ist eine Schrift von mir in Vorbereitung, die sich unter dem Titel *Das Sinnbild der ›Polypennatur‹ als Zugang zum romantischen Denken – Empirische Basis und philosophische Funktion einer organischen Metapher* auch mit den Traditionswegen dieser biowissenschaftlichen Entdeckung in der Philosophie beschäftigt.

10 Strasburger, 1978, 88; Zur Rezeption durch systemtheoretische und autopoietische Ansätze vgl. u. a. Maturana / Varela 1991, 86ff; Coveney / Highfield, 1994, 303ff; Reiber, 1998, 400ff.

konzentriert: Vor allem im 19. Jahrhundert kommt es im Zuge der
Auseinandersetzung zwischen romantisch-ganzheitlichen (Köchy, 1995)
und analytisch-elementaristischen (Köchy, 1998a) Erklärungsansätzen
zu einer kontroversen Debatte um den Individuumbegriff[11]. Die Vertreter
der sogenannten analytischen Schule der Biowissenschaften propagieren
ein methodologisches Programm der »Physik des Organischen« (vgl.
Markl, 1995; Köchy, 1999), zu dessen Aufgaben auch die elementaristische Erklärung von Lebensprozessen gehört. Für die Frage nach dem
Individuum ist dabei aufschlußreich, daß die Vertreter dieser Schule u.
a. mit der Metapher des *Kristalls*[12] operieren, wenn sie über die Organisationsform oder die Genese von Organismen spekulieren. Diese Metapher,
seit Keplers Untersuchung *Strena seu de nive sexangula*, 1611 in wissenschaftlichen Kreisen virulent, wurde schon von der romantischen Naturphilosophie ventiliert, hatte dort jedoch eine antimechanistische und
organologische Konnotation (Köchy, 1997, 134–138). In der analytischen
Schule wird die Kristallmetapher vor allem in der neuen Zellenlehre von
Schwann und Schleiden (Hertwig, 1910, 50ff; Rothschuh, 1968, 253–256;
Maulitz, 1971; Jahn / Löther / Senglaub, 1985, 351ff) im Sinne des
mechanistisch-reduktionistischen Programms umgedeutet. In den beiden
maßgeblichen Schriften – Schleidens *Beiträge zur Phytogenesis*, 1838 und
Schwanns *Mikroskopische Untersuchungen über die Übereinstimmung
in der Struktur und dem Wachstum der Thiere und Pflanzen*, 1839 (vgl.
Jahn, 1987; Sander, 1989) – werden die Entwicklungsvorgänge und
schließlich auch die Organisationsform von Lebewesen mit Kristall-
bildungen analogisiert. Organismen werden als Aggregationsverbände
spezifischer anorganischer Bausteine aufgefaßt. Auch wenn dieses höchst
spekulative Erklärungsmodell an einem untypischen Fall der Zellentwick-
lung gewonnen wurde, man die Beobachtungen zudem falsch interpretierte
und bereits vorliegende Arbeiten (wie Hugo von Mohls *Über die Vermehrung von Pflanzen-Zellen durch Theilung*, 1835) ignorierte, so bestimmte
doch die Kristall-Konzeption die Diskussion der Zeit, bis sie durch die
Elementarorganismus-Theorie von Brücke, durch Virchows Zellenlehre
und durch Weismanns Keimplasmakonzept ersetzt wurde. Der Grund für
die Durchsetzungskraft des Kristallmodells ist sicherlich einerseits in

11 Einen Überblick über den Diskussionsstand vermittelt u. a. Lange (1876, II, 249–253).
12 Zur Metapher des Kristalls vgl. Köchy, 1997, 130, Anm. 538; weiterhin auch
    Pöggelers Überlegungen zu *Kristall und Spur* (1994, 137ff). Das Verhältnis von
    Kristall und Individuum reflektiert z. B. Haeckel (1924, IV, 49ff, 192ff; vgl. auch
    May, 1909, 20f). Der Grenzfrage des krausen Gewirrs von kristallinischen und
    zellähnlichen Formen widmet sich im Zusammenhang mit der Frage nach der
    Individualität auch E. v. Hartmann (1925, 150ff). Bekannt geworden ist schließlich
    vor allem Schrödingers (1951, 12) Redewendung vom »aperiodischen Kristall« als
    Modell für das genetische Material (kritisch dazu u. a. Kauffman, 1995, 83ff).

sozialen Mechanismen zu suchen (wie der wissenschaftlichen Propaganda der analytischen Schule; vgl. allgemein dazu Fleck, 1980, 59; Kuhn, 1991, 105ff). Andererseits signalisiert aber die Kristallmetapher auch das Vertrauen in die Ordnung, Regularität, Symmetrie (Mainzer, 1988, 142) und Mathematisierbarkeit des Lebens und steht so für das Programm der exakten Naturwissenschaften. Für die Frage nach dem biologischen Individuum bedeutet dies allerdings, daß man die Gesamtorganisation eines Organismus als Aggregat auffaßt und allein der elementaren Ebene der Zellen Individualcharakter zuschreibt. Frühe Äußerungen von Emil Du Bois-Reymond (1961, 21) belegen dies:»Doch sind in der Idee Lebewesen nach Art der Krystalle theilbar in constituirende Elementarorganismen, so dass sie kaum noch Individuen heissen dürften [...]«. Schleiden und Schwann argumentieren ähnlich[13]. Interessant ist in diesem

13 Schleiden (1838, 137 / Jahn, 1987, 46):»Die Ursache liegt aber darin, daß der Begriff Individuum in dem Sinne, wie er in der animalischen Natur vorkommt, für die Pflanzenwelt durchaus keine Anwendung findet. Höchstens bei den allerniedrigsten Pflanzen, einigen Algen und Pilzen, die nur aus einer einzigen Zelle bestehen, kann man in diesem Sinne von einem Individuum reden. Jede nur etwas höher ausgebildete Pflanze ist aber ein Aggregat von völlig individualisierten in sich abgeschlossenen Einzelwesen, eben den Zellen selbst.«(ebenso 168f / Jahn, 72f) Schleiden unterscheidet jedoch das Wachstum im Organischen als Wachstum»durch Intussusceptio« vom Wachstum im Anorganischen als Wachstum»durch Juxtapositio« (1839, 160f/65). Diese in ähnlicher Form schon von Kant (KrV, A 833) getroffene Unterscheidung markiert allerdings – ähnlich wie in den Überlegungen der Romantiker – die Grenze zwischen Pflanze und Kristall (Schleiden, ebd., 161 / Jahn, 66). Im Gegensatz zu Schleiden, der sich im Gebrauch der Kristallanalogie deutlich zurückhält, betont Schwann (1839, IV / Jahn, 79):»Das Hauptresultat der Untersuchung ist, daß ein gemeinsames Entwicklungsprinzip allen einzelnen Elementarteilen aller Organismen zum Grunde liegt, ungefähr so, wie alle Kristalle trotz der Verschiedenheit ihrer Form sich doch nach denselben Gesetzen bilden«. Für seine Konzeption konstatiert Schwann einen Wechsel von der teleologischen zur physikalischen (elementaristischen) Ansicht des Organischen (ebd. 223ff/ 100ff; zu den Konsequenzen für den Individuum-Begriff vgl. vor allem ebd., 225f / 102ff). Er bemerkt:»Wir gehen also von der Voraussetzung aus: Einem Organismus liegt keine, nach einer bestimmten Idee wirkende Kraft zugrunde, sondern er entsteht nach blinden Gesetzen der Notwendigkeit durch Kräfte, die ebenso durch die Existenz der Materie gesetzt sind wie die Kräfte in der anorganischen Natur«. Indem er»von allem, was der Zellenbildung speziell eigentümlich ist« (ebd., 239 / 113f) abstrahiert, »um den nächst höhern Begriff zu finden, unter den sie mit einem in der anorganischen Natur vorkommenden Prozeß subsummiert werden kann«, kommt Schwann zu dem Schluß, »daß dabei auf Kosten einer in einer Flüssigkeit aufgelösten Substanz in dieser Flüssigkeit ein fester Körper von bestimmter regelmäßiger Form sich bildet«. Unter diesen»höhern Begriff« fällt für ihn in der anorganischen Natur auch der Prozeß der Kristallbildung. Dieser ist folglich»das nächste Analogon der Zellenbildung«. Die Basis für die Analogisierung bilden eine Reihe von Ähnlichkeiten zwischen Kristallbildung und Zellwachstum (ebd., 241ff/ 115ff). Dennoch verweist Schwann auch auf die Unterschiede in den »plastischen« und»metabolischen« Erscheinungen beider Prozesse (ebd. 239f/ 114).

Zusammenhang die Tatsache, daß das eindeutig spekulative Konzept Schwanns, der Zellen als »imbibitionsfähige[n] Kristalle« bezeichnet (Schwann, 1839, 246 / Jahn, 1987, 119), als empirische Bestätigung von Leibniz' metaphysischen Entwurf interpretiert wird[14]. Schnell zeigen jedoch neue empirische Befunde, daß die rein elementaristische Deutung der Lebensprozesse nach der Kristallanalogie den tatsächlichen Verhältnissen nicht gerecht wird. Dieses läßt sich vor allem in Du Bois-Reymonds Überlegungen nachweisen. Dessen spätere Aussagen belegen einen Wandel, der sich in der Ersetzung der Kristallmetapher durch die Maschinenmetapher niederschlägt. Auch wenn die historisch weitverbreitete Maschinenanalogie[15] prinzipiell nicht unproblematisch ist, gebraucht sie Du Bois-Reymond vor allem deshalb, weil für ihn sowohl Lebewesen wie auch Maschinen Ganzheiten sind, bei denen die Wirkung der Teile das Ganze bedingt. Diese Tatsache wird in der Überarbeitung der obigen Text-Passage deutlich, die beim Wiederabdruck in den *Reden* vorgenommen wurde (Du Bois-Reymond, 1912, I, 451). Folgender Satz wird neu hinzugefügt: »Das Bauwerk kann man sich aus lauter dem Ganzen ähnlichen Teilen so gefügt vorstellen, daß es gleich dem Kristalle in ähnliche Teile spaltbar ist; die Fabrik ist gleich dem Organismus, wenn wir von dessen Aufbau aus Elementarorganismen und der Teilbarkeit mancher Organismen absehen, ein Individuum.« Auch an anderer Stelle betont Du Bois-Reymond (ebd., II, 623): «[...] Lebewesen und Kristalle [sind] miteinander inkommensurabel, und Schwann's Theorie der Zellenbildung, als einer Kristallisation imbibitionsfähiger Substanz, war grundsätzlich verfehlt, denn in den Kristallen herrscht stabiles, in den Lebewesen dynamisches Gleichgewicht des Stoffes.« Eine vergleichbare Konsequenz zieht auch Virchow, wenn er statt auf die Kristallmetapher auf die Gesellschaftsanalogie zur Beschreibung der Organisationsform von

14 Du Bois-Reymond (1912, II, 382): »Jeder Organismus ist uns nun wirklich ein Aggregat mehr oder minder zahlreicher kleiner Einzelwesen, deren Eigenschaften die Eigenschaften des Gesamtorganismus fast so wiederholen, wie die Eigenschaften der Kristallmolekeln die Eigenschaften des Kristalls [...]. Wir nennen diese Wesen nach Hrn. Brücke's Vorschlag Elementarorganismen, eine Bezeichnung, welche alles Hypothetische und Streitige in ihrer Natur unberührt läßt [...] In Hrn. Schwann's Augen hatten die Zellen mit den Monaden nichts mehr zu schaffen. Dennoch dankte die Zellenlehre die Bereitwilligkeit, mit der sie aufgenommen wurde, zum Teil dem Umstande, daß darin für viele der nie wieder ganz vergessene Leibnizische Gedanke gleichsam Fleisch ward; und der diese Lehre am lebhaftesten ergriff und am wärmsten vortrug, Johannes Müller, war dieses Zusammenhanges so deutlich sich bewußt, daß er in seinem Handbuch der Physiologie, unter Hinweis auf die Leibniz-Herbart'sche Monadologie, für die Zellen den Namen ›Organische Monaden‹ vorschlug«. Zu Du Bois-Reymonds Aufnahme von Schwanns Zellenlehre vgl. auch ebd. II, 505f, 650 f.

15 Vgl. u. a. Rosenfield, 1941; Bonhoeffer, 1948; Canguilhem, 1955; Popplow, 1993; Maier / Zoglauer, 1994.

Organismen zurückgreift. Virchow, der in dem Aufsatz *Atome und Individuen* (Virchow, 1862, 37–76) konkret zur Frage nach dem Charakter biologischer Individuen Stellung nimmt, gesteht trotz seines »physikalistischen« Gestus dem lebendigen Individuum einen besonderen Status zu: Hier liegt für ihn eine wirkliche Einheit vor, während Atome bloß gedachte Einheit sind. Die Einheit des lebendigen Individuums erweist sich dabei erneut als *symploke ton genon*, als Einheit in Vielheit. So stellt das Individuum eine einheitliche Gemeinschaft dar, in der alle Teile zu einem übergeordneten Zweck zusammenwirken. Die elementaristischen Implikationen der *Cellularpathologie* werden so durch ein gesellschaftlich-soziales Modell kompensiert[16]. Berücksichtigt man diesen Wandel im Metapherngebrauch, so wird deutlich, daß das elementaristische Konzept der analytischen Schule schließlich auf ein Stufensystem von der Individuation bis zur Individualität hinausläuft, wie es vergleichbar im metaphysischen Ansatz von Schopenhauer postuliert wird (MdN, 149ff).

Die elementaristische Position und die Auffassung von der Zelle als Elementareinheit des Organischen oder als »organisches Atom« löst somit das Grundproblem des Verhältnisses von Einheit und Vielheit nicht. Diese Schlußfolgerung wird auch bei einem Blick auf den aktuellen Kenntnisstand der Biowissenschaften bestätigt. Die Einzelzelle selbst muß hier bereits als systemare Einheit in Vielheit aufgefaßt werden. Ebenso wie der Gesamtorganismus weist sie eine hierarchische Substrukturierung in mannigfaltige Teilsysteme auf. Zudem ist es eine genuine Eigenschaft lebender Zellen, sich über Teilungsvorgänge fortpflanzen zu können. Sowohl hinsichtlich möglicher untergeordneter Systemstufen als auch hinsichtlich der Zugehörig-

---

16 Virchow betont deshalb in seiner *Cellularpathologie* (1966, 3), daß »die Zelle wirklich das letzte eigentliche Form-Element aller lebendigen Erscheinung sei«. Er hebt hervor, daß man »für das Einzelne kaum mechanischer denken kann« als er es zu tun pflegt. Dennoch basiert sein Ansatz darauf, daß selbst auf der zellulären Ebene die eigentliche Aktivität vom Gesamtgebilde ausgeht und »dass das lebende Element nur so lange wirksam ist, als es uns wirklich als Ganzes, für sich bestehend, entgegentritt«. Die Annahme eines organischen Elementarsystems beruht nach Virchow auf einer Abstraktion, die ein äußerst monotones Gebilde zur Folge hat, »welches sich mit ausserordentlicher Constanz in den lebendigen Organismen wiederholt« (ebd., 7). Die hier aufgewiesene Konstanz ist für ihn das maßgebliche Kriterium für das Elementarische des Lebens. Virchow schlußfolgert (ebd., 12): »Jedes Thier erscheint als eine Summe vitaler Einheiten, von denen jede den vollen Charakter des Lebens an sich trägt. Der Charakter und die Einheit des Lebens kann nicht an einem bestimmten Punkte der höheren Organisation gefunden werden [...], sondern nur in der bestimmten, constant wiederkehrenden Einrichtung, welche jedes einzelne Element an sich trägt. Daraus geht hervor, dass die Zusammensetzung eines grösseren Körpers immer auf eine Art von gesellschaftlicher Einrichtung herauskommt, eine Einrichtung socialer Art, wo eine Masse von einzelnen Existenzen auf einander angewiesen ist, aber so, dass jedes Element für sich eine besondere Thätigkeit hat [...]«. Zur sozialen Metaphorik bei Virchow vgl. vor allem Mazzolini (1988).

keit zu einem übergeordneten Fortpflanzungszusammenhang gelten für die
Einzelzelle die gleichen Überlegungen wie für den Gesamtorganismus. Die
besondere Typik organischer Systeme besteht gerade darin, daß trotz der
regulativen Aufrechterhaltung der Systemkonstanz eines individuellen Einen
eine Variabilität und Wandlungsfähigkeit dieses Einen vorliegt (wie Teil
III der Analyse zeigen wird). Sowohl die Semiautonomie der untergeordneten
Systemniveaus als auch die Einbeziehung in übergeordnete Zusammenhänge
hebt deshalb das mit der ersten Bedeutung von »Individuum« verbundene
strenge Unteilbarkeitsverdikt schon für die zelluläre Ebene auf. Die
Vorstellung von der Zelle als unteilbare Elementareinheit im Sinne eines
»organischen Atoms« ist allerdings vor allem durch die Tatsache begründet,
daß jenseits der zellulären Organisation nicht mehr im strengen Sinne von
belebten Einheiten gesprochen werden kann. Hier ist der Tatsache Rechnung
zu tragen, daß Zellorganellen und Zellbestandteile nicht mehr alle typischen
Eigenschaften des Lebens aufweisen, so daß die Grenze zum Anorganischen
überschritten ist. Zieht man jedoch die mittlerweile durchwegs anerkannte
Endosymbiontentheorie in seine Überlegung mit ein, nach der es sich bei
einigen Zellorganellen um im Laufe der Phylogenese in den Zellzusammen-
hang aufgenommene ursprünglich selbständige Lebensformen handelt, so
erweist sich auch diese Abgrenzung als fließend.

Als vorläufiges Fazit aus diesen Überlegungen ist der Schluß zu ziehen,
daß »Individuum« im Sinne von Unteilbarkeit im Organischen wohl eher
eine Grenze der Vielzellerentwicklung bezeichnet, die niemals vollkommen
erreicht wird (Bertalanffy, 1949, 55ff). Insofern scheint die lebensphilosophische Überlegung Bergsons[17] berechtigt zu sein, daß der Begriff
»Individuum« eine Unendlichkeit von Graden zuläßt und so eine *Tendenz
zur Individuation* zum Ausdruck bringt, die stets von anderen – gegenläufi-

---

17 Bergson, dt. 1912, 19 (frz. 1991, 505): »Abschließende Definitionen (*une définition
    parfaite*) decken sich nur mit fertigen Wirklichkeiten (*une réalité faite*): die Wesenzüge
    des Lebens (*les propriétés vitales*) aber sind niemals völlig verwirklicht, sie sind
    immer auf dem Weg der Verwirklichung (*toujours en voie de réalisation*): sie sind
    nicht sowohl Zustände (*états*) als Tendenzen (*tendances*) [...] Zuhöchst im Fall der
    Individualität läßt sich sagen, daß, wenn die Tendenz zur Individuation (*la tendance
    à s'individuer*) überall in der organischen Welt gegenwärtig ist, sie ebenso überall
    von der Tendenz zur Fortpflanzung bekämpft wird (*elle est partout combattue par
    la tendance à se reproduire*).« Hier ist auch auf Hertwigs (1920, 467ff) Überlegung
    hinzuweisen, wonach das Organismenreich eine Stufenfolge niedriger und höherer
    organischer Individualitäten darstellt (selbständige Einzelzellen, Vielzeller, Stöcke).
    Auf eine weitere Unterteilung in Individuen erster, zweiter, dritter und vierter Ordnung,
    wie sie Haeckel (1924, IV, 166–191) vorschlägt, um Gewebe, Organe und Organsyste-
    me zu berücksichtigen, verzichtet Hertwig. Allerdings hält er die Differenzierung
    zwischen »physiologischen Individuen« (selbständige Lebewesen) und »mor-
    phologischen Individuen« (Formeinheiten, die in Aussehen, Struktur und Zusammenset-
    zung einem physiologischen Individuum gleichen, aber keine selbständigen
    Lebenseinheiten mehr darstellen) für sinnvoll.

gen – Tendenzen durchkreuzt wird (vgl. auch Bloch, 1972, 162f). Als
eine solche Durchkreuzung der Individualisierung muß beispielsweise
auch die oben genannte Ausbildung von Organisationsformen angesehen
werden, die den Charakter von überindividuellen Zusammenschlüssen
besitzen. In diesem Sinne sind die stockbildenden Staatsquallen oder
ähnliche Bildungen bei den *Bryozoen* (Moostierchen) als in sich heterogene
und arbeitsteilig substrukturierte Ganzheiten aufzufassen, die in manchen
Beziehungen durchaus wie ein einheitliches Individuum funktionieren
(vgl. Rensch, 1968, 34).

II. Besonderes und Allgemeines: Individuum est ineffabile[18].

Mit dieser letzten Überlegung ist die Überleitung zum zweiten
Spannungsverhältnis von Besonderem und Allgemeinem vorgenommen.
Mit diesem tritt ein weiterer Aspekt der Bedeutung des Begriffes »Individuum« hervor: die *Einzigartigkeit*. Die besondere Betonung dieses Aspektes
der Einmaligkeit (Singularität), Unverwechselbarkeit und Unvergleichlich-
keit ist typisch neuzeitlich[19]. »Individuum« ist jetzt durch besondere
Eigentümlichkeiten gekennzeichnet, deren Gesamtheit bei keinem anderen
seiner Art jemals dieselbe ist. »Individuum« ist das numerisch Eine,
welches als Seiendes durch seine spezifischen Eigenschaften oder als
logisches Subjekt durch seine besonderen Prädikate eine einzigartige
Existenz besitzt[20]. Dem Einzigartigen ist eine gewisse Beziehungslosigkeit
eigen, so daß die Annahme der Einzigartigkeit eng mit der Vorstellung
von Selbständigkeit (Autarkie) des Einen verknüpft ist. So charakterisiert
auch die Isolation und Abgetrenntheit von Anderem ein Individuum. In
dieser Hinsicht muß unter einem biologischen Individuum eine Lebensein-
heit verstanden werden, die nach außen abgegrenzt, sich zu erhalten
imstande ist, weil sie mit den Grundfunktionen des Lebens ausgerüstet
ist (Hertwig, 1920, 467).

18 Goethe, Briefe I, 325.
19 Zur Geschichte des Begriffes »Singulär« als eines vom Individualitätsbegriff
    verschiedenen Terminus vgl. Strub (1995); ebenso Gloy (1996, II, 50). Die sozialphi-
    losophische Konnotation dieses Bedeutungswandels macht u. a. Freudenthal (1982)
    deutlich.
20 Die Mischung von ontologischen und logischen Überlegungen, die mit dem zweiten
    Punkt verknüpft sind, findet sich ebenfalls bei Leibniz, der auf den engen Zu-
    sammenhang von Individualitätsprinzip und Indiszernibilienprinzip (Khatchadourian,
    1988) hingewiesen hat. Nach Leibniz' Überlegung gibt es keine zwei Dinge, die
    in allen Einzelheiten vollkommen übereinstimmen. Bei vollkommener Übereinstimmung
    aller Prädikate existiert streng genommen nur ein Seiendes.

Fragt man nach den Bedingungen, denen die philosophische
Begriffsbestimmung im biologischen Gegenstandsbereich unterliegt,
so ist zunächst zuzugestehen, daß bei Berücksichtigung des empirisch
vorliegenden Materials organische Individuen legitimerweise als je
einzigartige und selbständige Bildungen aufgefaßt werden können. Die
Konstatierung solcher Einzigartigkeit (Mayr, 1991, 46f und 1992, 246)
kann dabei zunächst allein mit der Tatsache der komplexen und
vielfältigen Kombinationsmöglichkeiten des genetischen Materials
begründet werden. In dieser molekulargenetischen Perspektive wird
deutlich, daß die Anzahl möglicher Alternativen von Basensequenzen
in DNS-Molekülen enorm groß ist (vgl. Rensch, 1968, 31; Sève, 1990,
655). Die Konsequenz für die Objektvielfalt des biologischen Phänomen-
bereichs liegt auf der Hand: Wilson betont beispielsweise, daß innerhalb
der *Formicidae* (Ameisen) zu jedem Zeitpunkt ca. 10^{15} gleichzeitig lebende
Individuen existieren, von denen allein bei Berücksichtigung des
genetischen Materials aufgrund des hohen Grades an genetischem
Polymorphismus keine zwei Vertreter identisch sein dürften (Wilson,
1992, 23). Die Rechtmäßigkeit der Zuschreibung von Einzigartigkeit
wird jedoch vor allem dann erkennbar, wenn man die Ebene des Genoms
verläßt und den Phänotyp in seiner Entwicklung und in seiner Umwelt
betrachtet. Als Individuum ist jedes Lebewesen Produkt einer je
einzigartig verlaufenden Individualentwicklung (Ontogenese), welche
selbst wiederum das Resultat einer prinzipiell singulären Stammesgeschichte (Phylogenese) ist. So werden die speziellen Eigenschaften
eines individuellen Lebewesens nur bei Berücksichtigung der historischen
Abfolge von Ereignissen und Erfahrungen erklärlich, die diese spezifische
Einzelbildung im Laufe ihres Lebens gemacht hat. Aus diesem Grund
ist nicht nur die einzigartige Konstellation des Genoms, sondern auch
der je besondere Phänotyp, aber vor allem die je einzigartige Lebensgeschichte eines Lebewesens Garant für die Einzigartigkeit organischer
Individuen. Diese über die Beschränkung auf die Einmaligkeit des
Genoms hinausgreifende Perspektive wird allerdings angesichts der
Leitbildfunktion der Molekularbiologie häufig vernachlässigt. Die mit
der elementaristischen Betrachtung des Organischen einhergehende
künstliche Verengung des Blickfeldes führt jedoch beispielsweise in
der aktuellen Debatte um die Klonierung von Lebewesen zu den
absurdesten Spekulationen über die Herstellung identischer Individuen[21].

---

21 Vgl. allerdings schon die Feststellung des Populationsgenetikers Dobzhansky (1965,
50), der die Einzigartigkeit und Unwiederholbarkeit des Individuums nicht nur auf
die genetische Verschiedenheit zurückführt, sondern darüber hinaus die »Unterschiede
im Entwicklungsmuster der Individuen« ins Spiel bringt. Nach ihm leben keine zwei
Individuen ein identisches Leben: »Jeder begegnet einer Welt, die von der eines jeden
anderen verschieden ist.«

Der Aspekt der prinzipiellen Einzigartigkeit organischer Formen wirft allerdings tiefgreifende Probleme auf, die – weit über den Bereich ethischer Fragen hinausgehend – grundsätzliche Bedeutung für methodologische und wissenschaftstheoretische Überlegungen haben müssen. Wissenschaft – und auch Philosophie als Wissenschaft verstanden – ist stets auf allgemeine Grundzüge und Gesetzmäßigkeiten ausgerichtet. Beschränkt man sich auf dieses Wissenschaftsideal, so besitzt Wissenschaft prinzipiell keine adäquate Zugriffsmöglichkeit auf das Besondere. Bei strikter Einhaltung dieser Forderung müßte deshalb der wissenschaftliche Zugang auf die Einzigartigkeit von organischen Bildungen negiert werden[22]. Eine Lösung dieses Dilemmas bestände darin, verschiedene Ziele der Erfahrungswissenschaften zu formulieren. So könnte eine spezifische – auf den Einzelfall ausgerichtete – idiographische Wissenschaft (Windelband, 1924, II, 140ff) für organische Individuen gefordert sein. Die sich hier abzeichnende Aufsplitterung in eine Vielzahl heterogener Wissenschaftskonzepte mit je unterschiedlicher Zielsetzung wird allerdings durch die immanente Beziehung zwischen Allgemeinem und Besonderem entschärft. Diese Beziehung äußert sich auf der subjektiven, erkenntnistheoretischen Seite darin, daß jede Betrachtung eines Besonderen notwendigerweise mit allgemeinen – nomothetischen – Aussagen verbunden ist. Hegel nutzt diese Tatsache im Programm seiner *Phänomenologie*, um bei der Darstellung des erscheinenden Wissens vom Standpunkt der»sinnlichen Gewißheit«zur»Wahrnehmung«überzuleiten. Ebenso wird nach den Erkenntnissen der modernen Wissenschaftstheorie jede Einzelbeobachtung prinzipiell in einen allgemeinen theoretischen Rahmen eingebunden; jede empirisch unterfütterte Einzelaussage ist von allgemeinen Vorannahmen infiziert (so u. a. Feyerabend, 1978, 161; Popper, 1994, 72, Anm.*2).

Aber nicht nur auf der subjektiv-erkenntnistheoretischen Seite, sondern auch auf der Seite der betrachteten Phänomene gibt es Hinweise auf diese Wechselbeziehung zwischen Allgemeinem und Besonderem. Im Bereich des Lebens herrscht niemals vollkommene Beziehungslosigkeit, niemals

---

22 »Denn Vorhersehen besteht entweder im Projizieren vergangener Wahrnehmungen in die Zukunft (*projeter dans l'avenir ce qu'on a perçu dans le passé*), oder im Vorstellen bereits wahrgenommener Elemente in einer künftigen, neuen, andersgeordneten Zusammenstellung (*un nouvel assemblage, dans un autre ordre, des éléments déjà perçus*)«(Bergson, dt. 1912, 13, frz. 1991, 499). Für singuläre Ereignisse hat die Naturwissenschaft keine theoretische Zugriffsmöglichkeit (Böhme, 1993, 50 f.). Dieser Auffassung widerspricht allerdings der oben genannte Dobzhansky (1965, 47): »Ich bekenne eine gewisse Sympathie für eine solche Auffassung, muß aber nichtsdestoweniger darauf hinweisen, daß die Biologie nicht nur die absolute Individualität und Einmaligkeit einer jeden Person und jedes lebenden Wesens erkennt, sondern tatsächlich die Voraussetzungen für eine rationale Erklärung dieser Einmaligkeit schafft.«

vollkommene Abgrenzung oder Autarkie des Einzelnen. Kein individueller
Organismus ist ein vollkommen geschlossenes System. Die strikte Trennung
von der Umwelt ist weder auf der materiellen, noch auf der energetischen
oder auf der informellen Ebene real existent. Sie kann höchstens in abstrakten
theoretischen Modellen angenommen werden – in die Wirklichkeit
übertragen würde vollkommene Abgrenzung hingegen den Tod des
Organismus (*death by confinement*) zur Folge haben (Brillouin, 1974, 149).
Auch epistemologische Modelle wie das von Maturana, die auf der Basis
von neurophysiologischen Daten eine strukturelle und funktionelle
Geschlossenheit (des Nervensystems) postulieren, müssen eben an diesen
experimentellen Daten gemessen und relativiert werden (vgl. dazu Riegas,
1990, 99ff). Die wechselseitige Interaktion mit der natürlichen und sozialen
Umwelt berücksichtigt deshalb auch Leibniz, wenn er die Individualität
der Monade als Resultat einer umfassenden Beziehung zum gesamten
Kosmos ansieht (Leibniz, Principes, § 12; Monad., § 56). Dieser Sachverhalt
ist vor allem deshalb aufschlußreich, weil gerade Leibniz' Konzept auf
der Hervorhebung der Singularität der Einzelbildungen beruht, wie sein
leitendes Prinzip der Identität Ununterscheidbarer (*principium identitatis
indiscernibilium*) zum Ausdruck bringt. Im Einklang mit der notwendigen
Integration der Individuen z. B. in eine Population, werden sich neben den
Unterschieden immer auch Gemeinsamkeiten und Übereinstimmungen
aufweisen lassen. Die Individuen werden stets übergreifende Muster höherer
Fortpflanzungsgemeinschaften besitzen (Vogel, 1972, 177). Diese partielle
Übereinstimmung in ansonsten heterogenen Kollektiven, eine »Familien-
ähnlichkeit« in Wittgensteins Sinne, spielt im Organischen eine besondere
Rolle. Hier öffnen sich Möglichkeiten für den gesetzeswissenschaftlichen
Zugang. Dieser muß allerdings in den Lebenswissenschaften stärker am
Einzelfall orientiert bleiben, als es in den anderen Naturwissenschaften
der Fall ist. So werden sich die besonderen Bedingungen individueller
Bildungen und Ereignisse auch in der Methodologie der Biowissenschaften
niederschlagen (Köchy, 1999a, 74f).
    Die eigenwillige Spannung zwischen der Einzigartigkeit je individueller
Bildungen und der dennoch stets vorausgesetzten Beziehung zum um-
greifenden Konnex des allgemeinen Lebens wird allerdings nicht nur in
der Theorie der Biologie, sondern vor allem auch in der Philosophie des
Organischen zu würdigen sein. Die hier herrschende eigentümliche Spannung
wird besonders in Hegels Philosophie des Organischen aufgenommen.
Dessen metaphysisch-spekulative Deutung mag zwar von den empirischen
Befunden der Biologie weit entfernt scheinen, öffnet jedoch den Blick auf
grundlegende Aspekte des angesprochenen Spannungsverhältnisses, die
sowohl philosophisch als auch wissenschaftlich relevant sind. Zugleich
ist Hegels Interpretation ein Beispiel für einen philosophischen Standpunkt,

der den Menschen in das Zentrum des Interesses rückt und zudem die Überschreitung des Individuell-Endlichen in Richtung auf die umfassende Sphäre des Geistes zum Ziel hat. Von diesem subjektphilosophischen Standpunkt aus muß in der Ausbildung organischer Individuen eine zwar notwendige, dennoch lediglich defiziente Übergangsform einer Entwicklungslinie gesehen werden.

Hegels Ansatz basiert auf der Grundannahme einer hierarchisch gestuften Natur, die zugleich eine sukzessive Entwicklung zu Individualität und Subjektivität darstellt. Das Stufensystem des Lebens umfaßt drei Hierarchieebenen: das Mineralreich (der *geologische Organismus*), das Pflanzenreich (der *vegetabilische Organismus*) und das Tierreich (der *animalische Organismus*). Auf der untersten Ebene des geologischen Organismus (Hegel, Enz. II, § 337, 340) fallen Individualität und Subjektivität auseinander. Wahre Subjektivität als »Zurückführung der Glieder in das Eins« gibt es nicht. Die zweite Stufe des vegetabilischen Organismus (ebd. 340f) besitzt hingegen subjektive Lebendigkeit, allerdings lediglich in formeller Hinsicht. Dieses zeigt sich für Hegel in der Tatsache, daß jede einzelne Pflanze in eine unendliche Zahl von individuellen Gliedern zerfällt. Ein Zusammenhang besteht hier nur oberflächlich. Auf der dritten Stufe des tierischen Organismus (ebd. 341 und § 350ff, 430ff) schließlich ist die Substrukturierung so weit fortgeschritten und durch Integrationsprozesse begleitet, daß die Untersysteme eines Organismus »wesentlich nur als seine Glieder existieren, wodurch er als Subjekt ist«. Die Einheit des individuellen Organismus ist hier von ihm selbst gesetzt.

Über diese Reflexionen zum Charakter biologischer Individuen hinausgehend wird jedoch Hegels Ansatz vor allem durch die Spannung zwischen Individuum und Gattung bestimmt. Dieses zeigt sich u. a. in der Bedeutung, die der Begriff »Reproduktion« gewinnt. Hegels Ausführungen sind zunächst durch die Begriffstriade »Gestalt«, »Assimilation« und »Gattungsprozeß« untergliedert. »Gestalt« meint hier die individuelle Idee, die sich in ihrem Prozeß *auf sich selbst* bezieht. »Gestalt« repräsentiert die Sphäre des sich zu sich selbst verhaltenden individuellen Organismus. Mit »Assimilation« bezeichnet Hegel die Idee, wie sie sich *zu einem Anderen* verhält. Mit dem Anderen (der unorganischen Natur) kommt die Verhältnisbeziehung zwischen Organismus und Umwelt ins Spiel. »Gattungsprozeß« schließlich drückt die Beziehung zwischen unterschiedlichen Individuen aus. Das Leben verhält sich auf dieser dritten Stufe zum Lebendigen wie im ersten Fall (auf sich eingeschränkt) und zugleich wie im zweiten Fall (auf ein bereits Vorgefundenes bezogen). Für das Verständnis dieses begrifflichen Dreischritts ist wichtig, daß Hegel ihn als dialektische Progression versteht, so daß die sich antithetisch gegenüberstehenden Positionen »Gestalt« und »Assimilation« im dritten Begriff synthetisch vereinigt werden. Sie werden »aufgehoben« – im dreifachen Sinne von *tollere* (vernichten), *conservare* (bewahren) und *levare* (hinaufheben). Darüber hinaus ist im dialektischen Progreß mit Erreichen des dritten Begriffes der Übergang zur nächst höheren Sphäre eingeleitet.»Gattungsprozeß« bildet so die Grenze zwischen Natur und Geist.

Berücksichtigt man diese für das Verständnis notwendigen Vorüberlegungen, so wird die im Begriff der »Reproduktion« kulminierende Bedeutung des Spannungsverhältnisses von Individuum und Gattung deutlich.»Reproduktion« tritt an zwei Stellen des Begriffssystems auf. Auf der Ebene der »Gestalt« (also des individuellen Einzelwesens) ist sie Garant dafür, daß die Totalität des individuellen Organismus »nur als dieses sich Reproduzierende, nicht als Seiendes, ist« und sich erhält. Der individuelle Organismus als Ganzheit ist nach dieser Annahme nur existierend in Form des Übergangs, als ständige Selbstreproduktion. Ebenso ist im zweiten Fall, bezogen auf die Ebene des »Gattungsprozesses«, mit »Reproduktion« ein Übergang bezeichnet. Die Überschreitung der Individualsphäre erfolgt diesmal als Beziehung zu einem Anderen,»das selbst lebendiges Individuum ist.« Neben weiteren Formen des Übergangs (Vielfalt, Zerfall, Tod) ist deshalb vor allem das mit der »Reproduktion« angesprochene »Geschlechtsverhältnis« (ebd. § 369) für das Verständnis von Hegels Deutung der Spannung zwischen Individuum und Gattung ausschlaggebend. In der Gemeinschaft des Gattungsprozesses als eines überindividuellen Konnexes ist zudem nach dem oben Gesagten die Genese des Geistes angelegt.

Unter der spezifischen Perspektive von Hegels Philosophie ist die Überschreitung des Individuellen in Richtung auf das Allgemeine notwendig mit dem Untergang des Individuums gekoppelt. Der Untergang selbst kann auf dreierlei Weise erfolgen: Als der auf die vollzogene Fortpflanzung folgende Tod, als gewaltsamer Tod im Kampf der Arten und als natürlicher Tod. Während im kämpferischen Verhältnis der Arten zueinander die Spannung zwischen Individuen lediglich in der negativen Form (Vernichtung des Anderen) in den Blick kommt, bringt das »Geschlechtsverhältnis« eine affirmative Spannung zum Ausdruck. Das »Geschlechtsverhältnis« wird ausgelöst durch einen Mangel und ein damit einhergehendes Bedürfnis. Da das einzelne Individuum dem Idealvorbild der Gattung nie angemessen ist, entsteht eine Spannung, die sich als Trieb äußert. Dieser Trieb, im Anderen seiner Gattung sein Selbstgefühl zu erlangen und mittels der Vereinigung mit diesem die Gattung mit sich zusammenzuschließen, führt zur »Begattung«. Für Hegel ist das hier auftretende Spannungsverhältnis in Analogie zu setzen zur logischen Figur des Schlusses (Hegel, Enz. II, § 369, 517; Phän., 223f). Es stehen sich zwei Extreme gegenüber, die durch einen Mittelbegriff »vermittelt« werden: (1) Das erste Extrem markiert die »Gattung«. Das was an sich ist (das substantielle Verhältnis der Gattung) soll auch als solches realisiert werden (die durch die Vereinigung der Individuen entstehende Gattung). (2) Das zweite Extrem bildet der Zustand der in Geschlechter zerfallenden Individuen. Der dem Prozeß zugrunde liegende Widerspruch ist somit der zwischen der Allgemeinheit der Gattung (= Identität oder Einheit der Individuen) und der Einzelheit der Individuen (= Nichtidentität oder Einzelheit der Individuen). (3) Die Vermittlung zwischen beiden Extremen, das *Meson* des Schlusses, bildet die Spannung des Wesens der Individuen (Gattung zu sein) gegen die Unangemessenheit der einzelnen Existenz (Individuum zu sein). Diese Spannung ist die treibende Kraft, welche die Individuen dazu bringt, ihr Selbstgefühl im Anderen zu suchen. Die Vereinigung der Geschlechter führt schließlich zum Verschwinden der bisherigen Trennung, so daß ein gemeinsames Selbstgefühl entsteht.

Allerdings kann diese »Lösung« der Spannung bei Hegels Vorgaben nie vollständig sein. Die Gattung, die sich im »Geschlechtsverhältnis« Wirklichkeit gibt, markiert deshalb lediglich eine unmittelbare Existenz der Allgemeinheit. Diese wird zwar erstmals von den im Geschlechtsverhältnis stehenden Organismen selbst empfunden – und ist damit nicht mehr lediglich ideal im Bewußtsein des rekonstruierenden Philosophen vorhanden –, sie kommt allerdings nur in einem Gefühl zum Ausdruck. Allgemeinheit als theoretischer Gegenstand der Anschauung (die gedachte und bewußte Allgemeinheit) existiert auf dieser Ebene nicht. Aus diesem Grund ist für Hegel auch die natürliche Gattung stets nur ein Einzelnes. Im »Gattungsprozeß« ist das Allgemeine nur »an sich«, niemals »an sich und für sich« wie im Geist (Hegel, Enz. II, § 370, 520; Phän., 222f). Nur im Geist ist das Allgemeine für das Allgemeine und deshalb absolut mit sich identisch. In der natürlichen Gattung hingegen ist es immer noch für und durch das Einzelne. Im Gegensatz zur Ewigkeit des Geistes führt der Prozeß der organischen Fortpflanzung damit zur »schlechte[n] Unendlichkeit des Progresses«. Die oben aufgewiesene Vermittlung bildet so stets nur den Anfang eines neuen Widerspruchs. Das Wesen des Einzelorganismus besteht folglich in seiner endlichen Existenz. Die »Reproduktion« wird irgendwann nicht mehr zu sich zurückkehren und der Einzelorganismus muß sterben. Diese Notwendigkeit erklärt sich für Hegel dadurch, daß Lebendigkeit prinzipiell des Gegensatzes bedarf. Wenn das Andere, was es zu überwinden galt, kein Anderes mehr ist, so muß der Prozeß des Lebens aufhören. Die Gegensatzlosigkeit als Ziel organischen Strebens, ist damit die Ruhe des Todes. Der so notwendige Tod der Natur stellt für Hegel zugleich den Übergang zur höheren Sphäre des Geistes dar.

Während das Spannungsverhältnis zwischen Besonderem und Allgemeinem aus der subjektphilosophischen Perspektive Hegels nur im Tod des Individuums aufgehoben werden kann, eröffnet Bergsons lebensphilosophische Perspektive andere Optionen (vgl. Köchy, 1998b; Köchy, 1999b). Im Gegensatz zu Hegels Überlegung, die stets an der Stufe des begrifflich Allgemeinen ausgerichtet bleibt und den Übergang zu dieser Allgemeinheit als Tod des organisch Individuellen interpretieren muß, versucht Bergson, diesen Übergang als Übergang in die Sphäre des All-Lebens zu deuten. Nicht der höhere Standpunkt des objektiven Geistes oder der Vernunft bestimmt hier das Verhältnis von Individuum und Allgemeinem, sondern vielmehr die tiefgründige Verwobenheit alles Lebendigen, die sich in Intuition und Sympathie des Lebens offenbart. Diese alternative Auslegung basiert auf der Annahme einer für das Leben typischen schöpferischen Entwicklung in deren Verlauf es zur kaskadenartigen Zersprengung kommt, die die Zersplitterung des einheitlichen Lebenszusammenhanges in eine unendliche Vielzahl individueller Lebensformen erzeugt. Die garbenartige Aufgliederung unterbricht mit jedem Entwicklungsschritt das Kontinuum des Gesamtlebens und führt so zu völlig neuen, absolut unvorhersagbaren und je einzigartigen Bildungen. Entwicklung des Lebens bedeutet dann niemals Zunahme an Ordnung und Harmonie, sondern stets das Anwachsen von Chaos, Verzweigung und Komplexität. Trotz des verschlungenen und schier unübersehbaren Lebensstromes je individueller Sonderbildungen gründet jedoch gerade Bergsons Überlegung im Grundvertrauen auf der Existenz eines umfassenden Ozeans des Lebens (*océan de vie*, Bergson, dt. 1912, 196, frz. 1991, 657, vgl. Köchy, 1999b, Anm. 33). Mit dieser zentralen Metapher ist die trotz aller Verschiedenartigkeit und Dynamik existierende umfassende Einheit des Lebens bezeichnet. Die scheinbar widersprüchlichen Grundannahmen dieses Ansatzes (unendliche Diskontinuität je individueller Lebensformen bei gleichzeitiger Kontinuität des einheitlichen Lebenszusammenhangs) stellen für Bergson nur für ein in intellektueller Sonderung begriffenes Denken ein Problem dar. Ein dem Leben verpflichteter Ansatz hingegen kann sich der Einsicht nicht erwehren, daß mit dieser Polarität die Grundspannung des Lebens selbst aufgefunden ist. Wie es Hegel bereits vorformuliert hat, kommt es im Leben zur Auflösung von Widersprüchen[23], die für den analysierenden Verstand unauflösbar sind (Hegel, Logik II, 472).

23 Diese Bestimmung des »Lebens« ist bereits in den frühen Entwürfen Hegels leitend (vgl. Kimmerle, 1989, 266). In diesen im wahrsten Sinne lebensphilosophischen Grundlegungen seiner Philosophie versteht Hegel »Leben« als Vermittlung der Momente des Endlichen und des Unendlichen. »Leben« erlangt damit eine systemkonstituierende Bedeutung. Es ist »die Verbindung der Verbindung und der Nichtverbindung« (Hegel, FS, 422). In der *Logik* wird folglich der Widerspruchscharakter des Lebens im Schmerz des Lebendigen in seiner wirklichen Existenz erkennbar (Logik II, 481). In der *Phänomenologie* wird deutlich, daß das Organische im Gegensatz zum Anorganischen »alle Bestimmtheiten, durch welche es für Anderes offen ist« unter seine Einheit gebunden hat und sich folglich »in seiner Beziehung« selbst erhält (Phän., 196).

*III. Sein und Werden: Das Leben ist ein Strom,
dessen Tropfen die Wesen sind*[24]

Erneut kann die letzte Überlegung als Übergang zu einem dritten Spannungsverhältnis angesehen werden, das bei der Bestimmung des Bedeutungsumfangs von »Individuum« zu berücksichtigen ist. Der mit der Unteilbarkeit verknüpfte substantielle Charakter sowie die Autonomie und Autarkie erklären die eine Seite dieses Spannungsbogens: die Seite der Erhaltung. Zugleich verweist jedoch gerade der Begriff der Erhaltung auf eine zeitliche Dimension: die Erhaltung erweist sich als eine solche erst bei Berücksichtigung eines zeitlichen Geschehens, dem sich das sich Erhaltende widersetzt. Gegenüber der eher räumlich-statischen Perspektive der beiden bisherigen Aspekte ist mit dem dritten Moment ein neuer zeitlich-dynamischer Standpunkt eingenommen. Als Individuum gilt nun das, was im Laufe der Zeit in seiner spezifischen Besonderheit erhalten bleibt.

In dieser neuen Bestimmung kulminiert das in den vorhergehenden Schritten eröffnete Problem: Bei Hinzuziehung der Zeitdimension kompliziert sich das schwierige Verhältnis von Einheit und Vielheit noch einmal. Schnell wird deutlich, daß die Zusammensetzung des individuellen Lebewesens keinesfalls gleichbleibend ist. Organisches Leben existiert vielmehr nur, insofern es sich in der Zeit entwickelt. Es ist kein Ding, sondern ein Prozeß (Cassirer, 1996, 83). Lebenserscheinungen treten so in Form von klar umgrenzten Systemen mit relativer Konstanz auf, die man als Individuen bezeichnen kann, wobei diese Individuen im Zuge ihrer Lebensgeschichte allerdings einem umfassenden Formwechsel unterliegen (Rensch, 1968, 33f). Die biologischen Individuen unterscheiden sich deshalb von anorganischen »Individuen« wie Kristallsystemen somit nicht nur hinsichtlich ihrer komplexen und wechselseitigen Organisation, sondern vor allem auch hinsichtlich ihrer nur relativen Konstanz. Das biologische Individuum ist weder so eindeutig umgrenzt wie eine unbelebte Ganzheit, noch besitzt es eine vergleichbare Konstanz des Aufbaus. Es unterliegt vielmehr einer permanenten Umstrukturierung seiner Systemzusammensetzung, die Art, Anzahl, Lage und Funktion der Einzelglieder betreffen kann: (1) Die *Art der Glieder* eines organischen Systems wird beispielsweise im Zuge von Zellerneuerungs- und Zelluntergangsprozessen ständig variiert. Vor allem in Geweben mit hoher Zellerneuerungsrate (wie den Proliferationszonen von sog. Mausergeweben) ist dieser Wechsel augenfällig. (2) Die *Anzahl der Glieder* verändert sich in jedem Wachstumsprozeß und kann beispielsweise von einer einzigen Ausgangszelle im Zuge der Ontogenese zu den bis zu 10^{13} Zellen des menschlichen Gesamtorganismus anwachsen. (3)

24 Simmel, 1968, 205.

Auch die *Anordnung der Glieder* kann im Leben eines einzelnen Individuums stark variieren. Markantes Beispiel dafür sind jene Einzelzellen, die im hochorganisierten Gesamtgefüge des Körpers ihre amöboide Beweglichkeit beibehalten oder sich frei im Organismus bewegen (wie die freien Zellen des Bindegewebes, die Histiozyten, Mastzellen, Lymphozyten etc.). Zu berücksichtigen ist auch, daß ausdifferenzierte und in den Gewebeverband eingebundene Zellen (wie die Epithelzellen der menschlichen Haut) im Zuge von Entdifferenzierungsvorgängen zur Behebung von Störungen der Organisation (z. B. Verletzung) ihre freie Beweglichkeit zurückerlangen können. (4) Schließlich unterliegt auch die *Funktion der Glieder* einer Dynamik (wie es sich exemplarisch an der – zumindest für bestimmte Zeitfenster der Ausdifferenzierungsphase möglichen – Plastizität und Kompensationsfähigkeit im Zentralnervensystem zeigt; vgl. Rahmann / Rahmann, 1988, 205ff). Schäden und Veränderungen in der »normalen« Organisation können dann weitgehend kompensiert werden, weil die Funktionen von anderen Teilen des Systems übernommen werden.

Das Individuum wird in all diesen Fällen als »Prozeßgefüge« (Hartmann, 1950, 521) erkennbar. Einheitlichkeit und Unteilbarkeit kommen strenggenommen nur dem Prozeß selbst zu, dem das Individuum einerseits unterworfen scheint, den es zugleich aber immer auch veranlaßt und steuert[25]. Im organischen Individuum ergänzen sich so die Pole der Dynamik und der Statik polar. Systemveränderung und Systemidentität sind eng miteinander verwoben, was in V. v. Weizsäckers (1942, 3) Kennzeichnung der individuellen Gestalt als gleichzeitig Festgewordenes und Flüssiges zum Ausdruck kommt. Damit ist die historisch weitverbreitete Einsicht in die polare Spannung zwischen hohem Organisationsgrad des biologischen Individuums einerseits und beibehaltender Flexibilität andererseits mit der Kombination der Metaphern von Verflüssigung (vgl. Köchy, 1999b) und Verfestigung umschrieben. Vor allem die von der deutschen Romantik aufgestellte Philosophie des Organischen verwendet diese Metaphern in

---

25 Nach Hartmann (1950, 521f.) ist das organische Individuum nur durch »den Lebensprozeß« ein »einheitlich geschlossenes Gebilde«. Der solchermaßen sukzessive Gestaltcharakter organischer Individuen unterscheidet sich von allen anorganischen Prozessen. Im Organischen gibt es einen zeitlich durch Zeugung und Tod »sich selbst begrenzenden und sich selbst gliedernden« Prozeß – im Anorganischen zumeist nur eine simultane Gestalt. Grundsätzliche Differenzen bleiben auch, wenn man dem Anorganischen ebenfalls eine sukzessive Änderung zugesteht, denn der anorganische Prozeß besitzt fließende Grenzen, ist stets in ein Kontinuum eingefügt. Die durch Tod und Zeugung aufgestellten Grenzen des organischen Individuums markieren hingegen eine grundlegende Diskontinuität. Jedes Überschreiten dieser Grenze ist mit dem Übergang in ein prinzipiell Anderes verbunden. Das spezifische Leben des organischen Individuums bleibt so auf das Intervall zwischen Zeugung und Tod beschränkt.

großem Umfang und definiert organisches Leben durch die polare Spannung von Statik und Dynamik (vgl. Köchy, 1997, 131ff). Das organische Individuum wird zu einer Vereinigung von Flüssigem (absolute Kontinuität oder Nichtindividualität) und Festem (Individualität oder Organisation) (Schelling, Weltseele, 586).

Auch das Verhältnis von Individuum und Umwelt ist durch diese Prozessualität bestimmt. Erst der ständige Austausch mit der umgebenden Welt, der permanente Wechsel von Energie und Stoff, bildet die Grundlage für die Selbständigkeit des Individuums. Auch hier ist das statische Moment der Autarkie nicht ohne das dynamische Moment des Austausches zu denken. Eine philosophische Position, die diesem Aspekt Rechnung tragen will, ist die Philosophie des Organischen von Alfred North Whitehead. Dessen Prozeßphilosophie tritt mit dem Anspruch auf, sich von der klassischen Substanzmetaphysik abzugrenzen. Dabei erlangt der Begriff der Prozessualität eine genuin organische Konnotation, »Organismus« wird zum komplementären Begriff zu »Prozeß«. Schon diese Grundintention macht deutlich, daß der scheinbar atomistische Standpunkt von Whiteheads Kosmologie (Whitehead, PR, 35), der im Bereich der Biologie auf die Analogie zwischen Zelle und Atom hinausläuft (Whitehead, SMW, 122f), zu relativieren ist. Deshalb erweist sich der von Whitehead für die Bezeichnung der individuellen Glieder der Wirklichkeit gewählte Begriff *actual entity* (wirkliches Einzelwesen) als spezifische Synthese von statisch-punktueller Einfachheit einerseits und – da die Entitäten zugleich als *actual occasions* (wirkliche Ereignisse) vorgestellt werden (Whitehead, PR, 22) – kontinuierlicher Dauer andererseits. Die dynamische Charakteristik des gesamten Entwurfs wird offensichtlich, wenn man das von Whitehead aufgestellte Kategorienschema betrachtet: Nach Whitehead sind es die Begriffe *actual entity*, *prehension* (Erfassen), *nexus* (Zusammenhalt) und *ontological principle* (ontologisches Prinzip, Prinzip vom zureichenden Grund), die eine zentrale Schlüsselstellung in seiner Metaphysik besitzen. Jene vier Begriffe markieren die Sonderstellung seines Kategorienschemas gegenüber allen anderen Schemata in der Philosophie (ebd., 18ff). Diese Einschätzung wird verständlich, wenn man die prozessual-organische Charakteristik des Gesamtansatzes berücksichtigt. Das Zusammenspiel der genannten Begriffe und die Grundintention Whiteheads wird erkennbar, wenn man das obige Quadrupel von Begriffen als Modifikation der Kantschen Triade »Substanz«, »Kausalität« und »Wechselwirkung« interpretiert. Diese Lesart wird u. a. dadurch nahegelegt, daß Whitehead selbst seine organismische Philosophie als Inversion von Kants Standpunkt betrachtet (ebd. 88), wobei er den Perspektivenwechsel allerdings darauf beschränkt, daß er nicht wie Kant die Welt aus subjektiven Ordnungsschemata entstehen lassen will, sondern umgekehrt das Subjekt als Resultat der Welt auffaßt. Dennoch führt gerade dieser Standpunktwechsel zu einer Betonung der existierenden Vernetzungen zwischen Welt und Subjekt. Die Subjekt-Objekt-Spaltung wird im Konzept des *superject* aufgehoben. Zudem geht die von Whitehead vorgenommene Inversion von Kants Standpunkt mit einer dynamischen Modifikation von Kants Kategorien einher.

Verfolgt man diese Spur, so wird deutlich, daß die *actual entities* als individuelle Glieder der organischen Wirklichkeit zunächst die klassische Rolle der Substanz übernehmen (ebd. 19) und so in das Gewand von Kants Kategorie der »Subsistenz« schlüpfen (dies entspräche der ersten Bedeutung von »Individuum«). Zugleich werden jedoch diese individuellen Einheiten als ineinandergreifende (*interdependent*) Erfahrungströpfchen (*drops of experience*) gekennzeichnet (ebd. 18), womit sie einerseits eine psychisch-epistemologische Charakteristik ähnlich Leibniz' Monaden erlangen und andererseits ihre Isolation verlieren. Die *actual entities* sind somit zweierlei: physikalische Elemente der objektiven Welt *und* psychische Glieder des subjektiven Wahrnehmungsprozesses. Entsprechend dieser Aufspaltung in psychische Innen- und physische Außenperspektive wird die Rolle von Kants Kategorie »Kausalität« im Whiteheadschen Schema von zwei Begriffen übernommen, deren Verwobenheit daran erkennbar ist, daß beide auf die jeweils andere Seite übergreifen: Das *ontological principle* wird als Neuformulierung des Kraftbegriffs (*power*) eingeführt und repräsentiert gewissermaßen physikalisch-ontologische Aspekte einer Verhältnisbeziehung. Subjektiv-epistemologische Aspekte bringt dann der Begriff *prehension* (Erfassung) zum Ausdruck. *Prehension* wird von Whitehead als Verallgemeinerung kognitiver Phänomene insgesamt vorgestellt (ebd. 19) und versinnbildlicht so die Relation des Bezogenseins in Form eines Ergreifens und Erfassens im Vollzug der Wahrnehmung. Zugleich bilden diese eingreifend erfassenden Momente der *prehensions* die Vermittlungsbasis zwischen den individuellen Gliedern eines sich entwickelnden Ordnungszusammenhangs. Damit ist bereits der vierte Begriff des Kategorienschemas angesprochen: Whiteheads Kategorie *nexus* (Zusammenhalt) übernimmt die Funktion von Kants Begriff der »Gemeinschaft«. Im prozessualen Gesamtzusammenhang individueller Einzelglieder stellt der Zustand einer formalen Konstitution von strukturierten wirklichen Einzelwesen als eines *nexus* den Zustand der Erfüllung (*satisfaction*) dar. Die Entwicklungsbewegung hat ihr – vorläufiges – *telos* erreicht. Die Analogisierung des Whiteheadschen *nexus* mit Kants Kategorie »Gemeinschaft« wird vor allem durch Whiteheads Verwendung des Begriffes *togetherness* nahegelegt (ebd. 20ff). Mit *nexus* ist so die Ebene der Gemeinschaft von wirklichen Individuen angesprochen, welche aufgrund ihres gegenseitigen Erfassens zustande kommt. Zugleich ist auch der

Terminus *nexus* Ausdruck der Dynamisierung des Kantschen Schemas, denn *nexus* ist nichts anderes als eine besondere Form neustrukturierter Ordnung in einem ständig voranschreitenden Erfüllungsprozeß.

Damit erscheint jedoch die für unseren Zusammenhang wichtige Beziehung zwischen der Individualebene der *actual entities* und der Ebene gemeinschaftlicher Sozietät (*togetherness*) als organischer Entwicklungszusammenhang. Die Verbindung von *actual entities* zu neuen Einheiten sowie die Entwicklung neuer *actual entities* erweist sich als Resultat eines Prozesses, der im Spencerschen Sinne als Wechselspiel zwischen Trennung (*disjunction*) und Verbindung (*conjunction*) aufzufassen ist und damit eine Evolution darstellt. In dieser Wechselfunktion kommt für Whitehead die Grundstruktur allen organischen Entwicklungsgeschehens zum Ausdruck: »Die neue Entität (*novel entity*) ist zugleich die Gemeinschaft (*togetherness*) des Vielen (*the many*), das es vorfindet und es ist ebenso eines inmitten des getrennten (*disjunctive*) Vielen, das es zurückläßt; es ist eine neue Entität, die sich als abgetrennt unter den vielen anderen Entitäten befindet, die es synthetisiert. Die Vielen werden Eines und vermehren sich um eines« (meine Übersetzung, ebd. 21).

Entscheidend für unseren Zusammenhang ist nun die Tatsache, daß dieses dynamische Konzept nicht nur den genealogischen Zusammenhang zwischen Individuen in einem organischen Nexus sicherstellt, sondern zugleich eine bestimmte Beziehung zur Umwelt impliziert. Das in Whiteheads Entwurf postulierte Evolutionsgeschehen ist eines, in das die Bedingungen der Umwelt stets miteinfließen. Statt nur die Statik reiner »Beharrung« schon vorhandener Eigenschaften oder die vollkommene Dynamik des absolut »Neuen« zum Ausdruck zu bringen, beschreibt das so eröffnete Prozeßkonzept ein zeitliches Geschehen, das den ambivalenten Charakter von »Dauer« besitzt. Es ist ein Geschehen, das zugleich eine Kontinuität darstellt und die Möglichkeit von grundlegendem qualitativem Wandel beinhaltet. Der mit dem Begriff der »Dauer« angesprochene Prozeß umgreift so alle vorausgegangenen Erfahrungen mit der Umgebung. Zudem besteht die »Umgebung« auch aus dem sozialen Milieu mehrerer Organismen, so daß der Prozeß zum Produkt einer sozialen Aktion wird. Um zu überleben, müssen Organismen nach Whitehead zusammenwirken. In metaphysischer Hinsicht führt diese Tatsache zu der Feststellung, daß »*etwas* zu sein« bedeutet, die Potentialität zu besitzen, eine reale Einheit mit anderen Einzelwesen einzugehen (ebd. 212). Die Kooperation von gleichartigen oder ungleichartigen Organismen führt nach dieser Annahme auch dazu, eine möglichst günstige Umgebung für die Dauer anderer Organismen zu evolvieren. So werden mögliche Umwelteinflüsse, vorherige Erfahrungen und die »wechselseitige Förderung« assoziierter Organismen in Sozietäten unter den Begriff »Prozeß« subsumiert. Gleichzeitig wird erkennbar, daß organische Dynamik einerseits von äußeren Faktoren mitbestimmt wird (Umwelt und Gesellschaft), daß sie sich jedoch andererseits als originäre Eigenschaft des Organischen (*self-creation*) erweist.

Fazit: Die tatsächliche Grenze des Individuums ist in allen drei genannten Fragehorizonten fließend. Dieses gilt nicht nur für die materiell-stoffliche Grenze – es gilt im übertragenen Sinne auch für das Verhältnis von besonderen Eigenschaften des Individuums und allgemeinen Charakteristika der Population. Diesem fließenden Übergang von Gesetzmäßigkeiten zu individuellen Randbedingungen im Reich des Organischen wird nur ein flexibles Klassifikationsverfahren unter Verwendung von »unscharfen« Begrifflichkeiten (Hassenstein, 1976, 367f) gerecht. Letztlich ist es diese »Unschärfe«, die das Individuum kennzeichnet und die zugleich das Problemhafte des lebenswissenschaftlichen oder philosophischen Zugangs erklärt. Statt eindeutiger Gegensätze im Sinne des logischen Prinzips vom Widerspruch stößt man in allen drei Spannungsverhältnissen auf polare Gegensätze. Nicht ein klares und distinktes »Entweder ... oder«, sondern vielmehr das Kontinuum des »Sowohl ... als auch« bestimmt deshalb die Charakterzüge organischer Individuen.

IV. Individuum und Destruktion

Berücksichtigt man die Einsichten der vorausgegangenen Analysen, so erweist sich die Zuschreibung von Individualität im organischen Phänomenbereich als legitime und durchaus sachadäquate Bezeichnung. Nichtsdestotrotz bleiben alle näheren Kennzeichnungen dieses Begriffs durch eine in der bezeichneten Sache selbst liegende Unschärfe geprägt. Obwohl somit die empirische Befundlage der Biowissenschaften die Zuschreibung von Individualität durchaus gerechtfertigt erscheinen läßt, ist mit dieser Bezeichnung weder strikte Unteilbarkeit, noch strikte Einzigartigkeit und Isoliertheit noch absolute Statik angesprochen. Biologische Individuen sind nie reine Einheiten, sondern immer auch durch Binnenstrukturen und hierarchische Untergliederung in teilweise semi-autonome Untereinheiten gekennzeichnet. Sie sind nie vollkommen einzigartig, sondern weisen immer auch eine gewisse Familienähnlichkeit auf und sind in übergeordnete Gemeinschaften eingebunden. Sie sind nie vollkommen beharrend, sondern besitzen immer auch eine innere Dynamik und Fragilität.

Vor diesem Hintergrund erweist sich die Frage nach dem Verhältnis von Individuum und Destruktion oder gar Autodestruktion als weniger virulent und problematisch, als bei Ausrichtung an der engen Wortbedeutung von »Individuum«. Wie die Ausführungen von Kum-

mer in diesem Band deutlich machen, können im Zuge der organismischen Entwicklung und Veränderung durchaus Vorgänge auftreten,
die aus biologischer Sicht als sinnvoll und für die Konstituierung einer
bestimmten individuellen Organisationsform als notwendig erscheinen,
in deren Zusammenhang es aber zum vorab programmierten Tod von
Bestandteilen des Systems (Apoptosis) kommt. Morphogenetische
Untersuchungen haben diese Prozesse auf allen Ebenen des
organischen Systems (von der selektiven Ausbildung und dem Abbau
synaptischer Verbindungen zwischen Nervenzellen bis hin zum Einschmelzen ganzer Organe oder Organsysteme) nachgewiesen. Ebenso
kann es mit Blick auf die höhere Systemebene der Population biologisch betrachtet – trotz der bisherigen Unzulänglichkeit der verschiedenen Seneszenztheorien –»Sinn« machen, wenn die Lebenszeit der
einzelnen Mitglieder nicht nur durch externe, sondern vor allem durch
interne Mechanismen begrenzt ist, so daß der Generationswechsel
schnell erfolgt und damit die innerartliche Dynamik hoch ist (Huxley,
1954, 124; Hassenstein, 1983, 64ff; Ruffié, 1990, 26ff, 376). Daß
solche Dynamik auf dem einzelligen Niveau auch ohne den tatsächlichen »Tod« der sich fortpflanzenden Zellen möglich ist, während es
mit der Trennung von Soma und Keimbahn zum ersten Auftreten von
Leichen kommt (Eigen, 1992, 113; vgl. auch die Überlegungen von
Bereiter-Hahn in diesem Band), scheint der Preis für die Entwicklung
höher organisierter Lebensformen zu sein (Ballauff, 1949, 68). Man
hat es offensichtlich hier mit zwei alternativen Formen evolutionär
stabiler Strategien zu tun, die beide – entweder auf dem einzelligen
oder auf dem vielzelligen Niveau – die Möglichkeit der Variabilität
sicherstellen sollen. Daß mit solcher Flexibilität oder mit der oben
erwähnten Notwendigkeit semiautonomer Binnenstrukturierung in
organischen Systemen auch die Möglichkeit des Zerfalls einheitlicher
Ordnung einhergeht, dürfte klar sein. Unter diesem Blickwinkel müssen beispielsweise krebsartige Überschreitungen der Gewebegrenzen
als Auswüchse und Extreme eines »normalen« Spektrums von organi-
satorischer Flexibilität angesehen werden. Auch Infektionskrankheiten
müssen angesichts dieser Komplexität individueller Lebenseinheiten
als Verschiebung in Richtung auf die Extrempositionen innerhalb
einer »natürlichen« Bandbreite gedeutet werden, so daß eine solche
Infektion eher einer verwickelten »Revolution« innerhalb der Lebens-
einheit gleicht, denn einer externen »Invasion« von »Krankheitserre-
gern« (so schon Fleck, 1980, 82). Die Existenz einer solchen Bandbreite innerhalb der »normalen« Systemorganisation stellt dabei aus
biologischer Sicht keinesfalls einen Mangel dar, sondern ist vielmehr
die Bedingung der Möglichkeit organischen Lebens überhaupt.

Nur bei Ausrichtung auf die strikte Forderung des exakten »Entweder
... oder« (beispielsweise bei strikter Orientierung an der Forderung nach
Einheit im Sinne von Einerleiheit) muß die interne Vielfalt und Hetero-
genität ausschließlich als Verfall erscheinen. Wenn jedoch die biologische Sachlage anerkannt wird und man zugesteht, daß biologische Individuen immer schon Einheiten in Vielheit sind, dann wird diese Uneinheit-
lichkeit des Systems und das fragile Gleichgewicht zwischen Ordnung
und Chaos zu einer Grundbedingung organischen Seins. Mit den philosophischen Worten von Jonas gesprochen handelt es sich hierbei um
die prinzipielle und unabwendbare Dialektik organischer »Freiheit«. Wo
das Anorganische durch die indifferente und unantastbare Sicherheit des
Daseinsbesitzes ausgezeichnet ist, schwebt das Leben stets über dem
Abgrund der Nichtexistenz. Der Grund für die Ermöglichung von Freiheit, die Ablösung von festen Bindungen, bedeutet somit in der negativen
Wendung, daß allererst die Alternative der Nichtexistenz als eine »im
Sein selbst enthaltene Alternative« in die Welt Einzug hält. Das freie
organische Sein ist damit ein Sein »auf Widerruf« (Jonas, 1973, 15).
Lebendiges Sein ist grundsätzlich fragil und mit zunehmender Organisationshöhe nimmt die Verletzlichkeit zu. Es ist in seinem »Zentrum
tödlich treffbar« (ebd. 17)[26]. Leben und Tod sind stets innig ineinander
verschlungen, oder wie Lorenz (1992, 143) mit Claude Bernard sagt: *La
vie c'est la mort.*

Es bleibt die Sache des Biologen, diesen Tatbestand als solchen –
möglichst wertfrei – festzustellen und praktisch sowie theoretisch zu
berücksichtigen. Eine andere Sache ist es, diesen Ordnungsverlust zu
bewerten oder als von der Destruktion oder Autodestruktion selbst betrof-
fenes Individuum zu erleiden. Doch die Konstatierung von Tatsachen und
die Bewertung unter individuellen oder überindividuellen Gesichts-
punkten fallen letztlich in zwei verschiedene Sphären. Dieses gilt auch
dann noch, wenn Zweifel an der strikten Trennung von Sein und Sollen
– wie sie beispielsweise das Webersche Diktum der »Wertfreiheit« von
Wissenschaft zum Ausdruck bringt (Weber, 1973, 598f) – berechtigt
erscheinen (vgl. Köchy, 1998a, 41ff). Hinsichtlich der biologischen
Phänomene ist die Forderung nach strikter Trennung der beiden Sphären
von Tatsachenfeststellung einerseits und normativer Beurteilung andererseits sicherlich stärker noch als in anderen Wissenschaften einzuschrän-
ken. Neben der in allen Wissenschaften stattfindenden Wechselbeziehung
zwischen Tatsachenfeststellung und Interpretation im Lichte bestimmter

---

26 Deshalb schlußfolgert selbst Schleiden (1838, 168; Jahn 1987, 73) aus seiner
    elementaristischen Perspektive: »Der Begriff des individuellen Lebens fordert auch
    notwendig als Merkmal den schon in der Organisation selbst bedingten individuellen
    Tod.«

Theorien, Erkenntnisinteressen oder Weltbilder, steht man in der Biologie
vor der besonderen (vielleicht nur mit den Geschichts- und Gesellschafts-
wissenschaften vergleichbaren) Situation, daß der Mensch auf beiden
Seiten der wissenschaftlichen Verhältnisbeziehung ins Spiel kommt: Als
Lebewesen steht er einerseits auf der Seite des Beobachteten als Gegenstand der wissenschaftlichen Untersuchung, als Wissenschaftler ist er
zugleich jedoch andererseits auch der Beobachtende und Untersuchende.
Das damit aufscheinende Wechselverhältnis von wissenschaftlich ge-
forderter Distanz und existentiell vorliegender Nähe zum Untersuchungs-
objekt erklärt die prinzipielle Möglichkeit eines zwiefachen Zugangs zum
Lebendigen (Sachse, 1968, 4ff). Es erklärt aber auch, daß jede der beiden
Optionen immer nur bedingt ohne die andere Seite möglich ist. Zwar ist
die Entscheidung, welche Beziehung man zum Untersuchungsobjekt
»Leben« wählen möchte, eine vortheoretische Entscheidung (vgl.
Rehmann-Sutter, 1996, 49ff). Dennoch prägt diese Entscheidung einerseits die nachfolgenden theoretischen und praktischen Einstellungen zum
Untersuchungsobjekt und andererseits wird der Ausschluß der jeweils
anderen Option niemals vollgültig gelingen können. Die komplexe
Verwobenheit, die zwischen »subjektiven« Vorentscheidungen und
»objektiven« Tatsachen gerade in der Frage des Lebendigen besteht,
macht es selbst bei einer Entscheidung für den abstrakten und distanzier-
ten Zugang der Wissenschaft nur bedingt möglich, die andere – dem
Wissenschaftler immer existentiell bekannte Seite des Lebens – auszublenden.

Jenseits der wissenschaftlichen oder wissenschaftstheoretischen Distanz
bleibt deshalb das existentielle Faktum bestehen, daß Destruktion oder
Autodestruktion vom betroffenen (menschlichen und sicher auch vom
nichtmenschlichen) Individuum als Leiden erfahren wird und sich an diese
Leidenserfahrung – als einer Erfahrung des Zweckwidrigen – die
philosophisch-religiöse Frage nach der Rechtfertigung dieser Zweckwidrig-
keit knüpft (Neuhaus, 1996, 20). Wie eng diese Theodizeefrage mit der
Individualitätsproblematik verwoben ist, zeigt sich am Fallbeispiel des
Leibnizschen Entwurfs. Dessen Postulat der besten aller möglichen Welten
ist ausgerichtet auf das Ideal des Schönen und Vollkommenen (Leibniz,
Theod. I, § 8; Principes, § 16; Monad., § 48, § 55). Da sein optimistisches
Weltbild allerdings nicht nur eine ganze Reihe theoretisch-abstrakter
Kritikpunkte auf den Plan ruft, sondern vor allem wegen der existentiellen
Erfahrung des Leides fragwürdig wird, versucht Leibniz, es angesichts
des Bösen in der Welt zu rechtfertigen. In seiner mehrschichtigen Verteidigung räumt er gerade dem organischen Individuum eine besondere Rolle
ein. Er kann deshalb bei der allgemeinen und abstrakten Gegenüberstellung
von materieller und spiritueller Welt nicht stehen bleiben (Leibniz, Theod.

II, § 120), sondern muß angesichts der existentiellen Erfahrung jedes Einzelnen die konkrete Ebene der Primärerfahrung miteinbeziehen. Auch der Verweis auf die offensichtlich unvollkommene und stets eingeschränktendliche Weltsicht jedes Menschen kann hier nicht befriedigen. Das epistemologisch-methodologische Argument einer lediglich konjekturalen und stets nur stichprobenhaften Erkenntnis von Welt ist zweischneidig und auch gegen Leibniz' eigenen Entwurf zu wenden. Aus diesem Grund setzt Leibniz auf die Überzeugungskraft derjenigen Bereiche des Kosmos, deren bewunderungswürdige Vollkommenheit und Schönheit für die Qualität des Gesamtentwurfs spricht. Er nennt zunächst die Vollkommenheit der Mathematik (ebd. II, § 214), da deren ontologischer und epistemologischer Status jedoch nicht unzweifelhaft ist und man auf die Idealität dieser Bildungen verweisen könnte, kommt vor allem dem Organischen die Funktion eines wesentlichen Beleges für die Vollkommenheit des Ganzen zu (ebd. II, § 134; Betrachtungen, 343). Allerdings – und das ist auch die Quintessenz unserer Überlegungen – ist die Vollkommenheit des Organischen stets eine solche, die unendliche Substrukturierung, dynamischen Wandel, Vielfältigkeit und Variabilität beinhaltet. Mit Blick auf die Einheit des Individuums besteht deshalb dessen Vollkommenheit gerade darin, daß hier eine perfekte Verbindung von größtmöglicher Ordnung mit größtmöglicher Mannigfaltigkeit vorliegt (vgl. Leibniz, Monad., § 58).

Wenn man diese Modifikation des Vollkommenheitsgedankens bei Leibniz berücksichtigt und sich nochmals die im Verlauf unserer Argumentation festgestellten Sachlagen vor die Augen führt, so wird deutlich, daß sich Dynamik, Vielfältigkeit und Fragilität des Organischen weniger als Mängel, denn als Bedingung der Möglichkeit organischen Seins erweisen. Vor diesem Hintergrund verliert die Frage nach den Gründen für die (Auto-)Destruktion des Organischen ihre unbedingte Nähe zur Frage nach Gut und Böse. Auf der anderen Seite wird sich jedoch die existenzielle Betroffenheit durch das Leid ebenso wie das Aufbegehren gegen die Destruktion durch diese theoretisch-abstrakte Feststellung nicht beruhigen lassen. Auch diese als Überlebensdrang sich äußernde Eigenheit biologischer Individuen dürfte allerdings zu den essentiellen Bedingungen von Leben zählen. Das Interesse an Selbsterhaltung bringt offensichtlich ebenso ein biologisches Prinzip zum Ausdruck, wie die Tatsache, daß individuelle Bildungen (zumindest in ihrer höher organisierten Form) über kurz oder lang dem Untergang geweiht sind. Hier gelten die Worte des Dichters Dylan Thomas: »*Do not go gentle into that good night, / old age should burn and rave at close of day; / rage, rage against the dying of the light.*«

Literatur

Ballauff, T. (1949): Das Problem des Lebendigen. Eine Übersicht über den Stand der Forschung, Bonn

Bergson, H. (dt. 1912, frz. ⁵1991): Schöpferische Entwicklung, Übersetzung von G. Kantorowicz, Jena; L'Évolution Créatrice, in: Oeuvres, Paris

Bertalanffy, L. (1937): Das Gefüge des Lebens, Leipzig, Berlin

Ders. (1949): Das Biologische Weltbild, I, Bern

Bloch, W. (1972): Polarität. Ihre Bedeutung für die Philosophie der modernen Physik, Biologie und Psychologie, Berlin

Böhle, R. (1978): Der Begriff des Individuums bei Leibniz, in: Monographien zur philosophischen Forschung 161, Meisenheim a. G

Böhme, G. (1993): Am Ende des Baconschen Zeitalters. Studien zur Wissenschaftsentwicklung, Frankfurt a. M

Bonhoeffer, K. F. (1948): Über physikalisch-chemische Modelle von Lebensvorgängen, in: Studium generale 1/3, 137–143

Brillouin, L. (⁴1974): Life, Thermodynamics and Cybernetics, in: W. Buckley (Hrsg.), Modern Systems Research for the Behavioral Scientist, Chicago, 147–156

Canguilhem, G. (1955): Organisme et modèles mécaniques. Réflexions sur la biologie cartésienne, in: Revue philosophique 7–9, 281–299

Carus, C. G. (1938): Grundzüge Allgemeiner Naturbetrachtung, 1823, in: W. Keiper (Hrsg.), C. G. Carus. Gesammelte Schriften II, Berlin, 97–109

Cassirer, E. (²1962): Leibniz' System in seinen wissenschaftlichen Grundlagen, Hildesheim

Ders. (1996): Versuch über den Menschen. Einführung in eine Philosophie der Kultur, Hamburg

Coveney, P. / Highfield, R. (1994): Anti-Chaos. Der Pfeil der Zeit in der Selbstorganisation des Lebens, Reinbek bei Hamburg

Dewey, J. (EuN): Erfahrung und Natur, Frankfurt a. M. 1995

Du Bois-Reymond, E. (1912): Reden von Emil Du Bois-Reymond. Mit einer Gedächtnisrede von J. Rosenthal, hg. von Estelle Du Bois-Reymond, I–II, Leipzig

Ders. (1961): Über die Grenzen des Naturerkennens, 1872, ND Darmstadt

Dobzhansky, T. (1965): Dynamik der menschlichen Evolution. Gene und Umwelt, Hamburg

Eigen, M. (1992): Stufen zum Leben. Die frühe Evolution im Visier der Molekularbiologie, München, Zürich

Feyerabend, P. (1978): Kuhns Struktur wissenschaftlicher Revolutionen, in: ders., Der wissenschaftstheoretische Realismus und die Autorität der Wissenschaften. Ausgewählte Schriften I, Braunschweig, Wiesbaden, 153–204

Fleck, L. (1980): Entstehung und Entwicklung einer wissenschaftlichen Tatsache. Einführung in die Lehre vom Denkstil und Denkkollektiv, Frankfurt a. M

Freudenthal, G. (1982): Atom und Individuum im Zeitalter Newtons. Zur Genese der mechanistischen Natur– und Sozialphilosophie, Frankfurt a. M

Gloy, K. (1996): Das Verständnis der Natur, I–II, München
Goethe (MA): Münchner Ausgabe. Sämtliche Werke nach den Epochen seines
    Schaffens, K. Richter / G. Göpfert / N. Miller / G. Sauder (Hrsg.), I–XXVI,
    München 1987ff
Ders. (Briefe): Goethes Briefe und Briefe an Goethe, hg. von K. R. Mandelkow,
    I–VI, München ⁴1988
Gurwitsch, A. (1974): Leibniz. Philosophie des Panlogismus, Berlin, New York
Haeckel, E. (1924): Gemeinverständliche Werke, hg. von H. Schmidt-Jena, I–VI,
    Leipzig, Berlin
Hartmann, E. (²1925): Das Problem des Lebens. Biologische Studien, Berlin
Hartmann, N. (1950): Philosophie der Natur; Berlin
Hassenstein, B. (1976): Stichwort ›Injunktion, in: J. Ritter / K. Gründer (Hrsg.),
    Historisches Wörterbuch der Philosophie IV, Basel, 367–368
Ders. 1983): Evolution und Werte, in: R. J. Riedl / F. Kreuzer (Hrsg.), Evolution
    und Menschenbild, Hamburg, 59–81
Hegel, G. W. F.: Werke, auf der Grundlage der Werke von 1832–45 neu edierte
    Ausgabe, hg. von E. Moldenhauer / K. M. Michel, I–XX, Frankfurt a. M.
    1986 (Enz.=Enzyklopädie der philosophischen Wissenschaften im Grundrisse
    I–III, FS = Frühe Schriften; Logik = Wissenschaft der Logik I–II; Phän. =
    Phänomenologie des Geistes)
Hertwig, O. (⁵1920): Allgemeine Biologie, Jena
Hertwig, R. (⁹1910): Lehrbuch der Zoologie, Jena
Hesse, R. (1910): Der Tierkörper als selbständiger Organismus, Leipzig, Berlin
Huxley, J. (1954): Entfaltung des Lebens, Frankfurt a. M., Hamburg
Jahn I. / Löther R. / Senglaub K. (Hrsg.) (²1985): Geschichte der Biologie, Jena
Jahn, I. (Hrsg.) (1987): Klassische Schriften zur Zellenlehre von Matthias Jacob
    Schleiden, Theodor Schwann, Max Schultze, Leipzig
Jonas, H. (1973): Organismus und Freiheit. Ansätze zu einer philosophischen
    Biologie, Göttingen
Kauffman, S. A. (1995): ›What is life?‹: was Schrödinger right?, in: M. P. Murphy
    / L. A. J. O'Neill (Hrsg.), What is Life? The Next Fifty Years, Cambridge,
    83–114
Kaulbach, F. (1976): Stichwort ›Individuum und Atom‹, in: J. Ritter / K. Gründer
    (Hrsg.), Historisches Wörterbuch der Philosophie IV, Basel, 299–300
Khatchadourian, H. (1988): Individuen und das Indiszernibilienprinzip, in:
    A. Heinekamp / F. Schupp (Hrsg.), Leibniz' Logik und Metaphysik, Darmstadt,
    411–428
Kimmerle, H. (1989): Georg Wilhelm Friedrich Hegel, in: G. Böhme (Hrsg.),
    Klassiker der Naturphilosophie, München, 263–278
Kobusch, T. / Oening-Hanhoff, L. / Borsche, T. (1976): Stichwort ‚Individuum,
    Individualität‹, in: J. Ritter / K. Gründer (Hrsg.), Historisches Wörterbuch
    der Philosophie IV, Basel, 300–323.
Köchy, K. (1995): Organische Ganzheit. Die maßgeblichen Prinzipien des
    romantischen Organismuskonzepts, in: Biologisches Zentralblatt 114 (2),
    207–215

Ders. (1997): Ganzheit und Wissenschaft. Das historische Fallbeispiel der romantischen Naturforschung, Würzburg

Ders. (1998a): Organologische versus mechanistische Bioethik. Über spezifische ethische Programme bei verschiedenen Lebenstheorien, in: E. M. Engels/ T. Junker / M. Weingarten (Hrsg.), Ethik der Biowissenschaften. Geschichte und Theorie, Berlin, 41–60

Ders. (1998b): Leben – Wissenschaft – Philosophie. Der prozessuale Ansatz bei Bergson, in: A. J. Bucher / D. S. Peters (Hrsg.), Evolution im Diskurs. Grenzgespräche zwischen Naturwissenschaft, Philosophie und Theologie, Regensburg, 127–153

Ders. (1999a): Zwischen der ›Physik des Organischen‹ und der ›Organisierung der Physik‹: Überlegungen zu Gegenstand und Methode der Biologie, in: Journal for General Philosophy of Science 30 (1), 59–85

Ders. (1999b): Im Ozean des Lebens. Bergsons Philosophie des Lebens auf der Suche nach der natürlichen Ordnung, in: R. Elm / K. Köchy / M. Meyer (Hrsg.), Hermeneutik des Lebens, Freiburg, München (im Druck)

Kuhn, T. S. (¹¹1991): Die Struktur wissenschaftlicher Revolutionen, Frankfurt a. M

Lakatos, I. (1974): Die Geschichte der Wissenschaft und ihre rationalen Rekonstruktionen, in: I. Lakatos / A. Musgrave (Hrsg.), Kritik und Erkenntnisfortschritt, Braunschweig, 271–311

Lange, F. A. (³1876): Geschichte des Materialismus und Kritik seiner Bedeutung in der Gegenwart, 2 Bde. in einem Bd., Iserlohn

Leibniz, G. W.: Philosophische Schriften, hg. von W. v. Engelhardt / H. Hering/ H. H. Holz, I–IV, Frankfurt a. M. 1996 (Betrachtungen = Betrachtungen über die Prinzipien des Lebens; Monad. = Monadologie; Principes = Prinzip der Natur und der Gnade)

Ders. (1989): Briefe von besonderem philosophischen Interesse, hg. von W. Wiater, Darmstadt

Lorenz, K. (1992): Die Naturwissenschaft vom Menschen, München, Zürich

Mahner, M / Bunge, M. (1997): Foundations of Biophilosophy, Berlin, New York, Heidelberg

Maier, W. / Zoglauer, T. (Hrsg.) (1994): Technomorphe Organismuskonzepte. Modellübertragungen zwischen Biologie und Technik, Stuttgart-Bad Cannstatt

Mainzer, K. (1988): Symmetrien der Natur. Ein Handbuch zur Natur- und Wissenschaftsphilosophie, Berlin, New York

Markl, H. (1995): Physik des Lebendigen, in: Mitteilungen der Alexander v. Humboldt Stiftung 65, 13–24

Maturana, H. R. / Varela F. J. (1991): Der Baum der Erkenntnis. Die biologischen Wurzeln des menschlichen Erkennens, Bern, München

Maulitz, R. C. (1971): Schwann‹s way. Cells and crystals, in: J. Hist. Med. 26, 422–437

Mauthner, F. (1980): Wörterbuch der Philosophie (Stichworte: ›Atom‹, ›Individualismus‹), 1910/11, I, Zürich

May, W. (1909): Ernst Haeckel. Versuch einer Chronik seines Lebens und Wirkens, Leipzig

Mayr, E. (1991): Eine neue Philosophie der Biologie, München, Stuttgart

Ders. (^{3}1992): Die Darwinsche Revolution und die Widerstände gegen die Selektionstheorie, in: H. Meier (Hrsg.), Die Herausforderung der Evolutionsbiologie, München, Zürich, 221–249

Ders. (1998): Das ist Biologie. Die Wissenschaft des Lebens, Heidelberg, Berlin

Mazzolini, R. G. (1988): Politisch-biologische Analogien im Frühwerk Rudolf Virchows, Marburg

Neuhaus, G. (1996): Menschliche Identität angesichts des Leidens. Wonach fragt die Theodizeefrage?, in: G. Fuchs (Hrsg.), Angesichts des Leids an Gott glauben? Zur Theodizee der Klage, Frankfurt a. M., 17–52

Novalis (1978): Werke, Tagebücher und Briefe Friedrich von Hardenbergs, hg. von H. J. Mähl / R. Samuel, I–III, München, Wien

Pascal, B. (1940): Über die Religion (Pensées), Übertragen und hg. von E. Wasmuth, Berlin

Pieper, A. (1973): Stichwort ›Individuum‹, in: H. Krings / H. M. Baumgartner / C. Wild (Hrsg.), Handbuch philosophischer Grundbegriffe, III, München, 728–737

Pöggeler, O. (1994): Schritte zu einer hermeneutischen Philosophie, Freiburg, München

Popper, K. (^{10}1994): Logik der Forschung, Tübingen

Popplow, M. (1993): Die Verwendung von lat. machina im Mittelalter und in der Frühen Neuzeit, in: Technikgeschichte 60 (1), 7–26

Rahmann, H. / Rahmann, M. (1988): Das Gedächtnis. Neurobiologische Grundlagen, München

Rehmann-Sutter, C. (1996): Leben beschreiben. Über Handlungszusammenhänge in der Biologie, Würzburg

Rensch, B. (1968): Biophilosophie auf erkentnistheoretischer Grundlage, Stuttgart

Reiber, H. (1998): Die Entstehung von Form und Krankheit. Selbstorganisation oder genetisches Programm – zwei Paradigmen im Widerstreit, in: E. M. Engels / T. Junker / M. Weingarten (Hrsg.), Ethik in den Biowissenschaften, Berlin, 393–410

Riegas, V. (1990): Das Nervensystem – offenes oder geschlossenes System?, in: V. Riegas / C. Vetter (Hrsg.), Zur Biologie der Kognition, Frankfurt a. M., 99–115

Rosenfield, L. C. (1941): From Beast-Machine to Man-Machine: Animal Soul in French Letters from Descartes to La Mettrie, New York

Rothschuh, K. E. (1968): Physiologie. Der Wandel ihrer Konzepte, Probleme und Methoden vom 16.–19. Jahrhundert, Freiburg, München

Ruffié, J. (1990): Lieben und Sterben. Zur Evolution von Sexualität und Tod, Reinbek bei Hamburg

Sachsse, H. (1968): Die Erkenntnis des Lebendigen, Braunschweig

Sander, K. (1989): Theodor Schwann und die ›Theorie der Organismen‹. Zur Begründung der Zellenlehre vor 150 Jahren, in: Biologie in unserer Zeit 19 (6), 181–188

Schelling, F. W. J. (Weltseele): Von der Weltseele eine Hypothese der höheren Physik zur Erklärung des allgemeinen Organismus, 1798, in: M. Schröter (Hrsg.), Schellings Werke I, München 1927, 413–723

Schleiden, M. J. (1838): Beiträge zur Phytogenesis, in: Archiv für Anatomie, Physiologie und wissenschaftliche Medicin, 137–174

Schrödinger, E. (^{2}1951): Was ist Leben? Die lebende Zelle mit den Augen des Physikers betrachtet, München

Schwann, T. (1839): Mikroskopische Untersuchungen über die Übereinstimmung in der Struktur und dem Wachstum der Tiere und Pflanzen, Berlin

Sève, L. (1990): Stichwort: ›Individuum / Individualismus‹, in: H. J. Sandkühler (Hrsg.), Europäische Enzyklopädie zu Philosophie und Wissenschaften, II, Hamburg, 654–659

Simmel, G. (1968): Das individuelle Gesetz. Philosophische Exkurse, hg. von M. Landmann, Frankfurt a. M

Spencer, H. (System): A System of Synthetic Philosophy I–X, in: The Works of Herbert Spencer, Osnabrück 1966

Steudel, J. (1960): Leibniz und die Medizin, Bonn

Strasburger, E. et al. (^{31}1978): Lehrbuch der Botanik, Stuttgart, New York

Strub, C. (1995): Stichwort ›Singulär / Singularität‹, in: J. Ritter / K. Gründer (Hrsg.), Historisches Wörterbuch der Philosophie, IX, Basel, 798–804

Virchow, R. (1862): Vier Reden über Leben und Krankheit, Berlin

Ders. (1966): Die Cellularpathologie in ihrer Begründung auf physiologische und pathologische Gewebelehre. Zwanzig Vorlesungen gehalten während der Monate Februar, März, April 1858 im pathologischen Institut zu Berlin, mit einem Vorwort von H. Goerke, Hildesheim

Vogel, S. (1972): Komplementarität in der Biologie und ihr anthropologischer Hintergrund, in: H. G. Gadamer / P. Vogler (Hrsg.), Neue Anthropologie I, Stuttgart, 152–194

Weber, M. (^{4}1973): Wissenschaft als Beruf, in: J. Winckelmann (Hrsg.), Gesammelte Aufsätze zur Wissenschaftslehre von M. Weber, Tübingen, 582–613

Weiss, P. A. (1970): Das lebende System: Ein Beispiel für Schichtendeterminismus, in: A. Koestler / J. R. Smythies (Hrsg.), Das neue Menschenbild, Wien, München, 13–59

Weizsäcker, V. v. (1942): Gestalt und Zeit, Göttingen

Whitehead, A. N. (PR): Process and Reality, Corrected Edition, hg. von D. R. Griffin / D. W. Sherburne, New York, London, 1979

Ders. (SMW): Wissenschaft und moderne Welt, übers. von H. G. Holl, Frankfurt a. M. 1984

Wilson, E. O. (1992): Der gegenwärtige Stand der biologischen Vielfalt, in: ders. (Hrsg.), Ende der biologischen Vielfalt? Der Verlust an Arten, Genen und Lebensräumen und die Chancen für eine Umkehr, Heidelberg, Berlin, New York, 19–36

Windelband, W. (^{9}1924): Geschichte und Naturwissenschaft, in: ders., Präludien II, Tübingen, 136–160

Peter Kutter

Destruktivität in psychologisch-psychoanalytischer Sicht

1. Die Ebene der Phänomene

Auf der Ebene der Phänomene kennen wir aus dem täglichen zwischenmenschlichen Umgang eine Fülle von aggressivem Verhalten, das zunächst noch nicht destruktive Ausmaße annimmt: Wir ärgern uns über uns selbst, könnten vor Ärger in die Luft gehen oder wir ärgern eine bestimmte Person dadurch, daß wir sie, als Jugendliche körperlich und als Erwachsene verbal, angreifen und dadurch in Rage bringen. Eine Steigerung des Ärgers ist die Wut, die uns packt oder die sich in einem Wutanfall oder -ausbruch plötzlich laut und heftig äußert. Eine weitere Steigerung wäre der Zorn; plötzlich aufwallender Unwille, der einen ebenso wie der heilige Zorn total ergreift, der aber auch schnell verraucht. Groll dagegen ist unterdrückter Ärger oder Zorn, den wir gegen eine bestimmte Person hegen, der wir dann grollen. Ressentiment ist heimlicher Groll, ein Gefühl der Abneigung, das sich ebenso als Grundhaltung wie – gegenüber einer bestimmten Person – als Abneigung mehr oder weniger ständig bemerkbar macht (Kutter 1994).

Feindselig nennen wir eine böse gehässige Gesinnung, ein Verhalten, das den anderen direkt angreift. Derartige persönliche Angriffe können zu direkter Gewaltanwendung führen, im unmittelbaren Kampf Mann gegen Mann, in der Vergewaltigung einer Frau durch einen Mann, aber auch in der Ausübung sanfter Gewalt einer Frau gegenüber einem Mann.

Zur Destruktivät wird Gewalt, wenn die andere Person gezielt gequält, physisch verletzt, psychisch gedemütigt oder sogar getötet wird.

Alle diese destruktiven Formen von Gewalt scheinen zuzunehmen; denken wir nur an die Kriminalitäts-Statistik, an Jugendkriminalität, Vandalismus, aber auch an Mißhandlung und Vernachlässigung von Kindern durch ihre Eltern.

Um hier Veränderungen erzielen zu können, sind genaue Kenntnisse über die seelischen Ursachen derartigen destruktiven Verhaltens unabdingbare Voraussetzung. Psychologie und Psychoanalyse können hierzu ihren Beitrag leisten. Deswegen sollen im Folgenden in einem dreigliedrigen Ansatz mögliche Ursachen destruktiven Verhaltens zur Diskussion gestellt werden.

2. Die Ebene der seelischen Ursachen

2.1. Destruktivität als Folge drängender Triebe – triebtheoretische Aspekte

Triebe haben in der Sexualitäts-Theorie Sigmund Freuds (1905; 1915) gleichermaßen eine biologische Quelle und ein psychologisches Ziel. Eine solche Theorie mag im Hinblick auf die Sexualität überzeugen, bezogen auf destruktives Verhalten reicht sie zu einer plausiblen Erklärung nicht aus. Freud selbst wechselte seine Ansicht im Laufe seines Lebens, wenn er ursprünglich von»Bemächtigungstrieb« sprach, später von»Todestrieb« und»Lebenstrieb« oder von einem nach außen gewendeten Masochismus bzw. von masochistischem Verhalten als Folge eines gegen die eigene Person gerichteten Sadismus.

Alfred Adler (1908) geht wie Nietzsche von einem angeborenen Geltungstrieb oder Machtstreben aus, während Melanie Klein angeborene destruktive Impulse schon in zartem Säuglingsalter am Werk sieht; vor allem unersättliche Gier und elementaren Neid. Auch für Alexander Mitscherlich (1956) gehört Destruktivität zu der angeborenen Triebausstattung des Menschen im Sinne einer grundsätzlich gegebenen Aggressionsbereitschaft. Sie kann sich»gekonnt« als Selbstbehauptung und konsequentes Durchsetzen wichtiger Ziele äußern wie»ungekonnt« als sinnloser Wutausbruch, als Sachbeschädigung oder direkte Verletzung eines gehaßten Menschen.

2.2. Destruktivität als Folge schwer lösbarer Konflikte – die psychoanalytische Konflikttheorie

Konflikte entstehen, wenn sich widersprechende Strebungen aneinander stoßen, wenn ein starker Wunsch von einem ebenso starken behindert wird, wenn beide Kräfte in Konflikt zueinander stehen. Die Psychoanalyse kennt Konflikte zwischen unterschiedlichen Triebstrebungen wie z. B. sexuellen und aggressiven, zwischen Triebwünschen einerseits und moralischen Geboten andererseits sowie zwischen andrängenden Triebwünschen und Werten bzw. Normen, die dem jeweils betroffenen Menschen wichtig sind. Dazu gehören in der klassischen Psychoanalyse zentrale Inzestwünsche gegenüber der einen und Todeswünsche gegenüber der anderen Person ebenso wie das fundamentale Dilemma zwischen dem elementaren Wunsch, sich selbst zu verwirklichen, und ebenso elementaren Kräften, welche die erstrebte Selbstverwirklichung mehr oder weniger radikal verhindern.

Können diese Konflikte nicht konstruktiv gelöst werden, dann führen sie über komplizierte Kompromißbildungen zu seelischen Störungen wie Neurosen, Psychosen und psychosomatischen Erkrankungen, zu deren

Heilung die Psychoanalyse verschiedene Therapieverfahren zur Verfügung stellt wie z. B. tiefenpsychologisch fundierte Psychotherapie, analytische Psychotherapie, Gruppenpsychotherapie, Paar- oder Familientherapie, Fokal- oder Kurzzeittherapie.

2.3. Destruktives Verhalten als Folge von Frustration elementarer Bedürfnisse – Narzißmustheorie oder Selbstpsychologie

Motor der Entwicklung unserer Persönlichkeit ist der Drang nach Selbstentfaltung, d. h. nach Verwirklichung der in uns angelegten Talente, Begabungen oder Fähigkeiten. Dabei handelt es sich um elementare Kräfte mit dem Ziel, sich kohäsiv »ganz« zu fühlen; ganz im Sinne eines Zu-sich-selbst-Kommens oder eines Bei-sich-selbst-Seins.

Damit dieser Zustand des Wohlbefindens erreicht werden kann, müssen viele Voraussetzungen von Seiten der Umwelt gegeben sein. Nur dann, wenn die zentralen elementaren Bedürfnisse auch von Seiten der Umwelt befriedigt werden, kann ein derartiges Wohlbefinden im Sinne eines gesunden Narzißmus entstehen. Dazu müssen ebenso elementare physiologische Bedürfnisse befriedigt sein wie solche nach Wachen und Schlafen, nach Befriedigung von Hunger und Durst und nach Versorgen der körperlichen Ausscheidungen.

Nicht weniger wichtig ist die Befriedigung elementarer Bedürfnisse nach Bindung bzw. nach emotionaler Zuwendung. Dazu gehören ebenso die einfühlende Resonanz in Nähe- und Distanz-Bedürf-nisse wie ein möglichst schonendes Umgehen mit unvermeidlichen Trennungen und Wiedervereinigungen sowie wohldosierte Körperkontakte.

Moderne psychologische Bindungstheorien zeigen mittlerweile eindeutig, daß sich »sicher gebundene« Kinder zu berechenbar autonomen Individuen entwickeln, konstant unsicher oder wechselnd ambivalent behandelte Kinder dagegen zu unberechenbaren Jugendlichen, mit Neigung zu Desorganisation oder zu seelischen Störungen. Entsprechend unterschiedlich müssen dann die psychotherapeutischen Strategien sein.

Nicht minder starke Kräfte, sich selbst zu behaupten, etwas zu bewirken (englisch: efficacy) und nach explorativem bzw. neugierigem Erforschen der Umwelt wollen außerdem konstant beachtet sein (Lichtenberg 1989, 125ff.). In diesem Bereich haben manche Mütter und Väter, die keine Probleme haben, auf die genannten physiologischen und Bindungsbedürfnisse einzugehen, große Schwierigkeiten. Ihnen fällt es schwer, auf die sich selbst behauptende zunehmende Entfaltung des heranwachsenden Kindes angemessen zu reagieren.

Daß sexuelle Wünsche mit ihrer Erregung erogener Zonen eine wichtige Rolle spielen, ist durch die Psychoanalyse hinreichend bekannt. Weniger beachtet werden dagegen ebenso wichtige Bedürfnisse nach beruhigender Nähe, zärtlichem Hautkontakt und wärmender Geborgenheit.

Schließlich darf die notwendige Befriedigung fundamentaler narzißtischer Bedürfnisse nach Beachtung, Wertschätzung und Anerkennung des eigenen Da-Seins und So-Seins nicht vergessen werden.

3. Unterschiede zwischen normalem aggressivem Verhalten und pathologischer Destruktivität

Einige der geschilderten elementaren Bedürfnisse sind unvermeidlich mit aggressivem Verhalten verbunden, das aber im Sinne des lateinischen aggredi nicht destruktiv ist: sich bewegen, auf den Anderen zugehen, Beziehungen aufnehmen, erobern, werben, erforschen, sich behaupten oder durchsetzen, seinen Standpunkt vertreten. Derartige aggressive Verhaltensweisen stehen übrigens in Einklang mit Ergebnissen der Verhaltensforschung, die folgende normale aggressive Verhaltensweisen beschreibt: Bewegungstrieb, Kampf im Spiel, Gruppenverteidigung, An-griff auf Außenseiter, Rangstufenkämpfe, soziale Exploration, Hunger bei Raubtieren, Verteidigung eines Reviers, Verteidigung des Nachwuchses und sexuelle Rivalität (Hassenstein 1987, 349; Sommer 1989).

Wie intensiv auch heute zivilisierte Menschen um Sieg und Niederlage kämpfen können, zeigt sich symbolisch in den sogenannten »großen Sportspielen« wie z. B. beim Fußball. Man kann dabei den Eindruck gewinnen, als ob die beiden gegnerischen Mannschaften (und deren »Fans«) um Leben oder Tod kämpften (Thomas Kutter 1998).

In krassem Gegensatz zu diesen rituell geregelten aggressiven Spielen stehen Gewaltanwendung, direktes Quälen bis hin zum Töten als genuin destruktives Verhalten. Während das unvermeidliche aggressive Handeln im Sinne gesunder Lebensäußerungen zu sehen ist, führen wir das auf Kosten des Anderen gehende direkt schädigende oder destruktive Verhalten als re-aktives Verhalten auf die Frustration der oben genannten elementaren Bedürfnisse zurück. Wir stehen damit ebenso in Einklang mit der altbekannten Frustrations-Aggressions-Theorie der Psychologie (Dollard et al. 1939) wie mit der modernen psychoanalytischen Selbstpsychologie (Kohut 1971; 1977; Wolf et al. 1989; Schöttler und Kutter 1992).

4. Das sogenannte Böse

Um unser Verständnis für die psychologischen Ursachen destruktiven Verhaltens noch zu vertiefen, müssen wir in Ergänzung zu den unter 2. genannten Aspekten der Trieb-, Konflikt- und Narzißmustheorie der Psychoanalyse noch zwei Bedingungen untersuchen, die ich nun als »Minus-Problematik« und »Plus-Problematik« erörtern möchte.

4.1. Die Minus-Problematik im Sinne der Defizit-Theorie

Werden die oben genannten elementaren Bedürfnisse von Anfang an überhaupt nicht befriedigt, dann sprechen wir von Privation. Werden sie ursprünglich befriedigt und dann entzogen, dann reden wir von De-Privation. Resultat ist jeweils ein Defizit an notwendiger Zufuhr; anders ausgedrückt: eine Mangelsituation. Notwendige emotionale Zufuhr wird den seelisch wie körperlich abhängigen Kindern bewußt oder unbewußt vorenthalten, sie werden vernachlässigt. Dabei kann es sein, daß z. B. der Bereich der physiologischen Bedürfnisse nach Stillen des Hungers durchaus befriedigt wird, die Befriedigung der Bindungsbedürfnisse aber ausbleibt. In anderen Fällen werden die Bindungsbedürfnisse befriedigt, während die der Neugier, der Exploration oder des Forscherdrangs unbefriedigt bleiben. In wieder anderen Fällen ist die Befriedigung sexueller Bedürfnisse möglich, nicht aber die nach beruhigender Zärtlichkeit.

Logischerweise ist das Defizit um so größer, je mehr elementare Bedürfnisse unbefriedigt bleiben. Hier verdienen somit nicht nur qualitative Aspekte Beachtung, sondern auch quantitative Gesichtspunkte.

4.2. Die Plus-Probematik

Im Unterschied zu der bisher genannten »Minus-Problematik«, kommt es in der nunmehr zu besprechenden »Plus-Problematik« zusätzlich zu Schädigungen oder Traumatisierungen. Abschreckende Beispiele sind die körperliche Mißhandlung, der sexuelle Mißbrauch, aber auch das narzißtische Ausnutzen des heranwachsenden Kindes für eigene Zwecke, wie z. B. für die direkte Befriedigung eigener Triebwünsche auf Kosten des Kindes, etwa sexuellen Mißbrauch. Dabei müssen uns nicht nur die abstoßenden Beispiele sexueller Gewaltanwendung gegenüber Minderjährigen interessieren, vielmehr auch die weniger lärmenden Fälle seelischer Verletzung, Demütigung, Erniedrigung oder Kränkung, die bis hin zum Seelenmord führen können (Freud 1911; Niederland 1980; Wurmser 1993; 20ff).

4.3. *Reaktionen*

Nachdem wir die Minus-Problematik der Defizit-Theorie und die Plus-Problematik der Trauma-Theorie kennengelernt haben, können wir die eingangs unter 1. eher deskriptiv beschriebenen aggressiven und destruktiven Phänomene auf einem höheren Niveau noch besser verstehen, wenn wir sie in ursächlichem Zusammenhang mit den als Opfer erfahrenen Defiziten und Traumatisierungen begreifen. Entzug notwendiger Zufuhr und zusätzliche Schädigung etwa in Form sexuellen Mißbrauchs führen häufig zu dem sogenannten narzißtischen Rückzug auf sich selbst. Wir haben es dann mit stillen, in sich gekehrten Kindern, Jugendlichen und Erwachsenen zu tun, bis hin zum Autismus, wie er z. B. in dem Film »The Rainman« zum Ausdruck kommt. In diesen Fällen leidet der Mensch an sich selbst, während andere nicht betroffen sind. Mit einer völlig anderen Situation haben wir es zu tun, wenn die defizitär aufgewachsenen oder traumatisch geschädigten Menschen mit narzißtischer Wut reagieren (Kohut 1973), unter der dann die Umgebung leidet. In jedem Fall kommt es aber zu aversiven Reaktionen: Zuwendung wird wütend abgewiesen, verärgert abgelehnt oder mit einem Wutausbruch beantwortet.

Die als Opfer erlebten Mangelsituationen oder die passiv erlittene Kränkung werden dadurch abgewehrt, daß sich das ursprüngliche Opfer durch den Abwehrmechanismus der »Identifizierung mit dem Angreifer« (A. Freud 1936) zum Täter verwandelt, weil es leichter zu ertragen ist, re-aktiv zu handeln als passiv Opfer eines Angriffs zu sein. Viele Perversionen, insbesondere Sadismus, können als eine »erotische Form von Haß« (Stoller 1979) verstanden werden, die ebenfalls dem unbewußten Motto folgen: »Was mir ursprünglich als Opfer angetan worden war, tue ich jetzt als Täter anderen an.« Damit ist aus dem Opfer ein Täter, aus dem, der gequält wurde, ein aktiv Quälender geworden. Das quantitative Ausmaß des Quälens ist dabei, nach psychoanalytischer Beobachtung in der Psychotherapie von Patienten, gesetzmäßig so groß wie das Ausmaß des Gequält-worden-seins. Auch die Qualität der sadistischen Handlung eines Täters entspricht in aller Regel der Qualität des ursprünglich masochistischen Erlebnisses.

Rache ist eine bekannte Reaktion auf erfahrene Traumatisierung. So rächt sich z. B. Elektra dadurch, daß sie ihren Bruder Orest die Mutter Klythämnestra töten läßt, weil diese ihr zusammen mit Ägist den geliebten Vater Agamemnon weggenommen hat. Penthesilea rächt sich an den Männern, weil diese in das ursprünglich friedliche Land der Amazonen eingefallen waren. Oder heutige Frauen rächen sich in einer übersteigerten Emanzipation für die jahrhundertelange Unterdrückung durch Männer (U. Richter 1991).

Habgier und Geiz lassen sich ebenfalls psychologisch auf erlittene Defizite oder Traumatisierungen zurückführen, indem Besitz und Güter angehäuft werden, die einem als Kind vorenthalten worden waren, oder indem sie – wie im Falle des Geizes – nicht hergegeben und den andern vorenthalten werden.

Auch Neid ist in seinem sich selbst verzehrenden Affekt eine Reaktion auf erlittene Defizite und/oder Traumatisierungen, wenn das, was man nicht bekam bzw. nicht hat, heftig begehrt wird. Während sich bei vielen der Neid gleichsam selber verzehrend nach innen wendet, wirkt er sich in kriminellen Fällen in Diebstahl, Raub oder Kleptomanie als andere schädigendes Verhalten aus. Bekannt ist der Geschlechter-Neid, wenn, wie in Freuds Penis-Neid-Theorie, Frauen Männer weniger wegen ihrer physischen Ausstattung beneiden, als vielmehr wegen ihrer sozialen Macht. Weniger bekannt ist der tief unbewußte Gebär-Neid mancher Männer auf die Fähigkeit der Frau, Kindern das Leben zu schenken, sie mit allem Nötigen zu versorgen, und auf die Macht, mütterliche Zuwendung zu geben oder vorzuenthalten (Kutter 1994).

Schließlich hat auch das bekannte Gefühl der Eifersucht mit den geschilderten Defiziten und Traumatisierungen zu tun. Auch hier können wie beim Neid die davon Betroffenen an sich selbst leiden, sich selber in ihrer Eifersucht gleichsam verzehren, weil sie es nicht schaffen, sich angemessen gegen den Rivalen zu wehren, oder sie verfolgen, quälen und erniedrigen diejenige Person, auf die sie eifersüchtig sind. Dabei kommt wie bei Othello der gleichermaßen beneidete und gefürchtete Rivale Cassio ungeschoren weg, während das »Objekt der Begierde« Desdemona im Endeffekt getötet wird.

5. Intermezzo: »Das Böse« im Film

Im März 1998 wurde einiges von dem, was hier an Ursachen und Folgen von Defizit und Trauma ausgebreitet wurde, verdichtet in einem »abstrakten Fernsehspiel« von Christian Görlitz und Bernd Sülzer cineastisch verarbeitet: Ein Vater, Studiendirektor, mißbraucht seine eigene Tochter, später Kindergärtnerin. Die Schlüsselszene stellt diese Vergewaltigung dar, während die Exposition des Films die Folgen dieser gleichermaßen sexuellen und destruktiven Handlung zeigt. In einer typischen »Identifizierung mit dem Aggressor« (A. Freud 1936) versucht die erwachsen gewordene Tochter in rächender Weise dadurch Gewalt über ihren ursprünglichen Peiniger zu gewinnen, daß sie den Beichtstuhl zur Anklagebank macht. Zuerst verweigert sie in der Schule jede Leistung, um den Vater in seiner Rolle als Studiendirektor bloßzustellen und zum

Bekenntnis seiner Sünden zu drängen. Als er darauf nicht eingeht, tötet
sie das Liebste, was er hat, den Chorknaben Sven, und läßt sich ihrerseits
im Beichtstuhl freisprechen.

Von diesem dramatischen Geschehen wird der damit im Beichtstuhl
konfrontierte Priester genauso schockiert wie die Zuschauer des Films.
Schließlich wird die Tat des Vaters an der Tochter in der uns nun schon
gut bekannten Identifizierung mit dem Aggressor dadurch gerächt, daß
zuerst der Priester zum Selbstmord getrieben und dann der vom Vater über
alles geliebte Chorknabe umgebracht wird, während das zum Täter
gewordene Opfer am Ende straffrei ausgeht.

Auch wenn dieser Film die Dynamik einer schwierigen Vater-Toch-
ter-Beziehung dramatisch übersteigert, zeigt er doch in eindringlicher
Weise, wie ein ursprünglich geschändetes Opfer reaktiv durch den
unbewußten Abwehrmechanismus der Identifizierung mit dem Angreifer
zur die gesamte Umgebung erschreckenden gefürchteten Täterin wird.
Gleichzeitig wird der ursprüngliche Täter zum Opfer. Die gezielte Rache
des ursprünglichen Opfers gegenüber dem Täter trifft diesen aber nicht
direkt, sondern indirekt in einer Art Übersprunghandlung, wenn der
destruktive Akt das schwächste Glied in der Kette, den Chorknaben, trifft,
der sich nicht wehren kann, so wie sich einst das Opfer nicht wehren
konnte, womit aber gleichzeitig indirekt der Mann getroffen wird, der
diesen Chorknaben liebt.

So weit die Vorstellungen eines modernen Filmregisseurs über das
Problem des Bösen. Wenden wir uns jetzt abschließend der Prblematik
des Bösen zu.

6. Psychoanalytische Gedanken zur Problematik des Bösen

6.1. Es gibt unverschuldetes Leid, für das der Mensch nichts kann;
von Leibniz als »malum physicum« bezeichnet. Ein Beispiel: Nabel-
schnurumschlingung bei einer Geburt. Hier machte die Frau, der dieses
physische Übel fast das Leben gekostet hätte, jahrelang abwechselnd die
Mutter, die Hebamme oder den die Geburt begleitenden Arzt verantwortlich, bis ihr schließlich klar wurde, daß dafür keine Person, sondern
allenfalls die Natur oder Gott als Ursache in Frage kam.

Ein anderes Beispiel: Ein Igel liegt, von einem Auto überfahren, tot
auf der Straße. Ist hier der Autofahrer der Grund des Übels? Oder sind
es die Menschen, die in ihrem Fortschrittsglauben nicht mehr daran
denken, die Natur zu schützen? Oder könnte man im Sinne der Theodizee
Gott dafür verantwortlich machen? Warum läßt Gott derartige Übel wie
die zwei beispielhaft genannten, überhaupt zu?

Tillich (1956 I, 309) schreibt darüber:»Das physische Übel ist die natürliche Folge kreatürlicher Endlichkeit.« Im Gegensatz dazu steht das Böse, das vom Menschen selbst ausgeht.

6.2. Vom Menschen verursachtes Leid ist in philosophischer Sicht das sogenannte»malum morale«. Hier sagt Tillich (a.a.O.):»Das moralische Übel ist die tragische Folge kreatürlicher Freiheit. Schöpfung ist die Schöpfung endlicher Freiheit; sie ist Schöpfung des Lebens mit seiner Größe und mit seiner Gefahr.« Damit liegt die Verantwortung beim Menschen. Deshalb lautet jetzt die aufregende Frage:»Warum bringen Menschen Böses zustande? Was treibt sie dazu, sich nicht moralisch angemessen, sondern destruktiv zu verhalten?«

Wir wiesen oben unter 2. auf die triebbedingten, konflikthaften und selbstsüchtigen Motive der Menschen hin und stellten unter 4. heraus, wie Eltern ihre Kinder vernachlässigen, gefolgt von massiven Defiziten in deren gesamter Persönlichkeitsentwicklung. Außerdem zeigten wir, wie Eltern ihre Kinder sogar dadurch direkt schädigen, daß sie sie für eigene Zwecke mißbrauchen, sie verletzen, kränken, seelisch grausam behandeln.

Die»Geschichte der Kindheit« (De Mausse 1977) beginnt tatsächlich grausam und entwickelte sich nur langsam in Richtung auf menschenfreundlichere Umgangsformen der Eltern gegenüber ihren Kindern. Am Ursprung der Entwicklung steht der Infantizid, das direkte Töten der Kinder. Später wurden Kinder nach der Geburt weggegeben (Findelkinder!) oder direkt aus dem Familienverband ausgestoßen (Frenken 1998). Erst in jüngerer Zeit scheint sich über eine Phase der Ambivalenz gegenüber Kindern eine überwiegend wohlwollende Haltung seitens der Eltern den Kindern gegenüber zu entwickeln.

Indessen können auch heute eine Schwangere und ein Arzt die Tötung eines ungeborenen Kindes wegen festgestellter Behinderung beschließen und durchführen, und zwar völlig legal»aus medizinischen Gründen« (Schuh 1999, 23). Diese wenig erfreulichen Tatsachen lassen kaum einen anderen Schluß als den zu, daß die erwachsenen Eltern in dem Konflikt, entweder an sich oder an die Kinder zu denken, sich in selbstsüchtiger Weise für die eigenen Interessen und gegen die Interessen des heranwachsenden Kindes entscheiden. Destruktives Verhalten von Eltern gegenüber ihren Kindern scheint mir sogar geradezu pathognomisch für das sogenannte Böse zu sein. Dazu scheint zu passen, daß die Zehn Gebote sehr wohl gebieten, daß die Kinder die Eltern ehren, nicht aber die Eltern die Kinder. Einzige mir bekannte Ausnahme ist Friedrich Schleiermachers Idee zu einem Katechismus der Vernunft für edle Frauen, in dem das vierte Gebot lautet: » Ehre die Eigentümlichkeiten und die Willkür deiner Kinder, auf daß es ihnen wohl gehe und sie kräftig leben auf Erden« (Spiegel 1984, 96).

7. Schlußfolgerung

Um dem unendlichen Circulus vitiosus einer sich über Generationen wiederholenden und sich nur langsam mildernden Vernachlässigung und Schädigung von Kindern durch ihre Eltern zu entrinnen, gibt es trotz der harten Kost dieses Beitrags einige tröstliche Aussichten. So bietet die moderne Psychoanalyse, wenn auch erst in ihren jüngsten Entwicklungen mit den Ergebnissen der Säuglingsforschung, Wege der Therapie und Prävention. Wenn es nämlich gelingt, mit jeder neuen Elterngeneration mehr Verständnis für die Notwendigkeit der Befriedigung der oben genannten elementaren Bedürfnisse zu wecken, um so eher können delitäre Entwicklungen in Richtung Destruktivität vermieden werden. Der Aufwand dazu ist natürlich dann besonders groß, wenn, bildlich gesprochen, das Kind bereits in den Brunnen gefallen ist. Nicht von ungefähr dauern psychoanalytische Behandlungen oft sehr lange.

Sinnvoller ist es vorzubeugen: Dazu müssen natürlich auch entsprechende politische bzw. gesellschaftliche Voraussetzungen geschaffen werden, denn die Gewalt nimmt zu, je elender die Menschen leben (du Bois 1998). Kindergeld, Erziehungsurlaub oder neuerdings auch Erziehungsgeld für beide Eltern, sind Schritte in die richtige Richtung. Jede politische, wirtschaftliche und moralische Unterstützung der Eltern in ihrer schwierigen Aufgabe der Erziehung ihrer Kinder kann die Verhältnisse langsam aber sicher bessern. Insofern erleichtert ökonomische Sicherheit die optimale seelische Versorgung der Kinder durch die Eltern.

Selbsterfahrungs- oder Selbsthilfegruppen von Eltern, Paaren, Müttern und Vätern können das zunehmende Verstehen für die Bedürfnisse des heranwachsenden Kindes entscheidend fördern. Dabei kommt es weniger auf die Quantität der Zuwendung, vielmehr auf deren Qualität an.

Literatur

Adler, A. (1908): Der Aggressionstrieb im Leben und in der Neurose, in: Fortschritte der Medizin, 26, 577–584

Bois, R. du (1998): Die Gewalt nimmt zu, je elender die Menschen leben, in: Stuttgarter Zeitung Nr. 67, 21. März 1998, 28

De Mause, L. (1977): Hört ihr die Kinder weinen. Eine psychogenetische Geschichte der Kindheit, Frankfurt a. M. 1977

Dollard, J., Dobb, L. W., Miller, N. E., Mowrer, O. H. & Sears, R. S. (1939): Frustration und Aggression, Weinheim 1970

Frenken,R. (1998): Studien zur Eltern-Kind-Beziehung an Hand deutscher Autobiographien des 14. bis 17. Jahrhunderts: Ein Beitrag zur psychogenetischen Geschichte der Kindheit, Diss. FB 4, Universität Frankfurt a. M.

Freud, A. (1936): Das Ich und die Abwehrmechanismen. London 1946

Freud, S. (1905): Drei Abhandlungen zur Sexualtheorie, G.W. V, 27–145, London 1942

Freud, S. (1911): Psychoanalytische Bemerkungen über einen autobiographisch beschriebenen Fall von Paranoia (Dementia paranoides), G.W. VIII, 239–320, London 1942

Freud, S. (1915): Triebe und Triebschicksale, G.W. X, 210–232, London 1942

Görlitz, C. & Sülzer, B. (1998): Das Böse. Fernsehspiel, Mainz (ZDF)

Hassenstein; B. (1973): Verhaltensbiologie des Kindes, München, ⁴1987

Kohut, H. (1971): The Analysis of the Self, New York; deutsch: Narzißmus, Frankfurt a. M. 1973

Kohut, H. (1973): Überlegungen zum Narzißmus und zur narzißtischen Wut, in: Psyche 27 (1973), 513–554

Ders. (1977): The Restauration of the Self. New York; deutsch: Die Heilung des Selbst, Frankfurt a. M. 1979

Kutter, P. (1994): Liebe, Haß, Neid, Eifersucht. Eine Psychoanalyse der Leidenschaften, Göttingen 1994

Ders. (1998): Die großen Sportspiele. Ursprung, Mythos, Kunst, in: Sportpraxis 5, 33–38

Lichtenberg, J. D. (1989): Psychoanalysis and Motivation, Hilsdale/ NJ

Mitscherlich, A. (1956): Aggression und Anpassung. In: Psyche 10 (1956) 177–193

Niederland, W. G. (1980): Folgen der Verfolgung. Das Überlebens-Syndrom. Seelenmord, Frankfurt a. M. 1980

Richter, U. (1991): Rache der Frauen. Formen weiblicher Selbstbehauptung, Stuttgart 1991

Schöttler, C. & Kutter, P. (1992): Sexualität und Aggression aus der Sicht der Selbstpsychologie, Frankfurt a. M. 1992

Schuh, H. (1999): Streit ums frühe Leben. Abtreibungspraxis und Embryonenschutz stehen im eklatanten Widerspruch zueinander, in: DIE ZEIT, Wissen, Nr. 2, 7. Januar 1999

Sommer, V. (1989): Die Affen. Unsere wilde Verwandtschaft, Hamburg 1989

Spiegel, Y. (1984): Glaube, wie er leibt und lebt, Band 1, München 1984

Spiegel, Y. und Kutter, P. (1997): Kreuzwege. Theologische Zugänge zur Passion Jesu, Stuttgart 1997

Stoller, R. J. (1979): Perversion. Die erotische Form von Haß, Reinbek 1979

Tillich, P. (1956): Systematische Theologie, Bd. I., Stuttgart 1956

Wolf, E. S. , Ornstein, A., Ornstein, P., Lichtenberg, J. D. & Kutter, P. (1989): Selbstpsychologie. Weiterentwicklungen nach Heinz Kohut, München 1989

Wurmser, L. (1993): Das Rätsel des Masochismus, Berlin 1993

Brigitte Görnitz

Leiden nicht meiden, sondern suchen
Destruktives und selbstdestruktives Verhalten beim Menschen

1. Das Phänomen des Masochismus

1.1. Gesellschaftliche Aspekte

Wir gehen im allgemeinen davon aus, daß der Mensch bestrebt ist, ein Maximum an Lust zu erfahren und daß er ebenso bemüht ist, Leiden von sich fern zu halten. Dies sei, so auch Freud, ein Grundprinzip des Seelischen. Daß wohl jeder Mensch körperliche und seelische Schmerzen und Qual erlebt, ist bereits durch Umstände bedingt, die nicht seinem Einfluß unterliegen.

Nun gibt es selbstdestruktive Verhaltensweisen, die sehr wohl der eigenen Beeinflussung zu unterliegen scheinen und die nach dem obigen Grundprinzip unverständlich erscheinen. Von der bewußten Zufügung von Schmerz und Leid, die Menschen auch denjenigen antun können, die ihnen nahestehen und die sie lieben, bis hin zu selbstschädigenden und selbstverletzenden Taten findet sich eine große Bandbreite von Handlungen.

Die Formen von gesellschaftlich mehr oder weniger akzeptierter Schmerzzufügung sind in der Regel beeinflußt durch die Kultur und durch gesellschaftlich bedingte Machtverhältnisse. Man denke zum Beispiel an das Einbinden der Füße junger Mädchen in China, das bis ins 20. Jahrhundert geschah. Unter großen Schmerzen starben Teile des Fußes und der Knochen ab. Dadurch bedingte Todesfälle waren häufig. Aus heutiger Sicht erscheinen uns die Mädchen als Opfer, die dann wiederum bei ihren Töchtern selbst diese Qualen veranlaßten und zuließen. Die eingeschränkte Funktionsfähigkeit beim Laufen führte zu einem watschelnden Gang, zu ausladenden Hüften und einem breiten Gesäß. Dies galt in dieser Kultur als erotisch besonders anziehend und brachte den Frauen Anerkennung als begehrenswerte Wesen. Die bis zum Beginn der Neuzeit übliche Kastration von Sängerknaben zur Erhaltung der Sopranstimme war auch in Europa akzeptiert. An diesen Beispielen sowie bei der bis heute in einigen islamischen Ländern noch üblichen weiblichen Beschneidung, der Klitoridektomie, läßt sich die Verbindung zur Sexualität leicht erkennen.

Es gibt gesellschaftlich bedingte Einwirkungen, die auf den ersten Blick nicht so grausam erscheinen und die sowohl den Aspekt der Lust

als auch der gleichzeitigen Unlust in sich tragen. Beispiele liefern die von
der Mode geforderten Einschränkung, z. B. durch die Einschnürungen,
auch während der Schwangerschaften, im Barock und Rokoko, die u. a.
zur Einengung und Schädigung der inneren Organe führten. Montaigne
(1533–1592) berichtet, daß er Damen gesehen habe, die sich den Magen
mit dem Verschlucken von Sand und Asche verderben, um eine blasse
Gesichtsfarbe zu bekommen.»Mit Schnürleibern und Gurten von Fisch-
bein schnüren sich manche gar so stark ein, daß der Tod eintritt« (Montaigne 1967, 20).

Innerhalb der jeweiligen Tradition und des gesellschaftlichen Systems werden auch die schweren Verletzungen und Leiden kaum oder
nicht in Frage gestellt. So wurde erst nach der Besetzung durch auslän-
dische Truppen in China ein Grund für diese Niederlage in dem
schwächlichen Nachwuchs gesehen, den die verstümmelten Frauen
hervorgebracht haben sollen. Auch heute gibt es Anpassungen an ein
Schönheitsideal, das von geringeren äußeren Verletzungen durch Pier-
cing oder Tätowierungen bis zu tödlichen Folgen durch eine Magersucht
führen kann.

Es ist an diesen Beispielen deutlich der Wunsch zu spüren, dadurch
anerkannt, wertgeschätzt und geliebt zu werden, einen geachteten Platz
in der Gruppe oder der Gesellschaft zu erhalten. Dabei wird der einzelne
die eventuellen oder tatsächlichen Schädigungen und Leiden nicht
beachten, die äußere und eigene Anerkennung ist für das Selbstwert- und
Identitätsgefühl bedeutsamer.

Einen anderen Bezug zwischen Leiden und Identitätsbildung sieht
der französische Philosoph Pascal Bruckner in der Tatsache, daß Menschen sich ständig als Opfer begreifen, auch dann, wenn dies nicht der
Realität entspricht.»Ich leide, also bin ich« sei ein Grundgefühl geworden. Für ihn ist es die Krankheit der Moderne, durch die der Einzelne
sich weiter infantil und damit auch frei von Verantwortung empfinden
kann.

Andersgeartet ist die Erscheinung, daß es Menschen gibt, die sich zu
Situationen oder Beziehungen hingezogen fühlen, in denen sie tatsächlich leiden und die andere daran hindern, ihnen zu helfen. Wir sprechen
dann von einer masochistischen Verhaltensweise.

1.2. Definition des Masochismus

Masochismus wird umgangssprachlich oft gleichgesetzt mit *sexuellem* Masochismus. Dieser ist eine Perversion, bei der das Erleben des
völligen Orgasmus mit dem Erleiden von Demütigung, Schmerz oder
Qual einhergeht bzw. dadurch erst möglich wird.

Der Begriff ›Masochismus‹ wurde von Krafft-Ebbing nach dem Roman »Venus im Pelz« (1881) des österreichischen Schriftstellers Sacher-Masoch (1836–1895) gebildet, zeitweise einer der am meisten gelesenen Schriftsteller seiner Zeit. Vor seiner Laufbahn als erfolgreicher Romanautor war Leopold von Sacher-Masoch Professor für Geschichte in Graz gewesen. Sacher-Masoch, selbst Masochist, wird zu diesem Roman angeregt durch seine eigene Beziehung zu Frauen. Ein Auszug (S. 129) gibt einen Einblick in die Problematik:

»Ich könnte dich züchtigen«, entgegnete sie höhnisch, »aber ich ziehe vor, dir diesmal statt mit Peitschenhieben mit Gründen zu antworten. Du hast kein Recht, mich anzuklagen, war ich nicht jederzeit ehrlich gegen dich? Habe ich dich nicht mehr als einmal gewarnt? Habe ich dich nicht herzlich, ja leidenschaftlich geliebt und habe ich dir etwa verheimlicht, daß es gefährlich ist, sich mir hinzugeben, sich vor mir zu erniedrigen, daß ich beherrscht sein will? Du aber wolltest mein Spielzeug sein, mein Sklave! Du fandest den höchsten Genuß darin, den Fuß, die Peitsche eines übermütigen grausamen Weibes zu fühlen. Was willst du also jetzt?

In mir haben gefährliche Anlagen geschlummert, aber du erst hast sie geweckt; wenn ich jetzt Vergnügen daran finde, dich zu quälen, zu mißhandeln, bist nur du schuld, du hast aus mir gemacht, was ich jetzt bin, und nun bist du noch unmännlich, schwach und elend genug, mich anzuklagen.«

Gilles Deleuze bezeichnet das Werk von Sacher-Masoch als bedeutend und ungewöhnlich. Er meint, daß die klinischen Merkmale des Masochismus ebenso wie die des Sadismus nicht von den literarischen Werken zu trennen sind. Der Ausschnitt zeigt bereits deutlich den engen Zusammenhang des Masochismus mit dem Sadismus. Letzterer wurde nach dem Marquis de Sade (1740–1814) und seinen Schilderungen benannt. Freud hingegen führte auch den Begriff des *moralischen Masochismus* ein. Im Gegensatz zum sexuellen ist der *moralische* Masochismus unab-hängig von sexuellen Handlungen.

Von psychoanalytischer Seite wird betont, daß nicht der Schmerz als etwas Lustvolles gesucht wird, sondern daß jede Lust und Freude nur gegen den Preis des Leidens erkauft werden kann. Wurmser (1993, 38) meint: »*es ist das* unbewußte *Bedürfnis, Leiden, Schmerz und Erniedrigung zu suchen und die Chancen auf Erfolg zu sabotieren, in der Hoffnung, auf diese Weise Liebe und Respekt zu erreichen. ... Die mit diesem Wort umschriebenen Phänomene sind das Ergebnis komplexer innerer Vorgänge auf allen Entwicklungsebenen.*« Heute wird Masochismus vor allem als eine früh erworbene und beibehaltene Bewältigungsstrategie bei traumatischen Erfahrungen gesehen.

Wie kann solch eine Patientengeschichte aussehen und wie wird sie aus der Biographie der oder des Betreffenden erklärt?

1.3. Eine Patientin mit einer masochistischen Persönlichkeitsstruktur

Gerisch (1996) beschreibt Patientinnen, die nicht nur in unerträglichen Beziehungen verharren, sondern dann, wenn sich deren Partner trennen oder trennen wollen, sogar suizidal werden. Die Patientinnen sind zwar zutiefst verzweifelt über ihre Beziehungsform, aber eine Trennung von den tyrannischen und prügelnden Partnern, die sie auch schwer körperlich verletzen, scheint undenkbar.

Eine siebenundzwanzigjährige Patientin, die mit einem Suizidversuch in die Klinik eingeliefert wurde und sich jetzt auf Anraten des Klinikarztes im Therapiezentrum vorstellt, wird von Gerisch beschrieben. Die Fallgeschichte soll – ebenso wie die Deutungen der Therapeutin – verkürzt dargestellt werden.

Die Patientin ist auffallend hübsch, wirkt äußerlich mädchenhaft, lebhaft und fröhlich. Darunter offenbart sich aber eine stark abgewehrte Verletzlichkeit und Depressivität. Sie klagt darüber, überhaupt »kein Rückgrat« und Selbstwertgefühl zu haben. Sie lebt mit einem Freund zusammen, der quälend eifersüchtig ist, der verlangt, daß sie alle ihre Freunde aufgibt. Die Patientin wiederum fordert von ihm, daß er seinen Sohn aus erster Ehe nicht mehr sehen solle. Sie empfinde einen unergründlichen Haß gegenüber dem Kind. Es kommt zu wiederholten gewalttätigen Auseinandersetzungen zwischen den Partnern, bei der sie auch zwei schwere Augenverletzungen und einem Trommelfellriß davonträgt. Der Anlaß für den Suizidversuch war, daß der Freund sie wie einen »räudigen Köter« aus dem Auto geworfen hat. Sie solle auf Nimmerwiedersehen verschwinden, er werde für sie das Kind nicht aufgeben. In totaler Verzweiflung kaufte sie sich Schlaftabletten und nahm diese zusammen mit Alkohol ein. Der Freund fand sie in der gemeinsamen Wohnung und brachte sie in die Klinik, wo er die ganze Zeit an ihrem Bett wachte, wie die Patientin sagt. Sie entschuldigt die Eifersucht des Freundes damit, daß er eine »Hurenschlampe« als Mutter gehabt habe. Die Patientin überlegt jetzt, wie man dem Freund helfen könne.

Aus ihrer Vorgeschichte ergibt sich, daß es schon die zweite Beziehung dieser Art war, die sie zu einem Freund hatte. Sie hatte ein Studium wegen Versagensängsten und Einsamkeitsgefühlen aufgegeben.

Die Patientin war in der DDR als drittes Kind ihrer Eltern geboren worden. Die Mutter war über die Schwangerschaft unglücklich, da sie lieber wieder arbeiten gehen wollte. Auf Drängen des Vaters, eines Arztes, hat sie das Kind ausgetragen. Die Patientin wuchs tagsüber bei der Großmutter väterlicherseits auf. Als sie drei war, ließen die Eltern sich scheiden. Sie blieb beim Vater, während die Mutter die beiden älteren Söhne mitnahm.

Sie wurde die »Ersatzfrau« des Vaters, der mit ihr all das unternahm, was er vorher mit seiner Frau unternommen hatte. Er las ihr Lyrik und Romane vor, sie tranken Wein zusammen und hörten klassische Musik. Häufig habe der Vater sie aber auch in besinnungsloser Wut geschlagen, sie anschließend nicht einmal ärztlich versorgt. Eine Sportlehrerin, der sie sich anvertraute, habe sie mit den Worten zurückgewiesen »ein Arzt schlägt sein Kind nicht«. Als sie 13 war, starb die Großmutter, die liebevoll, aber auch streng und hart gewesen sei. Für sie und den Vater sei der Tod der Großmutter eine Katastrophe gewesen. Auf die anschließend schnelle Heirat des Vaters reagierte sie mit heftiger Eifersucht und fühlte sich seitdem noch einsamer und verlassener.

Gerisch sieht die Tatsache, dass jemand der Mutter unerwünscht ist und zur Großmutter gegeben wird, als frühkindliches Trauma. Es sei das basale Gefühl entstanden, daß keiner sie liebe und wirklich haben wolle. Eine gestörte Mutter-Kind-Interaktion durch eine unzureichende empathische Spiegelung und die Verbindung von Schmerz und Mutter haben hier, so Gerisch, zu einer masochistischen Grundhaltung geführt. Sicherheit habe sie in einer schmerzhaften, nicht aber in einer lustvoll-befriedigenden Beziehung zur Mutter erfahren. In ihrem Bemühen, sich die Gunst der Großmutter und des Vaters zu erringen, habe sie stets die Wünsche der anderen schon in sich getragen. Damit entwickelte sie ein »falsches Selbst«. Würde sie ihr wahres Selbst zeigen, so die Phantasie, würden sich die anderen von ihr abwenden. Da sie in ihrer Subjektivität als kleines Mädchen nicht wahrgenommen wurde, fehlt ihr eine »Kernidentität«, und sie ist voller Scham über ihr »zerbrochenes Selbst«, wie Wurmser es bezeichnet (1993, 275). Die Patientin sprach von der tiefsitzenden Scham darüber, überhaupt auf der Welt zu sein, keine Existenzberechtigung zu haben. Sie gibt der Tatsache ihrer Existenz die Schuld daran, daß die Ehe der Eltern zerbrach. Sie versucht, den Kummer des Vaters zu lindern und sich auf ihn einzustellen, und kann so ihre eigenen kindlichen Bedürfnisse und Wünsche nicht leben. Die Aggressionen und destruktiven Impulse gegenüber der Mutter wurden verleugnet und schließlich gegen sich selbst gerichtet. Die Verkettung von Schmerz und Zuwendung bestand auch in der Beziehung zum Vater, der sie schlug. Sie provozierte den Vater aber auch zu Wutausbrüchen, »dann konnte sie wirkliche Gefühle in ihm auslösen und ihn in Erregung versetzen«, dann bekam sie eine authentische Reaktion von ihm. Die Patientin selbst entschuldigt den Vater, »da Kinder manchmal teuflisch sind«, wie sie

auch den Freund entschuldigt, den sie ebenfalls reizt, besonders, wenn
sie etwas getrunken hat.

Sowohl in dem Ausschnitt aus dem Roman von Sacher-Masoch als
auch bei der Patientin wird deutlich, daß es eine Verbindung zwischen
Masochismus und Sadismus gibt und daß auch das Gegenstück, der
Sadismus, ohne den Masochismus nicht denkbar ist.

2. Masochismus und Sadismus – zwei Seiten einer Medaille

Willi (1988, 137ff) beschreibt Beziehungen, die einen sadomasochistischen Clinch darstellen. Die Geschlechterrollen können dabei nahezu
verkehrt erscheinen. Bei einer solchen sadomasochistischen Kollusion in
einer Partnerbeziehung passen beide Partner oft wie ein »Schlüssel zum
Schloß« zusammen. Sie peinigen sich durch massive Schuldgefühls-
erzeugung gegenseitig bis aufs Blut. Aus dieser gemeinsamen unbewußten
Verstrickung finden sie keinen Weg, sich zu trennen, da sie sich gegenseitig als Objekt und Projektionsträger brauchen. Projektion heißt, dem
anderen Gefühle und Vorstellungen zuzuschreiben, die in einem selber
sind, die man an sich aber nicht wahrhaben kann und will.

Die sadomasochistische Kollusion stellt eine übersteigerte Form der
Herrschafts-Untertanen-Beziehung dar. Dies wird bei sexuellem Sadomasochismus auch äußerlich sehr deutlich, z. B. daran, daß der eine
gefesselt und damit ganz handlungsunfähig wird oder, wie in dem Roman-
ausschnitt, die Peitsche und die Füße küßt.

Schon Freud hatte, so betont Willi, auf die zwei Seiten der gleichen
Perversion hingewiesen; auf den Sadismus als die aktive Seite, und auf
den Masochismus als die passive Seite. Diese finden sich in veränderli-
chen Proportionen beim gleichen Individuum, wobei eine Seite allerdings
stärker ausgeprägt sein kann. In einer solchen sadomasochistischen
Beziehung kommt es in der Phantasie auch zur Identifizierung mit dem
anderen, der die Gegenseite verkörpert. Das eigentliche Ziel des masochistischen Verhaltens ist nach Freud erst erreicht, wenn man sich dem
anderen auf Gnade oder Ungnade preisgegeben fühlt. Damit wäre die
Trennung zwischen dem eigenen Selbst und dem des Anderen, die
sogenannte Subjekt-Objekt-Spaltung, wieder aufgehoben und der ungetrennte Ursprungszustand, das Sich-eins-fühlen mit der Mutter, wie-
derhergestellt.

Häufiger als der sexuelle Sadomasochismus ist ein Quälen und Sich-
quälen-lassen, das alle Bereiche einer Zweierbeziehung umfaßt. In einer
solchen Beziehung bekämpft der Sadist seine Ohnmachtsängste, seine
Schwäche und Minderwertigkeit, seine Verlassenheitsängste und Abhän-

gigkeitswünsche. Statt sich in die Macht und Abhängigkeit eines Partners zu begeben, sucht er einen Partner, der sich ihm ganz ausliefert und sich von ihm abhängig macht.

Der Masochist hingegen bekämpft in einer solchen Beziehung seine Autonomie-Ängste. Er läßt sich nicht einfach nur quälen, sondern versteht es, die Situation des Gequältwerdens so zu gestalten, daß rückwirkend der Quälende der Gequälte ist. Die Masochisten quälen z.B. durch ihre unverpflichtende Gefügigkeit. Ein willenloses Ding läßt sich nicht beherrschen und läßt somit den Sadisten kein echtes Machterleben spüren. Außerdem wecken sie mit ihrem Verhalten Schuldgefühle beim Sadisten. *»Die Masochisten genießen es, wenn sie den sich so stark aufspielenden Sadisten zu Wut provozieren können, ihn ärgern, weil sie einerseits die Schwäche des Partners in seinen Machtdemonstrationen spüren und sich anderenteils doch nie so glücklich fühlen, wie wenn sie sich hart angefaßt, gepackt und intensiv gehalten fühlen. Die Erregung, die sie im Partner auszulösen vermögen, übt auf sie selbst eine sexuelle Erregung aus. Das Erleben von Gewalt ... ist mit Lust verbunden.«* (Willi 1988, 120f)

Deleuze (1968) hatte weniger den moralischen Masochismus im Blick als die sexuelle Perversion und deren literarische Verarbeitung. Aus seiner literaturwissenschaftlichen Sicht verneint er – im Gegensatz zu den meisten Therapeuten – ausgehend von den verschiedenen Sprachstilen des Masochismus und Sadismus deren Verbindung. Wie auch schon Reik (1940), der lieber vom sozialen als moralischen Masochismus spricht, hebt er allerdings ebenfalls die Bedeutung der Phantasie für die Entwicklung des masochistischen Verhaltens hervor.

In den Lebensgeschichten von Masochisten – wie bei der geschilderten Patientin – wird meist deutlich, daß sie traumatische Situationen erlebt haben. Manchmal sind sie ungeliebte, direkt gehaßte oder mißhandelte Kinder gewesen. Aus der Entwicklungsgeschichte des jeweiligen Menschen ist erklärbar, daß er auch im Erwachsenenalter Ängste und Aggressionen nicht adäquat verarbeiten kann, Probleme bei der Selbstwertregulation und Identitätsprobleme hat und daß er auf die Liebe und Anerkennung durch andere äußerst angewiesen ist.

Kutter (im vorliegenden Band) weist ebenfalls auf die Bedeutung von Defiziten in der Zuwendung zum Kind wie auch auf den Einfluß traumatischer Geschehnisse hin.

Ich will nun Aspekte der Entwicklung darstellen, die für das Verständnis des Masochismus und Sadismus von entscheidender Bedeutung sind und die den theoretischen Hintergrund der Deutung und Behandlung bieten.

3. Die psychische Entwicklung

3.1. Allgemeines

Freud sprach von einer dritten Kränkung der Menschheit durch seine Erkenntnis, daß der Mensch stärker von seinen unbewußten psychischen Abläufen bestimmt wird, als er annimmt und ihm lieb ist, daß er nicht »Herr im eigenen Hause« ist. Die beiden anderen Kränkungen seien gewesen, daß die Erde nicht im Mittelpunkt des Weltalls stehe und daß die Vorfahren des Menschen Affen seien.

Der Mensch kommt nicht als tabula rasa zur Welt. Auch im Mutterleib besteht schon eine größere Wahrnehmung und Verarbeitung von äußeren Reizen, als früher für möglich gehalten wurde.

Das menschliche Genom entscheidet weitgehend allein über den Aufbau des entwicklungsgeschichtlich älteren Teil des Gehirns (Gehirnstamm und Hypothalamus). Für den Aufbau des limbischen Systems, das an der Umsetzung von Trieben und Instinkten beteiligt ist und eine besonders wichtige Rolle für Gefühle und Empfindungen spielt, nimmt Damasio (1997, 155ff.) an, daß er sowohl angeboren wie auch durch die Erfahrung veränderbar ist. Diese vorgegebenen Aktivitätsmuster der Neuronen in diesen Teilen des Gehirns sind an der Körperregulation beteiligt, sie sichern das Überleben, indem sie die internen biologischen Operationen des endokrinen Systems, der Triebe und Instinkte steuern. Die Anordnung der neuronalen Verknüpfungen des evolutionär jüngeren Teils des Gehirns (Neocortex) wird während der Entwicklung im Säuglings- und Kindesalter unter dem Einfluß der Umwelt und der Interaktionen mit anderen Individuen festgelegt, die durch die Wirkung der angeborenen Dispositionen geleitet und begrenzt wird. Die präzise Struktur wird für einen Teil des Gehirns somit auch unter dem Einfluß der physischen und menschlichen Umwelt und der individuellen Aktivität des sich Entwickelnden mitbestimmt. Damasio meint, daß sich bei den meisten moralischen Vorschriften und sozialen Konventionen eine überzeugende Verbindung zu einfacheren Zielen sowie zu Trieben und Instinkten herstellen läßt.

Auch Sommer bemerkt (in diesem Band), daß die Kenntnis über die biologischen Rahmenbedingungen unseres Seins wichtig ist, damit keine gesellschaftlichen Sollens-Forderungen aufgestellt werden, die von unseren natürlichen Vorgaben zu sehr entfernt sind. Eine zu große Diskrepanz dazu ist geeignet, psychische Konflikte hervorzurufen. Zu diesen sich durch die Kulturaneignung ergebenden Konflikten und deren Symptomatik hat *Sigmund Freud* wichtige Erkenntnisse vermittelt.

Für Freud wird das Erleben und Verhalten des Einzelnen vom Schicksal seiner psychosexuellen (libidinösen) und aggressiven Triebwünsche bestimmt. Diese Triebansprüche geraten mit den kulturellen Anforderungen in einen äußeren Konflikt. Deshalb müssen sie aufgegeben und verdrängt werden. Durch die Verdrängung werden sie zum inneren Konflikt, der sich in bewußten und unbewußten Phantasien äußern kann. Ist für ihn das »Triebschicksal« bestimmend, so wird heute die Sicht innerhalb der Psychoanalyse durch objektbeziehungstheoretische, ichpsychologische und selbstpsychologische Perspektiven ergänzt. Die tatsächlichen und die verinnerlichten Beziehungen zwischen dem Kind und seinen frühen Bezugspersonen sowie deren Einfluß auf die Entwicklung der Struktur des Selbst finden dadurch eine größere Beachtung.

Freuds *Phasenmodell* der libidinösen *Triebe* hat die lustvolle Aneignung des eigenen und fremden Körpers zum Inhalt. Den Trieb beschreibt Freud als einen dynamischen, in einem Drang bestehenden Prozeß, der somatisch verankert ist. Er ist auf Lustgewinn, zumindest auf eine Reduzierung unlustvoller Spannung ausgerichtet. Konsummatorische Bedürftigkeit wie Nahrungsaufnahme und Darmentleerung und erregbare Körperlichkeit gehen im Erleben des Kindes eine Union ein, aus der eine jeweils spezifische erogene Zone resultieren kann (Heigl-Evers et al. 1997, 3f). Am Anfang ist es die mit dem Bedürfnis der Nahrungsaufnahme verbundene Mundregion. Nach dieser oralen Phase tritt in der analen Phase die Afterregion mit dem Hergeben oder Zurückhalten des Darminhaltes ins Zentrum der Aufmerksamkeit. In der phallischen Phase wird die phallische oder klitoridale Region zum Zentrum der Lustentfachung. Die Möglichkeit lustvoller Erregung kann mit dem Gefühl von Unabhängigkeit, der Selbstentfaltung, des »strahlenden Hervortretens« verbunden sein. Diese Entwicklung mündet in der ödipalen Phase, die weiter unten besprochen wird.

Freud entwickelte mit dem *Strukturmodell* – mit den drei Instanzen Es, Ich und Über-Ich – ein Modell, das half, die Vorgänge im psychischen Bereich zu verstehen.

Die Inhalte des *Es* sind bei Freud ein primäres Triebenergiereservoir, für das nicht die logischen Denkgesetze gelten, vor allem nicht der Satz vom Widerspruch, da gegensätzliche Regungen gleichzeitig nebeneinander bestehen können. Das Es kennt keine Wertungen, kein Gut und Böse und keine Moral. Das Es unterliegt dem Lustprinzip. Über die aus dem Es aufkeimenden Triebwünsche – alle Wünsche wurden als solche angesehen – entscheidet das Ich, das nach dem Realitätsprinzip arbeitet, ob die Befriedigung der Triebansprüche zugelassen werden kann.

Das *Ich* differenziert zwischen Innen und Außen, zwischen Phantasie und Wirklichkeit, es muß zwischen Innenreizen und den Anforderungen der Realität vermitteln. Als Stätte der Angst trifft das Ich für Wünsche, die nicht akzeptabel erscheinen und damit Angst hervorrufen, Abwehrmaßnahmen, die allerdings unbewußt ablaufen. Sie können zu Kompromißlösungen oder zur Verdrängung der Wünsche führen. Ebenso sichert das Ich die Befriedigung narzißtischer Bedürfnisse sowohl im Sinne der Sicherheit als auch eines ausgeglichenen Selbstwertgefühls.

Das *Über-Ich* ist der Teil, der kritisch wertet und das aktuelle Tun des Ichs beobachtet und am Ideal mißt; ihm entspricht in der Umgangssprache das Gewissen. Die unbewußten Auswirkungen des Über-Ichs zeigen sich in Strafängsten und Schuldgefühlen.

Das *Unbewußte* – schwer definierbar, besonders das dynamisch Unbewußte – geht weiter als das Nicht-Verbalisierbare. Bei Freud besteht es aus Triebrepräsentanzen. Nicht nur das Es mit seinen Triebimpulsen, sondern auch Anteile des Ichs – wie seine unbewußt operierenden Abwehrmaßnahmen gegen die Angst – und Anteile im Über-Ich sind ebenfalls unbewußt.

Triebabkömmlinge können in der Ontogenese bewußt geworden und dann wieder verdrängt worden sein. Phylogenetisch verankerte Vorgegebenheiten wie Urphantasien, Inhalte des kollektiven Unbewußten mit den Archetypen (C. G. Jung), bildhafte Fragmente aus der Stammesgeschichte gehören ebenfalls zum Unbewußten. Das Unbewußte kann durch den Traum, den »Königsweg« dorthin, wenigstens ein Stück weit erschlossen werden. Heute kann man sagen, daß auch die frühen, affektiv besetzten Beziehungserfahrungen, die verdrängt wurden, im Unbewußten enthalten sind. Diese Erfahrungen können sich in »unbewußten Annahmen«, »Wenn-dann Annahmen«, »Regeln«, »impliziten oder pathogenen Überzeugungen«, »Schemata« oder »working models« etabliert haben (Mertens 1992, 274).

Der psychische Konflikt kann in *Neurosen* seinen symptomatischen Ausdruck finden. Die Symptome sind Kompromißbildungen zwischen dem Wunsch und der Abwehr. Es sind Verhaltensstörungen, Gefühle und Gedanken, die eine *Abwehr gegen die Angst* manifestieren.

Vieles aus Freuds Modellen und seiner Neurosenlehre ist von anderen Wissenschaften aufgegriffen worden, wie der Soziologie, der Literaturwissenschaft, der Pädagogik u.a., und trägt auch zu Veränderungen – wie in der Kindererziehung – bei; als Beispiel sei die heute weniger rigide Sauberkeitserziehung genannt.

Die Triebtheorie erfuhr schon durch Freud mehrere Abänderungen. Im Laufe seiner klinischen Erfahrungen und sicher auch durch die Erfahrung des ersten Weltkrieges, in dem er die kulturell bedingte Hemmung der Aggressionen als Illusion erkannte, baute er einen Aggressionstrieb in die Triebtheorie ein. Freuds Trieblehre hat sich bei ihm bis zur Ausformung eines Dualismus zwischen Eros (Lebenstriebe) und Thanatos (Todestriebe) zugespitzt, als Ausdruck des Prinzips vom Werden und

Vergehen. Er sah damit die von Bereiter-Hahn (in diesem Band) dargestellte Verbindung zwischen Sexualität und Tod als im Menschen somatisch verankerte Triebe. Damit konnte er, als eine der großen Äußerungen des Todestriebes, einen primären Masochismus ableiten.

In der klinischen Beobachtung dessen, was er als *Wiederholungszwang* bezeichnete, hatte Freud gesehen, daß Menschen im Widerspruch zum Lustprinzip sich auch immer wieder aktiv in unangenehme Situationen begeben, ohne daß ihnen dabei die Selbstgestaltung bewußt wäre; es »passiert« ihnen einfach. Freuds Erklärung war, daß Unangenehmes oft nicht erinnert wird und damit unbewußt bleibt, es kann somit nicht bearbeitet werden und muß dann als gegenwärtig Erlebtes wiederholt, also agiert werden.

3.2. Mythen in der Psychologie

3.2.1. Ihre Bedeutung

Wiedenhofer hat (in diesem Band) die verschiedenen Aspekte der Schöpfungsmythen sehr gut dargestellt. Die Psychoanalyse hat zwei Gestalten der griechischen Mythologie zum Verständnis über uns Menschen herangezogen, Ödipus und Narziß. *»Die Urgründe der Menschenseele sind zugleich auch Urzeit, jene Brunnentiefe der Zeiten, wo der Mythos zu Hause ist und die Urnormen, Urformen des Lebens gründet. Denn Mythos ist Lebensgründung; er ist das zeitlose Schema, die fromme Formel, in die das Leben eingeht, indem es aus dem Unbewußten seine Züge reproduziert«*, so Thomas Mann (Vogt 1986, 11). Vogt meint: »Die Psychoanalyse ist der Übergang des Ödipusmythos in Aufklärung.« Der Freudsche Ödipus sei Freuds Antwort auf die Rätsel der Sphinx, das Unbewußte. Anders als seine antiken Vorgänger ist die Antwort auf das Unbewußte eine selbstreflexive, nämlich eine Selbstanalyse, was einen epochalen Schritt in der Geschichte des menschlichen Bewußtseins bedeute.

Neben der Erklärung des Werdens der Welt werden durch Mythen auch Grundkonflikte des Menschen verstehbar. Beim Ödipus-Thema greift Freud auf einen individuellen und doch allgemein-menschlichen Konflikt zurück, der durch einen Mythos beschrieben wird. Dieser Mythos wurde von Sophokles in einer seiner großen Tragödien dargestellt.

3.2.2. Der Ödipus-Mythos

Gegen den Willen seines Vaters Lajos, des Königs von Theben, wird Ödipus gezeugt. Da Lajos durch eine homosexuelle Beziehung Hera, die Göttin der Ehe, verärgert hatte, wurde ihm durch das Orakel prophezeit, daß sein Sohn ihn töten werde. Deshalb beschloß er, diesen mit durchstochenen Füßen im Gebirge aussetzen zu lassen, damit er umkomme. Aus dieser Verletzung folgt sein Name: Schwellfuß. Von einem Hirten gefunden, wird er zum König von Korinth gebracht und von diesem als Sohn aufgezogen. Ödipus, der nichts von seiner Herkunft weiß, bekommt vom Orakel von Delphi geweissagt, daß er seinen Vater töten und seine Mutter ehelichen wird. Erschrocken verläßt er die Stadt, denn er liebt seine vermeintlichen Eltern, das Königspaar von Korinth. Unterwegs trifft er auf einer Wegkreuzung seinen leiblichen Vater, den er nicht kennt, gerät mit ihm und seinen Begleitern in Streit und erschlägt Lajos.

Nach des Königs Tod wird seine Witwe Jokaste dem zur Frau versprochen, der das Land von der Sphinx befreit, die die jungen Männer in den Tod zieht. Ödipus löst das Rätsel der Sphinx: »Wer geht am Morgen auf vier, mittags auf zwei und abends auf drei Beinen?« Das ist der Mensch, weiß Ödipus. Er heiratet seine leibliche Mutter Jokaste und zeugt mit ihr vier Kinder. Nach zwanzig Jahren kommt die »frevlige Tat« ans Tageslicht. Das Land wird von einer Seuche heimgesucht und der blinde Seher Theresias sagt, daß der Schuldige gefunden und außer Landes gebracht werden muß. Durch den Diener, der das Kind Ödipus aussetzen und töten sollte, und den Hirten, der ihn gefunden hatte, kommt auf Ödipus' drängendes Nachfragen die volle Wahrheit zu Tage. Darauf erhängt sich Jokaste, und Ödipus sticht sich mit ihrer Brosche seine Augen aus.

3.2.3. Der Mythos des Narzissus

Die Bezeichnung der narzißtischen Störung geht auf den Mythos vom griechischen Jüngling Narzissus zurück, der an einer Quelle seinen Durst zu löschen sucht. Er erblickt im Wasser sein eigenes Bild, verliebt sich in dasselbe und verzehrt sich vor Sehnsucht danach von Tag zu Tag mehr, bis er in die Blume verwandelt wird, die seinen Namen trägt.

Ovid erweiterte dies in seinen »Metamorphosen« durch eine Verbindung mit der Sage von Echo: Nachdem der Flußgott Kephissos die Nymphe Leiriope vergewaltigte, gebiert diese Narzissus. Als Jüngling ist er erfüllt vom Stolz auf seine eigene Schönheit und weist die Liebe von anderen zurück. Er kann nicht lieben. Auch Echo, die aufgrund eines Fluches keine eigenen Worte sprechen und nur die anderer wiederholen kann, verliebt sich in ihn. Eines Tages verirrt sich Narzissus auf der Jagd und ruft nach seinen Gefährten. Echo bezieht die Worte auf sich, ruft sie zurück und will ihn umarmen. Narzissus jedoch verschmäht sie. Echo zieht sich gekränkt zurück, im Liebesschmerz verzehrt sie sich und nur ihre Stimme bleibt als Echo erhalten. Die Göttin Nemesis straft Narzissus deswegen mit dem Fluch, lieben zu müssen, jedoch das Geliebte niemals fassen zu können. So ist Narzissus zu unerfüllbarer Selbstliebe verdammt. An der Quelle verliebt er sich in sein eigenes Spiegelbild, kann aber nicht greifen, was er sieht. Er erkennt sich selbst und verzehrt sich in seiner Liebe zu sich selber. Er stirbt – und am Ufer entspringt die Narzisse.

Der Mythos, wie Ovid ihn darstellt, zeigt die Beziehungsproblematik eines narzißtischen Menschen. Narzissus ist in übergroßer Selbstliebe unfähig, sich selbst anzunehmen und zu lieben, er kann der eigenen Identität nicht habhaft werden und seine Beziehungs- und Liebesfähigkeit in bezug auf andere ist verkümmert. Der Mythos verdeutlicht also wesentliche Bereiche der narzißtischen Selbstwertproblematik und läßt das Leiden darunter erahnen. Bei Ödipus und Narziß muß die Vorgeschichte, das was die Eltern erlebten und taten, mit in die Betrachtung einbezogen werden.

Eugen Drewermann identifiziert das unpersönliche Wirken des Schicksals in den Mythen der Antike mit dem Es, dem Unbewußten der menschlichen Psyche. Das Tragische des Menschen sei, daß er an der Gewalt seines Unbewußten scheitere. Obwohl das Ich die Forderungen des Moralischen und allgemein Verbindlichen kenne und mit aller Anspannung des Willens durchzusetzen suche, könne es sich nicht gegenüber der Macht und dem Ansturm des Es behaupten (Drewermann 1982, 24f).

Welche allgemeinen, die subjektiven und die Umwelt betreffenden Bedingungen können die Herausbildung eines masochistischen Verhaltens fördern?

3.3. Das Entwicklungsschicksal der Aggressionen

Nach dem heutigen Forschungsstand ist der Säugling mit den wichtigsten Primäraffekten ausgestattet. Anhand der Mimik lassen sich Interesse, Verzweiflung und Ekel schon bei wenige Tagen alten Kindern ausmachen. Freude, Traurigkeit, Überraschung und Wut lassen sich mit zwei bis vier Monaten unterscheiden, während Furcht normalerweise nicht vor sechs Monaten auftritt. Mit diesen angeborenen Affekten tritt der Säugling in Kommunikation mit seiner Umwelt und fördert somit die Bindung zur Mutter und sein Überleben. Affekte steuern ebenso die Motivationssysteme des Kindes.

Den Säuglingsforschern – ich beziehe mich vor allem auf die zusammenfassenden Ausführungen von Dornes (1998, 250f) – ist es wichtig, zu erklären, daß der Mensch von Natur aus nicht »gut« oder aggressionsfrei ist, sowenig wie er angstfrei ist. Aber er ist auch nicht »böse« und destruktiv. Zu Beginn des Lebens existieren zwei biopsychologisch unterschiedliche Motivationssysteme:

Assertion (asserere – behaupten) und reaktive *Aggression/Aversion*. Das assertive System, das sich selbst aktiviert, manifestiert sich in den spontanen Explorations- und Neugieraktivitäten des Säuglings und ist mit positiven Affekten wie Freude verknüpft. Dagegen wird das reaktiv aggressive/aversive System nur durch Bedrohung aktiviert, es ist nicht selbst-aktivierend. Adaptiver Ärger und reaktive Aggression/Aversion verschwinden, wenn die Ursache verschwindet oder überwunden ist, die der Selbstbehauptung im Wege steht. Wie die Eltern oder Erzieher auf das Kind reagieren, bestimmt das »Schicksal« der Selbstbehauptung. Oft werden Aggression/Aversion und Assertion von den Eltern miteinander vermengt, da sie sich in denselben Handlungen ausdrücken. So können z. B. Beißen oder Werfen leicht mißgedeutet werden, da sie sowohl für aggressive wie auch assertive Zwecke eingesetzt werden. Das Schreien des Säuglings mit seinem sinnvollerweise durchdringenden Charakter wird leicht als aggressiv mißverstanden. Ebenso kann z.b. ein aversives Verhalten von den Bezugspersonen als aggressiv empfunden werden, wenn das Kind angebotene Sachen, wie ein Spielzeug oder Essen, zurückweist, weil es gerade nicht daran interessiert ist.

Wenn das kleine Kind selbstbehauptende Handlungen durchführt, wie die Exploration eines wertvollen Möbelstückes mit einer Schippe, führen unempathische Reaktionen wie Schimpfen dann leicht zu einem Ärger und/oder reaktiver Aggression. In der ersten Stufe der Aktivierung von Ärger und/oder reaktiver Aggression besteht noch ein »Verhandlungsspielraum«. Eine ständige Hemmung der Selbstbehauptung führt mit der Zeit dazu, daß dieser Verhandlungsspielraum quasi übersprungen wird und in einer Art »Kurzschluß« zugleich mit der Einschränkung der Selbstbehauptung ein hohes Maß an Aggression mobilisiert wird.

Verselbständigt sich diese Verbindung zwischen Hemmung der Selbstbehauptung und Aggression, kann Aggression zu einer automatischen Reaktion auf Einschränkungen werden. Selbstbehauptung wird somit mit Aggression kontaminiert. Das Kind hat nicht gelernt, Kontroversen zu regulieren, und jede Einschränkung wird dann auf ein hypersensibles, sprungbereit gewordenes aggressiv/aversives System treffen. Ungünstige Bedingungen können also dazu führen, daß das der Anpassung und dem Selbstschutz dienende aversiv/reaktiv-aggressive System in ein chronisch aktives transformiert wird.

Nach Stern (1985) bilden sich Interaktionsformen auf Grund ihrer regelhaften Wiederholung zu »generalisierten Interaktionsrepräsentanzen« aus, abgekürzt RIG (representation of interaction generalized). Schon im ersten Lebensjahr entsteht ein Bewußtsein über die Regelhaftigkeit von Episoden. Ab Ende des ersten Lebensjahres treten Vor- und Frühformen lustvoller Aggression, also mit »sadistischer« Qualität auf, die ebenfalls meistens reaktiv ausgelöst und situativ determiniert sind und die verschwinden, wenn der Anlaß nicht mehr gegeben ist.

Mit etwa eineinhalb Jahren ändert sich dies. Der Ärger, der durch Frustration ausgelöst wird, verschwindet nicht mehr mit den Anlässen. Man führt dies darauf zurück, daß ab diesem Alter die Fähigkeit beginnt, Affekte mit Vorstellungen zu verknüpfen. Dann kann sich die lustvoll getönte Feindseligkeit zu einer stabilen »internalisierten« psychischen Disposition entwickeln. Der Ärger kann ohne äußeren Anlaß in der Vorstellung immer wieder aufs neue evoziert und aufrechterhalten werden. Hier liegen die Anfänge des Hasses, eines Affektes, der nach Auffassung sehr verschiedener Autoren mit etwa eineinhalb Jahren entsteht.

Die Reaktion der Eltern, ihr empathisches oder unempathisches Eingehen auf Bedürfnisse des Kindes, ihre Einschränkungen, ihre strafenden Verbote und eventuellen generalisierenden Zuschreibungen, wie etwa: »du bist böse«, werden zusammen mit der Phantasie des Kindes einen Einfluß auf die sich entwickelnde psychische Struktur haben.

Die Phantasie sieht Reik, der sich in einer grundlegenden Arbeit mit dem Masochismus aus triebtheoretischer und Ich-psychologischer Seite beschäftigte, als wesentlichen Faktor für die Herausbildung des Masochismus an. Er versteht den seelischen Prozeß als Übergang vom Sadismus zu einer Zwischenphase und von dieser zum Masochismus, da er eine direkte Ableitung von der Aggression für unmöglich hält. Der Mißerfolg, die Versagung aggressiver und gewalttätiger Triebziele und später die Angst vor Strafe lassen eine Triebumkehr möglich erscheinen. Die Triebveränderung setzt in der Phantasie ein. »Die sadistische Phantasie, nicht die sadistische Handlung ist der Mutterboden des Masochismus.« Erst im Laufe der Entwicklung wird die Aggression durch innere Vorgänge gehemmt werden können. Die Reihenfolge der Phantasie sei anfangs eine sadistische »wie du mir, so ich dir«; in der Zwischenstufe »wie ich dir, so ich mir« und in der Endstufe »wie ich mir, so du mir«. Die Angst kommt durch die Vorstellung der Reaktion des Objekts, dem der Angriff gilt, und durch die vorgestellten Folgen der eigenen Aggression vor der zu erwartenden Strafe. »Erst viel später wird das Schuldgefühl an die Stelle dieser Strafangst treten.« Reik sieht den Masochismus als einen auf den Kopf gestellten Sadismus (1940, zit. nach 1977, 221f.).

3.4. Die Entwicklung des Selbst und von Scham

Durch eine unter ausreichend guten Bedingungen ablaufende lustvolle Interaktion in den frühen Entwicklungsstufen beginnt das Ich des Kindes sich zu organisieren. Das Ich als der zentrale Organisator des Psychischen richtet sich intentional interessiert, handlungsbereit und emotional auf die Welt der Objekte, also auf Menschen und Dinge. Zugleich beginnt hier die Entwicklung der Struktur des Selbst. Etwa ab einem Alter von 18

Monaten wird sich das Kind seiner selbst bewußt. Es kann sich z.B. im
Spiegel erkennen und sich bewußt werden, daß es von anderen Menschen
beobachtet und eingeschätzt werden kann. Mit der Selbstreflexion eröffnet
sich ein seelischer Binnenraum, und die begrifflich-symbolische Repräsentation der Erfahrungswelt beginnt. Damit kann das kleine Kind auch
beschämt werden, wenn es sich in seinem Selbst verletzt fühlt. Es wird
mit Ärger, Feindseligkeit oder Rückzug reagieren. Diese Reaktionen
können chronisch und unabhängig von den Situationen werden, wenn die
Frustrationen und Kränkungen häufig sind. Die Entstehung von Schamgefühlen vollzieht sich immer auf dem Hintergrund der erwachenden
Phantasie, die zur phantasierten Perpetuierung und damit der Chronifizie-
rung von Wut und Scham beiträgt.

Die Selbstpsychologie erklärt, daß das Ziel des Selbst darin besteht,
Erfahrungen zu organisieren und zu integrieren, um eine Kohäsion, einen
Zusammenhalt des Selbsterlebens zu erreichen. Hierbei spielen Affekt-
zustände eine große Rolle. Destruktive Aggression geht aus dieser Sicht
überwiegend auf die Verletzung der Selbstachtung zurück, sie wird als
narzißtische Wut bezeichnet. Masochismus entsteht nach der selbst-
psychologischen Sicht Kohuts vor allem dadurch, daß die Eltern nicht
idealisiert werden konnten. Dadurch entsteht ein defekter Teil im Selbst
(Kohut 1979, 116). Die Idealisierung der Eltern ist in einer frühen Ent-
wicklungsphase wichtig und weicht später einem realistischeren Bild der
Eltern.

Ist die Passung zwischen den Bedürfnissen des Kindes und den
Möglichkeiten und Angeboten der Erwachsenen, darauf einzugehen, zu
gering, bzw. ist die Einwirkung von traumatischen Erfahrungen zu massiv,
können sich einzelne Strukturen – wie Selbstwahrnehmung und Selbst-
steuerung – nicht ausreichend entfalten. Eine verläßliche Bindung an
haltgebende Objekte kann dann nicht entwickelt werden (OPD 1996, 68).

Das Kind hat, so Wurmser (1998, 15ff), das Bedürfnis, in seiner Individualität gesehen und erkannt zu werden, als Selbstzweck anerkannt und
als Subjekt gewürdigt zu werden. Es empfindet Scham, je umfassender
und je schroffer seine Individualität mißachtet, je rücksichtsloser der
andere es zu seinen Zwecken mißbraucht und je mehr es als Objekt
behandelt wird.

Das zentrale Anliegen masochistischer Patienten ist der Wunsch nach
Gesehen-werden, nach Verstanden-werden oder der Wunsch nach
Erkannt-werden. Masochistische Phantasiegebilde sind oft der Versuch,
frühe Erfahrungen mit einem gleichgültigen, nicht ansprechbaren und auch
nicht irritierbaren, also letztlich »immunen« Objekt durch die Imagination
einer Gestalt zu korrigieren, die absichtlich leiden läßt, und/oder die auf
Leiden reagiert.

Die früheste Quelle der Scham besteht in dem frühkindlichen Erleben der eigenen Wirkungslosigkeit, namentlich im Umgang mit anderen, der Erfahrung des scheiternden Versuchs, wirkungsvoll gegenseitig befriedigende Intersubjektivität und gemeinsames Bewußtsein einzuleiten und aufrechtzuerhalten. Das Erlebnis der Seelenblindheit beim anderen und das der Scham im eigenen Selbst gehören zusammen, sie bilden ein Erlebnispaar.

Die Differenzierungen zwischen dem Selbst und dem Nicht-Selbst – und die Repräsentation von sich selbst und den Bezugspersonen im Psychischen – werden als erste Schritte zu der notwendigen Über-Ich-Bildung betrachtet.

3.5. Schuldentwicklung

Freud befaßte sich mit der Analyse des Schuldgefühls im Zusammenhang mit den ödipalen Bestrebungen des Kindes. In seinem Strukturmodell konstituierten sich im Über-Ich das Gewissen mit seinen Regeln, Verboten und Geboten, die kritische Selbstbeurteilung, die individuellen Norm- und Zielsetzungen und die Idealvorstellungen des eigenen Selbst: »wie ich gern sein möchte«. Auch heute noch wird der Ödipuskomplex bei der Beschreibung psychopathologischer Phänomene einbezogen, er ist aber für eine allgemeine Theorie der Moralentwicklung unzureichend (Mertens 1992, 269).

Die Über-Ich-Bildung vollzieht sich entlang dem Entwicklungsprozeß und unterliegt einem Transformationsprozeß, der das ganze Leben andauert. Elterliche Imperative, ihre Regeln, Gebote und Verbote spielen als Repräsentanzen, als Introjekte im Inneren, eine Rolle und funktionieren schließlich so, als hätten sie selbst elterliche Macht und Autorität. Sie entwickeln sich zu einer Vielzahl von bewußten und unbewußten Idealen.

Die Aufgabe des Über-Ichs besteht darin, die intrapsychische und interpersonelle Harmonie des Individuums aufrechtzuerhalten und seine soziale Anpassung zu erleichtern (Tyson et al. 1997, 213f).

In der ödipalen Phase steht die Triangulierung, die Regelung der Beziehung zwischen Kind, Mutter und Vater im Mittelpunkt. Das Kind steht mit einem Dritten in Konkurrenz um das begehrte zweite Objekt. Das Kind, bei der Freudschen Beschreibung der Sohn, begehrt mit ca. 4 bis 5 Jahren den andersgeschlechtlichen Elternteil als Liebesobjekt. Der Vater ist in der Phantasie dabei ein Rivale, der beseitigt werden muß. Dabei kommt es durch die phantasierte erwartete Strafe auf der Basis von Vergleichen: »von kleiner als...«, »weniger haben ... als«, zur Kastrationsangst oder zum Penisneid und den daraus resultierenden inneren Konflikten, die affektiv durch Neid aber auch durch Scham und Schuld bestimmt sind.

Das Über-Ich kann nicht zwischen Absicht und Handlung unterscheiden. Der Vater wird vom Sohn gleichzeitig auch geliebt und idealisiert, er hat die wichtige Rolle, dem Jungen zu helfen, sich aus der engen Verbindung mit der Mutter zu lösen, in der er seine Identität verlieren könnte. Deshalb muß das Kind sein Begehren vergessen und alles tun, damit es vergessen bleibt. Die Lösung erfolgt durch eine starke Verdrängung und eine Identifikation mit dem Vater, das Inzest-Verbot wird anerkannt. Die dreifache Bedrohung durch körperliche Beschädigung, narzißtische Kränkung und Liebesverlust führen zum Verzicht auf eine leidenschaftliche Beziehung mit der Mutter und zu einer neuen psychischen Instanz, zu einem reifen Über-Ich, dem Gewissen. Das bestrafende Über-Ich wird mit der Zeit schwächer und zu einem gerechteren und weniger rächenden; das Über-Ich wird zur entpersonifizierten Instanz. Es bildet sich somit ein reifes eigenes Gewissen heraus, das desexualisiert ist und das mit den ganz konkret idealisierten Moralvorstellungen der Eltern ein eigenes ethisches System konstituiert.

Die Kastrationsangst kann nach Freud durch den Masochismus bewältigt werden. Bei einer masochistischen Verarbeitung können ödipal-sexuelle Impulse nur dann erlebt werden, wenn eine *Unterwerfung* unter ein strenges Über-Ich stattgefunden hat. »*Das Ich reagiert mit Angstgefühlen (Gewissensangst) auf die Wahrnehmung, daß es hinter den von seinem Ideal, dem Über-Ich, gestellten Anforderungen zurückgeblieben ist*« (Freud 1923, Bd. 3, 350). Das Über-Ich behält den Charakter der introjizierten Personen bei, im allgemeinen sind dies die Eltern, aber auch andere Erzieher oder wichtige Personen, ihre Macht, Strenge, Neigung zur Beaufsichtigung und Bestrafung.

Auch aus der Zeit vor der ödipalen Phase können solch frühen Introjekte als unnachsichtige, destruktiv-grausame Strafverfolger im Selbst wirken und in archaischer Weise zu unbewußten Strafverfolgungsängsten führen oder sehr unnachgiebig strafende oder idealisierende Positionen vertreten.

Durch ein unbewußtes Schuldgefühl und damit Strafbedürfnis wird die Position des Opfers eingenommen, ohne daß dies eine sexuelle Lust einschließt: »*Das Leiden selbst ist das, worauf es ankommt; ob es von einer geliebten oder gleichgültigen Person verhängt wird, spielt keine Rolle; es mag auch von unpersönlichen Mächten oder Verhältnissen verursacht sein, der richtige Masochist hält immer seine Wange hin, wo er Aussicht hat, einen Schlag zu bekommen*« (Freud 1923, Bd. 3, 349).

3.6. Zusammenschau der Entwicklungsaspekte

Neurophysiologische Forschungen lassen mutmaßen, daß »die von Freud ... postulierten Zusammenhänge über die Interaktion zwischen frühkindlichen Traumata und der späteren Krankheitsdisposition auf der Grundlage der Genforschung neu belebt würden«. Es sei denkbar, daß eine Vielzahl von Genen, die durch frühere Lebensereignisse aktiviert oder deaktiviert wurden, die Aktivitätsänderung lebenslang beibehalten und damit zu individuellen Reaktionsmustern führen, ohne daß dies durch Unterschiede in der Genstruktur selbst erklärbar ist (Holsboer 1999, 46).

Das Verständnis der Gewissenskonflikte ist es, was den Einstieg von der Oberfläche des Erlebens her in das Seelische beim Masochismus erlaubt und was die Gefühle von Scham und Schuld, Loyalitätskonflikte, Fragen von Ressentiment, also das Gefühl von Ungerechtigkeit, und schließlich auch Abwehr gegen das Über-Ich aufzeigt (Wurmser 1998, 9). Bei einer Entwicklung zu einer masochistischen Persönlichkeit werden die Aggressionen durch unbewußte Abwehrreaktionen gegen das eigene Selbst gerichtet, auch um die Liebe der Eltern nicht zu verlieren. Ebenso kann auf der Flucht vor dem inneren Schmerz ein äußerer Quäler gesucht werden.

Die starke Betonung der Rolle des Vaters bei der psychischen Strukturbildung ist im Kontext der gesellschaftlichen Bedingungen und des damaligen Rollenverständnisses im autokratischen Staat zur Zeit Freuds zu sehen. Auch aus der frühen Zeit des Kindes, vor der ödipalen Phase, können unnachsichtige destruktiv-grausame Strafverfolger im Inneren als Introjekte entstanden sein, ihre Wirkung schlägt sich in sadistisch-destruktiven Bestrafungsphantasien nieder, die sich masochistisch gegen das eigene Selbst richten, sich aber auch nach außen wenden können. Sie haben immer ein Element der Unversöhnlichkeit (Heigl-Evers et al. 1997, 19).

Die heute stärker gesehene Bedeutung der ersten Jahre der Kindheit läßt die Bindung zur Mutter und die sich daraus ergebende Problematik mehr in den Vordergrund treten. Deshalb sehen manche Autoren den Masochismus vor allem als »Kampf gegen eine übermächtige Mutterimago« (Propkop, Lorenzer 1988, 72). Dabei besteht eine enge Verbindung zwischen der Entwicklung des Selbst, dem Umgang mit Aggressionen, dem Schuldgefühl – verbunden mit der Entwicklung der Phantasien und Vorstellungen beim Kind – und dem Umgang der Bezugspersonen, ihren Erziehungsmethoden. Schon Freud (1905, Band 5, 99f) meinte, daß die körperliche Züchtigung zu unterbleiben habe, da es seit Rousseau bekannt sei, daß eine der Wurzeln des Masochismus die »schmerzhafte Reizung der Gesäßhaut« sei.

Reik (1977, 297) nimmt ein leicht verletzbares Selbstgefühl an, das geschädigt wurde, und daß durch die masochistische Haltung die Wiederherstellung der Selbstliebe geschieht. Dem Willen des schwachen Ichs hatte sich ein stärkerer entgegengestellt, dem man weichen mußte. Die ursprüngliche Selbstliebe erhielt auf diese Art eine Erschütterung. Im Konflikt zwischen Angst- und Luststreben wird versucht, die Angst in der »Flucht nach vorn« loszuwerden. Wer sich innerlich verurteilt und sich schuldig fühlt, kann sich nicht lieben, kann von seinem Wert und seiner Persönlichkeit nicht überzeugt sein. So besitzt der moralische Masochismus eine zentrale Bedeutung in der Psychodynamik der neurotischen Depression.

Während für Reik (1977, 300) im moralischen Masochismus die Wiederherstellung eines bedrohten Selbstgefühls im Vordergrund steht, ist es für Mentzos die Schuldentlastung. Der Masochist braucht das Leiden als Ausgleich von Schuldgefühlen. So kann es für diese Menschen, so sah es auch Freud, fast eine »Erleichterung« sein, wenn ihnen objektives Leid zustößt, eine Krankheit eintritt, eine Ehe zerbricht. Solche Menschen pflegen »alte Rechnungen«, d. h. ihnen zugefügtes Unrecht, immer wieder zu präsentieren. Sie liefern sich damit einem weiterhin blockierenden und zerstörenden Mechanismus aus (Mentzos 1993, 221). Beim Masochismus als Perversion sieht Mentzos neben der Schuldentlastung und Angstbefreiung auch die Funktion zur Selbststabilisierung. Je schwächer und je unsicherer das Selbst ist, desto mehr braucht es intensiv empfundene Gefühle (hier sexuelle), die es stärken und bestätigen (Mentzos 1993, 219).

Analog zum Jungen, der sich mit dem Vater identifiziert, muß sich das Mädchen mit der Mutter identifizieren. Ist diese passiv, aufopferungsvoll, zeigt wenig eigene Aktivität, Kompetenz und Handlungsfähigkeit und eigenes sexuelles Begehren, dann kann mit der Identifizierung der Wunsch entstehen, sich in masochistischer Unterwerfung Anerkennung durch ein anderes mächtiges Subjekt zu wünschen. Sie unterwirft sich dem, was der andere zu besitzen scheint: Selbstbestimmung und Aktivität (Mertens 1992).

Kriegsereignisse, Konzentrationslager, Tod eines Elternteils – derartige extreme Traumata können die ganze psychische Entwicklung beeinträchtigen. Im Trauma kommt es bis zu einem völligen Darniederliegen der Handlungsfähigkeit, überhaupt der Ich-Funktionen.

Traumatische Ereignisse können über Generationen im Unbewußten wirken und an die nächsten Generationen weitergegeben werden. Amerikanische Psychoanalytiker haben durch die Behandlung von Holocaust-Opfern und deren Kindern auch die Spätfolgen in der 2. und auch 3. Generation aufzeigen können. Die schrecklichen und schrecklichsten

Ereignisse, die vor der Geburt dieser Patienten geschahen, die Nachkommen von Holocaust-Überlebenden waren, können sich z.b. in der Tendenz äußern, diese Leiden zu wiederholen. Dies auch, wenn die bewußte Mitteilung der Eltern war, daß sich das nicht wiederholen dürfe. Die Identifizierung mit der Vergangenheit der Eltern durch eine gemeinsame Phantasie – wie diejenige, die einen toten Menschen betrifft – kann das Kind veranlassen, die Rolle des Opfers zu übernehmen und masochistische Phantasien zu entwickeln (Oliner 1995, 292). Überwältigende Ängste und Depressionen prägten meist ihre frühe Umwelt. Oft werden die Kinder zu bleibender Abhängigkeit ermuntert (Oliner 1995, 306) Bei den Eltern selbst gab es das Gefühl, daß sie selbst schuld waren an der Behandlung, die sie erdulden mußten, und daß sie für diese Schuld büßen mußten. Die durch die Opferrolle geweckten Gefühle lassen sich nur durch masochistische Selbstaufgabe, Qualen, Mühsal oder Selbstzerstörung vertreiben.»Die ungeheure Last der Überlebensschuld konstituierte das wichtigste und immer wiederkehrende Thema der gemeinsamen Phantasie von Überlebenden und ihren Kindern« (Bergmann 1995, 343, 352).

Aus den Ausführungen wird deutlich, daß der Einzelne in seiner Einzigartigkeit immer in seiner Lebensgeschichte gesehen werden muß, um die psychischen Kompromisse verstehen zu können. Nicht ausgeführt wird hier von mir das Zusammenspiel zwischen psychischen und biochemischen Faktoren. Wir wissen heute, daß z. B. Streß und psychische Störungen eng mit der Aktivität bestimmter Neurotransmitter zusammenhängen. Untersuchungen deuten darauf hin, daß Ereignisse in der frühen Kindheit – besonders natürlich Traumata – durch mikroanatomische und biochemische Expressionen prädisponierend z.B. für spätere Depressionen wirken können. Dies ist ein Gebiet, auf dem noch viele Erkenntnisse zu erwarten sind.

4. Das Spektrum masochistischer Verhaltensweisen

4.1. Die Universalität masochistischen Verhaltens

Masochistische Störungen können sich bis zu extremen Formen von Selbstverletzung und Selbstaufopferung entwickeln. Kernberg (1997, 52) spricht aber auch von der Universalität masochistischer Verhaltensweisen und Konflikte und von einem »normalen Masochismus«, der durch die Integration normaler Über-Ich-Funktionen gegeben ist.

Weit verbreitet sind zwanghafte Verhaltensweisen, die zur unbewußten magischen Vergewisserung gegen die Gefahr dienen, daß Wünsche und Verbote aus der Kindheit mobilisiert werden könnten. Im Charakter

notwendigerweise, fast gebrochen, so will ich sie dessen würdig sehen« (Kafka 1976, 729).

Stierlin sieht Kafkas (mehr oder weniger) unbewußt arrangierte Selbstzerstörung als einen Weg, diesen Bindungen zu entrinnen. Im Schreiben habe er sich den Delegationen seiner Eltern würdig erwiesen, aber auch Loyalitätsverrat geübt. »Dieser Jude Kafka, der sich in seinem täglichen Leben überwiegend freundlich, liebenswürdig, pflichtbewußt und mitfühlend für die Leiden anderer Menschen zeigt, scheint als Schreibender darauf versessen, sich als über alle Maßen schuldig, als Schmarotzer, als ein Insekt zu sehen, das die Todesstrafe verdient« (Stierlin 1988, 14).

Drewermann setzt sich aus theologischer Sicht mit der Psychoanalyse auseinander und meint, wenn man der Lehre von der Erbsünde sorgfältig nachginge, dann würde man »besonders in dem Gefühl der Angst des Menschen die Ursache der Verfehlungen des menschlichen Herzens erblicken«, was in Übereinstimmung mit der Lehrmeinung der Psychoanalyse stehe (Drewermann 1982, 13). Man müsse hinter allem »Stolz« als einem Ursprung der Sünde immer die Angst des Menschen sehen. Stolz ist eine Reaktionsbildung – eine Abwehrreaktion. Die Reaktionsbildung verkehrt das abgewehrte Gefühl in dessen Gegenteil. So kann der Stolz eine Reaktion darstellen auf das Gefühl der eigenen Minderwertigkeit, auf das ohnmächtige Erleben an sich, nicht liebenswert genug zu sein. Dies zu sehen entspräche auch der ursprünglichen Wortbedeutung von Böse: »Selbstaufbläher, Prahler«. Alles Böse, das jemand vollzieht, lasse sich auf den Kernfaktor Angst zurückführen. Die Angst tritt nicht nur von außen an den Menschen heran, sondern sie gehört ganz wesentlich zum Menschen, »sie ist der subjektive Reflex der Tatsachen, Bewußtsein zu haben und frei zu sein« (ebd. 124).

Kierkegaard schrieb »Die Krankheit zum Tode« selber am Rande der Verzweiflung. Er beschreibt den Verlust der Gnade als Verzweiflung; es ist vor Gott Sünde, verzweifelt zu sein. Kierkegaard formuliert sehr hart, daß die Verzweiflung immer ein Mißverhältnis zu sich selbst sei, das von innen komme. Wenn jemand an etwas Äußerem verzweifelt, zeige sich, daß er schon immer verzweifelt war. Man muß sich aber der latenten Verzweiflung bewußt werden, wie überhaupt ein Bewußtsein, das Selbstbewußtsein, das Entscheidende im Verhältnis zum Selbst ist. »*Je mehr Bewußtsein, desto mehr Selbst; je mehr Bewußtsein, desto mehr Wille; je mehr Wille, desto mehr Selbst. Ein Mensch, der gar keinen Willen hat, ist kein Selbst; aber je mehr Willen er hat, desto mehr Selbstbewußtsein hat er auch*« (Kierkegaard 1956, 50).

Es bedarf, so Drewermann, des tiefen Leidensdrucks und der Bewußtwerdung im Sinne Kiekegaards, »*um allererst den Willen zu bekommen,*

*die Flucht in die neurotischen Selbstrettungsversuche der Angst auf-
zugeben.* **Andererseits bedarf es bereits des Glaubens, um jenseits der
Angst die als ganz natürlich erscheinende Flucht in die Gottähnlichkeit
als Unmenschlichkeit und Schuld erkennen zu können«** (Drewermann
1982, 122). Die Verzweiflung ist damit auch ein Weg, der zu Gott führen
kann. Mit dem Bewußtsein wächst auch die Freiheit des Selbst, in der
Dialektik zwischen Möglichkeit und Notwendigkeit, zwischen Unendlichkeit und Endlichkeit eine Synthese zu finden. Der Mensch muß diese
Gegensätze in sich vereinen. Da Freiheit aber auch Angst bedeutet, besteht
die Gefahr, diese zu reduzieren, indem der Mensch die Spannung durch
Vereinseitigung auflöst, in Verzweiflung verhaftet bleibt und die andere
Seite abwehren muß.

Riemann (1989) beschrieb die vier Grundformen der Ängste des
Menschen als zwangsneurotische, hysterische, depressive und schizoide
Angst, die sich in den jeweiligen Neuroseformen ausdrücken. Drewermann parallelisiert diese mit den vier Verzweiflungsformen Kierkegaards.
Notwendigkeit und Zwangsneurose bilden das Gegensatzpaar zu Möglichkeit und Hysterie; die anderen gegensätzlichen Pole sind Unendlichkeit
und Depression auf dem einen und Endlichkeit und Schizoidie auf dem
anderen.

Drewermann ist der Überzeugung, daß die Theologie von der Tiefenpsychologie lernen kann und diese von der Theologie. Die Überwindung
von Verzweiflung und Neurose setzt einen Akt des Vertrauens zum
Ursprung des Daseins voraus. Verzweiflung und Neurose erscheinen
gemessen an der Möglichkeit des Glaubens als Sünde. »Aber seine
Verzweiflung als Sünde erkennen heißt die Gnade akzeptieren, sein zu
dürfen.« Ein Weg aus einer masochistisch-depressiven Grundhaltung
heraus wäre dann, wenn der Mensch erfahren kann, daß sein Leben von
Gott her berechtigt ist, er sich von Gott her ein Recht zum Leben zuspre-
chen kann. Im Reden sieht Kierkegaard ein besseres Wagnis als das
Schweigen, in welchem der Mensch sich selbst überlassen bleiben würde.

Die zeitliche Bedingtheit der gesellschaftlichen Sicht auf die Rolle der
Frau wird besonders am Masochismus deutlich. So sieht Kierkegaard einen
Unterschied im Selbst des Mannes und der Frau. Ihr Selbst würde durch
Hingabe gewonnen, denn »das Selbst des Weibes ist Hingabe«. Freud
sprach von einem weiblichen Masochismus als »zum Wesen der Frau
gehörig«. In das neueste »Diagnostische und Statistische Manual psychischer Störungen« (DSM 4) der American Psychiatric Assoziation wurde
die Bezeichnung »Selbstschädigende oder masochistische Persönlichkeits-
störung« nicht mehr aufgenommen. Nicht, weil es diese Störungen nicht
mehr gibt, sondern weil die Psychiater und Psychologen befürchteten, daß
diese Kategorie vor allem auf Frauen abziele. Dies könne ein nachteiliges

Frauenstereotyp begünstigen oder unterstellen, so daß mißhandelte Frauen dann eher als Ursache für schädliche Beziehungen angesehen würden und nicht als deren Opfer. Die Autoren schlagen vor, weitere Forschungen auf diesem Gebiet vorzunehmen (Comer 1995, 636).

Anders als der moralische Masochismus ist der Masochismus als Perversion bei der Frau eine Seltenheit, während sie aber die häufigste Triebabweichung des Mannes ist. Den moralischen oder sozialen Masochismus sieht Reik »als leichte Neigung des Mädchens«, welche die Erziehung begünstigt. Das Mädchen sollte in der Erziehung lernen, die passive Rolle zu übernehmen, Schmerzen und Unbilden geduldig zu ertragen, und es wurde mehr dazu angehalten, aggressive und gewalttätige Impulse zu unterdrücken (Reik 1977, 265) – eine Haltung, die in das gesellschaftliche Leben gut einzubauen war. Das Mädchen muß sich mit der Mutter identifizieren, deren Rolle eben auch durch die gesellschaftliche Zuweisung bestimmt ist, die sich nur langsam ändert.

Wie psychologische Therapien eröffnet auch die Religion Möglichkeiten, sich reflektierend und offen mit dem eigenen Selbst auseinanderzusetzen. In der Beichte oder im seelsorgerischen Gespräch könnte sich eine Möglichkeit ergeben, Klarheit über das eigene Selbst, die Scham, über Schuldgefühle und Wiedergutmachungstendenzen zu erlangen. Sie könnte eine Möglichkeit sein – ebenso wie in der Therapie – einen Raum zu schaffen, indem eine Differenzierung zwischen masochistischen Schuld- und Schamgefühlen und echter Schuld erreicht wird. Eine Gleichsetzung, welche Denken, Fühlen und Phantasien so beurteilt und verdammt, als ob sie Handlungen wären, und die damit im ethischen Urteil die Grenze zwischen Innen und Außen aufhebt, kann nach Wurmser psychisch verheerendste Folgen haben. Er zitiert eine Patientin: »*Es ist eben gerade das, wovor ich Angst habe: obwohl ich nicht schlecht handle, denke ich, es ist eine Lüge, da ich innerlich weiß, daß ich schlecht bin, und solange ich das verberge, ist das eine Lüge. Ich zeige den anderen nur meine Maske, die gut zu sein scheint...*« (Wurmser 1993, 9).

Die Phantasie, »der größte Sünder« oder »das unglückseligste Opfer« zu sein, können für die betreffenden Personen eine Hilfe sein, ihr narzißtisches Gleichgewicht zu regulieren. Die Vorstellung, für das jetzige Leiden im Jenseits belohnt zu werden, kann eine masochistische Haltung zusätzlich bestärken. Nach Theis (1991, 138ff.) soll der Masochismus seiner Struktur nach dem Katholizismus näher als dem Protestantismus stehen. Die jeweils vermittelten Gottes- und Glaubensvorstellungen haben sicherlich Auswirkungen auf ihre Träger, da sie natürlich besonders in der Kindheit prägende Phantasien auslösen. Ich denke aber, daß das masochistische Verhalten sehr individuell und – wie aufgezeigt – meist durch mehrere Einflüsse bedingt ist.

Leiden nicht meiden, sondern suchen

179

5. Schlußbemerkung

Der Masochismus stellt eine wohl schwer zu verstehende Erscheinungsform menschlicher Psyche dar. Er ist ein Ausdruck unbewußter Handlungssteuerungen und zeigt damit in besonderer Weise auf, wie wenig wir Menschen manchmal »Herr im eigenen Hause sind«. Dies erklärt ferner, daß gegen seine theoretischen Erklärungen besonders starke unbewußte Abwehrmechanismen mobilisiert werden. Der Masochismus wird theoretisch dann verständlicher, wenn man sich verdeutlicht, daß er als eine aktive Wendung aus der Passivität des Betreffenden verstanden werden kann. Wenn durch frühe Erfahrungen und andere Einflüsse eine Unausweichlichkeit des Leidens verinnerlicht worden ist, dann kann durch den Masochismus wenigstens eine scheinbare Selbstbestimmtheit über das Leiden erreicht werden.

Seelsorge und psychotherapeutische Behandlung können bei einem Abbau der masochistischen Schuldgefühle zu einem reifen Gewissen und damit zu einer Überwindung der Ursachen des selbstschädigenden Verhaltens beitragen. Die Erfahrung von Liebe und Zuneigung sowie die Anerkennung des Andersseins und der Individualität öffnet einen Weg, sich selbst lieben zu lernen.

»Das Gewissen ist der aus der Tiefe jenseits des eigenen Willens und der eigenen Vernunft sich zu Gehör bringende Ruf der menschlichen Existenz zur Einheit mit sich selbst. Es erscheint als Anklage gegen die verlorene Einheit und als Warnung vor dem sich selbst Verlieren. Es ist primär nicht auf ein bestimmtes Tun, sondern auf ein bestimmtes Sein gerichtet. Es protestiert gegen ein Tun, das dieses Sein in der Einheit mit sich selbst gefährdet« (Bonhoeffer 1975, 257). »Der Gewissensruf im natürlichen Menschen ist der Versuch des Ich, sich in seinem Wissen um Gut und Böse vor Gott, vor den Menschen und vor sich selbst zu rechtfertigen und in dieser Selbstrechtfertigung bestehen zu können. Das Ich, das in seiner kontingenten Einzelheit keinen Halt findet, führt sich auf ein allgemeines Gesetz des Guten zurück und sucht in Übereinstimmung mit ihm die Einheit mit sich selber. So hat der Gewissensruf seinen Ursprung und sein Ziel in der Autonomie des eigenen Ich« (ebd. 258).

Literatur

Bergmann, M. V. (1995): Überlegungen zur Über-Ich-Pathologie, in: Bergmann, M. S. (Hrsg.): Kinder der Opfer, Kinder der Täter, Frankfurt am Main Bergmann, M. S. (Hrsg.) (1995): Kinder der Opfer, Kinder der Täter: Psychoanalyse und Holocaust, Frankfurt a. M.

Bonhoeffer, D. (1975): Ethik, München

Bruckner, P. (1997): Ich leide, also bin ich, Frankfurt a. M.

Comer, R. J. (1995): Klinische Psychologie, Heidelberg–Berlin– Oxford

Damasio, A. R. (1997): Descartes' Irrtum. Fühlen, Denken und das menschliche Gehirn, München

Deleuze, G. (1968): Sacher-Masoch und die Masochisten in: Sacher-Masoch, L. v.: Die Venus im Pelz, Frankfurt a. M.

Dornes, M. (1998): Die frühe Kindheit, Frankfurt a. M.

Drewermann, E. (1982): Psychoanalyse und Moraltheologie – 1. Angst und Schuld, Mainz

Freud, S. (1905, Hrsg. 1982), Gesammelte Werke Bd. 5: Die sexuellen Abirrungen, Frankfurt a. M.

Freud, S. (1923, Hrsg. 1982), Gesammelte Werke Bd. 3: Das Ich und das Es,

Gerisch, B. (1996): Was ist mein Leben, wenn Du mich verläßt, in: Forum Psychoanalyse

Heigl-Evers, A., Heigl, F., Ott, J., Rüger, U. (Hrsg.) (1997): Lehrbuch der Psychotherapie, Stuttgart

Jelinek, E. (1986): Die Klavierspielerin, Reinbek

Kafka, F. (1976): Briefe an Felice, Hrsg. Erich Heller u. Jürgen Born, Frankfurt a. M.

Kierkegaard, S. (1956). Die Krankheit zum Tode, Köln–Olten

Kernberg, O. F. (1997): Wut und Haß, Stuttgart

Kohut, H. (1979): Die Heilung des Selbst, Frankfurt a. M.

Mertens, W. (1992): Kompendium psychoanalytischer Grundbegriffe, München

Montaigne, M. de (1967): Essays, Leipzig

Oliner, M. M. (1995): Hysterische Persönlichkeitsmerkmale bei Kindern Überlebender in: Hrsg. Bergmann, M.S.: Kinder der Opfer, Kinder der Täter, Frankfurt am Main

OPD, Hrsg. Arbeitskreis (1996): Operationalisierte Psychodynamische Diagnostik, Bern–Göttingen–Toronto–Seattle

Reik, T. (1940): Aus Leiden Freuden, London, zitiert nach: 7. Aufl. 1977, Hamburg

Riemann, F. (1989): Grundformen der Angst, München

Sacher-Masoch, L. v. (1968).: Venus im Pelz. Frankfurt a. M.

Stierlin, H (1988): Überlegungen zum Thema Aggression, Selbstdestruktivität und Krankheit unter Berücksichtigung Franz Kafkas und Adolf Hitlers, in: Freiburger literaturpsychologische Gespräche, Band 7, Hrsg. Cremerius, J. u.a. :Masochismus in der Literatur, Würzburg

Theis, Hannelore (1991): Masochismus und Weiblichkeit, Frankfurt a. M.

Tyson, P. u. Tyson, R. (1997): Lehrbuch der analytischen Entwicklungspsychologie, Stuttgart

Vogt, R. (1986): Psychoanalyse zwischen Mythos und Aufklärung, Frankfurt a. M.–New York

Willi, J. (1988): Die Zweierbeziehun«, Reinbek bei Hamburg

Wurmser, L. (1993): Das Rätsel des Masochismus, Berlin–Heidelberg–New York

Siegfried Wiedenhofer

Zur religiösen Hermeneutik des Bösen

1. Zur Fragestellung: Grundbedingungen und Grundregeln einer religiösen Hermeneutik des Bösen

In irgendeiner Weise weiß und spricht jede Religion vom »Bösen«. Wie immer der Religionsbegriff inhaltlich bestimmt werden mag, auf jeden Fall gehört dazu eine grundlegende Unterscheidung, die die Wirklichkeit insgesamt betrifft (vgl. Yinger 1969, 89; Wuchterl 1989; Kutschera 1990). Diese Unterscheidung beruht auf einer grundlegenden Erfahrung, der Erfahrung nämlich, daß die faktisch existierende Welt nicht so ist, wie sie sein könnte und sollte, daß sie ein Ort des Leidens, der Unfreiheit, des Mangels, des Unglücks, der Unvollkommenheit, der Schwäche, der Ansteckung, der Unreinheit, der Gewalt, der Schuld, des Bösen, der Unterdrückung, der Krankheit und des Todes ist, daß die wahre Wirklichkeit anders ist, und daß daher Hoffnung für die Welt und den Menschen besteht, ja sogar schon inmitten dieses Elends erfahren werden kann. Letzte Unterscheidungen, wie etwa die von Göttlichem und Weltlichem, Heiligem und Unheiligem, Gutem und Bösem, Reinem und Unreinen, Wissen und Unwissenheit, Einheit und Zerstreuung gehören daher ebenso zur Religion wie die Zusammengehörigkeit von Leidenserfahrung und Erlösungshoffnung (vgl. Vineeth 1976; O'Flaherty 1976; Parkin Hrsg. 1985; Khoury/Hünermann Hrsg. 1987; Velasco 1991; The Concept of Evil 1994).

Dieser Blick auf die Wirklichkeit, auf das Göttliche, Weltliche und Menschliche geschieht in den einzelnen Religionen in einem unterschiedlich strukturierten Bewußtseinshorizont, in unterschiedlichen Erfahrungsweisen, die jeweils auf bestimmte Aspekte der Wirklichkeit antworten und damit die Wirklichkeit eben z. B. als christliche, buddhistische oder islamische »Welt« verstehen und auslegen. Aber auch in den einzelnen religiösen »Welten« erweist sich das Böse immer noch als eine vielschichtige Realität, die sich infolgedessen in einer Vielfalt von Formen und Gattungen ausdrücken muß: z. B. in der Form des Gebetes, in der Form des Sündenbekenntnisses, in der Form der Sündenfallsgeschichte, in der Form des Glaubensbekenntnisses, in der Form der gottesdienstlichen Handlung usw.

Das religiöse Verständnis des Bösen wird daher nur sichtbar, wenn innerhalb einer bestimmten religiösen Tradition die unterschiedlichen Formen, in denen sich die religiöse Erfahrung des Bösen artikuliert, nicht nur deutlich unterschieden, sondern auch so aufeinander bezogen werden, daß eine komplexe und ganzheitliche Antwort erkennbar wird, und wenn auch die zu unterscheidenden Antworten der verschiedenen religiösen Traditionen auf die Frage einer gemeinsamen religiösen Antwortstruktur hin verglichen werden.

Darüberhinaus zeigt die Religionsgeschichte, daß in keiner religiösen Tradition die religiöse Erfahrungsweise und die damit zusammenhängende religiöse Hermeneutik unverändert geblieben sind. Die religiöse Welt ist offensichtlich nicht nur eine Konstruktion des religiösen Bewußtseins, das völlig unabhängig von den Realitäten der naturalen und geschichtlich-gesellschaftlichen Welt auf Dauer eine fiktive Eigenwelt erzeugen könnte. Die religiöse Welt hat, sofern sie Teil der Welt überhaupt ist, vielmehr notwendigerweise Anteil an der Unabhängigkeit und Widerständigkeit der Wirklichkeit. Infolgedessen muß auch das religiöse Bewußtsein immer wieder auf Realitäten (z. B. neue Situationen, neue Aspekte der naturalen Welt usw.) stoßen, die sich dem bisher gültigen religiösem Verstehen versperren und die sogar eine Veränderung der religiösen Erfahrungsweise und der religiösen Hermeneutik, im extremsten Fall sogar den Untergang von bestimmten religiösen Traditionen erzwingen konnten. Religiöse Erkenntnis ist daher wie jede Erkenntnis letztlich das Resultat einer Dialektik von Erkenntnishorizont und Erkenntnisgegenstand. Ohne bestimmten Erfahrungs- und Erkenntnishorizont gäbe es keine Erfahrungs- und Erkenntnisgegenstände. Aber ohne Eigenständigkeit der Welt gäbe es auch keine Bewährung oder Entwicklung des Erfahrungs- und Erkenntnishorizonts (Schaeffler 1995). Aufgrund dieser dialektischen Konstitution ist religiöse Rede sowohl Wiederspiegelung und Instrument einer bestimmten religiösen Erfahrungsweise als auch Beschreibung und Erklärung einer religiösen Welt, in die nicht nur die Vielfältigkeit der Wirklichkeit, sondern auch in unterschiedliche Weise vielfältiges Weltwissen eingegangen ist. Denn auch der Gläubige kann letztlich nur als einheitliches Subjekt und nur in einer einheitlichen Welt wirklich leben.

Das Gesagte gilt natürlich auch in bezug auf die religiöse Rede vom Bösen. Diese ist daher zum einen das Resultat einer spezifisch religiösen Erfahrungsweise – deshalb wird es z. B. weder für die Wissenschaft noch für die Kunst ansichtig. Zum anderen ist es Teil der religiösen Welt und muß, wenn es eine Einheit der Welt gibt, in irgendeiner Weise auch mit den anderen Welten in Beziehung stehen. Für die religiöse Weltauslegung und -erklärung sind daher bestimmte Aspekte der nicht-religiösen Seite der Wirklichkeit also durchaus relevant.

Die religiösen Zeugnisse, speziell auch diejenigen, die vom Bösen sprechen, sind daher nur richtig verstanden, wenn sie zum einen als Ergebnis eines spezifisch religiösen Erfahrungshorizontes und darüberhinaus auch als Ergebnis des spezifischen Erfahrungshorizontes einer bestimmten religiösen Tradition ausgelegt werden, und wenn sie zum anderen als Teil der religiösen Welt ausgelegt werden, die wegen der geforderten Einheit der Wirklichkeit immer auch Ergebnisse anderer Zugänge zur Wirklichkeit (z. B. wissenschaftlicher, ästhetischer oder politischer Art) mitenthält.

Im Rahmen der tiefgreifenden abendländischen sozio-kulturellen Differenzierungsvorgänge, in denen sich Glaube, Denken und Wissen, Religion und Kultur, Mythos und Logos, Kultur, Philosophie und Wissenschaft immer stärker ausdifferenziert haben, hat der Rationalisierungsvorgang zwangsläufig auch die Religion erfaßt und zur Ausbildung einer Theologie und auch einer philosophischen Theologie geführt. Mit dem Übergang vom Mythos zur Philosophie und zur Theologie geschieht natürlich auch eine strukturelle Transformation der religiösen Hermeneutik des Bösen. Im griechischen Denken, das aus dem Mythos ausgezogen war und das darin die abendländische Philosophie begründet, wird zunächst die Kosmogonie zur Kosmologie und schließlich zur Ontologie (Weizsäcker 1976, 50–73; Schaeffler 1983, 50–63). Aus der Frage, woher die Welt und auch das Böse gekommen ist, wird die Frage, was die Welt ist, was es bedeutet, daß etwas ist, was Sein bedeutet und was bedeutet, daß nicht nichts ist, was das Wesen des Guten und des Bösen ist usw.

Es ist klar, daß sich in einer solchen theologisch-philosophischen Reflexion der religiösen Erfahrung des Bösen mit der Form und den Voraussetzungen auch die Inhalte ändern. Die theologische Rede vom Bösen wird mitabhängig von den jeweiligen philosophischen Voraussetzungen und den jeweils herrschenden wissenschaftlichen Erkenntnissen. Dadurch nimmt die theologische Rede vom Bösen eine eigentümliche Gestalt an. Gegenüber dem Mythos und den ursprünglichen Äußerungen der religiösen Erfahrung stellt sie eine nachträgliche Rationalisierung dar. Gegenüber den anderen Reflexionsweisen (Philosophie, Wissenschaft, Kunst) erscheint sie immer noch als Ausdruck eines Glaubens. Im Rahmen des theologischen Rekonstruktionsvorgangs gerät gerade die religiöse Rede vom Bösen in neue Probleme, weil das, was in der religiösen Erfahrung und in der religiösen (mythischen) Erzählung noch eine Einheit bilden kann, nun in der Transformation in ein konsistentes einheitliches System von Begriffen und Aussagen inkonsistent zu werden scheint. Während z. B. in der Erfahrung des Schuldigwerdens die Anerkennung der individuellen Verantwortlichkeit mit der Erfahrung des Gefangenseins unter der Macht des Bösen bzw. des tragischen In-etwas-verstrickt-worden-Seins eng miteinander verbunden sein kann, scheinen im Begriff der Erbsünde die

beiden begrifflichen Bestimmungsmerkmale, nämlich der biologische Begriff
des Erbes und der sittlich-religiöse Begriff der Sünde, in einer eher als
problematisch empfundenen Weise miteinander verknüpft. Das bedeutet
für eine religiöse Hermeneutik des Bösen: Eine theologische Reflexion
der religiösen Rede vom Bösen ist notwendig, und zwar auch für diese
selbst. Sie ist jedoch nur dann angemessen, wenn sie den Übergang zwischen
der religiösen Erfahrung des Bösen und der theologischen Systematisierung
und Rationalisierung hinreichend einbezieht. In der nun folgenden religiösen
Hermeneutik des Bösen soll daher zunächst eine möglichst ursprüngliche
(d.h. vor den großen Differenzierungsbewegungen liegende) religiöse
Auslegung der Welt (als Erscheinungsort des Bösen) in den Blick genommen
werden.

2. Die religiöse Hermeneutik des Bösen im Rahmen einer ursprünglichen religiösen Weltsicht

Mit R. Schaeffler kann man vier Grundformen religiöser Rede unterscheiden (Bekenntnis, Mythos, Kultus und Zeugnis) und dabei das Selbstverständnis der Gläubigen eher in Bekenntnis und Zeugnis, die »Fundstelle«
des religiösen Weltverständnisses dagegen eher in Mythos und Kultus sehen
(Schaeffler 1973, 135–210, zum religiösen Verständnis der Welt 161–174).
Denn sowohl in der mythischen Ursprungsgeschichte als auch in der religiösen
Kultfeier geht es wesentlich um die Vergegenwärtigung der göttlichen Kraft,
die Welt und Geschichte erst ermöglicht. Sehen wir uns daher die religiöse
Erfahrung und Interpretation des Bösen in den religiösen Mythen und Riten
etwas näher an.

2.1. Die Mythen des Bösen

Heute können alte religiöse Schöpfungs- und Sündenfallgeschichten
immer noch irrtümlicherweise als Weltbeschreibungen verstanden werden,
die mit wissenschaftlichen Aussagen über die Welt konkurrieren. Die
christlichen Kreationisten z. B. verstehen diese alten Geschichten buchstäblich als göttlich geoffenbarte Aussagen über die Weltentstehung.
Infolgedessen müssen sie alle anderen Welterklärungstheorien ablehnen
(vgl. etwa Youngblood Hrsg. 1986). In analoger Weise verstehen auch
rationalistisch oder naturalistisch argumentierende Philosophen und
Wissenschaftler religiöse Mythen als primitive Form der Welterklärung.
Deshalb müssen sie diese durch die späteren wissenschaftlichen Formen
der Welterklärung als überholt und überwunden betrachten (Albert 1969,
104–130; Albert 1979; Topitsch 1979; Topitsch 1988; Erben 1986;

Kanitscheider 1979; Kanitscheider 1994). Solche Vorstellungen übersehen jedoch nicht nur die Mehrdimensionalität und -funktionalität des Mythos, sie verabsolutieren und generalisieren auch bestimmte geschichtlich entstandene Formen des wissenschaftlichen Weltverständnisses. Der Mythos hat nämlich – so viele Aspekte und Funktionen er auch sonst noch besitzen mag (vgl. Hübner 1985, 84–92; Hübner 1987) – prinzipiell auch eine transzendentale und hermeneutische Funktion. D.h., Mythen sind in erster Linie nicht Darstellung der (religiösen) Erfahrungswelt, d.h., (religiöse) Beschreibung der Gesamtwirklichkeit, die dann mit einer wissenschaftlichen Beschreibung der Welt konkurrieren könnte, sondern sie sind primär erzählerische Artikulation der (religiösen) Erfahrungsweise. In der Form einer Geschichte liefern sie die grundlegende Perspektive und die grundlegenden Unterscheidungen, die uns ermöglichen, das, was uns begegnet, religiös einzuordnen und zu verstehen. Sie beschreiben nicht, was einmal geschehen ist oder was heute geschieht, sondern sie geben zu sehen, zu verstehen, zu denken, zu erfahren, was die Welt im Innersten zusammenhält und was sie bedeutsam macht. Die Ursprungsmythen sprechen also nicht vom empirischen Ursprung der Welt, wie die Naturwissenschaften, sondern sie machen die Welt von ihrem letzten und eigentlichen Ursprung und Sein in ihrer Vielgestaltigkeit und auch Widersprüchlichkeit verstehbar und lebbar (Cassirer 1977; Schaeffler 1973, 1974, 1991, 1995; Ricoeur 1974, 1974a, 1991; Hübner 1985, 1987; Panikkar 1979, 1989). Deshalb gibt es auch kein religiöses Weltverständnis, das nicht die dunkle Seite der Wirklichkeit miteinschlösse. Gerade, weil in diesen mythischen Erzählungen vom Ursprung des Bösen und seinem Ort in der Wirklichkeit die individuelle und kollektive religiöse Erfahrung und die religiöse Interpretation der Welt und der Wirklichkeit als ganzer am direktesten miteinander verbunden sind, eignen sie sich auch hervorragend als Ausgangspunkt für eine Erörterung der religiösen Hermeneutik des Bösen.

Alle »Mythen des Bösen« weisen nach Paul Ricoeur (vgl. Ricoeur 1971, 185–200) einige gemeinsame Charakteristika auf: 1. In einer exemplarischen Geschichte reden sie von der Menschheit insgesamt (»Adam« ist der Mensch schlechthin, die Einheit aller Menschen). 2. In ihrer Erzählung vom Anfang und Ende der Verfehlung bringen sie eine Bewegung und Spannung in jede menschliche Erfahrung (sie erweist sich durchzogen von der Geschichte des Unheils und Heils der Menschheit). 3. In der Form einer Erzählung geben die Mythen des Bösen Rechenschaft vom Übergang zwischen einem Urzustand der Unschuld und dem jetzigen Sünder-Sein. Von besonderer Bedeutung sind auch Pluralität und Narrativität der Mythen des Bösen. In dem Maß, in dem das Heilige sich selbst als noch fließend, vielgestaltig und unbestimmt erweist und sich auch der Mensch noch nicht in die Einheit und Personalität des Bewußtseins zu sammeln vermag, kann er die gespaltene Wirklichkeit und die verlorene Ganzheit und Unschuld nur in einer Vielfalt von Mythen und Riten, von heiligen Erzählungen und heiligen Handlungen, zu überwinden versuchen. Deswegen gibt es auch eine solche chaotische Fülle der Mythen des Bösen. Weil der Übergang vom Uranfang zum jetzigen Weltzustand selbst schon einen dramatischen Charakter aufweist, kann der Mythos des Bösen nur die Form einer Erzählung annehmen. Sein Gegenstand ist ja eine Bewegung, ein Prozeß, ein Drama. Der Übersicht halber ist es nun allerdings notwendig, die Fülle der Mythen des Bösen auf einige Grundtypen zurückzuführen. Im folgenden wird im Anschluß an Paul Ricoeur, aber in Modifikation seines Vorschlages, der von vier Grundtypen ausgeht (P. Ricoeur 1971, 201–348) von drei Grundtypen religiöser Ursprungsmythen und damit drei Idealtypen religiösen Weltverständnisses ausgegangen: der monistischen Antwort, der dualistischen Antwort und dem Schöpfungsglauben.

Die monistische Antwort kann man sich am Beispiel des akkadischen Weltschöpfungsepos Enuma Elisch (»Als droben«) vor Augen führen, das wahrscheinlich im 12./11.Jahrhundert v.Chr. entstanden ist und das mindestens ab 700 v.Chr. (vielleicht auch schon früher) regelmäßig am vierten Tag des Neujahrsfestes (der großen kultischen Staatszeremonie) im Marduktempel Esangila in Babylon zur Verherrlichung des Reichsgottes Marduk rezitiert worden ist (Text bei Beyerlin Hrsg. 1985, 108–110). Der Mythos erzählt zunächst von der Erschaffung der Götter durch das Urpaar Apsu (Urozean) und Tiamat (»Gebärerin«?) und von weiteren Göttergenerationen. Weil das Lärmen der jüngeren Götter dem alten Apsu die Ruhe raubt, beschließt er ihre Vernichtung (zunächst gegen den Widerspruch der Tiamat). Im Kampf wird Apsu aber dank der kräftigen Beschwörung Eas getötet. Nun will Tiamat den Gatten rächen. Als einziger wagt es gegen sie Eas Sohn Marduk anzutreten, der als Preis seines Sieges die Oberherrschaft über Götter und Kosmos verlangt und auch zugesagt erhält. In einem gewaltigen Kampf tötet er Tiamat und ihre Helfer, zerteilt Tiamats Leib, formt aus ihm Himmel und Erde, gibt dem Himmel eine Ordnung und erschafft aus dem Blut des Kingu, Tiamats mächtigstem Helfer, die Menschen als Diener der Götter. Zum Dank bauen ihm die Götter den Tempel Esangila und dessen Stufenturm und preisen den Sieger mit 50 Ehrennamen. Enlil, der frühere Götterfürst übergibt ihm schließlich die Herrschaft über das All.

Die grundlegende Antwort des Mythos auf die existentielle Frage nach der Herkunft der inneren Beschaffenheit dieser Welt besteht hier darin, daß Schöpfung Ordnungsstiftung bedeutet und daß daher die Ordnung als Ende und nicht als Anfang einer Entwicklung verstanden ist. In der Entstehung der Götterwelt entsteht zugleich auch die Ordnung: konkret durch den Sieg der späteren über die frühesten Mächte der Gottheit. Aus dem ambivalenten Ursprung geht sowohl das Böse und Monströse wie auch das späte Prinzip der Ordnung (Marduk) hervor. Gerade wegen seiner Ambivalenz und Unentschiedenheit muß der blinde Ursprung zerstört und überwunden werden. Denn im Chaos ist Leben unmöglich.

Das bedeutet bezüglich des Verständnisses von Gott und Welt: Das Böse, das Chaos, ist die Vergangenheit, das Gute, die Ordnung, ist die Zukunft des Seinsprozesses. Die Schöpfung ist die göttliche Überwindung des Unheils zum Heil und fällt daher mit der Erlösung zusammen. Zugleich ist die göttliche Schöpfertat, die trennt, bemißt, Ordnung und Lebensmöglichkeit schafft, eine Verbrechertat, die dem Leben der ältesten Götter, der Chaosgötter, ein Ende macht. Auch der Mensch wird aus einem Verbrechen geboren. Denn der Anführer der rebellischen Götter wird schuldig erklärt und getötet. Und aus seinem Blut wird der Mensch geschaffen, der jetzt die Aufgabe hat, die großen Götter stellvertretend für die besiegten Götter zu bedienen und zu ernähren. Das bedeutet für das menschliche Selbstverständnis zum einen: Der Mensch ist nicht Ursprung des Bösen; er findet das Böse immer schon vor und setzt es selbst fort. Einer solchen Sicht des Bösen muß zwangsläufig eine Weltanschauung entsprechen, die den Kult zum Zentrum hat. Weil das Heil in der Schöpfung besteht, kann es Heil auf der Ebene der menschlichen Geschichte nur geben als Teilhabe und als Aktualisierung des Schöpfungs- bzw. Ordnungsvorgangs selbst. Deshalb muß die Schöpfung als Heilsvorgang durch regelmäßigen kultischen Nachvollzug ständig erneuert und vergegenwärtigt werden (Babylonisches Neujahrsfest). Zum anderen aber bedeutet dies auch: Der Mensch partizipiert am Schöpfungsvorgang, an der Herstellung, Durchsetzung und Bewahrung der Ordnung. Aber gerade weil Marduk die Identität von Schöpfung und Zerstörung darstellt, ist auch die menschliche Gewalttat durch die Urgewalttat prinzipiell gerechtfertigt. Wie sich im König von Babylon die Gottheit widerspiegelt, so spiegelt sich in seinen historischen Feinden das Urböse. Wie jenes durch eine Gewalttat, durch Krieg, Mord und Betrug überwunden wurde, so ist auch der König, der Diener Gottes, beauftragt, seine Feinde mit Gewalt zu vernichten. Der Krieg ist heilig, weil er dem göttlichen Urbild und Vorbild entspricht. Der assyrische Imperialismus und Militarismus zwischen der Mitte des 2. Jahrtausends und der Mitte des 1. Jahrtausends v. Chr. ist eng mit dieser politischen Schöpfungstheologie verbunden. Alle modernen Theorien, in denen die naturale und die kulturelle Genese der Ordnung mehr oder minder zusammenfallen und der Fortschritt der Entwicklung im Sieg der Ordnung über die Unordnung besteht, ob es sich um Evolutionstheorien oder dialektische Geschichtstheorien wie etwa den Marxismus handelt, basieren im Grunde immer noch auf diesem Schöpfungsmythos.

Für den zweiten religiösen Antworttyp, die dualistische Antwort, kann etwa der orphische Mythos, der Mythos der verbannten Seele, als Beispiel dienen. Dieser Mythos erzählt, wie der Zeussohn Dionysos von den verschlagenen und grausamen Titanen zerrissen und verspeist wurde und wie Zeus dann die Titanen mit seinem Blitz bestrafte und aus ihrer Asche das Menschengeschlecht entstehen ließ, weshalb der Mensch seiner Herkunft nach am Dionysischen und am Titanischen teilhat. Die seit dem 6. Jh. v. Chr. nachweisbare orphische Bewegung verfolgte das Ziel, sich aus dem Titanischen als dem Irdischen und Bösen zu befreien und zum Dionysischen als dem Göttlichen und Guten zurückzukehren. Dieser Typ der Ursprungsmythen spaltet also den Menschen auf in Seele und Leib und erzählt, wie die Seele, die göttlichen Ursprungs ist, Mensch wurde, wie der Leib, der dieser Seele eigentlich fremd ist und der in vielerlei Hinsicht schlecht ist, dieser Seele verbunden wurde, und wie der Mensch die Vermischung dieser widerstrebenden Teile ist. Wahrscheinlich war im ursprünglichen Mythos der Leib noch nicht der Ursprung des Bösen; vielmehr schien die Seele selbst schon ein früheres Böses mitzubringen, das sie im Leib sühnt (vermutlich auf dem Hintergrund der indoeuropäischen Seelenwanderungslehre). Aber in dem Maß, in dem der Leib als immer wieder neue Bestrafung der Seele verstanden wurde, veränderte sich auch die Vorstellung von der Seele. Die Seele ist nicht von hier, sie kommt anderswo her, sie ist göttlich; in diesem Leib befindet sie sich in der Verbannung und seufzt nach Befreiung. So ist der Mensch teils unsterblich, teils sterblich, teils gut, teils böse. In der Rückkehr der Seele zu ihrem göttlichen Ursprung besteht das Heil. Dieser Akt der Rückkehr ist die Erkenntnis. Erkenntnis ist Heil, weil Zu-sich-selbst-Erwachen der verbannten Seele. Hier ist z.T. sowohl die platonische und neuplatonische Philosophie grundgelegt wie auch die große Bewegung der antiken Gnosis fundiert. Ja selbst die großen indischen Religionen artikulieren sich mehr oder weniger im Rahmen dieses Grundmythos.

Das deutlichste Beispiel für den dritten Antworttyp, den Schöpfungsglauben, stellt die biblische Schöpfungs- und Sündenfallgeschichte in Gen 2–3 dar. Dieser Ursprungsmythos deutet das ambivalente Wesen der gegenwärtigen Welt in der Doppelform von Schöpfungsgeschichte und Sündenfallgeschichte, die zwar zusammengelesen werden müssen, die aber gleichzeitig zwei gänzlich verschiedene Geschichten sind. Der Adamsmythos von Gen 3, die Sündenfallgeschichte, ist im Unterschied zu den beiden anderen Schöpfungsmythen ein strikt anthropologischer Mythos; d.h. er führt den Ursprung des Bösen auf einen Vorfahren der gegenwärtigen Menschheit zurück und hält damit den Ursprung des Guten und den Ursprung des Bösen streng auseinander. Im Paradies wird Eva, die Frau des Urmenschen Adam, von der Schlange versucht, von den verbotenen Früchten des Baumes, der in der Mitte des Gartens steht, zu essen, um zu werden wie Gott. Eva gibt der Versuchung nach und ißt und gibt auch Adam zu essen. Als Folge der Übertretung wird der Mensch aus dem Paradies vertrieben und muß nun in einer Welt des Leidens und des sich ständig vermehrenden Bösen weiterleben.

Sieht man sich die Struktur dieses Adamsmythos von Gen 3 etwas näher an, so enthüllt sich ein zweifacher Aspekt: Einmal versucht der Mythos alles Böse der Geschichte in einem einzigen Menschen, in einem einzigen Akt zusammenzufassen. Dadurch wird das Sprunghafte und Irrationale des Übergangs betont. Zum anderen wird dieses Ereignis in ein ganzes Drama eingebettet, das Zeit braucht zum Ablauf und das sich in einer Folge von Vorfällen entfaltet und das mehrere Mitspieler einbezieht. Dadurch wird die Komplexheit und Schillerndheit des Vorgangs betont. Durch die Schilderung des Sündenfalls als Ereignis wird gesagt: Von jetzt an sind Größe und Schuld des Menschen unentrinnbar vermischt, aber so, daß beide Aspekte doch auch deutlich auseinandergehalten werden. So radikal und universal das Böse sich in der Geschichte erweist – es ist nicht unsere ursprüngliche Realität, es definiert nicht unser Mensch-Sein, es ist vielmehr kontingent, geschichtlich. Indem der Sündenfall in einer mythischen Geschichte erzählt wird, kann beides festgehalten werden: Die Radikalität und Universalität des Bösen und seine Kontingenz und Geschichtlichkeit.

Indem der Sündenfall als Drama der Versuchung erzählt wird, wird der Zwischenraum zwischen Unschuld und Schuld durch eine Art Taumel, durch eine Verstrickung und Versuchung ausgefüllt. Hier spielt gerade die Schlange eine beherrschende Rolle. Sie bringt nämlich diesen Taumel, dieses Verschwimmen der Konturen in Gang durch ihre Frage, die sich des Verbots bemächtigt und es in den Kontext des Zweifels stellt. Und dadurch wird, was bisher die heilsame Grenze zwischen Schöpfer und Geschöpf markiert hat, zum Verbot, das die Begierde weckt. Die Endlichkeit verliert ihr Wesen und wird zum Begehren nach Unendlichkeit, aber zu einer Unendlichkeit der Begierde, die ruhelos sich immer wieder neu alles bemächtigen will. Sobald die Grenze aufhört, das Heil zu sein und Gott den Weg des Menschen durch seine Verbote zu versperren scheint, sucht der Mensch seine Freiheit in der Überschreitung der Grenze, im Bestreben, sich als Schöpfer seiner selbst zu erweisen und sich selbst ins Sein zu setzen. Fortan scheint die schlechte Unendlichkeit der menschlichen Begierde und das Immer-Anders und Immer-Mehr die menschliche Wirklichkeit zu beseelen. Es bedarf daher eines erneuten, erlösenden Zugehens Gottes auf die Welt, einer Begegnung, die schließlich die Hoffnung auf die endgültige Vollendung der Welt aus sich entlassen wird. Der christliche Gottesglaube wird daher, wie das Glaubensbekenntnis zeigt, eine charakteristische trinitarische Struktur aufweisen. Es ist zum einen das Bekenntnis zum einen, aber in sich unterschiedenen Gott, zum Vater, dem schöpferischen

Gott über uns, der Grund und Ziel der Welt ist, zum Sohn, dem erlösenden
Gott mit uns, der auf dem Weg der Geschichte vorangeht und mitgeht,
und zum Heiligen Geist, dem vollendenden Gott in uns, der uns innerlich
erfüllt. So ist der christliche Schöpfungsglaube von Erlösung und Vollendung
wohl zu unterscheiden, aber nicht zu trennen und umgekehrt.
Auch was die Befreiung vom Bösen betrifft, schlägt dieser Mythos des
Bösen einen eigenen Weg ein. Die Befreiung erfolgt nicht mehr in primär
kosmologischer, sondern heilsgeschichtlicher Perspektive. Das Heil
entwickelt sich auf der Ebene der Geschichte, weil auch das Böse geschicht-
licher Natur ist. Dem Sündenfallmythos von Gen 3 entspricht daher eine
heilsgeschichtliche und eschatologische Erlösungslehre.

2.2 Das Böse im Kultus

Der zweite große Ort, an dem die ursprüngliche religiöse Welterfahrung
und Weltinterpretation und damit auch des Bösen in der Welt verfolgt werden
kann, ist der Kult, das gottesdienstliche Handeln der Gläubigen bzw. der
gläubigen Gemeinschaft. Eben dies zu erkennen ist heute in ähnlicher Weise
schwierig wie im Fall des Mythos. Im Zug der abendländischen Differenzierungsbewegungen ist nämlich auch das religiös-kultische Handeln so
ausdifferenziert worden, daß es nur noch sekundär mit der Welt zu tun
zu haben scheint. Sofern es als Gottesdienst problematisch geworden ist
(welchen Dienst soll und kann der Mensch denn Gott leisten), ist es
zunehmend aus einem Zweckhandeln, das etwas zu bewirken sucht, zu
einem Ausdruckshandeln geworden, das ein inneres Gefühl zum Ausdruck
bringen soll und dessen Wirksamkeit sich daher auf eine Art Informations-
und Motivationsverstärkung bei den versammelten Gläubigen beschränkt.
Durch die neuzeitliche Aufwertung des produktiven und kreativen Handelns
ist gleichzeitig der rituelle Charakter gottesdienstlichen Handelns zum
Problem geworden. Der Gottesdienst erscheint nun als bloßes Ritual. Und
als religiöse Feier scheint der Gottesdienst ohnedies in einen Sonderraum
abgedrängt (Sonntag, Festtag), der mit dem Alltag und Werktag nichts
mehr gemein hat (vgl. Schaeffler 1974, 11–16).
Eigentlich müßten nun in Entsprechung zu den Grundtypen der Mythen
des Bösen Grundtypen des religiösen Kultes unterschieden werden, um
die Unterschiede im kultisch vermittelten religiösen Weltverständnis sichtbar
zu machen. Es wäre also zum einen z. B. der babylonisch-assyrische
Tempelkult (mit dem babylonischen Neujahrsfest) herzunehmen (vgl.
Zimmern 1906), um zu sehen, wie hier die Welt und das Böse in der Welt
begegnen. Damit wäre dann das Verständnis des Bösen gnostischen bzw.
dualistischen Kulten zu vergleichen (vgl. Turner 1994), in denen die
Rückkehr zur»himmlischen« Herkunft (etwa in Meditation, Askese und

Ekstase) immer auch eine Abkehr von der Weltverfallenheit bedeutet. Und dann wäre schließlich auch noch das davon deutlich unterschiedene Verständnis der Welt und des Bösen im jüdischen und christlichen Gottesdienst herauszuarbeiten (vgl. Henrix Hrsg. 1979; Häußling Hrsg. 1991).

Da sich hier aber im wesentlichen nur das noch einmal bestätigen würde, was mit Blick auf den Mythos schon gesagt worden ist, sei hier der religiöse Kult in anderer Hinsicht auf seine spezifische Weltdeutung (und damit auch Deutung des Bösen) befragt. In dieser anderen Hinsicht, die gewissermaßen den vorhin genannten Differenzierungen noch vorausliegt, erscheint der religiöse Kult vor allem als wirksames menschliches religiöses Zeichenhandeln, das für den Bestand der Welt (und die Entdeckung und Überwindung des Bösen) unerläßlich ist (vgl. dazu vor allem Schaeffler 1973, 161–174, Schaeffler 1974, Schaeffler 1977). Zunächst tut auch die kultische Zeichenhandlung nichts anderes, als was auch der Mythos tut: Sie überwindet die »Ferne« des göttlichen Gründungshandelns, indem sie das, was immer schon geschehen ist, je neu gegenwärtig setzt. Aber sie tut dies im Unterschied zur Erzählform des Mythos in einer kultischen Zeichenhandlung, in der die göttliche Gegenwart zugleich im Bild verhüllt wird. Darin besteht auch die spezifische Notwendigkeit des Kultes: Die Welt bedarf zu ihrem Bestand und Selbstand sowohl der Vergegenwärtigung des Heiligen (ohne dessen Nähe sie nicht existieren könnte) als auch der Verhüllung dieser Nähe im Bild und Zeichen, weil die Welt sonst von der Unmittelbarkeit des Göttlichen aufgesogen und zerstört würde. Damit wird hier im Zusammenhang des religiösen Kultes etwas für das religiöse Verständnis des Bösen sehr Wichtiges sichtbar: Die religiöse Welterfahrung blendet ursprünglich die negativen Weltphänomene keineswegs aus, um die Gutheit des Göttlichen in der Gutheit der Welt wiederzuerkennen. Im Gegenteil, die ganze Wirklichkeit, d.h., Tod und Leben sind zusammen Zeichen und Erscheinungsweisen des Göttlichen. »Das Heilige ist nicht nur zugleich vorzeitig-fern und weltwirksam-nah; es ist in seiner Nähe wie in seiner Ferne die Einheit von Lebensermöglichung und Tötungsmacht. Seine unverstellte Nähe wäre für die Wirklichkeit des Menschen und der Welt ebenso vernichtend wie sein völliger Entzug« (Schaeffler 1973, 162). Die Welt ist radikal bedroht, wenn der Gott fern ist, und nicht weniger bedroht, wenn der Gott erscheint. »Das Heilige ist darin radikal paradox, daß es in seiner Nähe wie in seiner Ferne zugleich die Möglichkeit und die Unmöglichkeit von Welt und Mensch begründet« (Schaeffler 1973, 164). Deshalb hat der Begriff des Heiligen eine kritisch-hermeneutische Funktion. Er macht die Erscheinungsweise des Heiligen begreifbar: »Alles, was vom Heiligen verschieden ist, vermag nur zu sein, sofern das Heilige ihm als Grund seiner Existenz nahe ist und zugleich mit seiner tötenden Übermacht an sich hält. Die ›verhüllte Gegenwart‹ des Heiligen ist die

Möglichkeitsbedingung aller Weltwirklichkeit. Solch verhüllte Gegenwart wird in den kultischen Zeichen vermittelt, aber nicht in ihnen allein« (Schaeffler 1973, 164). Sie wird auch in der Welt selbst vermittelt: »Das Heilige ›ist da‹, indem es weltbegründend und weltvernichtend tätig ist. Die Existenz von Welt und Mensch selbst ist deshalb die ›Erscheinung‹, in der das Heilige sich zeigt. Sie ist selbst ›das Bild‹, das die Mächtigkeit des Heiligen zugleich offenbart und verhüllt. Die Gründungsmacht des Heiligen ›zeigt‹ sich in der Existenz der Weltwirklichkeit, sofern sie sich, diese Existenz ermöglichend, als wirksam erweist. Sie ›verbirgt‹ sich zugleich, sofern die Weltwirklichkeit, so lange sie fraglos da ist, nicht erkennen läßt, daß sie eines solchen Möglichkeitsgrundes bedarf. Auch der Untergang von Mensch und Weltgestalt ist ›Erscheinung‹ des Heiligen. Es ›zeigt‹ sich darin als vernichtende Übermacht. Aber es ›verbirgt‹ sich zugleich, sofern es sich selbst in der Vernichtung des Welthaften den ›Ort‹ seines Erscheinens entzieht. Vor allem aber verdecken die beiden Weisen des Erscheinens sich gegenseitig« (Schaeffler 1973, 165). »So fällt die Erfahrung des Heiligen mit einer Auslegung der Welt zusammen. Das Heilige wird ›angetroffen‹, indem das welthaft Wirkliche als seine Erscheinung verstanden wird. Die Welt wird religiös verstanden, indem sie als Erscheinung auf das Heilige hin ausgelegt wird. Die Rede vom Heiligen erweist sich als unlöslich verbunden mit einer Hermeneutik der Welt« (Schaeffler 1973, 166).

Im Lichte des Heiligen nimmt die Welterfahrung also religiösen Charakter an: »Dabei zeigt sich das Wirkliche in der Welt und die Welt im Ganzen unter dem paradoxen Doppelaspekt einer radikalen Labilität und einer beständigen Erneuerung« (Schaeffler 1973, 167). Dies ist es ja auch, was sich allüberall durch Erfahrung bestätigt: Nirgendwo ist ruhiger Bestand, überall zeigt sich Werden und Vergehen. Nicht der Untergang ist die Ausnahme, sondern das Seinkönnen muß erklärt werden. »Alles Wirkliche in der Welt findet seine Erneuerung und damit den Grund seines möglichen Fortbestehens gerade dort, wo es in der Epiphanie des Heiligen in seine tödliche Bedrohung geführt wird« (Schaeffler 1973, 167). Die religiöse Erfahrung, die hinter dem kultischen Handeln steht, sieht das wirklichkeitssetzende und bestandgebende göttliche Wirken also nicht in Absehung von der Negativität der Weltphänomene, sondern gerade unter ihrer Voraussetzung. Weil Tod und Leben aus dem gleichen Ursprung stammen, erweist sich das eigentliche göttliche Handeln in dem aus der Vernichtung wiedergeschenkten Leben. Durch die Erfahrung des Heiligen wird so gerade die Untrennbarkeit von Untergang und Erneuerung verständlich. »Untergang und Erneuerung gehören deswegen wesentlich zusammen, weil in beiden der identische Grund, das Heilige, erscheint« (Schaeffler 1973, 169). Denn das Heilige ist der gemeinsame Grund des Seinkönnens und Nichtseinkönnens der Weltwirklichkeit: »Weil das Heilige die ἀρχὴ der Weltwirklichkeit im ausgezeichneten Sinne ist, von der die mythische Archaiologia berichtet und die im kultischen Zeichen vergegenwärtigt wird, darum ist es notwendig und verständlich, daß alles Wirkliche die überall erfahrbare paradoxe Doppelgestalt zeigt: es ist aus dem Möglichkeitsgrund seiner Existenz und darum in seinem eigenen Grunde bedroht; und es ist zwar niemals vor dem Untergang geschützt, findet aber gerade in ihm den Grund seiner Erneuerung« (Schaeffler 1973, 169).

In dieser ursprünglichen religiösen Kulttradition ist das Böse in der Form der negativen Kehrseite des Lebens unmittelbar thematisiert. Dies muß auch so sein, wenn die ganze Wirklichkeit als Erscheinungsgestalt des göttlichen Wirkens verstanden werden soll. Auch das Zerstörerische und Selbstzerstörerische in der Welt ist eine, wenn auch nicht die entscheidende zeichenhafte Manifestation des Göttlichen. Sofern nämlich jede authentische Religion prinzipiell eine zuverlässige Erlösungshoffnung einschließt, steht auch hier der lebenschaffende, lebenerhaltende und lebenerneuernde Charakter des göttlichen Wirkens im Vordergrund. Gerade darin erweist sich die heilsame Nähe und Ferne der Gottheit. Und selbst im personal, geschichtlich und anthropologisch zentrierten Strukturmuster des christlichen Glaubens steht der auferweckte Gekreuzigte im Mittelpunkt des Erlösungsbekenntnisses, darin immer noch das sakramentale Zeichen der Dialektik von Verborgenheit und Offenbarkeit Gottes, von Gericht und Gnade, von Zorn und Barmherzigkeit.

Diese kultische Sicht der Welt läßt jedoch nicht nur die Kontingenz und Abhängigkeit des welthaften Seins deutlich werden, sie führt gleichzeitig auch zu einem positiven Verständnis der Welt. Denn kultisches Handeln ist zwar einerseits menschliches Handeln, in dem der Gottheit Raum gegeben wird zu ihrem Welt und Geschichte immer wieder erneuerndem Wirken. Aber zugleich ist dieses menschliche Handeln zusammen mit den welthaften Vorgängen notwendig, weil nur darin das Wirken Gottes in der Welt seine Erscheinungsgestalt gewinnen kann. Damit der Kult zur Welterneuerung werden kann, müssen daher die Apriorität göttlichen Wirkens und die Aposteriorität des menschlichen Handelns und des Geschehens in der Natur sich verbinden. Kulthandlung und Weltlauf sind daher als die beiden Hälften eines doppelgestaltigen Zeichens zu verstehen, das für die Wiederkehr des göttlichen Urwirkens und damit für den Bestand der Welt entscheidend ist (vgl. Schaeffler 1974).

*3. Konsequenzen für das Gespräch zwischen religiöser und
wissenschaftlicher Sicht des »Bösen«*

*3.1. Die Pluralität und die Komplexität der religiösen
und der wissenschaftlichen Sicht des Bösen*

Es gibt nicht nur eine Vielzahl wissenschaftlicher Disziplinen, die
sich mit der »Nachtseite des Lebens« (Watson 1997) beschäftigen,
sondern auch in den einzelnen Disziplinen selbst eine Vielzahl von
theoretischen Ansätzen, die häufig nicht mehr miteinander vermittelt
werden können.

In ähnlicher Weise gibt es auch unter den Religionen eine Vielzahlt
von Verständnissen des »Bösen«, die den Charakter einer (sich freilich
nicht in jeder Hinsicht ausschließenden) Alternative haben. Jedenfalls
lassen sich die drei Grundtypen der »Mythen des Bösen« z. B. nicht auf
einen gemeinsamen Nenner bringen. Sie stellen insofern Alternativen
dar, als sie von unterschiedlichen Grunderfahrungen ausgehen und dann
die gesamte Wirklichkeit in unterschiedlicher Weise zur Erscheinung
bringen. Wer von der Erfahrung der Leidhaftigkeit welthafter Existenz
als Basiserfahrung ausgeht (Mythos der verbannten Seele), wird einen
anderen Zugang zur Wirklichkeit haben, als wer das Grundübel in der
Schuld des Geschöpfs (Adamsmythos) oder im immer wieder kämpfe-
risch zu überwindenden Chaos sieht (babylonisches Schöpfungsdrama).

Wer daher einen solchen bestimmten Weg als Zugang zur Wirklichkeit beschreitet, kann nicht gleichzeitig andere Wege gehen. Der Adamsmythos z. B. muß, insofern er ein betont anthropologischer Mythos des
Bösen ist, die kosmologische Seite des Bösen notwendigerweise mehr
oder weniger ausblenden oder eben anthropologisch integrieren. Wer
daher diesen Mythos generalisiert, verabsolutiert und systematisiert, dem
bleibt in der Tat nichts anderes übrig, als auch das kosmologisch Böse
zu anthropologisieren (etwa das physische Übel, die Naturkatastrophen,
als Folge des geschöpflichen Sündenfalls zu sehen) bzw. das Böse
allgemein über den anthropologischen Gedanken der Zulassung aus dem
positiven Willen Gottes, aber nicht aus dessen Allwirksamkeit herauszu-
nehmen, oder aber im Gedanken der Freigabe der Geschöpfe in ihr
Eigensein und Selbstsein die Andersartigkeit des Böseseins gegenüber
der Güte Gottes in der Freiheit des Geschöpfs zu begründen (vgl. Häring
1985; Gross/Kuschel 1992, 60–103, 170–213; mit Bezug auf die Erbsün-
denlehre Wiedenhofer 1991). In umgekehrter Weise müssen der dualistische und der monistische Mythos des Bösen die ethische Seite der Wirklichkeit mehr oder minder ausblenden oder nachträglich integrieren.

Damit zeichnet sich schon ab, daß keiner der erwähnten Mythen des
Bösen mit der Sicht des Bösen in den jeweiligen Religionen einfach

identisch ist. Das Verständnis des Bösen ist in jeder Religion bedeutend komplexer als der dominierende Grundmythos insinuiert. Das hängt letztlich einfach damit zusammen, daß das Böse dem Gläubigen faktisch in einer Vielgestaltigkeit begegnet, die nicht in einer einzigen Perspektive erfaßt werden kann. In der jüdischen und christlichen Tradition gibt es zwar eine sehr starke Anthropologisierung und Ethisierung des Bösen (nicht nur in den Sündenfallgeschichten, sondern auch in den vielfältigen Bußtraditionen, Gerichtsandrohungen, Sündenbekenntnistraditionen, Geboten und Weisungen usw.), und das gehört sicher auch zu deren Identität und Besonderheit. Der ethische Monotheismus drängt in den abrahamitischen Religionen sozusagen von sich aus auf eine prinzipielle und scharfe Unterscheidung von »gut« und »böse«, »heilig« und »unheilig«, »schuldig« und »unschuldig«, und kann in diesem Zusammenhang (in programmatischer Abkehr von der archaischen Religiosität) sogar auf die Erkenntnis zusteuern, daß Gott ein Gott des Lebens und nicht des Todes ist. Aber weil es auch weiterhin Erfahrungen mit dem Bösen gibt, die in einer solchen anthropologisch-ethischen Perspektive nicht angemessen zur Sprache kommen können, deshalb werden auch in diesem Kontext Zeugnisse religiöser Erfahrung und Deutung aufbewahrt, die in den anderen Grundtypen der Mythen des Bösen ihre eigentliche Heimat haben. So kann z. B. auch im Alten Testament die Welt in ihrer Paradoxie (als Leben und Sterben) und Gott in seiner Paradoxie als Lebensmacht und Tötungsmacht Teil des Gesamtzeugnisses des Glaubens Israels bleiben: »Der Herr macht tot und lebendig, er führt zum Totenreich hinab und führt auch herauf. Der Herr macht arm und macht reich, er erniedrigt, und er erhöht«, heißt es z. B. im Danklied der Hanna, der Mutter Samuels (1 Sam 2,6f). In der Gestalt der Schlange in der Sündenfallgeschichte ist ebenfalls etwas von der Erfahrung der Vorgängigkeit des Bösen und seiner Schicksalshaftigkeit aufbewahrt, die im monistischen Mythos so zentral im Mittelpunkt steht. Das Buch Ijob stellt diesen Vorgang der zunehmenden Ethisierung und Rationalisierung des Menschen und Gottes sogar frontal in Frage: Das Böse kann prinzipiell nicht auf das Böse als Schuld reduziert werden. Und nachdem die prophetische Umkehrforderung in der verzweifelten Situation des 2. vorchristlichen Jahrhunderts keinen rechten Anhaltspunkt in der Wirklichkeit mehr findet, bleibt als einzige Hoffnung des Apokalyptikers nur noch das Vertrauen in die einseitige Gnadentreue Jahwes, der unaufhaltsam seinen Heilsplan verfolgt und darin auch böses menschliches Handeln in seinen Dienst nehmen kann (so daß z. B. gesagt werden kann, daß das, was Judas getan hat, geschehen mußte). Und in der Apokalyptik muß immer noch Himmel und Erde vergehen, wo der Gott endgültig und unverhüllt erscheint. In den Theologien der Versuchung,

Verstockung, Verblendung, Besessenheit und des Satanischen ist diese
dunkle Seite Gottes, sozusagen die nicht-einsehbare Rückseite der
menschlichen Freiheit, immer wieder thematisiert worden, bis hin zur
Vaterunser-Bitte:»Führe uns nicht in Versuchung«. Auch die Erfahrung
der Exteriorität des Bösen, die im orphischen Mythos (Gefangenschaft
der Seele im Leib) in den Mittelpunkt gerückt ist, findet eine vielfache
Entsprechung in der jüdischen und christlichen Tradition: Angefangen
von den Motiven der Gefangenschaft und Verbannung, über die Be-
fleckungssymbolik und die paulinische Gegenüberstellung von Fleisch
und Geist bis hin zu mehr oder minder direkten Identifikationen des
Bösen mit dem Leib im platonisierenden Christentum (vgl. Ricoeur
1971, 349–393; Gross/Kuschel 1992, 15–59).

Nur wenn also die ganze Komplexität der religiösen Sicht des Bösen
berücksichtigt wird, ist ein Dialog mit nichtreligiösen Sichtweisen
erfolgversprechend.

3.2. Zum Dialog über das Böse zwischen religiösen und wissenschaftlichen Erfahrungsweisen

Die Mythen des Bösen versuchen eine bestimmte religiöse Frage zu
beantworten, nämlich, woher das Böse, das allüberall zu erfahren ist,
eigentlich kommt. Damit ist der Blick des Gläubigen nicht nur auf seine
eigene Existenz, sondern auf die Wirklichkeit insgesamt gerichtet. Im
gleichen Zug ist sofort die Frage nach dem Verhältnis zu anderen Formen des Weltverständnisses eröffnet. Selbst die Mythen des Bösen
besaßen ja unter anderem auch schon eine Art explanatorischer Funktion
und müssen deshalb zu anderen Formen der Welterklärung und der
Erklärung des Bösen in Beziehung gesetzt werden können. Auf der
anderen Seite ist ihre primäre Funktion allerdings nicht die einer Welterklärung, sondern die einer religiösen Eröffnung der Welt. Wenn aber
religiöse Erfahrungsweise der Welt und wissenschaftliche Erfahrungsweise je einen anderen und alternativen Aspekt der Wirklichkeit eröff-
nen, wie können sie dann überhaupt noch zueinander in Beziehung
gesetzt werden? Denn sofern ich die Welt wissenschaftlich betrachte,
verstehe ich sie nicht religiös, und umgekehrt. Auf der anderen Seite
kann die Welt nicht einfach in verschiedene Welten auseinanderfallen,
zwischen denen es keine Verbindung mehr gibt.

Zur Lösung dieses grundlegenden Problems bedarf es einer
Erkenntnistheorie, die sowohl die Verschiedenartigkeit der Erfahrungsweisen und Erfahrungswelten als auch die Einheit der Wirklichkeit und
die Identität des erkennenden Subjektes einzuschließen vermag. Wie
kaum eine andere Erkenntnistheorie macht Richard Schaefflers»Dialogi-

sche Theorie der Erfahrung« (Schaeffler 1995) einerseits darauf aufmerksam, daß wir den ›je größeren Anspruch des Wirklichen‹ nicht
durch eine einzige Weise des Anschauens und Denkens beantworten und
zur Sprache bringen können, daß es vielmehr unterschiedliche Erfahrungswelten und Erfahrungsweisen gibt und geben muß und daß daher
Objektivität und Subjektivität in den verschiedenen Erfahrungs-,
Erkenntnis- oder Handlungskontexten (wissenschaftlich, religiös, sitt-
lich, ästhetisch) in unterschiedlicher Weise konstituiert werden. Den
unterschiedlichen Welten der Wissenschaft, Religion, Sittlichkeit und
Kunst entspricht daher auch eine unterschiedliche Weise des Subjektseins, der Erfahrungs- und Erkenntnisfähigkeit, der Vernünftigkeit
(Schaeffler 1995, 355–481). Auf der anderen Seite macht diese Erfah-
rungstheorie darauf aufmerksam, daß wir umgekehrt in der Verschiedenheit unserer Antwortversuche auf die Einheit des Wirklichen und seines
Anspruches und die Identität unseres Subjektseins bezogen bleiben,
weshalb die Diversität unserer Erfahrungswelten und Erfahrungsweisen
bzw. Vernunftgestalten zugleich ihre analoge Einheit im Sinne einer
wechselseitigen Durchdringung voraussetzt. Die Wahrheitsfähigkeit der
einzelnen Vernunftgestalten hängt daher immer auch von ihrer Offenheit, Kommunikationsfähigkeit und Interaktionsfähigkeit in bezug auf
die anderen Vernunftgestalten ab, mit denen sie »interferieren« (Schaeffler 1995, 482–646). Eine andere Begründung, Bewährung und Kritik ist
auf der Ebene der Erfahrungsweisen nicht möglich. Die Kommunikationsfähigkeit der Wissenschaft bzw. der Religion mit der jeweils anderen Erfahrungsweise und Erfahrungswelt ist daher ein notwendiger
Ausweis des jeweiligen Objektivitätsanspruches, nämlich etwas Un-
abdingbares an der Wirklichkeit zur Erscheinung zu bringen.

Eine solcher Dialog setzt daher erstens die Unterscheidung der
unterschiedlichen Erfahrungsweisen und Erfahrungswelten voraus.
Worin besteht also der strukturelle Unterschied religiöser Weltdeutung
von philosophischer Kosmologie und naturwissenschaftlicher Welterklärung, speziell auch, was die Frage des Bösen betrifft? Zunächst
stellt und beantwortet die religiöse Weltdeutung eine Frage, die Philosophie und Naturwissenschaft weder stellen noch beantworten können
(zum folgenden Schaeffler 1974, 1977). Jede authentische religiöse
Welterfahrung impliziert, daß die vorfindliche Welt nicht alles ist, daß
Sein, Sinn, Leben, Heil der Welt vielmehr davon abhängen, ob sie teilhat
an der eigentlichen Wirklichkeit (dem Göttlichen, Heiligen usw.). Das
Göttliche als Apriori der Welt bedeutet, daß Wirklichsein der Welt auf
einem immer neuen und immer erneuernden Sich-wirksam-Erweisen
einer Tätigkeit der Gottheit beruht. Welt ist in diesem Sinn das Am-
Werk-Sein der Gottheit (»Wirklichkeit«). Diese ständige Erneuerung des

seins- und ordnungsstiftenden, grund- und sinngebenden Ursprungs-
handelns und Urbildhandelns der Gottheit geschieht in einem doppelten
Abbildgeschehen, zum einen im Weltlauf in Natur und Gesellschaft und
zum anderen im kultischen Handeln des Menschen. Die religiöse Frage
ging dabei aus von ganz bestimmten Erfahrungen: Leben erweist sich
zum einen als Akt des Lebendigen und zum anderen als empfangene
Gabe (Atem, Nahrung). Welcher Art ist die Gabe, die solche Aneignung
gestattet? Wie kann die Gabe des Lebens durch die Elemente der Welt
vermittelt werden? Die religiöse Antwort lautet: Durch fortwirkende
Gegenwart des Ursprungs. Göttliche Handlungen werden beständig im
Kultus erneuert und stiften in der Welt beständig Erneuerung (Anhau-
chen als Vermittlung des göttlichen Atems, Erde als Grab der Gottheit,
Wasser als Blut der Gottheit, Menschenopfer als Bild der Selbsthingabe
des Gottes).»In all diesen Kultformen wird deutlich, daß die Gabe des
Lebens bei der Gründung der Weltelemente (Luft, Erde, Wasser, Licht)
schon einmal gegeben wurde, aber nicht in der Weise einer Anfangs-
handlung, die einmal geschah und dann verging, sondern in der Weise
einer beständig erneuerten und erneuernden Hingabe der Gottheit, die
dadurch die Lebensfähigkeit von Pflanze, Tier und Mensch begründete«
(Schaeffler 1974, 26). Aber nicht nur die Frage nach dem Wesen der
Welt, auch die Frage nach der entscheidenden Ursache stellt sich religiöser Erfahrung anders als Philosophie und Wissenschaft. Die Grundfrage
ist nämlich hier: Wie kann der Geber von Leben dieses von sich weg-
geben? Wie kann der Empfänger es zu eigen nehmen? Die zentrale
Kategorie in der religiösen Antwort ist nicht (wie in Philosophie und
Wissenschaft) »Determination« (Festlegung einer Verlaufsrichtung),
sondern »Erneuerung«, im Sinne der Frage, wie der Ursprung erneute
Gegenwart gewinnt, um erneuernd wirksam zu werden. Die Gegenwart
des Ursprungs wird erneuert und soll ihrerseits Erneuerung wirken. Der
religiösen Weltdeutung liegt die dialektische Grunderfahrung zugrunde:
Ohne die Nähe Gottes kann die Welt nicht sein, weil dieser ihr Seins-
und Lebensgrund ist. Ohne die Ferne Gottes kann die Welt auch nicht
existieren, weil sie keine Eigenständigkeit mehr besäße. Offenbarkeit
und Verborgenheit, Nähe und Ferne der Gottheit ist das Apriori der
Welt. Die Gottheit wirkt, indem sie je schon gewirkt hat und nun die
Welt und den Menschen wirken läßt. Der Mensch aber wirkt im Kultus,
indem er die Gottheit wirken läßt.

Metaphysik und Wissenschaft ersetzen die religiösen Grundbegriffe
»Handeln« und »Erneuerung« durch die Begriffe »Wesen« und »Ursa-
che«. Der beherrschende Grund der Dinge ist nicht als ereignishafter
Anfang zu erzählen, sondern als zeitloses Prinzip zu begreifen. Die
Frage nach der Ursache ist verknüpft mit der Frage nach der Zeitstelle.

Die religiös-kultische Weltdeutung geht dagegen vom Problem Gabe, Aneignung und Vermittlung aus. »Denn das Leben des Lebendigen ist das ausgezeichnete Beispiel dafür, daß empfangen werden muß, was als eigener Vollzug geleistet werden soll, und daß Verursachung darin besteht, daß fremdes Wirken umschlägt in eigenes Tun« (Schaeffler 1974, 45f). Auf dieses kultische Problem geben Metaphysik und Wissenschaft keine Antwort.

Diese religiös-kultische Form der Wirklichkeits- und Weltdeutung hat natürlich auch folgenreiche Implikationen für das Selbstverständnis des Menschen. In diesem religiösen Verständnis der Welt ist nämlich zugleich die Vermeidung der Doppelgefahr von selbstvergottender Weltbeherrschung und götzendienerischer Faszination durch die Welt angezielt. Diese Doppelgefahr betrifft nicht nur die Religion und das Verhältnis zum Göttlichen, sondern das menschliche Leben überhaupt. Damit ist die Frage unabwendbar: Wenn die Einzelwissenschaften darauf keine Antwort geben können, können andere Weltauslegungen der säkularisierten Welt (andere Mythen und Riten) einen anderen und besseren Ausweg aus dieser Bedrohung zeigen? Inhaltlich aufeinander beziehen lassen sich ja nur Theorien, die miteinander konkurrieren können, d.h., die auf der gleichen Ebene liegen. Mit den religiösen Mythen und speziell mit den Mythen des Bösen wären also nicht einzelwissenschaftliche Theorien, z. B. biologische, psychologische oder soziologische Theorien (Evolutionstheorien, Aggressionstheorien, Projektionstheorien usw.), sondern »Mythen« zu vergleichen, die entweder mehr oder minder unbewußt und unthematisiert der Wissenschaft insgesamt oder einzelnen ihrer Sparten ihre jeweilige Rationalität verleihen oder die bewußt im Sinne einer wissenschaftlichen Weltanschauung Wissenschaft zur bevorzugten oder gar alleinigen Welt- und Lebenserklärung erweitern (Szientismus). Die Wissenschaftsphilosophie bzw. Wissenschaftstheorie bestimmt in der Regel nur Gegenstandsbereich, Methode, Ziel und Bewährungskriterien wissenschaftlicher Verfahren. Sie begründet nicht den »Glauben«, der der Axiomatik der jeweiligen Ontologie und Methodologie ermöglichend vorausliegt. Die Mythen des Bösen wären daher zu vergleichen mit den identitätsstiftenden Mythen der heutigen Gesellschaft, Kultur und Wissenschaft, etwa den Mythen der Evolution, der Ökonomie (Wirtschaftswachstum, Marktprinzip), der Psychoanalyse, der Soziologie, Ethnologie, Politologie (Faschismus, Rassismus, Nationalismus) usw. (vgl. Schrödter Hrsg. 1991; Hübner 1985, 291–414; Hübner 1988, 108f; Jaki 1986; Kockelmans 1986, 97–99; MacCormack 1986; MacCormack 1976; Midgley 1992; Hinkelammert 1985).

Theologie und mit ihr die theologische Rede vom Bösen ist nicht nur eine systematisierende Interpretation der religiösen Tradition, sondern

Fuchs, G./Kessler, H. (Hrsg.) (1996): Gott, der Kosmos und die Freiheit. Biologie, Philosophie und Theologie im Gespräch, Würzburg 1996

Gross, W./ Kuschel, K.-J. (1992): »Ich schaffe Finsternis und Unheil!« Ist Gott verantwortlich für das Übel? Mainz 1992

Häring, H. (1985): Das Problem des Bösen in der Theologie, Darmstadt 1985

Häußling, A. A. (Hrsg.) (1991): Vom Sinn der Liturgie. Gedächtnis unserer Erlösung und Lobpreis Gottes, Düsseldorf 1991

Henrix, H. H. (Hrsg.) (1979): Jüdische Liturgie. Geschichte–Struktur–Wesen, Freiburg–Basel– Wien 1979

Hinkelammert, F. J. (1985): Die ideologischen Waffen des Todes. Zur Metaphysik des Kapitalismus, Freiburg (Schweiz) – Münster 1985 (Las Armas Ideológicas de la Muerte. San José, Costa Rica: Departamento Ecuménico de Investigaciones 1981)

Hübner, K. (1985): Die Wahrheit des Mythos, München 1985

Hübner, K. (1987): Die moderne Mythos-Forschung – eine noch nicht erkannte Revolution, in: D. Borchmeyer (Hrsg.), Wege des Mythos in der Moderne. Richard Wagner »Der Ring des Nibelungen«, München 1987, 238–259

Hübner, K. (1988): Warum gibt es ein wissenschaftliches Zeitalter? in: W. Kluxen (Hrsg.): Tradition und Innovation. XIII. Deutscher Kongreß für Philosophie Bonn 24.–29. September 1984, Hamburg 1988, 93–109

Jaki, St. L. (1986): Das Weltall als Zufall – ein Mythos von kosmischer Irrationalität, in: H. Lenk (Hrsg.), Zur Kritik der wissenschaftlichen Rationalität. Zum 65. Geburtstag von Kurt Hübner, Freiburg–München 1986, 487–503

Kanitscheider, B. (1979): Begriffliche und materiale Einheit der Wissenschaft, in: B. Kanitscheider (Hrsg.), Materie–Leben–Geist. Zum Problem der Reduktion der Wissenschaften, Berlin 1979, 149–183

Kanitscheider, B. (1994): Naturalismus und wissenschaftliche Weltorientierung, in: Logos. Zeitschrift für systematische Philosophie 1 (1994), 184–199

Khoury, A. Th./Hünermann, P. (Hrsg.) (1987): Warum leiden? Die Antwort der Weltreligionen, Freiburg–Basel–Wien 1987

Kockelmans, J. J. (1986): Über Mythos und Wissenschaft. Einige herme-neutische Reflexionen, in: H. Lenk (Hrsg.), Zur Kritik der wissenschaftlichen Rationalität. Zum 65. Geburtstag von Kurt Hübner, Freiburg–München 1986, 75–101

Krieger, D. J. (1991): The New Universalism. Foundations for a Global Theo-logy, Maryknoll, NY 1991

Kutschera, F. von (1991): Vernunft und Glaube, Berlin–New York 1991

Lenk, H. (Hrsg.) (1986): Zur Kritik der wissenschaftlichen Rationalität. Zum 65. Geburtstag von Kurt Hübner, Freiburg–München 1986

MacCormack, E. R. (1976): Metaphor and Myth in Science and Religion, Durham/North Carolina 1976

Ders. (1986): Wissenschaftliche Mythen. Zu Hübners Kritik der wissenschaftlichen Vernunft, in: H. Lenk (Hrsg.), Zur Kritik der wissenschaftlichen Rationalität. Zum 65. Geburtstag von Kurt Hübner, Freiburg–München 1986, 103–120

Midgley, M. (1992): Science als Salvation. A modern myth and its meaning, London–New York 1992

O'Flaherty, W. D. (1976): The Origins of Evil in Hindu Mythology, Berkely 1976

Panikkar, R. (1979): Myth, Faith and Hermeneutics. Cross-Cultural Studies, New York–Ramsey–Toronto: 1979 (Teilübersetzung dt. Panikkar, R.: Rückkehr zum Mythos, Frankfurt a. M. 1985)

Ders. (1989): Mythos und Logos. Mythologische und rationale Weltsichten, in: H.-P. Dürr/W. Ch Zimmerli (Hrsg.), Geist und Natur. Über den Widerspruch zwischen naturwissenschaftlicher Erkenntnis und philosophischer Welterfahrung, Bern–München–Wien 1989, 206–220

Parkin, D. (Hrsg.) (1985): The Anthropology of Evil, Oxford 1985

Ricoeur, P (1971): Symbolik des Bösen: Phänomenologie der Schuld II, Freiburg–München 1960 (Finitude et culpabilité. II: La symbolique du mal, Paris 1960)

Ders. (1974): Hermeneutik der Symbole und philosophische Reflexion (I), in: P. Ricoeur, Hermeneutik und Psychoanalyse. Der Konflikt der Interpretationen II, München 1974 (1969), 162–195

Ders. (1974a): Hermeneutik der Symbole und philosophische Reflexion (II), in: P. Ricoeur, Hermeneutik und Psychoanalyse. Der Konflikt der Interpretationen II, München 1974 (1969), 196–216

Schaeffler, R. (1973): Religion und kritisches Bewußtsein, Freiburg–München 1973

Ders. (1974): Der Kultus als Weltauslegung, in: B. Fischer u.a., Kult in der säkularisierten Welt, Regensburg 1974, 9–62

Ders. (1977): Kultisches Handeln. Die Frage nach Proben seiner Bewährung und nach Kriterien seiner Legitimation, in: R. Schaeffler/P. Hünermann, Ankunft Gottes und Handeln des Menschen. Thesen über Kult und Sakrament, Freiburg–Basel–Wien 1977, 9–50

Ders. (1983): Religionsphilosophie, Freiburg–München 1983

Ders. (1991): Aussagen über das, was »Im Anfang« geschah. Von der Möglichkeit, sie zu verstehen und auszulegen, in: Internationale katholische Zeitschrift »Communio« 20 (1991), 340–351

Ders. (1995): Erfahrung als Dialog mit der Wirklichkeit. Eine Untersuchung zur Logik der Erfahrung, Freiburg–München 1995

Schrödter, H. (Hrsg.) (1991): Die neomythische Kehre. Aktuelle Zugänge zum Mythischen in Wissenschaft und Kunst, Würzburg 1991

Schwager, R. (1997): Erbsünde und Heilsdrama. Im Kontext von Evolution, Gentechnologie und Apokalyptik, Münster 1997

Topitsch, E. (1979): Strukturwandel der Weltauffassung im wissenschaftlich-industriellen Zeitalter, in: P. Eicher (Hrsg.), Gottesvorstellung und Gesellschaftsentwicklung, München 1979, 15–35

Ders. (1988): Erkenntnis und Illusion. Grundstrukturen unserer Weltauffassung, Tübingen ²1988

Turner, J. D. (1994): Ritual in Gnosticism, in: Society of Biblical Literature, in: Seminar Papers 130 (1994), 136–181

Velasco, J. M. (1991): El mal en las religiones, in: Revista española de teología 51 (1991), 177–213

Vineeth, V. F. (1976): Yoga and the Reversal of the Fall, in: Jeevadhara 6 (1976), 537–551

Watson, L. (1997): Die Nachtseite des Lebens. Eine Naturgeschichte des Bösen. Frankfurt a. M. 1997 (Dark Nature. A Natural History of Evil. London 1995)

Weizsäcker, C. F. von (1976): Die Tragweite der Wissenschaft. Bd. I: Schöpfung und Weltentstehung. Die Geschichte zweier Begriffe, Stuttgart ⁵1976 (1964)

Wiedenhofer, S. (1991): Hauptformen gegenwärtiger Erbsündentheologie, in: Internationale katholische Zeitschrift »Communio« 20 (1991), 315–328

Ders. (1994): Böse III. Systematisch-theologisch, in: Lexikon für Theologie und Kirche Bd. II, Freiburg–Basel–Wien ³1994, 607f

Wuchterl, K. (1989): Analyse und Kritik der religiösen Vernunft. Grundzüge einer paradigmenbezogenen Religionsphilosophie, Bern–Stuttgart 1989

Yinger, J. M. (1969): A Structural Examination of Religion, in: Journal for the scientific study of religion 8 (1969), 88–99

Youngblood, R. (Hrsg.) (1986): The Genesis Debate. Persistent Questions About Creation and the Flood, Nashville–Camden–New York 1986

Zimmern, H. (1906): Das babylonische Neujahrsfest, in: Berichte über die Verhandlungen der königlich sächsischen Gesellschaft der Wissenschaften zu Leipzig. Philolog.-hist. Klasse. Bd. 58, Leipzig 1906. 126–156

Christine Büchner

Die Interpretation von Bösem und Leiden im deutschen und lateinischen Werk Meister Eckharts

Einführung

Schon immer und in jedem kulturellen Kontext haben Menschen versucht, sich darüber klar zu werden, wieso es Leiden gibt, ob es mit Notwendigkeit existiert, warum sie persönlich leiden, warum die einen weniger leiden als die anderen, ob es einen Sinn des Leidens und ob es einen Trost für die Leidenden gibt. An den jüdisch-christlichen Glauben wurde recht früh die Frage gestellt: Wie kann ein guter und allmächtiger Gott das Leiden und das Böse in der Welt zulassen? (Theodizeefrage)[1] Eine Theologie, die das Verhältnis zwischen Mensch und Gott zum Gegenstand hat, kommt an dieser Frage nicht vorbei. Vielmehr wird der interpretatorische Umgang mit der Theodizeefrage gera-dezu zum Prüfstein der Konsistenz eines jeden spekulativen Entwurfs.

Für die aktuelle (christliche) Theologie ist es kennzeichnend, daß sie diese Frage als eine für den Menschen nicht lösbare Frage akzeptiert, von dem Versuch einer Rechtfertigung Gottes also Abstand nimmt und an dessen Stelle die Solidarität mit den konkret Leidenden nach dem Beispiel Jesu Christi auf dem Hintergrund des Vertrauens auf die göttliche Verheißung eines endgültigen Heils setzt.

Für die religiösen Bewegungen des Hoch- und Spätmittelalters ist eine starke Beschäftigung mit der Leidensproblematik und eine tendenziell positive Bewertung von Leiderfahrung, die durch ihren Bezug auf das Leiden des Gottessohns bedingt ist, kennzeichnend: Die Leidensmystik des Bernhard von Clairvaux und nach seinem und des stigmatisierten Franziskus Vorbild vor allem die Franziskaner sahen im Nachempfinden des Leidens Christi gar ihren Lebensmittelpunkt (vgl. Haas 1989, 127–130). Innerhalb der deutschen Mystik fand das besonders in der Nonnenmystik (z.B. in der *imitatio crucis* (Kreuzesnachfolge) bei *Mechthild* von Magdeburg (ca. 1207–1282) (vgl. Haas 1989, 130–132) rege Aufnahme.

Meister Eckhart (1260–1328) ist der bekannteste und bedeutendste Mystiker des Mittelalters, denn er ist auch anerkannter Theologe mit einem gewaltigen deutschen und lateinischen Opus. Im Gegensatz zu den

---

[1] Vgl. hierzu den Beitrag von H. Kessler in diesem Band.

sind sie Übel, daß sie nicht in Gott sind und Gott nicht in ihnen ist. Daher sind (die Übel) nicht und sind keine Geschöpfe und sind nicht geschaffen« (LW II, In Sap., 353).

Das bedeutet: Gott hat Übel und Leiden nicht zusammen mit der Welt geschaffen.

Aber unsere Erfahrung spricht eindeutig dagegen, nun einfach zu behaupten, Übel und Leiden und Tod existierten gar nicht. Es bleibt also nur die Möglichkeit ihrer Interpretation aus der geschaffenen Welt selbst heraus. Denn das Nichtsein ist, wie anfangs erwähnt, eine Eigentümlichkeit der Kreatur als Kreatur, wenn man sie ohne ihre Bezogenheit auf Gott betrachtet. Die Übel haben nun nicht diese Bezogenheit auf Gott, sind nicht in seiner Wirklichkeit aufgehoben.

Daß die Schöpfung ist, hat seinen Grund im trinitarischen Schöpfergott, der seine Schöpfung durch seine Liebe in seinem Sein hält. Daß sie gleichzeitig auch nicht ist, hat seinen Grund in ihrer Entfernung von Gott, dem Schöpfer; und Ursache des Übels und Leidens ist damit, so schließt sich die Argumentation, dieses Nichtsein.

Es gibt also zwei Seiten der Betrachtung der Schöpfung und ihrer Verfaßtheit: Betrachtet man sie, insofern sie ist, alles andere eliminierend, dann ist sie eins mit Gott; und in diesem ihrem Sein gibt es keinerlei Leiden oder Übel. Betrachtet man sie aber, insofern sie nicht ist, so bleiben allein Übel und Leid übrig.

Diese Lösung scheint logisch, wirkt aber auf den ersten Blick wenig hilfreich für den Umgang mit dem Übel, insbesondere mit dem Leiden, in gewissem Sinne bereits etwas zynisch: Dies liegt vor allem an der These von der Leidenslosigkeit Gottes, des absoluten Seins. Hat hier ein Mitleiden Gottes mit seinem Geschöpf keinen Platz? Wie ist es mit demjenigen, der bereits in jene Fülle Gottes durchgedrungen ist, in der Leiden nicht mehr existiert; hat er dann auch kein Empfinden mehr für das Leiden anderer? Das widerspräche aufs heftigste dem jesuanischen Prinzip der Nächstenliebe.

1.2. Die Realität des Leidens

In den lateinischen Texten Eckharts ist aber auch vielfach die Rede von der Sorge Gottes für seine Schöpfung; das impliziert, daß dieser Gott doch von den Unzulänglichkeiten der Geschöpfe betroffen wird. Wie ist das zu vereinbaren mit dem vorigen?

Muß Gott nicht dem einzelnen Geschöpf helfen? Aber gerade das hieße, die Vereinzelung und damit die Entfernung von ihm, Gott, selbst zu fördern; das wäre gerade der Weg ins Nichtsein und damit ins Leid. Die Sorge Gottes kann sich also gerade nicht auf das einzelne Geschöpf richten, sondern nur auf das Gesamte der Schöpfung. In diesem Sinn argumentiert Eckhart auch: Es kann zwar etwas diesem oder jenem zum Schaden, Übel oder Leiden gereichen, aber nicht der Schöpfung als ganzer (vgl. LW II, In Sap., 532). Eckhart gibt eine Ausführung des *Maimonides*[5] wieder und stimmt ihr zu:

»Wenn also für diesen oder jenen etwas bitter ist, so spricht das nicht gegen das Weltall selbst oder alles und gegen die Gutheit oder Lieblichkeit von allem; denn diese werden (dadurch) nicht verkleinert, und die Vorsehung erstreckt sich zuerst und an sich auf die Vollkommenheit und die Unversehrtheit (des Alls)« (LW II, 532f.).[6]

So scheint die Empfindung von Beschwernis und Leid doch allein auf der verstellten Sicht und daher Lebensempfindung eines einzel-nen Subjekts zu beruhen und steht damit doch immer in Verbindung mit dem Begriff der – nun ontologisch zwingenden – Schuld und Strafe.

Daher heißt es in einer lateinischen Predigt zur Auslegung des Gebotes der Nächstenliebe (vgl. LW IV, Sermo XL/2, 339): Wer in Gott lebt, liebt alles und alle wie auch sich selbst gleichermaßen, nämlich nicht in ihrem So-Sein, sondern in der Einheit mit Gott als Gott selbst. Und somit hat er auch sowohl Gutes wie Schlechtes, das einem anderen, d. h. jedem anderen, geschieht, als sein Eigen; aber eben das Schlechte gerade nicht als Schlechtes (dieses besteht ja in Nicht-Sein, Entfernung von Gott, dem Sein), sondern ebenfalls als etwas Gutes.[7] In Gott findet sich kein Gegenteil des Seins, daher nur vollkommene Freude, so daß Eckhart zu der Aussage kommt, in Gott sei selbst die Strafe süß. (Das meint: In Gott gibt es keine Strafe, die als solche wahrgenommen wird.) Damit sind wir beim Mystiker Eckhart. Wer sich löst vom Wesen der Kreatur, d. h. vom konkret geformten Sein in Veränderung, Zeit und Verschiedenheit, für den gibt es keine Strafe, für den gibt es – so kann man mit großer Wahrscheinlichkeit vermuten – auch kein Leid, weder eigenes, noch das anderer;

»... weil das Sein selbst, Gott, seinerseits nicht von jemand sich abkehrt noch ihn von sich stößt, sondern jeder *wird selbst verstoßen*, jeder stößt das Sein selbst von sich, der von irgendeinem Sein auf irgendeine Weise abfällt« (LW IV, Sermo XV/2, 149).[8]

---

5 Jüdischer Philosoph im arabischen Raum (1135–1204).

6 Vgl. Moses Maimonides, Dux neutrorum (Dux seu director dubitantium aut perplexorum, ed. A. Iustinianus, Paris 1520) III c.11 (75v 18–28).

7 Damit geht Eckhart auch über die Interpretation des Augustin hinaus, der das Leiden des einzelnen der guten Schöpfungsordnung unterordnet. Für Eckhart ist das Übel, das einen einzelnen in seinem So-Sein betrifft, nicht nur notwendiger Bestandteil der Gesamtheit der guten Schöpfung, so daß es zu vernachlässigen wäre; sondern durch die Erfahrung der Einheit, die nur in der Nächstenliebe zu erreichen ist, erlangt der einzelne ja gerade die Gesamtheit, die Vollkommenheit der gesamten Schöpfung zuinnerst als sein Eigen.

8 Der lateinische Text zu dieser Stelle: »...quia ipsum esse, deus, non recedit, non dimittit aliquem, sed *ipse dimittitur*, ipsum esse dimittit, quicumque cadit ab esse

Am ehesten lassen sich diese theoretischen Aussagen verstehen, betrachtet man Jesus Christus oder auch einen Menschen unserer Zeit, dessen Leben darin besteht, sich dem Nächsten selbstaufopfernd zuzuwenden. Ein Außenstehender vermag sich vielleicht nicht annähernd vorzustellen, wie ein Mensch ein solches Leben zu führen imstande ist. Doch in der Schrift wie in anderen historischen oder zeitgenössischen Zeugnissen ist immer wieder die Rede von der Freude, von der diese Menschen erfüllt sind. Die Freude, von der Eckhart sagt, daß sie sich einstelle in einem Leben ganz in Gott, hat also gerade nicht zur Folge, in solipsistischer Weise das Leiden der übrigen Schöpfung zu ignorieren[9]; sondern diese Freude besteht in der Fähigkeit, in dieser Erkenntnis Gottes das eigene konkrete – und damit mit Üblem behaftete – Ich nicht mehr zum Zentrum des eigenen Denkens und Handelns zu nehmen. Denn zwar ist die Entfernung von Gott mit der aus Materie geformten Schöpfung mitgegeben, daher bildet das Nichtsein das Eigentümliche des Geschöpfs. Doch in der Erkenntnis dieser Tatsache und der daraus folgenden Hinordnung ganz auf Gott ist diese selbe Schöpfung – sie hat dann die Perspektive des Geschaffenen mit der Gottes eingetauscht – im Sein. In dieser Hinordnung liegt ihre Gutheit und Wahrheit. Das formuliert Eckhart in einer weiteren lateinischen Predigt:

»Denn das Dies und Das ist Geschöpf, ist Eigenes, ist Lüge. (...) Hier ist nun zu bemerken: es scheint allgemein so zu sein, daß kein Geschöpf als solches oder, insofern es dies und das ist, für die Gnade oder irgendeine Vollkommenheit, besonders eine allgemeine, aufnahmefähig oder -bereit ist, sondern nur, insofern es auf Gott hingeordnet und von all seiner Beziehung und Rücksicht auf sich oder ein anderes Geschaffenes oder ein Dies und Das gelöst und befreit ist« (LW IV, Ser. XXV/2, 240–242).[10]

So kann man schließen: Die Einheit des Menschen mit Gott besteht in seiner geistigen Freiheit von den konkreten Bedrängnissen der geschaffenen Welt, die sämtlich die Folge der Entfernung von Gott, dem Sein, sind, und weiterhin darin, in dieser Erkenntnis der Einheit alles zu tun, um jedem diese Freiheit zu ermöglichen – aus einem ganz inneren Gefühl der Verbundenheit zu allem Geschaf-fenen bzw. in dem Wissen,

---

quocumque et quocumque modo.« Kochs Übersetzung der kursiv hervorgehobenen Stelle »jeder wird selbst verstoßen« ist hier etwas mißverständlich; inhaltlich eindeutiger wäre die mediale Wiedergabe »jeder verstößt sich selbst«.

9 Vgl. die ähnlichen ethischen Folgerungen z.B. bei Koch 1973, 235: »Denn der gottförmige Mensch soll wieder in die Welt hinaustreten, um in ihr zu wirken aus Gott und für Gott.« Er soll »Christus in dem Herzen anderer formen«.

10 Vgl. auch den Kommentar zu dieser Stelle bei Largier, 1993, II, 771:«Das gegenwärtige Leiden ist (...) zu verstehen als eine Verfaßtheit des Daseins des Menschen, der in Gott eingeht und so gleichzeitig das Leiden immer schon überwunden hat.«

daß in Gott alles Geschaffene mit Gott und mit ihm selbst eins ist. Ein solcher Mensch, und überhaupt nur ein solcher, kann auch persönliches Leiden freiwillig auf sich nehmen.

Das Fazit aus den lateinischen Werken: Die Theodizeefrage stellt sich für Meister Eckhart nicht – zumindest nicht als objektive.[11]

2. Der Umgang mit dem Leiden in den deutschen Predigten und Traktaten

Interessant ist es nun, zu beobachten, inwieweit sich das anhand der lateinischen Schriften entwickelte Verständnis von Leiden und Übel auf die tendenziell für die spirituelle Praxis geschriebenen deutschen Predigten und Traktate Meister Eckharts auswirkt. Am auffälligsten ist da das *Buch der göttlichen Tröstung*. Bereits der Titel der Schrift impliziert: Der Mensch leidet und bedarf deswegen des Trostes; aber dieser Trost kann nur von Gott kommen. Kann aber jemand trösten, der vom Leiden nichts weiß? Und tatsächlich finden wir bereits in den frühen Traktaten eindringliche Aussagen über das Mitleiden Gottes, ohne daß Eckhart dabei von der oben dargestellten Interpretation des Leidens abwiche. Im Gegenteil – am Anfang solcher Aussagen steht immer der Hinweis auf die Notwendigkeit des Leerwerdens von der Kreatur, die verantwortlich für das Leiden ist. So sagt Eckhart sowohl am Anfang des *Buches der göttlichen Tröstung* als auch in seinen *Reden der Unterweisung*, der erste und alleinige und wahre Trost sei die Lehre von der Gottessohnschaft des Menschen, in der das Leiden überwunden werden kann. Betrachten wir zunächst eine Gedankenführung aus den *Reden*:

»Fürwahr, ein Mensch, der sich des Seinen ganz entäußert hätte, der würde so mit Gott umhüllt, daß alle Kreaturen ihn nicht zu berühren vermöchten, ohne zuerst Gott zu berühren; und was an ihn kommen sollte, das müßte durch Gott hindurch an ihn kommen; da empfängt es seinen Geschmack und wird gotthaft. Wie groß ein Leiden auch sei, kommt es über Gott, so leidet zuerst Gott darunter. ... Nimmer ist ein Leiden, das den Menschen befällt, so geringfügig, etwa ein Mißbehagen oder eine Widerwärtigkeit, daß es nicht, sofern man es in Gott setzt, Gott unermeßlich mehr berührte als den Menschen...« (DW V, RdU, 516).

Man spürt hier deutlich, daß der Autor vollkommen überzeugt ist von der ständigen Gegenwart des guten Gottes; diese Überzeugung steht hier

---

11 Mit dieser monistischen Sicht des Seins befindet sich Meister Eckhart allerdings am äußersten Rande christlicher Theologie, die ihre Sicht des Daseins aus dem biblischen Glauben an eine gute in ihrem So-Sein von Gott gewollte Schöpfung begründet.

mehr als in den lateinischen Werken im Vordergrund; das hat zur Folge,
daß der Leser stärker den Eindruck hat: Gott hilft mir, mein Leiden zu
überwinden, wenn ich mich nur ganz auf ihn verlasse und meinen Trost
nicht anderswo suche. Wer eine Kreatur liebt, so Eckhart ebenfalls im
Trostbuch, kann darin nur enttäuscht werden, weil er in ihr seine eigene
und deren Begrenzung liebt; wer aber Gott ganz und gar liebt, der liebt
in ihm gleichzeitig alle Kreaturen und sieht in jeder einzelnen Gott. Wer
einen einzelnen Menschen losläßt, dem werden alle, eingeschlossen dieser,
so Eckhart, »hundertfach lieber werden als sie jetzt sind« (DW V, BgT,
478). Loslösung von und Hinwendung zur Kreatur gehen somit ineins.
Eckhart betont die Loslösung deswegen ganz besonders, um zu zeigen:
Aus sich selbst vermag der Mensch nichts, sondern nur in seiner Hinordnung
auf Gott. Dennoch mag man noch ein Mißbehagen empfinden darüber,
daß Eckhart scheinbar so wenig Empfindsamkeit hat für die Ungerechtigkeit,
in der so vieles Leid über einen Menschen kommt, während andere verschont
bleiben. Aussagen wie: »Ein guter Mensch soll niemals über Schaden klagen
noch über Leid; er soll vielmehr nur beklagen, daß er klage und daß er das
Klagen und Leid in sich wahrnimmt« (DW V, BgT, 476), scheinen dies
zu bestätigen. Die Nähe zur stoischen *Ataraxia* liegt auf der Hand. Inwieweit
Eckharts Leidenslosigkeit sich aber von dem stoischen Ideal unterscheidet,
zeigt ihr radikaler Gottesbezug: Das Ziel des Mystikers, die Wahrheit, von
der er durchdrungen ist und von der er die Menschen überzeugen will, ist
die Einheit des Menschen mit Gott. Diese zu erkennen heißt, in allem Gott
zu erfahren, im Leiden wie in der Freude; dann erst tue und nehme ich alles
um Gottes willen, nicht aber um der Freude oder des Leidens willen. Ich
zitiere noch einmal das *Buch der göttlichen Tröstung*: »Ist Gott mit mir
im Leiden, was will ich dann mehr, was will ich dann sonst noch?« (DW
V, BgT, 491), und etwas später: »Ist mein Leiden in Gott und leidet Gott
mit, wie kann mir dann das Leiden ein Leid sein, wenn das Leiden das Leid
verliert und mein Leid in Gott und mein Leid Gott ist?« (DW V, BgT, 493).[12]
Die mystische Leidenslosigkeit ist die Leidenslosigkeit Gottes, die – wie
wir bereits gesehen haben – für Eckhart identisch ist mit unermeßlicher
Leidensempfänglichkeit (vgl. ebenso Haas 1989, 137), und zwar so sehr,
daß sogar das Leiden anderer zum eigensten wird. Darin liegt das spezifisch
Christliche der Eckhartschen Leidensinterpretation.
    Eckhart rekurriert schließlich explizit auf Jesus Christus. Damit wird
nun auch die Defizienz der ontologischen Leidinterpretation der lateinischen
Werke beseitigt: Dieses vollkommene Leiden, welches zugleich Nicht-Leiden
ist, finden wir exemplarisch bei Jesus Christus, der uns offenbart hat, wie

---

12 Vgl. auch Eckharts häufige Verwendung des Verbums »leiden« (»pati«) in
   neutralerem Sinne, nämlich eines »passiven« Empfänglichseins für Gott, eines Mit-
   sich-Geschehenlassens!

sehr Gott selbst mit und um uns leidet, dessen Leiden uns die einheits-stiftende Wirkung desselben gezeigt hat. Denn – und hier zeigt sich doch eine gewisse herausragende Stellung des Leids – gerade im Leiden hat der Mensch die Möglichkeit, mit allen Geschöpfen eins zu sein.

Abschließend möchte ich festhalten: Obgleich Eckharts Interpretation von Übel und Leid insofern radikal ist, als sie dieses gewissermaßen in der Größe Gottes aufgehen läßt, handelt es sich gleichzeitig doch um eine sehr ausgeglichene Interpretation. Sie verwehrt es dem mittelalterlichen Hörer, äußerliches Leiden irgendwie in Zusammenhang mit sündhaftem Leben zu bringen, und sie beugt gleichzeitig der Tendenz vor, das Leiden als einzig möglichen Weg zu Gott zu verherrlichen. Der aktuellen Theologie kann die Sicht Eckharts eine wertvolle Ergänzung sein, insofern sie mit dem Prinzip radikaler Theozentrik zu ganz ähnlichen Ergebnissen kommt wie der heute fast ausschließlich praktizierte Weg der Interpretation des Leidens vom Individuum her: Das Leiden des Geschöpfs ist ein Konstituens der geschaffenen Natur – eines aber, das von ihm durch Gott zu überwinden ist.

Dem modernen Menschen, für den seine ganz subjektive persönliche Lebenserfüllung zur Leitlinie seines Handelns geworden ist, scheint mir Meister Eckhart damit ebenfalls ein bedenkenswertes Korrektiv in die Hand zu geben, ohne daß er die Qual unzähliger Leidender etwa ignorierte, sondern indem er im Gegenteil überall zur Linderung aufruft aus einer persönlichen Leidensfreiheit heraus, die nur dann gelingen kann, wenn man sich von der eigenen, in ihrer Geschaffenheit immer egoistischen Person frei macht.

3. Überlegungen zum Leiden der gesamten Schöpfung

Meister Eckhart hat die Leidensfrage des Menschen vor allem in dessen Verhalten zu diesem Leiden eingebettet. So hat er dem Leiden einen Sinn und dem Menschen einen Trost zu geben vermocht. Aber auch den übrigen Geschöpfen, die ohne Vernunft und freien Willen sind, stoßen Schmerz und Leid zu; und diese haben nicht die Möglichkeit, sich dazu in einer bewußten Weise zu verhalten. Stattdessen sind sie Bösem und Leid ohnmächtig ausgeliefert. Zwar wissen wir nicht, in welchem Maße Tiere (oder auch Pflanzen) leiden und Schmerz empfinden, da sie die Grausamkeit dieses Leidens nicht einsehen können; doch diese Ungewißheit berechtigt uns nicht dazu, von vornherein davon auszugehen, sie litten nicht.[13]

---

13 So behauptet z.B. Allweyer 1951, 68, daß Tiere nicht »echt« leiden könnten, weil neben der »Leiderfahrung« auch »Urteilskraft« (die Eigenart des Menschen als Intellektwesens) Voraussetzung für Leidensfähigkeit sei.

Wenn wir also versuchen, das Übel in der Welt zu erklären, können wir uns nicht auf eine Sinngebung und Tröstung für die Leiderfahrung des Menschen allein beschränken. Die Biologie kann die Grausamkeiten der Natur zwar beschreiben, aber, wie Peters[14] sagt,»den Trost nicht liefern« und erwartet daher die Hilfe von Theologie und Philosophie.

Im Sinne der Vollständigkeit ist es zum Abschluß also notwendig, Meister Eckharts Lehre auch zu diesem Problem zu befragen. Eckharts Verständnis des Wesens und Grundes des Bösen und des Leidens nach dem lateinischen Werk kann hierzu insofern als Grundlage dienen, als es nicht exklusiv für den Menschen, sondern für die Kreatur im allgemeinen Geltung hat. Wir werden sogar sehen, daß für dieses Verständnis die Einbeziehung der gesamten Schöpfung konstitutiv ist.

Eckhart äußert sich zwar nicht explizit zum Leiden der nicht vernunftbegabten Lebewesen.[15] Als Schriftsteller des Mittelalters war Meister Eckhart trotz seiner mystischen Einheitslehre ganz selbstverständlich in der Vorstellung der Welt als einer hierarchisch auf Gott hin gestuften Schöpfung verwurzelt; der Mensch als Ebenbild Gottes steht im Mittelpunkt seines Denkens. Das bedeutet aber nicht, daß darin für die übrige Schöpfung kein Platz wäre. Und schließlich kann auch der moderne Mensch des ausgehenden 20. Jahrhunderts, der sich mehr als die Menschen zu anderen Zeiten mit der Natur an sich beschäftigt[16], die Gesamtheit der Schöpfung nur von sich her wahrnehmen und interpretieren.

Eckhart geht davon aus, daß sich Gott dem gesamten Kosmos mitteilt, und das jedem einzelnen Geschaffenen in dem Maße, in dem es für die göttliche Kraft empfänglich ist. So ist z.B. der Engel in der Hierarchie der Kreaturen in höherem Grade empfänglich für Gott als der Mensch, das Tier, die Pflanze oder der Stein[17]; dem Engel wird das göttliche Licht

14 Vgl. den Beitrag von Peters in diesem Band.
15 Das bringt es mit sich, daß alle Ergebnisse hierzu den Charakter von Schlußfolgerungen und Vermutungen haben müssen, die vor allem als Anregung für die weitere Auseinandersetzung mit der Problematik über die Theologie Meister Eckharts hinaus verstanden werden wollen.
16 Dies allerdings nur deshalb, weil sich ihm die verheerenden Konsequenzen ihrer Ausbeutung seit Anfang unseres Jahrhunderts nun drastisch zeigen!
17 Vgl. z.B. Pfeiffer 1857, Bd. 2, 514 (Übers. v. Verf.):»Ebenso ist die Gottheit in den Vater, in den Sohn und in den Heiligen Geist geflossen und in der Ewigkeit in sich selber und in der Zeit in die Kreaturen. Sie gibt einer jeden [Kreatur] so viel, wie sie empfangen kann: dem Stein das Sein, dem Baum das Wachsen, dem Vogel das Fliegen, dem Vieh das Schmecken, dem Engel das Reden, dem Menschen die freie Natur.« – ein in seiner Echtheit für Eckhart nicht gesicherter Text, hier aber deshalb ausgewählt, weil er den dargestellten Gedanken besonders knapp zusammenfaßt. Vgl. ganz ähnlich DW I, Pr.4, 443; DW II, Pr.54a, 736; DW III, Pr.78, 569f.

daher unmittelbarer zuteil, während die niedrigeren Stufen diese selbe Seinskraft jeweils durch die höheren vermittelt und dadurch ihrer Empfänglichkeit gemäß abgeschwächt empfangen. Wir müssen zunächst betrachten, was Eckhart von dieser hierarchischen Sicht aus über die Kreatur sagt, bevor wir uns den Aspekten zuwenden, die, über diese hierarchische Sicht hinausgehend, aus seiner mystischen Lehre von der Einheit allen Seins in Gott folgen.

3.1. Die Ambivalenz der Kreatur: Beschränktheit und Offenheit

Die Entfernung von Gott wurde oben als Grund alles Leidens benannt. Je tiefer eine Kreatur in der kosmischen Hierarchie steht, desto weiter[18] ist sie von Gott entfernt: Die nicht vernünftige Kreatur müßte also unter dieser weiteren Entfernung stärker leiden als der Mensch an seiner weniger weiten Entfernung. Dafür spricht, daß die körperlichen Schmerzen, die auf ein Tier beispielsweise innerhalb des Naturkreislaufs von Fressen und Gefressenwerden zukommen – ich verweise auf die Schilderungen bei Peters –, heftiger, grausamer und vor allem regelmäßig, eben »natürlich«, sind. Es handelt sich um ein Ineinander von Leiden und Leid-Zufügen, das offensichtlich zu tun hat mit dem Werden und Vergehen alles einzeln Geschaffenen in der Zeit. Mit dieser Begründung ist das Leiden Zeichen für die Verwiesenheit aller Kreaturen auf Gott und auch aufeinander. »Je tiefer etwas steht«, so erklärt auch Largier in seinem Kommentar zu den Predigten Eckharts, »desto mehr ist es in seiner Selbstverwirklichung auf anderes angewiesen« (Largier 1993, I, 1068). Eckhart beobachtet, daß alles in der Natur auf Verwandlung hofft. Als Prediger wird er nicht müde, dafür Beispiele aufzuzählen: das Korn, das es in seiner Natur hat, zum Roggen werden zu wollen; das Silber, das zu Gold, das Holz, das zu Stein werden will. Er geht sogar so weit, zu behaupten, nichts sei mit seiner konkreten Form zufrieden, sondern wolle sich von ihr lösen und strebe letztlich dahin, frei von Form alles zu werden (vgl. DW II, Pr.51, 725).[19] Mit diesen Beispielen zeigt er, daß die ganze Schöpfung in dieser Weise an ihrem Begrenztsein leidet. Sie verdeutlicht damit zum einen gleichnishaft die Natur der Seele, die nach Gott strebt. Darüber hinaus aber ist dieser Gleichnischarakter der Naturgeschehnisse ontologisch begründet: in der wirklichen Bezogenheit *allen* Seins auf Gott, der das Sein ist.

Trotz dieser ontologisch begründeten Vergleichbarkeit alles dessen, was ist, bleibt Eckharts Rede vom »Streben«, »Wollen« oder »Hoffen«

---

18 »Weiter« nicht in räumlichem, sondern in existenziellem, seinsmäßigem Sinne.
19 Das zeigt sich ihm in der Natur an der Eigenart des Feuers, das alle Dinge dazu bringt, sich ihm anverwandeln zu wollen. Vgl. DW II, Pr.44, 701.

der nicht-menschlichen Schöpfung doch metaphorisch. Schon wenn wir zunächst einmal beim Tier bleiben – denn bei den anderen Arten des kreatürlichen Seins wird es noch schwieriger –, müssen wir doch davon ausgehen, daß diesem seine Beschränkung aufgrund der Trennung von Gott nicht bewußt ist. Also kann das Tier unter dieser Trennung nicht in dem Maße wie ein Mensch leiden. Es bleibt der rein körperliche, je gegenwärtige Schmerz. Das hat aber zur Folge, daß das Tier im Gegensatz zum Menschen in seinem durch seine Einzelhaftigkeit hervorgerufenen Leid gefangen bleibt, gerade weil es ihm nicht bewußt ist.

»Die Tiere aber <im Vergleich> zu den Kräutern erheben sich höher und haben tierisches *und* sinnenhaftes Leben und bleiben doch an Zeit und Raum verhaftet. Die Seele aber tritt … über Zeit und Raum hinaus…« (DW II, Pr.54a, 736).

Dem Tier ist, weil es seiner selbst nicht bewußt ist, die Möglichkeit verwehrt, sich wie der Mensch kraft des Intellekts von seinem vereinzelten Selbstsein zu lösen und damit seine Entfernung von Gott zu übersteigen und sich dadurch von seiner Vereinzelung zu befreien. In diesem Zusammenhang könnte eine Erklärung liegen für das Nebeneinander von Unschuld und Bestialischem beim Tier; es kann – ohne daß es darum weiß – nur für den eigenen Vorteil leben[20]. Nur Kreatursein ist gleichbedeutend mit Leiden.

Eckhart nennt aber eine zweite, positive Eigentümlichkeit des bloßen Kreaturseins. Das Tier unterliegt nicht wie der Mensch der Gefahr, durch den Bezug auf sich selbst seine Angewiesenheit auf Gott zu verkennen. Es bleibt auf natürliche Weise in der hierarchischen, auf Gott hingeordneten Ordnung der Schöpfung. Diese Eigenart hebt Eckhart in seinen Predigten sogar als vorbildhaft für den Menschen hervor:

»Ein Meister sagt, man könne des Himmels Lauf nirgends so gut erkennen wie an einfaltigen Tieren; die erfahren auf einfaltige Weise den Einfluß des Himmels, und die Kinder, die haben keinen eigenen Sinn. Die Leute aber, die da weise sind und viele Sinne haben, die werden beständig nach außen gerichtet in mannigfaltigen Dingen.« (DW III, Pr.72, 549)

Das Besondere des Tieres ist seine natürliche Einfalt. Es richtet sich (wie auch das Kind, das noch kein Selbstbewußtsein entwickelt hat) nicht auf das Erreichen von vielerlei Dingen, um sein Selbstbewußtsein vermeintlich zu stärken. Es fehlt ihm die Reflexivität; daher läuft es nicht wie der Mensch Gefahr, durch Eigensinn das Eigentliche seiner selbst zu verfehlen. Die Eigenart des Menschen liegt im Erkennen; durch die Erkenntnisfähigkeit vermag er einerseits seine Geborgenheit in Gott zu erkennen und so sein Leiden in der Vereinzelung zu überwinden.

---

20 Vgl. Den Beitrag von V. Sommer in diesem Band, der freilich die Eigentümlichkeit des Menschen zu sehr einebenet.

Andererseits ist er dadurch versucht, freiwillig seine Vereinzelung zu forcieren und sich so den Weg in die Fülle der Leidenslosigkeit Gottes hinein zu versperren; er stellt dann sich selbst, auf seiner Begrenztheit hochmütig verharrend, dem Wirken Gottes entgegen. Das Leiden des Tieres liegt in der materiellen Begrenzung, nicht aber – was bedeutend schwerwiegender ist – an jener endlichen intellektuellen Reflektiertheit, die es beim Menschen verhindern kann, daß er offen für Gott und seine Mitgeschöpfe wird. »Mit allen Augen sieht die Kreatur / das Offene (...) das freie Tier / hat seinen Untergang stets hinter sich / und vor sich Gott, und wenn es geht, so gehts / in Ewigkeit, so wie die Brunnen gehen. (...)«, dichtet Rainer Maria *Rilke* (Sämtl. Werke Bd.1, 714), diese Sichtweise der Kreatur romantisierend, in seiner achten Duineser Elegie. Dem Tier fehlt die subjektiv reflektierende Sicht auf das Leiden, das aus diesem das Theodizeeproblem macht. Dennoch leidet es.

Versucht man von dieser Eigenart des Tieres ausgehend weitere Rückschlüsse auf die übrigen Formen des Seins zu ziehen, dann könnte man vermuten: Je tiefer in der Hierarchie eine Kreatur steht, desto unbewußt offener ist sie. Was heißt das für ihr Leiden? Wir tun uns schwer damit, von einem Baum zu sagen, er leide; wir verneinen es wohl mit einiger Sicherheit für das nicht-lebende Sein. Es könnte sich in dieser Differenzierung allerdings eine erste Lösungsmöglichkeit für das Phänomen des Leidens in der Natur andeuten: Ein Stein beispielsweise ist in keiner Weise wie ein Tier instinktiv selbstbezogen, so daß er einem anderen etwas von seiner Lebens- oder Seinsgrundlage wegnähme. Er ist also nicht nur nicht in der Lage zu leiden, sondern auch nicht dazu, Leid zuzufügen. Somit könnte man die These formulieren, daß dasjenige Geschöpf, das nur existiert, die Stufen des irdischen Daseins, die den anderen Geschöpfen, insbesondere dem Menschen durch den Intellekt, auferlegt sind, in gewisser Weise überspringt. Dennoch überspringt es dadurch freilich nicht sein materielles Geschaffensein; das bedeutet, daß es wie alle Geschöpfe eingebunden ist in das Werden und Vergehen der gesamten Schöpfung.

3.2. Die Überwindung des Leidens der gesamten Schöpfung in der Einheit Gottes

Neben der Hierarchie der Welt steht für Eckhart die Wirklichkeit ihrer Einheit in Gott. Diese Sicht der Einheit betont weniger den Unterschied zwischen dem Menschen und den übrigen Kreaturen als ihre Gemeinsamkeit. Es ist zugleich eine Sicht, die weniger das Konkrete, für das die Unterschiede kennzeichnend sind, im Auge hat, sondern stärker das allgemeine allen gemeinsame Sein. Diese Sicht ist für Eckhart die maßgebliche; sie bildet auch die Grundlage der zuerst dargestellten. Was bisher zur Hierarchie der Welt gesagt wurde, kehrt sich in ihr geradezu um:»Erkennen ist höher als Leben oder Sein, denn darin, daß es erkennt, hat es <zugleich> Leben und Sein. Hinwiederum aber ist Leben edler als Sein oder Erkennen, wie der Baum, der lebt, während der Stein <nur> Sein hat. Fassen wir aber nun wiederum das Sein als rein und lauter, wie es in sich selbst ist: dann ist Sein höher als Erkennen oder Leben; denn darin, daß es Sein hat, hat es <zugleich> Erkennen und Leben.« (DW I, Pr.8, 459; vgl. auch LW III, In Ioh., 52)

Betrachtet man die Kreaturen als konkrete, d. h. als Vertreter ihrer Art und Einzelwesen, dann sind sie hierarchisch geordnet. Betrachtet man sie abzüglich dieses Konkreten, dann ist eine ganz andere Hierarchie zu erkennen, eine zwischen dem je Konkreten und dem Allgemeinen: Das Sein ist allen Geschöpfen gemeinsam und daher das Höchste. Diese Sicht hebt die Hierarchie innerhalb der Geschöpfe auf. Das Sein ist das, was allen Geschöpfen unmittelbar von Gott zuströmt; daher ist es dasjenige, was allen Kreaturen am innerlichsten ist. In Gott allein existiert die Wirklichkeit dieses Seins unberührt von dem Konkreten, an dem die Geschöpfe im Hier und Jetzt, in ihrem Werden und Vergehen leiden. Alle diese sind aufgehoben in Gott;»alle Dinge leben in ihm« (DW I, Pr.8, 460), heißt es etwas später in derselben Predigt. Daher kann Meister Eckhart in einer seiner Predigten sagen:»Nimmt man eine Fliege in Gott, so ist die edler in Gott als der höchste Engel in sich selbst ist.« (DW I, Pr.12, 477)[21] oder in einer anderen Predigt noch deutlicher:

»So wie alle Engel in der ersten Lauterkeit *ein* Engel sind, ganz Eins, so auch sind alle Grashalme in der ersten Lauterkeit Eins, und alle Dinge sind da Eins.« (DW I, Pr.22, 519; vgl. auch DW II, Pr.51, 724f.)

Diese Einheit aller Dinge in Gott liegt ihrer Wirklichkeit als Prinzip zugrunde. Sie ist für das Denken Eckharts besonders charakteristisch und muß also vor allem herangezogen werden, will man herausfinden, wie Eckhart, der so sehr von der Nähe Gottes überzeugt ist, über das Leiden in dieser gesamten Wirklichkeit denkt. Tut man das, so ergibt sich zumindest als eine erste Antwort auf die oben gestellten Fragen, daß er von einer Erlösung der gesamten leidenden Schöpfung ausgeht; er geht sogar davon aus, daß diese Erlösung bereits in der Wirklichkeit Gottes existiert. Doch die Kreatur ist unerlöst und daher leidend, solange sie ihre Erlöstheit nicht erkennen und erfahren kann. Der Unterschied zwischen dem Menschen und der übrigen Schöpfung liegt in diesem Punkt: Für den Menschen kann dieses objektiv immer vorhandene Sein in Gott, das ohne Leiden ist, weil es mit dem Leiden aller grenzenlos vereint, durch

---

21 Vgl. auch DW I, Pr.9, 463:»Der höchste Engel und die Seele und die Mücke haben ein gleiches Urbild in Gott."

die eigene Aktivität der Seele bzw. des Erkennens subjektiv erfahrbar werden. Weil die Vervollkommnung seines eigenen Wesens (nämlich des mit Erkenntnis begabten Mensch-Seins) in der Übersteigung dieses eigentümlichen Wesens in die Zusammenfassung aller Wesensarten in Gott hinein mündet, hat er die Fähigkeit, Leid zu überwinden. Zwar haben wir gesehen, daß Eckhart auch von einer solchen Verwandlungstendenz der anderen Kreaturen spricht; doch darin liegt eine Schwierigkeit: Die Vollendung des Wesens auf seine Übersteigung hin verlangt eben jene subjektive Aktivität; und Eckhart beantwortet nicht, wie eine solche in der nicht intellektuellen, erst recht in der nicht lebendigen Schöpfung zu denken ist. Denn zum einen ist es nur aufgrund des Intellekts oder der Seele möglich, sich von der Gebundenheit an Konkretes zu lösen, zum anderen ist Bewußtsein seiner selbst nötig, um das Sein in der Einheit Gottes zu erfahren. Gehen wir also von diesem Unterschied aus, der durch die Beschränkung der übrigen Lebewesen in der Hierarchie des Kosmos gegeben ist, dann müssen wir sagen, daß sie nicht die Möglichkeit haben, die Fülle Gottes zu erleben, in der sie seins- und ursprungshaft sind, da sie zu diesem Ursprung keine aktive Verbindung haben. Es ist ihnen verwehrt, ihre Wirklichkeit in der Idee Gottes aktiv einzuholen und in die Zeit hinein zu aktualisieren. Genauso ist ihnen aber die bewußte Selbstbezogenheit, wie sie dem Menschen eigen ist, nicht auferlegt. Wenn aber die bewußte Einholung des Seins in Gott die Wirklichkeit dieses Seins, d. h. die Faktizität der Leidensfreiheit, ausmacht, dann hat das Tier beispielsweise nichts von seiner Einfalt und Offenheit, bleibt somit in der Hierarchie des zeitlichen Kosmos und damit in seinem Leiden gefesselt. Und wie verhält es sich erst mit anderem Seiendem? Wenn man wie Eckhart die Aufgehobenheit der Geschöpfe tatsächlich auf alles, was in der Schöpfung existiert, bezieht, muß man noch weiter fragen: Wie verhält es sich nun mit dem Baum, dem Stein etc.? Es läßt sich die bereits oben (3.1) formulierte These unter diesem Gesichtspunkt ausbauen: Im Grunde Gottes, so betont Eckhart immer wieder, ist Einheit. In ihr gibt es nichts Verschiedenes. Die Erhaltung eines einzelnen Bewußtseins kann daher in dieser Einheit keine notwendige Rolle mehr spielen, so daß eine Vollendung der gesamten Schöpfung in dieser Einheit denkbar ist. Mit dieser Annahme ist die Möglichkeit der Erlösung der gesamten Schöpfung von dem Mangel ihres Geschaffenseins erklärt, nicht aber der Weg dorthin. Für den Weg bleibt die Notwendigkeit des Bewußtseins bestehen.

Die nicht bewußte Schöpfung muß also für diesen Weg auf den Menschen angewiesen sein. Damit sind wir an der Stelle, an der deutlich wird, daß die Einbeziehung der Gesamtheit der Schöpfung konstitutiv ist für das Denken einer Erlösung von Leiden und Bösem für den

Menschen. Der Mensch ist in die einzigartige Freiheit hineingegeben, die seinsspendende Einheit Gottes anzunehmen – und zwar für sich selbst wie für die gesamte Schöpfung. Der Mensch, der erfährt, daß Gott mit ihm ist in allem Leiden, und von dieser Erfahrung her auch mit seinen Nächsten leidet und so das Leid von innen her überwindet, der scheint dann nicht nur mit den Menschen eins zu sein, sondern eben mit der ganzen Schöpfung, die er aus der Zeit mit sich in die Ungeschaffenheit des Seins Gottes hineinholt. So könnte man es verstehen, daß Eckhart sagt:

»Hier [sc.: in der Seinsheit, die Gott in sich selbst ist] ist der Mensch ein wahrer Mensch, und in diesen Menschen fällt kein Leiden, so wenig wie es in das göttliche Sein fallen kann ... Fände ich mich nur einen Augenblick in diesem Sein, ich achtete so wenig auf mich selbst wie auf ein Mistwürmlein.« (DW I, Pr.12, 477)

Man müßte dann diese Aussage mit J. *Quint* nicht als eine Aussage über die Minderwertigkeit des Menschen verstehen, sondern als eine Aussage über»die ungetrennte Einheit und Gleichheit, die mich und das Mistwürmchen in diesem Sein unterschiedslos eint.« (DW I, Pr.12, 198f., Anm.3)

Wir können aus diesen Aussagen abschließend eine ganz besondere, wenn auch etwas gewagte Verantwortung des Menschen für die Schöpfung ableiten: Die herausgehobene Stellung des Menschen beschränkt sich nach Eckhart auf die Zeit. In dieser Zeit ist der Mensch daher beauftragt, seine Besonderheit auch für diejenigen zu verwenden, die diese Besonderheit nicht besitzen: Gott vertraut damit auf den Menschen als sein Ebenbild; denn er hat sich selbst in Christus für den Menschen sichtbar in das Leiden hineingegeben und damit gezeigt, daß die Entfernung zwischen ihm und dem Menschen tatsächlich nicht die letztgültige Wirklichkeit bleibt, sondern bereits aufgehoben ist. So kann der Mensch in Christus zum Befreier der gesamten Schöpfung werden, so wie Christus bereits zum Befreier der Menschen wurde. Der Mensch hätte dann als Geschöpf einerseits und durch Jesus Christus von seinem Nur-Geschöpfsein endgültig Befreiter andererseits eine Mittlerstellung. Aufgrund dieser Besonderheit könnte er, im fühlenden Bewußtsein seiner seelischen Einheit mit dem Gottmenschen Jesus Christus und mit allen Geschöpfen, für die gesamte geschaffene Natur Mittler sein in die Ewigkeit Gottes hinein, in der alle Dinge eins sind.

Zitierte Literatur

Meister Eckhart

Meister Eckhart, Die deutschen und lateinischen Werke, hrsg. im Auftrag der deutschen Forschungsgemeinschaft, Die lateinischen Werke (LW), Bde. I–V, hrsg. u. übers. v. K. Weiß, J. Koch, H. Fischer u.a., Die deutschen Werke (DW), hrsg. u. übers. v. J. Quint, Stuttgart 1936ff. (daraus in der Übersetzung von J. Koch bzw. J. Quint zitiert:
Liber Parabolarum Genesis (In Gen. II), LW I;
Expositio libri Sapientiae (In Sap.), LW II;
Expositio sancti Evangelii secundum Iohannem (In Ioh.), LW III;
Sermones (Sermo....), LW IV;
Predigten (Pr....), DW I–III;
Reden der Unterweisung (RdU), DW V;
Das Buch der göttlichen Tröstung (BgT), DW V)

Pfeiffer, Franz (Hrsg.), Deutsche Mystiker des vierzehnten Jahrhunderts, Bd. 2: Meister Eckhart, Leipzig 1857, Nachdruck Aalen 1962.

Largier, Niklaus (Hrsg.), Meister Eckhart, Werke II (Bibliothek des Mittelalters, Bd. 21), Frankfurt 1993.

Weitere Quellentexte

Augustinus, De civitate Dei, in: CSEL (= Corpus Scriptorum ecclesiasticorum Latinorum, Wien, Leipzig 1866ff.), Bd. 40.

Augustinus, Enchiridion, in: PL (= Patrologiae cursus completus. Series Latina, Paris ²1878–90), Bd.40.

Boethius, Philosophiae Consolationes, in: CSEL, Bd. 67.

Dionysisus Areopagita, De divinis nominibus, in: PG (= Patrologiae cursus completus. Series Graeca, Paris 1857–1912), Bd. 3.

Moses Maimonides, Dux seu director dubitantium aut perplexorum (Dux neutrorum), ed. A. Iustinianus, Paris 1520.

Proclus, De malorum subsistentia, in: Procli Opuscula, ed. H. Boese (Quellen und Studien zur Geschichte der Philosophie, hg. v. P. Wilpert), Berlin 1960.

Rilke, Rainer, Maria, Sämtliche Werke, hrsg. v. Rilke-Archiv in Verb. mit R. Sieber-Rilke, besorgt durch E. Zinn, Frankfurt 1955, Bd.1 (Gedichte, Erster Teil).

Sekundärliteratur

Allweyer , Mathilde, Der Begriff von »leit« und »liden« bei Meister Eckhart und Heinrich Seuse, Diss. Freiburg i. Br. 1951.

Haas, A. M., Gottleiden – Gottlieben, Zur volkssprachlichen Mystik im Mittelalter, Frankfurt 1989, 127–132.

Koch, Josef, Kleine Schriften I (Storia e Letteratura, Bd. 127), Rom 1973.

Sudbrack, J., Wege zur Gottesmystik, Einsiedeln 1980, 116–188.

Hans Kessler

Die Frage nach Gott angesichts der Übel und Leiden in seiner Schöpfung

Eine theologische Perspektive[1]

Einführung: Plurale Perspektiven und die Wirklichkeit

Die Wirklichkeit ist mehrdimensional. Sie erfordert plurale Perspektiven und Zugangsweisen: physikalische, biologische, psychologische, philosophische, religiös-theologische usw. Keine Zugangsweise bekommt alles in den Blick. Physik etwa befaßt sich nur mit den Baugesetzen, die auf einer untersten Ebene, sozusagen als ›Grammatik‹, für alle Welt-Wirklichkeit gelten; in welcher Weise aber diese Grammatik auf einer höheren Organisations- und Integrations-Ebene verwendet wird, entscheidet sich auf dieser übergeordneten Ebene von den dortigen Entwürfen, Ideen, Entscheidungen her; erst von der übergeordneten Ebene her ist Verstehen möglich. So wenig deshalb die physikalische Erklärung, Mozart-Sonaten seien Schallwellen, diese auch nur entfernt erfaßt, so wenig sind durch eine – gewiß vieles erhellende – rein biologische Erklärung menschliche Verhaltensweisen zureichend oder gar vollständig verstanden. Alle Phänomen-Erklärungen rein von unten, sozusagen von den Bausteinen, her (bottom up) sind unzureichend und bedürfen zumindest der Ergänzung durch Erklärungen vom jeweils übergeordneten, die Bestimmung gebenden, Rahmen her (top down; whole-part). Alle empirisch prüfbaren Phänomene, einschließlich psychischer Regungen, können *auch* naturwissenschaftlich beschrieben werden; aber jede derartige Erklärung ist nur *ein* Zugang zur Wirklichkeit aus einer begrenzten Perspektive, erfaßt nur einen Aspekt, ist also keine vollständige Erklärung (genauer dazu Kessler 1996, 189–193).

Um der Wirklichkeit uns anzunähern, benötigen wir daher verschiedene, komplementäre Zugangs- und Auslegungsweisen. Sie alle sind je auf ihre Weise Entdeckungsreisen ins Reich der einen selben Wirklichkeit und erheben den Anspruch, sie von einer Seite (in revisionsbedürftiger Annäherung) zu treffen und (in Modellen und Metaphern) auszusagen. Sie alle, auch die religiösen, sind perspektivisch und können nur einen begrenzten Erkenntnisanspruch erheben. Die biblisch-theologische Zugangs- und Auslegungsweise geht von der (philosophisch begründbaren) Annahme aus, daß die Welt – in jedem ihrer Zustände, ob vor oder nach dem Urknall –

---

1 Der vorliegende Beitrag ist eine Kurzfassung von Teilen aus Kessler 2000a, wo die Thematik ausführlicher und umfassender erörtert wird.

einen zureichenden Grund (haben muß und) hat und daß dieser Urgrund, den wir »Gott« nennen, sowohl welt-transzendent alles umgreift als auch der Welt und allen Wesen (ihnen Sein, Kraft und Eigenaktivität gebend) zuinnerst immanent und so gerade ihr großes Du ist. Schöpfer-sein heißt dann: ständiges Grund-Geben (und Ziel-Vorgeben); Geschöpf- und Schöpfung-sein heißt: in jedem Moment Gegründet-sein (vgl. Kessler 1996). Wenn man derart *Gott* und somit die Wirklichkeit *als* transzendental und eschatologisch *von Gott bestimmte* annimmt, dann können alle physikalischen, biologischen usw. und eben auch alle (ihrerseits perspektivisch-endlichen) theologischen Aussagen über die Welt und uns selbst insgesamt nur Momente innerhalb dieser umfassenderen Realität (nämlich innerhalb der von Gott bestimmten Wirklichkeit) sein.

Grundsätzlich müssen alle Betrachtungsweisen, wenn sie nicht Wirklichkeitsverlust riskieren, sondern auf der Suche nach der Wirklichkeit und der Wahrheit bleiben wollen, aufeinander und so auf das jeweils Umfassendere hin offengehalten werden; nie aber vermögen wir die Wirklichkeit in einer standpunkt- und perspektiven-enthobenen Gesamtschau zu übergreifen.

Nun hat die Welt nicht nur Licht-, sie hat auch Schattenseiten: Neben überwältigend Schönem und Gutem gibt es viele Übel und Leid. Gerade letztere traten im zurückliegenden 20. Jh. wie selten zuvor ins Bewußtsein. Dies sowohl aufgrund der massenhaften und grauenvollen, von Menschen verursachten Leiden, für die der Name Auschwitz steht, als auch durch eine enorm verschärfte Wahrnehmung von Destruktivität und Qualen in der Natur sowie destruktiver Potentiale in den der menschlichen Freiheit vorausliegenden Schichten des Menschseins. Radikal wie selten zuvor stellt sich deshalb auch die Frage nach Gott angesichts der Übel und Leiden in einer Welt, die seine Schöpfung sein soll. Es gilt, sich der ganzen Härte dieser Frage zu stellen und, statt vorschnelle, beruhigende Antworten zu liefern, um glaubwürdige Perspektiven zu ringen.

Erster Teil: Vorbereitende Überlegungen und Annäherungen an eine theologische Sicht

1. Übel und Leiden: notwendige Unterscheidungen

Mit der abendländischen Tradition kann man unterscheiden: (1) das ›physische‹ oder natur-bedingte Übel (wie Naturkatastrophen, Qualen in der Natur[2], Krankheiten, Mißbildungen[3]) und (2) das ›moralische‹, d. h.

---

2 Vgl. dazu die Beiträge von S. Peters und V. Sommer in diesem Band.
3 Vgl. dazu den Beitrag von U. Theile sowie den im Vorwort erwähnten Beitrag von W. F. Gutmann 1997.

von Menschen schuldhaft gesetzte, Übel oder ›das Böse‹[4] (indes ist manches Leid nicht schuldhaft gesetzt, sondern entsteht aus Unkenntnis, Hilflosigkeit oder aus psycho-pathischen Zwängen[5], die oft durch als Kind erlittene Gewalt, also durch soziale Strukturen und Schuld anderer, bedingt sind). Da aber das Übel sich nicht einfach auf das physische und das moralische Übel reduzieren läßt, sondern tiefere, ontologische, d. h. in der Struktur des endlichen Seins selbst gründende Wurzeln hat, unterschied Leibniz später von beiden noch (3) das ›metaphysische‹ Übel, d. h. die mit der Kreatürlichkeit selbst gegebene Endlichkeit, Fehlbarkeit und Vergänglichkeit.

Mit diesen Aspekten ist freilich derjenige noch gar nicht genannt, der für biblische Menschen das Übel schlechthin darstellt: (4) das theo-logische Übel, das Getrenntsein von Gott[6], dem wahren Lebensgrund; alle anderen Übel, obwohl oft kaum zu ertragen, werden demgegenüber relativ (vgl. z. B. Ps 63,4; 73,25f) und sind letztlich erst dann wirklich schlimm, wenn sie »uns von der Liebe Gottes zu scheiden vermögen« (Röm 8,38f).

Als Übel bewerten wir, was uns (oder anderen Wesen) schadet und Qual verursacht. Der Begriff Übel ist von dem des Leids her zu definieren. Er ist erst dort sinnvoll, wo wir es mit empfindungs- und *leidensfähigen Lebewesen* zu tun haben. In einem Universum, in dem keine solche Wesen existierten, gäbe es keinerlei Übel. Die Explosion eines Sterns in einem unbelebten Sonnensystem z. B. wäre kaum als Übel zu bezeichnen; anders jedoch ein Naturereignis, das empfindungsfähigen Lebewesen Qualen zufügt. Übel (Leid) ist somit kein Sachverhalt der physikalischen Welt[7], sondern eine Empfindungsqualität, also ein Sachverhalt erst der biologisch-sensitiven Welt. Voraussetzung für eine sinnvolle Verwendung des Ausdrucks Übel ist die biologische Fähigkeit, leiden zu können.

Diese Fähigkeit hat sich im Laufe der Evolution des Lebendigen entwickelt. Sie nimmt offenbar zu mit zunehmender Komplexität des zentralen Nervensystems, und d. h. mit zunehmender Individuierung, Bei-sich-sein, (Selbst-)Bewußtsein. Beim Menschen und auch bei höheren Säugetieren umfaßt das Spektrum der Leiderfahrungen nicht nur physische Schmerz- und Mangelempfindungen, sondern auch komplexere wie Angst, Panik, Trauer. Vermutlich nur vom Menschen erfahrbar sind Leiden wie Demütigung, Scham, Verzweiflung, Sinnlosigkeit, moralischer Abscheu, Schuld (ein Tier kann zwar Angst vor Strafe haben, aber nicht schuldig sein) und Furcht vor dem künftigen Tod.

---

4   Vgl. dazu den Beitrag von S. Wiedenhofer, in dem der Begriff Böses allerdings weiter gefaßt wird und für Übel in jeder Form steht.
5   Vgl. dazu die Beiträge von B. Görnitz und P. Kutter.
6   Vgl. dazu, am spezifischen Beispiel von Meister Eckhart, den Beitrag von Ch. Büchner in diesem Band.
7   Zu dieser vgl. den Beitrag von Th. Görnitz in diesem Band.

2. *Theodizee, Theodizeen, Theodizeeproblem*

Das von G. W. Leibniz (1697) gebildete Kunstwort »Theodizee« bedeutet wörtlich übersetzt »Rechtfertigung Gottes« (»Freispruch für Gott«), zu ergänzen ist: angesichts der Übel und Leiden in der Welt. Strenggenommen ist *eine Theodizee* der Versuch, Gott in einer Art Gerichtsprozeß vor den Richterstuhl der menschlichen Vernunft zu ziehen und ihn vor diesem Forum rational zu rechtfertigen gegen den Vorwurf, für die Übel in der Welt verantwortlich zu sein. Dabei ist die Vernunft Anklägerin, Verteidigerin und Richterin zugleich. In ihrem Verlangen, alles einheitlich zu begreifen und es in den Griff zu bekommen, will sie die Dinge ›zusammenkriegen‹: alles, auch Gott und das Übel, Gott und das Böse.

Die neuzeitlichen Theodizeen setzen die rationale Durchschaubarkeit der Welt, mehr noch: die Überschaubarkeit von Welt *und* Gott zusammen, voraus, beanspruchen also so etwas wie einen (absoluten) Standpunkt über allen uns möglichen Standpunkten, die Vogelperspektive, während wir doch immer nur diverse Froschperspektiven einzunehmen vermögen. Die Antworten dieser Theodizeen bleiben deswegen zutiefst problematisch.

Theodizee in diesem Sinne ist ein Unternehmen aus der Distanz: Es erhebt sich zwar aus der Erfahrung von Leid, um aber diese Erfahrung dann sogleich hinter sich zu lassen, sich in einen logisch oder spekulativ zu lösenden *Gedanken*konflikt zu verwandeln und die Frage der *praktischen* Leid-Bewältigung auszublenden. Keine noch so schlüssige Erklärung der Weltübel, keine Theodizee, hat es deshalb je vermocht, die konkrete Erfahrung von Leiden auch nur im mindesten zu reduzieren.

Viel älter als die neuzeitlichen Theodizeen ist das Theodizee*problem*. Epikur (1949, 80) hat es um 300 v. Chr. bereits klassisch formuliert: »Entweder will Gott die Übel beseitigen und kann es nicht (dann ist er nicht allmächtig), oder er kann es und will es nicht (dann ist er nicht gut), oder er kann es nicht und will es nicht, oder er kann es und will es – woher kommen dann die Übel und warum nimmt er sie nicht weg?« Und schon in der Antike gibt es *theodizee-analoge Versuche.* Sie erklären die Übel und Leiden moralisch (als Strafe für Schuld und Sünde), pädagogisch (als Mittel der Prüfung, Züchtigung, Erziehung, Läuterung), ontologisch (als Mangel des Guten oder unerläßlicher Teil der Gesamtordnung). So wollen sie demonstrieren, Gott und die Übel widersprächen sich nicht, da jedes Übel einen höheren Zweck habe. Alles hat dann, so wie es ist und läuft, im Prinzip seine Richtigkeit. Theoretische »Rechtfertigungen Gottes« tendieren deshalb zur Rechtfertigung der bestehenden Leiden, damit auch der Täter, und instrumentalisieren die Opfer.

Doch dagegen erhebt sich immer neu die Empörung. Schon für Hiob waren die moralisch-pädagogischen Erklärungen seiner Freunde nur eine zusätzliche Qual:»Wie lange noch quält ihr meine Seele? Was tröstet ihr mit Schwindel mich? Eure Antworten bleiben Betrug!«(Hi 19,2; 21,34). In der Neuzeit, v. a. seit dem 19. Jh., bricht solche Empörung verstärkt durch, etwa bei Georg Büchner (Lenz:»wär' ich allmächtig, ich könnte das Leiden nicht ertragen, ich würde retten«), bei Fjodor Dostojewskij (Iwan Karamasow weigert sich,»die Tränchen auch nur eines einzigen gemarterten Kindchens« hinzunehmen um einer»ewigen Harmonie« willen) oder bei Albert Camus (der Pest-Arzt Rieux weigert sich»bis in den Tod hinein, die Schöpfung zu lieben, in der Kinder gemartert werden«). Grundsätzlich könnte man sogar sagen: Eine theoretische Antwort auf das Leidproblem, die uns *so* befriedigte, daß sie unsere Empörung gegen die Übel dämpfte oder gar still-stellte, wäre selbst von Übel, weil sie unsere Anstrengung lähmen würde, das Böse zu verhindern und das Leid zu bekämpfen.

3. Die existentielle Frage Leidender nach und an Gott

Noch viel älter und ursprünglicher als alle theodizee-artigen Versuche ist die existentielle Frage Leidender nach Gott und an Gott, die Theodizee-*Frage* (wie man sie kurz nennen kann). Sie entspringt ureigener Leid-Erfahrung, die sich in Klage, Anklage, Protest und im emotionsgeladenen Schrei ausdrückt:»Warum?«

Diese existentielle Theodizeefrage findet in Gebeten vieler Religionen, vor allem in vielen biblischen Psalmen bewegenden Ausdruck. Menschen, die an Gott als allmächtigen und gütigen Schöpfer glauben (oder glauben wollen), klagen ihm verzweifelt ihr Leid:»Herr, warum bleibst du so fern, verbirgst dich in Zeiten der Not?«(Ps 10,1; vgl. 13,2; 89,47).»Mein Gott, warum hast du mich verlassen?«(Ps 22,2; Mk 15,34).»Wie ein Fraß in meinen Gliedern ist mir der Hohn derer, die mir täglich zurufen: Wo ist nun dein Gott?«(Ps 42,10f; vgl. 79,10; 115,2).»Herr, so schweig doch nicht. Steh auf, wach auf, uns zu helfen, und erlöse uns!«(Ps 35,22f; 44,24–27).

Leidende machen Gott bitterste Vorwürfe, machen ihn für ihr Elend verantwortlich (z. B. Klgl 3,1–18; Hi 9,17f; 10,8; Ps 44,10–23; 88,15–19), stellen ihn zur Rede. Im empörten Aufschrei des Protestes klagen sie ihn an, streiten und rechten mit ihm. Hiob (3,1ff) verflucht den Tag seiner Geburt:»Dieser Tag werde Finsternis«, schreit er auf und übt so radikalen Widerspruch gegen das»Es werde Licht« von Gen 1,3; Gott soll die ganze Schöpfung rückgängig machen, die Hiob in seinem Schicksal zutiefst fragwürdig geworden ist.

In unserer Zeit halten manche (Reinhold Schneider, Marie Noël u. a.) Gott auch das Leid der *nicht*menschlichen Kreatur vor. So auch Fridolin

Stier (1981, 9): »Es ist etwas in mir, das sich weigert, dich aus der Haftung der Kreatur zu entlassen... Nein, nein, Herr, ich glaube nicht, daß du mich mit der banalen Auskunft abwimmelst, das sei eben die Ordnung ... der Natur – ja, aber wessen ist diese Ordnung, wenn du der Schöpfer bist? Ich frage dich, DICH frage ich.«

Die Theodizee*frage* ist eine Frage vor Gott und an Gott: Sie schiebt die ganze ungelöste Not ihm hin. Sie rechtfertigt Gott nicht, sondern rechtet mit ihm. Sie spricht Gott nicht frei, sondern behaftet ihn beim Leid seiner Schöpfung. Wer die Theodizee*frage* festhält, versucht den Widerspruch der Übel gegen Gott – und Gottes gegen die Übel – nicht zu beseitigen, sondern aus- und offenzuhalten: in Zweifel, Frage, Klage, Anklage, Protest, in Appell an Gott und in existentieller Inanspruchnahme Gottes, in Solidarität mit den Leidenden und womöglich in solidarischer Praxis der Leidminderung.

4. Der Leere-Schrecken und die Sinn-Option trotz der Zweideutigkeit der Natur

Die existentielle Theodizeefrage gibt es auch dort, wo Menschen (wie etwa der wegen eines Rückenmarkleidens an seine Pariser »Matratzengruft« gefesselte Heinrich Heine) skeptisch-zweifelnd oder in rebellischer Auflehnung Gott selber in Frage stellen, ohne freilich einfach mit ihm ›fertig‹ zu sein und ihn definitiv für nicht existent zu halten.

Eine Leugnung Gottes behebt das Leid ja auch gar nicht, im Gegenteil, sie verschärft die Problematik, weil sie den hoffenden, sinn-verlangenden Menschen prinzipiell hoffnungs- und sinnlos mit sich allein läßt. Georg Büchner, für den Gott deswegen inexistent ist, weil er im Leid nicht einschreitet, nicht hilft, artikuliert das Erschrecken nach dem Verlust Gottes, den Leere-Schrecken: »Mein Gott, ist es denn wahr, daß wir uns selbst erlösen müssen mit unserem Schmerz?« (in: »Leonce und Lena«). In Albert Camus' »Die Pest« stirbt ein Kind qualvoll an dem Natur-Übel Pest; doch selbst Dr. Rieux, der nicht an Gott glauben, sondern lieber in absurdem ethischem Dennoch mit aller Kraft gegen den Tod ankämpfen will, resigniert schließlich: Er kann den Todeskampf des Kindes nicht mit ansehen, und er muß feststellen, wie der massenhafte Tod allenthalben zu Abstumpfung und wachsender Teilnahmslosigkeit führt. Was kann – gegenläufig dazu – überhaupt noch die moralische Empörung gegen das sinnlose Leid aufrecht erhalten und die Kraft zum Kampf geben? Doch so etwas wie ein letzter Funke Hoffnung auf den schließlichen Sieg des Guten, eine verborgene Sinn-Option?

Die oben erwähnte Frage Epikurs »Wenn (ein allmächtiger und guter) Gott ist, woher dann die Übel?« bedarf der Erweiterung: »Wenn er *nicht* ist, woher dann das *Gute*?« (so 524 der eingekerkte und bald darauf hingerichtete Boethius in seiner Schrift »Über den Trost der Philosophie«). André Malraux (1967, 524f) verdeutlicht: »Wie es wahr ist, daß für einen religiösen Menschen die Lager wie der Martertod eines unschuldigen Kindes aus der Hand eines Unholds das oberste der Rätsel aufgeben, so ist auch wahr, daß für einen Agnostiker mit der ersten Tat des Erbarmens ... oder der Liebe dasselbe Rätsel aus der Tiefe steigt.« Zehrt nicht alles tätige Erbarmen, alle praktische Liebe, von einem Urgrund, den sie – und sei's ohne es zu bemerken – voraussetzen muß?

Mehr noch: Alle humane, solidarische Praxis bleibt immer defizitär – und vergänglich –, und sie reicht nicht mehr an die Toten heran. Was ist mit dem (nicht ungeschehen zu machenden und von uns nicht wiedergutmachbaren) Unrecht an den Verstorbenen, mit ihrem ungesühnten Leid? Wer die toten Opfer (Menschen und Tiere) nicht einfach vergißt, vielmehr die ethische Forderung nach Gerechtigkeit aufrecht erhält, dem stellt sich unabweisbar die Frage nach einer rettenden, göttlichen Wirklichkeit: »Wirst du an den Toten Wunder tun?« (Psalm 88,11). Nur wenn einem Gott noch zuzutrauen wäre, daß er eine tiefgehende Verwandlung mit uns und allem herbeizuführen vermag, eine Transformation in ein Sein, in dem es nicht nur kein Leid mehr gibt (Offb 21,4f), sondern in dem auch erlittenes Leid gutgemacht (und so bejahbar) wird, nur dann wäre die Schöpfung nicht bis in alle Ewigkeit verpfuscht. Nur dann gälte: »Nicht auf immer bleibt der Arme vergessen, nicht die Hoffnung der Elenden ewig verloren« (Ps 9,19). Und dann gälte das Jesus-Wort: »Auch der tote Sperling ist bei Gott nicht vergessen« (Lk 12,6).

An der Natur selber freilich ist dies nicht ablesbar. Blaise Pascal (Pensées, Fragment 229): »Die Natur bietet mir nichts, das nicht Anlaß zu Zweifeln und Beunruhigung wäre. Wenn ich nichts in ihr sähe, das auf einen Gott hinweist, würde ich mich für eine Leugnung (Gottes) entscheiden. Wenn ich überall nur die Spuren des Schöpfers sähe, würde ich freudig im Glauben ruhen. Da ich aber zu viel sehe, um zu leugnen, und zu wenig, um sicher zu sein, bin ich in einem beklagenswerten Zustand.«

Wegen dieser tiefen Zweideutigkeit der Natur nannte Martin Luther die Kreaturen nicht so sehr Spuren als vielmehr »Larven« oder »Masken« Gottes. Die Vernunft kann Gott in der Welt nicht finden, sie »spielt Blindekuh mit Gott und schlägt immer daneben, daß sie das Gott heißt, das nicht Gott ist, und wiederum nicht Gott heißt, das Gott ist« (WA 19, 207). Sie bekommt im Natur- und Weltlauf höchstens »die Rückseite Gottes« zu Gesicht, den in der Welt und im Leben verborgenen, nackten

Gott (auf den wir dann alles Mögliche projizieren), aber vom Abgrund göttlicher Weisheit und Barmherzigkeit,»da weiß sie nicht einen Tropfen von« (WA 46, 669). Dieser wird erst offenbar durch das Wort des Schöpfers im Weg Christi. Christus ist der Erkenntnisgrund der Schöpfung und ihres Sinns. Deshalb gilt für Luther:»Wiewohl Gott überall ist in allen Kreaturen, ... will er doch nicht, daß du überall nach ihm tappest, sondern wo das Wort ist, da tappe nach, so ergreifst du ihn recht« (WA 19, 492).

5. Abschied vom allmächtigen Gott?

a) Der jüdische Philosoph Hans Jonas, dessen Mutter in Auschwitz ermordet wurde und der dennoch am Gottesbegriff festhalten will, fragt, welcher »Gottesbegriff nach Auschwitz« überhaupt noch denkbar sei. Was für ein Gott konnte das Schreckliche geschehen lassen? Seine Antwort: Ein Gott, der nicht einfach sich selbst beschränkt hat, um dem Endlichen Raum und Lauf zu lassen (der müßte bei himmelschreiendem Leid seine Zurückhaltung aufgeben und eingreifen), vielmehr ein Gott, der sich so gänzlich in die Immanenz der werdenden Welt hineingegeben, daß er »nichts von sich zurückgehalten« und deshalb »nichts mehr zu geben« hat. Gott schwieg in Auschwitz:»Nicht weil er nicht wollte, sondern weil er nicht konnte, griff er nicht ein« (Jonas 1987, 15; 47; 41). Nur Gottes Ohnmacht kann das Grauenvolle *erklären* (und dem Philosophen Jonas liegt daran, es zu erklären).

Gott hat sich verausgabt und kann nichts mehr geben, wir müßten *ihm* zurückgeben. Jonas ist überzeugt,»daß in unsere unsteten Hände, jedenfalls in diesem irdischen Winkel des Alls, das Schicksal des göttlichen Abenteuers gelegt ist und auf unseren Schultern die Verantwortung dafür ruht. Da muß der Gottheit wohl um ihre Sache bange werden«:»ein kosmisches Experiment, das wir mit uns scheitern lassen können« (Jonas 1988, 60; 58).

Eine beeindruckende Sicht. Doch stellen sich Fragen: Wird hier dem Menschen nicht eine ihn überfordernde Last aufgebürdet? Wie lebt und liebt man weiter, wenn die Kinder von Auschwitz einfach ausgelöscht sind, ohne Hoffnung auf Gerechtigkeit? Müßte, wenn man den Gottesgedanken festhält, nicht auch die in Immanenz nicht auflösbare Transzendenz Gottes festgehalten werden, der sein eigenes Sein und Potential nicht« verliert? Muß man wirklich »Abschied vom allmächtigen Gott« nehmen, wie G. Schiwy (1995) mit Jonas meint?

b) Kein Zweifel, der Begriff der Allmacht Gottes muß neu überdacht und präzisiert werden. Mit Recht wenden sich Jonas und Schiwy gegen

ein Verständnis Gottes, der »mit starkem Arm« – verändernd, rettend –
in den physischen Lauf der Welt eingreift. Beide meinen, deswegen auch
die Allmacht Gottes verabschieden zu müssen. Aber dabei denken sie –
und hier liegt der Denkfehler – All-Macht nicht wirklich transzendental,
sondern räumlich-gegenständlich: nämlich (1) als *Allein*-Macht, die ohne
Gegenmacht, also gegenstandslos und daher als Begriff unsinnig sei, und
(2) kategorial als *Über*-Macht auf derselben Ebene wie schwächere
kreatürliche Macht, so daß sie zu dieser in Konkurrenz tritt und daher
sich selbst begrenzen müßte, um dieser Raum zu lassen und sie nicht zu
verdrängen.

Gewiß: *Wenn* Gott ein räumlich-gegenständliches, übergroßes
(schlecht ›unendliches‹) Wesen *wäre*, das nach Art des Endlichen (Materie, Luft usw.) – allerdings endlos – ausgedehnt wäre, dann freilich wäre
es nötig, daß ein solcher Gott sich selbst begrenzt, um in sich überhaupt
erst Raum aufzutun für Welt, oder daß er sich gar völlig kontrahiert, um
allen Raum für Welt freizugeben. Aber die nicht endliche Wirklichkeit,
die wir mit dem Wort »Gott« meinen, darf ja gerade nicht raum-analog,
gegenständlich, materie- oder luft-artig gedacht werden: Gott ist *un*- und
*über*gegenständlich. Die Rede, Gott sei »*Geist*« oder er sei »*transzendental*« zu denken, will genau dies andeuten. Raum, Atmosphäre, Energie,
Kraft, Person/Du – und selbst Geist oder Transzendenz – sind allesamt
vom Endlich-Geschöpflichen genommene (physische oder personale)
Modelle, die – metaphorisch (= übertragen), d. h. als Bilder, gebraucht
– hinausverweisen auf Gott, den ganz Anderen, die ganz andere Dimension, die gerade als solche allpräsent und mächtig ist.

Die Vorsilbe »All-« in dem Ausdruck »Allmacht« signalisiert den
qualitativen (nicht nur quantitativen) Unterschied der Macht Gottes
gegenüber menschlicher Macht. Letztere kann mit Max Weber als
(Selbst-)Durchsetzungsvermögen gegen andere definiert werden. Davon
ist die spezifische (oder All-)Macht Gottes, jedenfalls des von Jesus
erschlossenen Gottes, klar zu unterscheiden. Gottes (All-)Macht muß
gerade mit seiner (allen geltenden) Güte *zusammen*gesehen und von ihr
her verstanden werden: d. h. sie muß als *die* Fähigkeit gedacht werden,
die – ohne das Mindeste von ihrer Wirklichkeit zu verlieren (darum
unbesorgt um sich selbst) – sich hinzugeben vermag und gerade so den
andern überhaupt erst *sein* lassen und ihn (statt abhängig) *frei* machen
kann, und die dann um ihn freit (so Kierkegaard; Texte bei Kessler
2000a, 67f).

Der übergegenständliche Gott kann *um, bei, in* uns sein, ohne daß er
– um nicht uns (oder eines seiner andern Geschöpfe) zu verdrängen oder
zu beengen – sich selbst erst in einem räumlich-gegenständlichen Sinne
beschränken müßte (vgl. Kessler 1988, 108–116). Anders als alle

äußerlich-zwingende Menschenmacht drängt die (All-)Macht seiner Liebe sich nicht auf, übt keinen Druck aus und zwingt nicht, sondern gibt frei. Gott ist nicht Konkurrent oder Grenze der Schöpfung und der menschlichen Freiheit, sondern ihr ermöglichender Grund und ihre rettende Aussicht. Wenn Gott nicht in diesem Sinne all-mächtig wäre, wäre alle Hoffnung auf endgültiges Heil ein tragischer Irrtum. Im Bekenntnis zur All-Macht Gottes besteht der Glaube darauf, daß der Gott, der in Leben, Tod und Auferstehung Jesu seinen universalen Heilswillen kundgetan hat, auch überwinden wird, was diesem Heilswillen jetzt in der Welt und in uns widerspricht.

6. Unbegreiflichkeit Gottes und des Leids und der Sinn von Verstehensversuchen

Atheistische Kritiker (Streminger 1992; Gesang 1997) sagen, der Glaube ziehe sich, da ein allmächtiger und gütiger Gott mit dem Leid der Welt nicht rational vereinbar sei, in *dieser* Frage hinter die Grenzen der Vernunft ins rational Unbegreifliche (ins Mysterium) zurück, während er sonst durchaus rationale Argumente beanspruche, um die Existenz Gottes zu belegen. Der Glaube sei daher widersprüchlich und irrational. Wirklich? Was, wenn er Gott gerade *gegen* das Leid stehen sieht und ihn mit diesem gar nicht vereinbaren will?

Ohne rationales Verstehen gibt es gewiß keinen intellektuell redlichen Glauben. Es muß also zu verstehen versucht werden. Doch die Aporie liegt darin, daß das Verstehen sich hier an etwas annähert, was sich, jedenfalls *letztlich*, nicht verstehen läßt: Alles Verstehen bricht sich sowohl vor dem Leidproblem, das in seiner Konkretheit letztlich unfaßbar bleibt, als auch vor dem Gottesgedanken, der – infolge der kreatürlichen Differenz – allem menschlichen Verstehen Schranken setzt.

Unser Verstehen bleibt somit ein aporetischer Versuch, der bis zum äußersten Punkt der Fragbarkeit und Denkbarkeit vorzudringen vermag, wo Gott – und zwar auch der in Christus offenbare Gott – erst vollends als das unausdenkbar absolute Geheimnis aufscheint, an dem das eigene Denken notwendig scheitern muß, aber *so*, daß das Denken genau dies noch einmal rational einsehen kann, also verstehen kann, *daß* und *warum* es an diesem unendlichen Geheimnis zuletzt scheitern (und den Weg zur existentiellen Anheimgabe an dieses Geheimnis freigeben) muß.

Der Rückgang auf das Geheimnis (K. Rahner) ist also keineswegs irrational, sondern Komponente eines streng rationalen Versuchs, der die äußersten Möglichkeiten der endlichen Vernunft auszuschöpfen sucht und der zugleich selbstkritisch – der Versuchung zur Selbstüberhebung der Rationalität widerstehend – die Perspektivität und Begrenztheit unserer Erkenntnisbemühungen eingesteht (Hoff 1999): Der endlichen Vernunft »empirische Erkenntnis ist unabgeschlossen und offen, aber sie denkt notwendig die Idee des Unbedingten. Ihre Grundstruktur ist die einer limitativen Opposition, d. h. was immer von ihr realisiert und als geistiges Gebilde hervorgebracht wird, ist bestimmt durch den Gegensatz von Endlichkeit und Unendlichkeit, Bedingtheit und Unbedingtheit. Wir sind des Unbedingten nicht erkenntnismäßig mächtig; zugleich ist das Unbedingte ein notwendiger Gedanke« (Baumgartner 1991, 208).

Das Festhalten an Gott als unbedingtem Urgrund der Welt ist daher, trotz des Leids in der Schöpfung, nicht irrational, sondern durchaus konsistent und rational. Wie sollte auch der evolutive Kosmos, aus sich, ein derartiges Wesen wie den Menschen hervorbringen, der doch Natur und Kosmos selbst nochmals hinterfragen, sie also übersteigen und die Idee des Ganzen der Wirklichkeit fassen sowie die Frage nach einem letzten, zureichenden (Ur-)Grund dieses Ganzen aufwerfen kann, die Frage nach dem Unbedingten, das alle endliche Wirklichkeit bedingt und sie unbedingt angeht? Der Mensch, der glauben will, hält, obwohl das Leidproblem theoretisch nicht voll lösbar ist, an Gott als dem Schöpfer dieser Welt, in der es – ganz unakzeptierbares – Leiden gibt, fest. Es kann nicht darum gehen, die Kontradiktion zwischen Gott und Übel zu *beseitigen*, so daß beide im (vollständigen) Begreifen koexistieren könnten. Der Widerspruch zwischen Gott und Übel/Leid muß vielmehr scharf gedacht und *aufrechterhalten* werden.

Dennoch müßten unsere Verstehensversuche zumindest so weit reichen, daß die verbleibende Unbegreiflichkeit des Leids dem Glauben an Gott nicht entscheidend widerspricht (Kreiner 1997, 78). Wenn nämlich die Welt Schöpfung Gottes und die Vernunft Gabe Gottes ist, wenn daher Glaube und Vernunft nicht grundsätzlich in Widerspruch sein können, vielmehr das zu Glaubende das vernünftig zu Verstehende nur noch übersteigen – aber nicht unterbieten – kann (Erstes Vatikanisches Konzil: DS 3017), dann ist Glaube intellektuell verstehend zu verantworten. Und dann ist *Minimalbedingung* für solche intellektuelle Verantwortung der beständige Versuch der *Annäherung an ein Verstehen*, selbst wenn dieses am zu Verstehenden letztlich sich bricht und aporetisch bleibt. – In diesem Sinne soll es nun um bruchstückhafte Annäherungen an ein Verstehen gehen, auch wenn diese immer wieder unbefriedigend bleiben und in unbeantwortete, auszuhaltende Fragen münden werden.

*Zweiter Teil: Bruchstücke von Verstehen, offene Fragen
und begründete Lebensoption*

*1. Naturübel und Böses – unvermeidlich um des Lebens
und der Freiheit/Liebe willen?*

a) Die heutigen Naturwissenschaften zeigen uns das Bild eines indeterminiert evolvierenden Universums, das – nach unvorstellbar langen Zeiträumen und quantitativ riesigen Entfaltungen – allmählich auf dem kleinen Planeten Erde Leben hervorbringt, Lebewesen mit zunehmender innerer Autonomie gegenüber ihrer Umwelt, und schließlich den Menschen mit Vernunft und Willensfreiheit: ein Staubkorn nur im riesigen Kosmos, aber – ein Staubkorn *mit Geist*, der über all dies Riesige hinausfragen, sich überallhin versetzen kann und der vor allem zu lieben vermag.

Diese kleine Erde und auf ihr Leben und ein Lebewesen mit Entscheidungsfreiheit und Liebesfähigkeit hervorzubringen wäre nun aber nicht möglich gewesen, wenn im evolutiven Prozeß nicht *einerseits* gesetzlich-regelhafte Abläufe, also Naturgesetze, sich herausgebildet hätten (sie erst machen einigermaßen dauerhafte physikalische und organismische Strukturen sowie bewußte Folgenabschätzung unserer Handlungen, also Entscheidungsfreiheit, sittliche Verantwortung und Reifung möglich) und wenn nicht *andererseits* die Kräfte der Evolution zugleich relativ freies Spiel hätten, die Evolution also ein relativ indeterminiertes ›Tasten‹ wäre (wäre alles strikt determiniert, wären autonome Lebewesen unmöglich).

Damit aber entstehen außer Strukturen von Ordnung und Gestalt unvermeidlich auch Auflösung von Gestalt und Zersetzung: physischer Zerfall im Vor-Lebendigen, Übel und Leiden beim Lebendigen, Möglichkeit von Schuld und Bösem im Bereich der Freiheit. Natürliche Übel, Leiden, Schmerzen und Tod sind also die notwendige Bedingung für höher organisiertes – zu Empfindungen wie Freude, Leid, Zuneigung fähiges – Leben[8]; und darüber hinaus ist zumindest die *Möglichkeit* des moralischen Übels, des Bösen, eine unvermeidliche Bedingung für spezifisch menschliches Leben, das sich für das Gute (oder eben auch für das Schlimme) entscheiden und das lieben (oder auch hassen) kann. Der Mensch kann gemeiner sein als jedes Tier; er hat aber auch die Fähigkeit, seine eigenen Ansprüche zurückzustellen und für andere Lebewesen eine Fürsorgepflicht zu übernehmen, Dinge zu unterlassen, weil sei zu gemein sind, obwohl er sie ungestraft tun könnte und viele sie deswegen tun.

b) Nach biblisch-christlicher Überzeugung will Gott das Leid und das Böse absolut nicht. Aber wenn er den Kosmos als eigendynamisch werden-

---

8 Vgl. dazu die Beiträge von Bereiter-Hahn, Kummer und Köchy in diesem Band.

den und die Menschen als freie Subjekte will (mit dem Ziel der freien
Gemeinschaft der Liebe unter ihnen und mit sich), dann impliziert diese
Freilassung zweierlei: *Erstens* vermag dann alles Geschaffene Wege zu
beschreiten, die ihm nicht deterministisch von Gott vorgezeichnet sind.
Schon die vormenschliche Natur geht dann auch Wege, die nicht immer
die gottgewollten Wege sein müssen: eben die Wege, Umwege und
Abwege einer in ihre Eigendynamik hinein freigesetzten Werde-Welt.
Längst nicht alles, was ›die Natur tut‹, muß von Gott intendiert sein und
ist ›der Wille Gottes‹. Und *zweitens* ist damit die Möglichkeit von mensch-
lichem Freiheitsmißbrauch gegeben, von schöpfungs- und schöpferwidri-
gem Handeln, also von Bösem und daraus erwachsendem Leid. Gott kann
nicht die universale Evolution wollen und zugleich diese Kehrseiten und
Begleiterscheinungen ausschließen.

Wenn Gott aber der Urgrund (Schöpfer) der Welt ist und damit diese
Übel in Kauf nimmt, dann bewertet er offenbar die zunehmende innere
Autonomie und Freiheit als Ergebnis der Evolution höher als diese seinen
Geschöpfen zugemuteten Übel. Dann sind ihm Geschöpfe, die Lust und
Leid empfinden, ja die in Freiheit die anderen Geschöpfe und ihn selbst
lieben können, ein unschätzbar hohes Gut. Sie sind ihm dann so unfaßbar
wichtig, daß er sich selbst nicht von den riskierten Folgen ausnimmt,
vielmehr selber das Leiden auf sich nimmt, so daß die Kreaturen nicht
allein den Preis bezahlen (dazu unten Punkt 2).

c) Doch hier melden sich Zweifel: Das Leiden in der Schöpfung – der
von Gott riskierte Preis der Freiheit,»der Preis der Liebe« (Greshake
1978)? Ist dies angesichts des maßlosen Leids ungezählter Opfer, zumal
von Unschuldigen, nicht »ein gar zu hoher Preis« (Dostojewski)? Wie
kann Gott einen solchen Preis akzeptieren für die Freiheit, andere und ihn
selbst lieben zu können, für einen Wert also, in dessen Genuß viele der
– ungefragt in ein leidvolles Dasein geworfenen – Opfer niemals gelangen?

Gewiß, es gibt keinen rational denkbaren Weg einer Evolution von
Freiheit *ohne* In-Kauf-nahme möglicher Übel (sog. »free-will-defence«:
Plantinga 1965; Swinburne 1988). Insofern scheint es vernünftig zu sagen,
Gott habe die im Prinzip beste der möglichen Welten geschaffen, eine im
Prinzip bessere sei real nicht möglich (Weizsäcker 1954, 168; Kreiner
1997, 364ff). Es scheint vernünftig zu sagen, Gott könne freie, liebesfähige
Wesen nur so schaffen, daß er für den relevanten Zeitraum (bis zu ihrem
Tod) darauf verzichtet, ihre Entscheidungen selbst zu verursachen, weil
er sie dadurch als freie aufheben würde. Gott (er-)trägt die Geschöpfe, auch
wenn sie andere Wege als die seinen gehen oder sich bewußt gegen ihn
entscheiden (Thomas von Aquin, Sth I 8,1–3); Gott ist also notwendiger,

aber nicht hinreichender (d. h. nicht determinierender) Grund ihrer Handlungen; er ist *all*-wirksam, aber nicht *allein*-wirksam. Doch so vernünftig das alles sein mag:

Ist und bleibt es nicht eine ganz und gar aporetische Perspektive auf Gott, anzunehmen, auch nur ein einziges grausam gequältes Opfer sei, zwar nicht intendiert, aber doch das Wagnis des Lebendigen und der Freiheit wert? Kann die Hinnahme von Qualen in der Natur, von Greueln in der Menschheit je gerechtfertigt sein durch den Wert der Willensfreiheit, der Ermöglichung unerzwungener Liebe, der Personwerdung (wie die »soul/person-making-theodicy« meint: Hick 1966 und 1989; Kreiner 1997)?

Anders gewendet: Wenn es einerseits höheres (empfindungs-, freiheits-, liebesfähiges) *Leben* nur auf der Basis der Verzehrung und d. h. der – bisweilen quälenden – *Zerstörung* anderen Lebens gibt (Gesetz des naturalen Lebens), wenn andererseits die Liebe gerade sich weigert, den andern zu töten und zu verzehren, ihn vielmehr *sein lassen* und – u. U. bis zum selbstlosen Sich-verschenken – ernähren will (Gesetz der erlösenden Liebe), ist dann vielleicht jedes Lebewesen »zum Untergange in einem andern bestimmt« (Rilke), vielleicht so, daß ihm im Untergang ein unerwarteter Aufgang, in der Lebenshingabe das Geschenk eines radikal neuen Lebens zuteil wird? Ist Öffnung zueinander, ehrfürchtig-dankbares Entgegennehmen des Entgegenkommens des andern Lebens, Füreinander-Raum-geben, Einander-sich-hingeben, zuletzt in der Lebenshingabe, der Sinn des Daseins (Noel 1959, zit. bei Kessler 2000a, 56–58)?

Es gibt vorbildhafte Menschen, die zu solcher Lebenseinstellung durchstoßen und dabei erfahren, daß zwar nicht ständiges Glücksgefühl, aber Gegenwartsfülle, Sinn, in ihr Dasein kommt. Und es ist gut, selbst nach solcher Einstellung zu streben. Doch wird man sich hüten müssen, von großem Leid getroffene Menschen mit derlei Empfehlungen zu überfallen. Und vollends wirkt die Idee, der Sinn des Leidens sei es, zu solch personaler Hingabe heranzureifen und sie zu vollziehen, geradezu obszön angesichts der Leiden unschuldiger Kinder und auch anderer des Begreifens unfähiger Wesen, die qualvoll zerstört werden. Warum hat der Schöpfer das Leid von Geschöpfen, das so grauenvolle Ausmaße annehmen kann, in Kauf genommen?

d) Wenn die Welt im Prinzip nicht anders als die unsere sein kann, wenn Gott, ohne ihre Eigendynamik und Freiheit anzutasten, Übel, Schuld und Leid nicht verhindern konnte, wäre es dann nicht besser, Gott hätte gar keine Welt erschaffen? Oder ist eine Welt mit Lust *und* Leid, vor allem aber mit Liebe, alles in allem doch noch besser als überhaupt keine Welt? Mehr noch: Hält Gott vielleicht für diese schöne und geplagte Welt eine alles Begreifen übersteigende Versöhnung und Gutmachung bereit, die auch an das schon gelittene Leid rührt? Hält er für diese Welt – deren Naturgesetze es *nicht* zulassen, daß *kein* Lebewesen ein anderes tötet (und oft auch quält) – noch etwas anderes bereit, das unter den jetzigen Naturbedingungen nicht erreichbar ist: etwas von der Art, wie es die jüdischen Visionen vom friedlich miteinander weidenden Wolf und Lamm erträumen (Gen 1,29f; Jes 11,6–9 ; 65,25; Sib 3,787ff) und wie es die Rede von der nach Erlösung seufzenden Kreatur erhofft (Röm 8,19–25)?

Jedenfalls befriedigt der Hinweis auf die Eigendynamik der Natur und die Freiheit des Menschen, so richtig er ist, in der Frage nach dem Warum des *Leids* nicht wirklich. Die letzte Verantwortung für das Wagnis dieser Schöpfung fällt auf den Schöpfer selbst zurück, und wer sich an ihn wendet, kann ihn aus dieser Verantwortung kaum entlassen.

Walter Dirks erzählte von seinem Besuch bei dem vom Tod gezeichneten Romano Guardini:»Der es erlebt hat, wird es nicht vergessen, was ihm der alte Mann auf dem Krankenlager anvertraute. Er werde sich im Letzten Gericht nicht nur fragen lassen, sondern auch selber fragen; er hoffe in Zuversicht, daß ihm dann der Engel die wahre Antwort nicht versagen werde auf die Frage, die ihm kein Buch, auch die Schrift selber nicht, die ihm kein Dogma und kein Lehramt, die ihm keine ›Theodizee‹ und Theologie, auch die eigene nicht, habe beantworten können: Warum, Gott, zum Heil die fürchterlichen Umwege, das Leid der Unschuldigen, die Schuld?« (zit. nach Rahner 1980, 465)

Die Frage bleibt, als Rückfrage an Gott, zweifelnd oder womöglich hoffend, daß Gott die – einfach überzeugende – Antwort zu geben vermag, so daß das Versprechen eingelöst wird:»An jenem Tage werdet ihr mich nichts mehr fragen« (Joh 16,23). Wer davon überzeugt ist, daß der Gott Jesu Christi wirklich ist, der wird auch davon ausgehen, daß Gott»entweder die von uns vermuteten Gründe (hat), Übel zuzulassen, oder – was wahrscheinlicher ist – bessere Gründe, als wir uns vorstellen können« (Wiertz 1996, 241).

2. Pro und contra Rede vom Leiden Gottes: Inwiefern hilft ein leidender Gott?

Ein Gott, der um der Möglichkeit von Liebe (und deswegen um der Freiheit) willen das Leid in der Schöpfung riskiert, ist dann kein Scheusal, wenn er selbst das Leiden auf sich nimmt: So sagen heute manche Theologen. Sie *verschränken Gott und das Leiden* der Kreatur engstens in der Rede vom»Leiden Gottes« und wenden sich damit gegen den Gott der griechischen Metaphysik, der leidlos und leidensunfähig war, letztlich unberührt von den Leiden der Kreaturen.

a) Der biblische Gott ist vom Leid seiner Geschöpfe berührt; ihn »jammert« das Elend der Menschen *und* das der Tiere (Ex 3,7f und Jona 4,10f; Mk 1,41; Lk 12,6 u. a.). Die Bibel redet in Analogien von Gott, indem sie Worte für unsere tiefsten Erfahrungen metaphorisch auf Gott anwendet, um sich seiner Wirklichkeit, die nicht in unsere Begriffe paßt, wenigstens gleichnishaft anzunähern: Wegen seiner alle menschliche Liebe übersteigenden Liebe leidet Gott an der Übeltat von Menschen und ist gleichwohl voll Mitleid und Erbarmen mit ihnen (Hos 11,8f; Jer 31,20; Jes 63,15). Die Leidenden verläßt er nicht (Jes 49,14f; Ps 91,15), er leidet selbst in ihnen (Jer 14,17f; 26 u.ö.), ist auf der Seite aller Getretenen (Sir 18,13). Er will weder Menschen- noch Tieropfer, sondern Barmherzigkeit, Schonung und Gerechtigkeit (Hos 6,6; Amos 5,22–24; Jes 1,10–17; Ps 50,7–14; 51,18f; Weish 11,26f).

Das Neue Testament sieht die unbedingt allen geltende Güte Gottes geradezu verkörpert in Jesus, bis dahin, daß er am Kreuz sterbend noch die Tod-Feinde solcher Güte liebend umfängt. Er wird nicht – durch supranaturalen Eingriff – vor der Tortur bewahrt; das Rettende geschah vielmehr jenseits der physisch-sichtbaren Szene, als Bergung (Auferweckung) Jesu in die allpräsente Ewigkeitsdimension Gottes hinein. Dem Osterglauben wird offenbar, daß in der Tat Gott selbst in Jesus war, sich in dessen Passion und Sterben hineinziehen ließ und darin die Kraft seiner Liebe erwies, die stärker ist als Leid und Tod.

Glaubende wie Origenes, Eckhart, Katharina von Siena, Simone Weil, Dietrich Bonhoeffer waren der Überzeugung, daß der liebende Gott in den Leiden seiner Geschöpfe unendlich (mit-)leidet, daß er auch an der gewalttätigen Selbstabschließung von Geschöpfen gegen andere leidet und – wie in Geburts- und Wachstumsschmerzen – auf ihre Umkehr wartet. Gott sucht »Mit-Liebende« (Duns Scotus) , und d. h. eben auch solche, die im Kampf gegen Leiden lieber selbst Leiden auf sich nehmen, als Mitgeschöpfe leiden zu machen.

Auf dem Hintergrund solcher biblischer und christlicher Tradition sprechen heute manche Theologen (z. B. Moltmann 1972; Balthasar 1980; Harrington 1992; Faber 1995) von Gottes eigener Passion, vom (Mit-) Leiden Gottes mit und in allen Leidenden. Andere haben widersprochen und die Rede vom Leiden Gottes als wenig hilfreich kritisiert (Metz 1995; Groß/Kuschel 1992; Kreiner 1997). Inwiefern hilft ein leidender Gott?

b) Man hat gesagt: »Wenn Gott selbst leidet, ist das Leiden kein Einwand mehr gegen Gott« (Kasper 1982, 244). Wirklich? Ist dies nicht ein Trugschluß? Was haben denn die Opfer davon, daß Gott selbst in ihnen leidet? Was ändert das Mitleiden Gottes an den vergangenen Leiden eines brutal gequälten Tieres, was an den geweinten Tränen auch nur eines

gemarterten Kindes? Karl Rahner (1982, 245) in einem Interview:»Um
– einmal primitiv gesagt – aus meinem Dreck und Schlamassel und meiner
Verzweiflung herauszukommen, nützt es mir doch nichts, wenn es Gott
genauso dreckig geht.«
       Dieses Rahner-Wort wird von denen gerne zitiert, die die Rede vom
Leiden Gottes ablehnen. Und in der Tat: Ein leidender Gott, wenn er *nur*
(passiv) leiden würde, hülfe gar nichts. Dann käme es lediglich zur
»Verdoppelung des Leidens« (Metz 1995, 95). Alles würde nur noch
schlimmer. Die Rede vom leidenden Gott würde einfach undialektisch
in die Totalität des Leidens umkippen. Das ist auch gegen eine Äußerung
von Albert Camus (1953, 30f) einzuwenden, der gemeint hatte:»Wenn
vom Himmel bis zur Erde alles ausnahmslos dem Schmerz ausgeliefert
ist, dann ist ein fremdartiges Glück möglich.« Wieso eigentlich? Wie
sollte aus totalem Leid und Schmerz noch ein Glück erstehen? Anders
gewendet: Von welcher Art müßte der Schmerz Gottes sein, wenn daraus
ein fremdartiges Glück hervorgehen sollte? Doch kaum von der Art, daß
der leidende Mensch sich von dem (mit-)leidenden Gott nichts mehr
versprechen, ihm nichts mehr zutrauen könnte, weil dieser nur noch
ohnmächtig-schwach wäre (gegen Jonas 1987 und Schiwy 1995)!

       c) Bei der Rede vom Leiden Gottes ist größte Diskretion und Umsicht
angebracht. An dem klassischen Bedenken gegen eine Leidensfähigkeit
Gottes ist so viel richtig, daß der biblische Gott in radikaler Differenz zum
Leiden steht und daß ein Leiden Gottes nicht nach Art menschlichen
Leidens gedacht werden darf: Als ob Gott von etwas Mächtigeren getroffen
werden, an ihm scheitern, in ihm untergehen könnte (dann wäre er nicht
Gott, und dann müßte in der Tat die Vergeblichkeit das letzte Wort haben).
       Andererseits: Wer läßt Gott wirklich Gott sein, der, der ihn heraushält
aus dem Elend, oder der, der ich hineinzieht? Macht sich Gott, wenn er
denn wirklich ist und wenn er Agape ist, also am Wohl und Wehe seiner
Geschöpfe Anteil nimmt, nicht auch in seinen Geschöpfen verletzlich und
leidensfähig? Und ist, je radikaler die Liebe zu seinen Geschöpfen zu
denken ist, nicht desto radikaler auch sein Schmerz ob ihrer Qual? Gott
in seinen Geschöpfen, denen er innerlicher ist als sie sich selbst, auf
unausdenkliche Weise verwundbar? Gott leidend nicht allein im leidenden
Menschen, sondern auch im gequälten Tier? (So zu fragen trägt zur
Sensibilisierung gegenüber möglichem Leid anderer Lebewesen und zu
achtsamerem Umgang mit ihnen bei: daß wir z. B. Tieren *wenigstens* ein
artgerechtes Leben ohne Qual ermöglichen, ehe wir sie schlachten, und
daß wir dabei Qual vermeiden.)
       Das Da-Sein und Leid Gottes im Leid der gequälten Kreatur: Es müßte
– wenn es wirklich Leiden *Gottes* sein sollte – *mehr* beinhalten als nur

Gottes bloßes Mitleiden, mag dieses noch so radikal sein. Es müßte die Rettung und Heilung der Gequälten und Vernichteten einschließen (wie es die Psalmen für den leidenden Gerechten erhoffen und wie es der Osterglaube vom gekreuzigten Jesus annimmt). Der Schmerz oder das Leiden Gottes ist heilend und erlösend *nur dann*, wenn Gott das Leid *nicht* nur passiv-ohnmächtig aushält, *sondern* wenn in seiner frei mitleidenden Liebe eine größere Kraft (All-Macht) ist, wenn sie aus noch tieferen – und zutiefst betroffenen – Potentialen heraus das Leid auch aktiv-real und kreativ zu heilen, zu überwinden vermag. Und dies nicht erst post mortem, sondern zumindest anfanghaft schon hier und jetzt, indem sie den Willen und die Kraft gibt, Leid, wo immer es geht, wenigstens partiell zu heilen oder doch zu lindern und, wo dies nicht möglich ist, es in Solidarität mitzutragen bzw. in Würde und Hoffnung zu bestehen.

Dietrich Bonhoeffer (1970, 394) schrieb 1944 in der für ihn tödlichen Haft:»nur der leidende Gott kann helfen«. Er kann helfen, wenn sein Leiden nicht bloß passives Erleiden, sondern aktiv-kreatives, Leid heilendes Leiden ist. Das bloße Hineingerissensein Gottes in den Strudel des Schmerzes reicht nicht aus, aber *ohne* dieses gibt es auch keine Rettung.

3. Schöpferische All-Macht der leidensfähigen Liebe Gottes?

Wir hatten gesagt, daß Gottes All-Macht nicht gegenständlich-kategorial auf derselben Ebene wie kreatürliche Macht, also nicht als eine – andere Macht verdrängende – Allein- oder Über-Macht zu denken ist, sondern übergegenständlich-transzendental allpräsent, als eine ganz andere Dimension und gerade so als des Kreatürlichen innerstes Gegenüber und liebendes Du.

a) Christlicher Schöpfungsglaube impliziert, daß Gott *die* Liebe ist und die All-Macht hat, überhaupt erst etwas anderes zu begründen, dem Eigendynamik und Freiheit zukommt, Freiheit zur Mitliebe. Gerade indem Gott aber Welt und Mensch in ihr Eigen-Sein hinein freigibt, gibt er ihnen endliche Eigenmacht, die er voll respektiert (also nicht im Konfliktsfall revoziert), so daß er in der Tat darauf verzichtet, auf der Ebene der endlichen Kräfte – ihr Wechselspiel willkürlich verändernd – einzugreifen. Insofern beschränkt Gott sich und seine Macht gegenüber dem anderen, der Schöpfung, für eine gewisse Frist und bindet sich an das (Zusammen-)Wirken der mit eigenen Wirkkräften ausgestatteten Geschöpfe, dessen Ergebnisse längst nicht immer seinem (guten) Willen entsprechen müssen.

Gott will weder das moralisch Böse noch wirkliche physische Übel, kann sie aber, wenn er die Freigabe respektiert, nicht verhindern; er muß sie für befristete Zeit hinnehmen, sie ertragen und in jedem leidenden Geschöpf zutiefst selbst erleiden. Mit der freien Setzung einer evolvierenden Welt hat er sich frei dazu bestimmt, sich von der Mühsal, den Leiden und den Bereicherungen des Weltprozesses selbst betreffen zu lassen. Die Art indes, wie Gott davon berührt wird, darf wieder nicht als eine kategorial-gegenständliche gedacht werden, als ob die Welt und ihr Gang ihm quantitativ ein Mehr oder Weniger einbrächte. Sie muß wiederum transzendental gedacht werden: In seiner transzendentalen Immanenz, in der Gott allen Wesen innerlicher ist, als sie sich selber sind, wird er betroffen, d. h. auf eine radikale und totale Weise, die für uns ganz unausdenklich ist.

Insofern ist es uns auch unmöglich, darüber zu spekulieren, was Gott von der Welt hat. Gott hat die Welt nicht nötig (sie dient ihm nicht zu irgend etwas). Wir sind ihm, gerade weil wir ihm zu nichts nütze sind, von un-bedingtem Wert: nicht um irgendwelcher anderer Zwecke willen gewollt, sondern als wir selber gemeint. Und deshalb läßt der unendliche Gott in seiner Liebe sich von unserem Elend zutiefst betreffen, so sehr, daß er »bis in die äußerste Entfernung, den unendlichen Abstand von sich selber hinausgeht« (Simone Weil 1990, 18), sich in einem endlichen Menschen inkarniert und sich so selber einsetzt in seine Welt.

b) Indem Gott sich geschöpflicher Existenz und ihrem Leid aussetzt, »wird der ›Selbst-Einsatz‹ Gottes ein *leidender* und bleibt doch ... *sein* Lebens-Einsatz, erweist sich in seiner ›Unzerstörbarkeit‹, weil er, dem sich aussetzend, *darin* und *da hindurch* in der Lage ist, sich seiner Lebens-›Struktur‹ gemäß zu vollziehen« (Faber 1995, 215f). Gemeint ist die Lebensstruktur der göttlichen, d. h. unerschöpflichen Liebe. Sie muß nicht wie alle endliche Macht, indem sie gibt, ständig um Selbsterhaltung bemüht sein. Vielmehr vermag sie sich hinzugeben und voll betreffen lassen, ohne das Mindeste von ihrer Wirklichkeit zu verlieren; d. h. sie kann, indem sie sich hingibt und im Leid der Leidenden auf unausdenkliche Weise selber leidet, gerade *als* unzerstörbare Liebe wirken.

Nun wirkt wahre Liebe nicht *gegen* die Freiheit des andern; wenn also dieser sich verweigert, erscheint sie insoweit ohnmächtig. Doch auch in der Situation solcher Ohnmacht hat radikale Liebe – wie an Jesus, Gandhi, Mutter Theresa und vielen anderen sichtbar wird – noch Möglichkeiten, ihren zwanglos befreienden Einfluß auszuüben: in der Form des frei bleibenden Angebots, der Einladung, des geduldigen Ausharrens an der Tür des Andern, des Werbens und ›Freiens‹, das den Andern frei sein läßt, ja ihm neue Freiheitsmöglichkeiten zuspielt. In der Welt wirkt Gott durch Menschen (und wohl auch andere Geschöpfe), die sich seinem Angebot und Lockruf auftun. Im Dasein solcher Menschen für andere gewinnt Gott

Raum in einer Welt, die ihn weithin in sich nicht zuläßt (Kessler 1995, 289–296). Durch solche Menschen wird etwas von seiner Güte erfahrbar, durch sie wirbt er auf sein Ziel hin.

c) Was ist sein Ziel? Thomas von Aquin (Sth I–II 110, 1c) sagte:»In seiner Liebe will Gott vorbehaltlos für die Kreatur das ewige (erfüllende) Gut, das er selbst ist.« Warum aber beschenkt Gott dann die Kreatur nicht *gleich* mit diesem Gut, in dem das Heil besteht?»Warum zum Heil die fürchterlichen Umwege«? Die Frage des sterbenden Guardini bleibt. Auf sie gibt es für uns keine befriedigende Antwort. Wir können nur ein paar Bruchstücke von Verstehen zusammenbringen.

Bonaventura, Meister Eckhart und andere machen darauf aufmerksam, daß Gott uns in der Tat schon jetzt mit dem ewigen Gut beschenkt, das er selbst ist, daß wir indes eben dies (also ihn als unser höchstes Gut) meist nicht *wahr*-nehmen und deswegen – aufgrund von Irrtum und Verblendung, egoistischer Gier und verführender Mitwelt – fälschlicherweise irgendwelche endlichen Güter»mit unendlichem Streben erstreben« (Scheler 1923, 263) und sie so zu unseren Götzen machen, denen wir Mitgeschöpfe opfern.

Warum zeigt sich uns Gott nur in verborgener, zeichenhafter Gestalt, die wir leicht ignorieren können? Warum hat er uns nicht gleich als solche Wesen geschaffen, die ihn unverstellt wahrnehmen, wie er ist: ihr höchstes Gut, ihr ganzes Glück (Ps 16,2) und ihr Heil? Eine Antwort lautet: Dann würde er uns mit seiner Wirklichkeit dermaßen überwältigen, daß unsere Erwiderung auf seine (dann nicht mehr wirkliche) Liebe manipuliert und erzwungen wäre; er würde uns unsere Würde als Personen rauben, die zumindest darüber mitbestimmen können, zu welcher Person sie sich entwickeln und zu wem sie ja-sagen (Wiertz 1996, 254; bleibt freilich die Rückfrage: Was ist mit den getöteten oder verhungerten Kindern, die sich und ihren Charakter nie mitbestimmen konnten?).

Dieser Prozeß der selbst mitgestalteten Personwerdung vollendet sich – nach christlicher Sicht – im Tod in der endgültigen Begegnung mit Gott. Dort erreicht unsere in der Zeit geformte Freiheit ihr Ziel: wahre Identität in der (alle einbeziehenden) Liebe Gottes. Ganz zu sich selbst gekommen und am tiefsten aus sich heraus tätig, wäre sie dann vollendet freie (und d. h. pur lebendige, nicht monoton erwartungslose) Entschiedenheit für das, was sie als das (ewig unausschöpfliche) wahre Gute für sich und für alle erkennt.

Zu solch vollendeter Freiheit könnte vielleicht auch gehören, daß wir unser früher erlittenes Leid *an*nehmen und bejahen können. Es gibt ja Menschen, die sehr schweres Leid erdulden mußten, durch welches sie *mit die* Person geworden sind, die sie sind, und die – gar nicht anders sein *wollen*, deshalb selbst dieses Leid nicht missen möchten. Das macht es jedenfalls nicht undenkbar, daß wir – in einem neuen Leben ›nach‹ dem Tod – auch das erlittene Leid, das *als solches* gewiß *nicht* zu bejahen ist, dennoch als Teil unserer eigenen Geschichte annehmen können, in der wir zu *der* Person geworden sind, der Gott Verwandlung, Heilung, Vollendung schenkt. Der gläubige Blick auf die Geschichte Jesu (und anderer) *kann* die Hoffnung eingeben, daß Gott noch aus schlimmstem Unheil unerwartet Gutes schaffen kann, das es in dieser Form ohne das Unheil nicht gegeben hätte.

Freilich, das sind Gedanken, die sich allzu weit vorwagen und die leicht in unerträgliche Rechtfertigung von Übeln umschlagen können. Wie denn sollte je ein zukünftiges, *nach*-geliefertes Glück die Not eines einzigen zu Tode gequälten Geschöpfes rechtfertigen können? Sollte Gott die Qualen seiner Geschöpfe je als Mittel zur Erreichung eines guten Zweckes erweisen können? Ist es nicht vermessen zu erwarten, daß Menschen, die in ihrem – vielleicht früh zerstörten – irdischen Leben unsägliche Grausamkeit erleiden mußten, nach ihrem Tod ihr Leid akzeptieren und ihren (bekehrten) Tätern vergeben können? Oder dürfen wir Gott zutrauen, daß er dies – und noch ganz unvorstellbar Anderes – möglich macht?

d) Rückblickend kann man vielleicht sagen: Gott leidet von Anfang an mit seiner Schöpfung gewissermaßen Geburts-, Wachstums-, Vollendungs-Wehen. Weit mehr noch und radikaler als liebende Eltern oder Freunde bangt er darum, wie wir Geschöpfe uns selber formen, daß wir für uns und andere heilsame Wege gehen, daß wir offen werden für das uns erfüllende Gut, das er selber ist. Er leidet, wo das Geschehen in Natur und Geschichte in quälende Zerstörung abgleitet: Er leidet *mit*, ja *in* den Gequälten (*und* in den Quälenden), und er ruht nicht, bis ihre Wunden geheilt (bzw. ihre Verhärtungen aufgetaut) sind.

Jetzt schon und fortwährend wirbt er – vermittelt durch Menschen, die sich von ihm bewegen lassen – um Guttat, Heilung, Versöhnung in Gerechtigkeit, gibt dazu Impulse, macht frei-bleibende Angebote, eröffnet so neue, ergreifbare Möglichkeiten, unterbricht den absehbaren Lauf der Dinge. Der Glaube hofft, daß es überhaupt keine Situation gibt, in der Gottes Möglichkeiten am Ende wären: auch dort nicht, wo *wir* am Ende sind mit unseren Handlungsmöglichkeiten (im eigenen Tod, angesichts des Todes anderer, im Hinblick auf das ihnen angetane und von uns nicht wiedergutmachbare Unrecht). Dürfen wir also der unergründlichen Liebe Gottes eine Kraft zutrauen, die auch noch an das – vielleicht doch nur für uns im Zeitfluß Befindliche – unwiderbringlich Vergangene rührt? Eine Kraft, die am Ende auch der Leidenden Verstehen und Vergeben zu gewinnen vermag?

4. *Gott« – ein Wort des Protestes und der aktiven Hoffnung gegen das Leid*

Der Glaube hat eine Perspektive, welche die Natur und die Geschichte schon hier und jetzt auf die ungeahnten Möglichkeiten Gottes hin öffnet. So setzt er gerade *gegen* das Leid auf *Gott*, nicht auf die Zusammenreimbarkeit von Gott und Leid. Die enge (passionstheologische) *Verschränkung* von Gott und Leiden in der Rede vom Leiden Gottes ist deshalb auch nur dann haltbar, wenn sie zugleich die (promissorisch-praktische) *Entgegensetzung von Gott und Leid* beachtet. Denn Gott steht biblisch *gegen* das Leid.

a) Biblisch ist »Gott« ein Wort des *Vertrauens* auf eine unbedingt rettende Wirklichkeit und ihre Selbstzusage (Ps 91,15; 23,4), ein Wort der *Klage* und des *Protests* gegen das Böse (Ps 22 u. a.), ein Wort der *Nichtakzeptanz* des Leids auch der Tiere und damit der naturalen Bedingungen der Schöpfung, wie sie ist (Jes 11,6–9; 65,25; Hos 2,18f), ein Wort der *Verheißung* von Überwindung des Leids (Jes 25,8; 35,10; Apk 21,4), ein Wort der *Aufforderung* zu Widerstand gegen Unrecht und zu Einsatz für Recht. Der Gott Abrahams und Jesu ist »der Anti-Böse« (E. Schillebeeckx). Und wer immer entschieden für das Gute Partei ergreift, der setzt – ob er es weiß oder nicht – letzten Endes auf *diesen* Gott, daß er sich erweise.

Die Bibel erklärt das Übel und das Böse nicht (weg), reimt es nicht mit Gott zusammen, erhebt es auch nicht zu einer selbst göttlichen Gegenmacht; sie wird vielmehr angesichts ›himmelschreienden‹ Unrechts zum Schrei nach Gott, zum Schrei nach Rettung der ungerecht Leidenden, der Opfer (Ex 2f u. a.; Mk 15,34). Gerade dabei sagt sie »ja« zu einem Gott, der noch mehr und anders ist als Natur und Geschichte mit ihren Zweideutigkeiten.

b) Die biblischen Aussagen über Gottes Güte, Gerechtigkeit, Allmacht usw. (von Ex 3,14 bis 1 Joh 4,8) sind nicht projektiver Reflex von Menschen in glücklicher Lage oder mit optimistischem Naturell. Vielmehr sind sie entstanden *in* der Not und Niederlage der Guten, *im* Leiden Unschuldiger, *im* Ausbleiben der Hilfe Gottes, sind also gesprochen im Angesicht gerade der Erfahrungen, die oft (z. B. schon von den ›Toren‹ in Ps 10; 13f u. ö.) *gegen* sie ins Feld geführt werden. Diese Aussagen von Gottes Güte und Allmacht stehen somit *in bewußtem Widerspruch* zu unsrer Wirklichkeitserfahrung. Sie sind nicht Deskriptionen eines *vorhandenen* gütig-allmächtigen Gottes, über den man verfügen und den man in sein Kalkül – etwa in eine Theorie der Vereinbarkeit von Gott und Leid – einbauen könnte, sondern sind Behauptungen und Verheißungen, deren Wahrheit strittig ist und sich erst noch herausstellen muß. Sie tragen einen »Verheißungsvermerk« (Metz); der Satz »Gott ist die Liebe« meint dann: »Wir vertrauen darauf, daß Gott sich noch als Liebe für alle erweisen wird« – gewiß deswegen, weil er Liebe *ist*, aber eben dies muß sich bewahrheiten.

Die vorhandene Welt ist ja so, daß in ihr Gott (die Liebe) weithin noch gar nicht ›vorkommt‹; vieles, was in der Welt geschieht, ist mit dem Glauben an diesen Gott nicht vereinbar und würde ihn widerlegen, wenn es das letzte Wort behielte. Dort, wo Menschen im Geist des Jesus von Nazareth leben, kommt etwas von der Güte Gottes zum Vorschein in der Welt. Erst dann freilich, wenn alle Wunden geheilt, »jede Träne abgewischt und kein Tod mehr sein wird noch Wehschrei noch Schmerz« (Apk 21,4), und wenn überdies alle Wesen rückblickend sogar ihre geweinten Tränen gutheißen können, erst dann wird für alle definitiv klar sein, daß Gott die allmächtige Güte und die Schöpfung wirklich »gut« (Gen 1) ist.

c) Die biblischen Aussagen über Gottes Güte und Allmacht sind also *Versprechen* der Rettung und einer universalen Gerechtigkeit, die auch an die vergangenen Leiden rührt (Metz 1995, 91). Sie sind Verheißungen für den existentiell Bedrohten und für denjenigen, der gegen Unrecht ankämpft und sich dabei jenes »Leiden« einhandelt, »das aus dem Kampf gegen das Leiden erwächst« (Boff 1976). Diese Aussagen können deshalb nur im persönlichen Ergreifen der in ihnen steckenden Verheißung wiederholt und anderen zugesagt werden. Nicht für sich in Anspruch nehmen kann sie, wer andere quält oder wer andere darben sieht und, obwohl er genug zum Leben hat, ihnen nicht aufhilft (1 Joh 3,17; 4,20; Mt 18, 23–33).

Übel, Böses und Leiden wollen *weniger* begriffen als bekämpft und bestanden werden, im Vertrauen, daß dieses große Du, das wir »Gott« nennen, immer mit uns da ist (Ps 23,4).

5. Für Leid sensibler Gott-Glaube – ein Lebensexperiment

a) Theoretische Theodizee suchte Gott und das Leid zusammenzudenken und entging so nicht der Konsequenz, auch das Leid und das Böse als eben zum Ganzen gehörig zu legitimieren; alles hatte so, wie es ist und läuft, im Prinzip seine Richtigkeit. Die Hiob-Frage von Glaubenden ist anderer Art: Wie kann ich *in* – und *trotz* und *gegen* – Unrecht und Leid an Gott glaubend festhalten, mit Gott leben, von ihm her gegen

Leid angehen oder im Leid standhalten? Metaphysik dachte das Göttliche
nur als Korrelat der bestehenden Welt (als den zur Welt gehörigen und
zu ihr passenden Gott), nicht als ihr gegenüber freie, liebende Wirklichkeit, an die man auch klagend-fragend appellieren könnte, in der Hoffnung, von ihr mehr und noch anderes erwarten zu dürfen, als in Naturevo-
lution und Menschengeschichte ›drin‹ ist. Der biblische Gott paßt nicht
zur Welt, wie sie ist; er geht nur *so* mit dem Leid zusammen, daß er
gegen es steht, daß er es – die Freigabe seiner Schöpfung respektierend
– selbst erleidet und in der Kraft seiner Liebe an seiner Verwindung
arbeitet.

Mit dem biblischen Gott kehrt deshalb die Verweigerung des Einver-
ständnisses mit der Welt, wie sie ist, in die Religion zurück. Der Widerspruch zwischen Gott und dem Leid seiner Geschöpfe ist auszuhalten:
Im Gedenken der einstigen Leiden der Verstorbenen und in sensibler
Wahrnehmung heutigen Leids; in Erinnerung aber auch der früher
erfahrenen Güte Gottes (z. B. Ps 77; 103) und in eschatologisch gespann-
ter Erwartung, die am Unverstandenen und Widerständigen sich wund-
reibt.

b) In der menschlichen Auflehnung gegen das Böse und das Leid liegt
geradezu ein Hinweis auf den göttlichen Ursprung von Mensch und Welt.
Wäre nämlich alles nur aus blinden Naturgesetzen entstanden, so hätte
es keinen Sinn, sich gegen Böses und Leid zu empören. Mit begründeter
Empörung können wir darauf nur deshalb reagieren, weil wir überzeugt
sind, daß es nicht sein sollte, daß vielmehr sein Gegenteil, das Gute,
unbedingt sein soll. Und genau diese Überzeugung verweist auf eine
andere Wirklichkeit (Gott), die dieses unbedingte Sollen, dieses absolute
Ziel, vorgegeben hat. Damit aber wird das – als empörendes Übel
empfundene – Leid geradezu zum »Fels des Theismus« (gegen G. Büchner). Der praktischen Auflehnung gegen das Böse und das Leid liegt (was
A. Camus übersah) selber ein – vielleicht gar nicht bewußtes – Vertrauen
zugrunde, ein Setzen auf das Gute als eine unbedingt einfordernde und
bejahende Macht, die gegen das Unrecht bestehen möge, und ohne einen
letzten Funken solcher Hoffnung versinkt alle moralisch-praktische
Auflehnung in Resignation oder in abgestumpfte Teilnahmslosigkeit.

Es geht um eine nicht unbegründete Option: Trotz aller nicht definitiv
ausräumbarer Zweifel dennoch im Wagnis des Glaubens auf eine letzte
Güte setzen und daraus leben, deswegen darum kämpfen, daß weniger
Menschen und andere Lebewesen Qual erleiden müssen, und dies in
unbeirrter Hoffnung auf »Er-lösung«, wider alle verzagt-resignierte
Hoffnung des sogenannten gesunden Menschenverstandes (Röm 4,18;
8,24f).

Diese Option kann sich im Leben und Sterben als tragfähig bewähren. Und sie schneidet – im Vergleich mit nicht-religiösen und nicht-theistischen Optionen – in bezug auf die kognitive Sinndeutung der Wirklichkeit und auf das Problem des Übels in der Welt nicht schlecht ab; diese Probleme stellen sich ja auch jenen anderen Weltanschauungen, und es ist nicht zu sehen, daß sie ihnen besser gerecht werden als der christliche Glaube.

c) Die Frage nach Gott wird gerade angesichts des Leids nie allein theoretisch, sondern im Ganzen des Lebens beantwortet. Wir stehen vor der Frage, ob wir uns die Option Jesu für einen Gott der Güte als tragenden Grund und letzten Sinn-Grund der Welt zu eigen machen und daraus unser Leben und unsere Welt gestalten wollen. Vertrauen auf diesen Gott ist kein fragloser Besitz, es muß jeden Tag neu erkämpft und errungen werden. Und es hebt die Theodizeefrage nicht auf, sondern hält sie wach als Frage an Gott selbst, manchmal auch als »Leiden an Gott« (Metz 1995, 99f). Doch mit jedem kleinen Anflug solchen Vertrauens bekommt das Leben einen geweiteten, die gewohnten Grenzen sprengenden Horizont und – eine Mitte, die nicht ich selber bin.

Diese Option eines dem Zweifel wieder und wieder abgerungenen Vertrauens in eine letzte, verläßliche Güte bedeutet eine immer neu mit dem Ganzen des eigenen Lebens gegebene Antwort auf die Urfrage, die die Welt und die wir selbst uns sind, und auf den Anruf, der in beidem auf uns zukommt. Sie bedeutet eine täglich neu zu bekräftigende Lebensentscheidung, die – im Wissen, daß es in dieser Welt für *und* gegen sie Indizien (aber keine letzten ›Beweise‹) gibt – auf die Zusage einer letzten Güte hin das Wagnis eines Lebensexperiments eingeht: das Wagnis, sein eigenes Leben nicht nur für sich selbst zu leben, sondern gegen Unrecht, Gewalt, Verzweiflung anzugehen und anderen eine *bejahende* Grundeinstellung zum Leben, zur Schöpfung, zu erleichtern (ein Grund*ver*trauen, nicht Grund*miß*trauen). Wir haben Verantwortung füreinander, zumal für die nachwachsenden Genera-tionen.

In Roberto Benignis Film »Das Leben ist schön« (1998) müht sich der junge jüdische Vater im KZ Auschwitz – unter Aufbietung all seiner Kräfte und Einfälle – bis zuletzt ab, seinem Kind nicht nur das Leben zu erhalten, sondern zugleich die Freude am Leben, die Zuversicht, die Weltbejahung, die Fröhlichkeit. Das ist es wohl, worum es geht. Was sonst wäre wichtig?

Zitierte Literatur
(weitere Literatur in Kessler 2000a)

Balthasar, H. U. v. (1980): Theodramatik Bd.3, Einsiedeln
Baumgartner, H. M. (1991): Endliche Vernunft. Zur Verständigung der Philosophie über sich selbst, Bonn–Berlin
Boff, L. (1976): Das Leiden, das aus dem Kampf gegen das Leiden erwächst, in: Concilium 12 (1976), 547–553
Bonhoeffer, D. (1970): Widerstand und Ergebung. Briefe und Aufzeichnungen aus der Haft, München
Camus, A. (1953). Der Mensch in der Revolte, Reinbek bei Hamburg
Epikur (1949): Von der Überwindung der Furcht. Eingeleitet und übersetzt von O. Gigon, Zürich
Faber, R. (1995): Der Selbsteinsatz Gottes. Grundlegung einer Theologie des Leidens und der Veränderlichkeit Gottes, Würzburg
Gesang, B. (1997): Angeklagt: Gott, Tübingen
Greshake, G. (1978): Der Preis der Liebe. Besinnung über das Leid, Freiburg.
Griffin, D. R. (1991): Evil Revisited. Responses and Reconsiderations, Albany/N.Y.
Groß, W.; Kuschel, K. (1992): ›Ich schaffe Finsternis und Unheil!‹ Ist Gott verantwortlich für das Übel? Mainz
Gutmann, W. F. (1997): Autonomie und Autodestruktion der Organismen, in: Jahrbuch für Geschichte und Theorie der Biologie 4 (1997), 149–178
Harrington, W. (1992): The Tears of God. Our Benevolent Creator and Human Suffering, Collegeville/Min.
Hick, J. (1966): Evil and the God of Love, London
Ders. (1989): An Interpretaton of Religion, London
Hoff, G. M. (1999): Ist die ›reductio in mysterium‹ irrational? In: ZkTh 121 (1999), 159–176
Jonas, H. (1987): Der Gottesbegriff nach Auschwitz. Eine jüdische Stimme, Frankfurt/M.
Ders. (1988): Materie, Geist und Schöpfung, Frankfurt/M
Kasper, W. (1982): Der Gott Jesu Christi, Mainz
Kessler, H. (1995): Sucht den Lebenden nicht bei den Toten. Die Auferstehung Jesu Christi in biblischer, fundamentaltheologischer und systematischer Sicht, Erweiterte Neuausgabe Würzburg
Ders. (1996): Gott, der kosmische Prozeß und die Freiheit. Vorentwurf einer Schöpfungstheologie, in: Ders./G.Fuchs (Hrsg.): Gott, der Kosmos und die Freiheit, Würzburg 1996, 189–232
Ders. (1998): ›Schweigen müssen wir oft; es fehlen heilige Namen‹ (Hölderlin). Zur Hermeneutik trinitarischer Rede, in: J. Beutler/E. Kunz (Hrsg.): Heute von Gott reden, Würzburg 1998, 97–124
Ders. (2000a): Gott und das Leid seiner Schöpfung. Nachdenkliches zur Theodizeefrage, Würzburg
Ders. (2000b): Schöpfung. Historisch, systematisch, in: Lexikon für Theologie und Kirche, 3. Aufl., Bd.9

Kierkegaard, S. (1846): Die Tagebücher 1834–1855. Ausgewählt und über-
    tragen von T.Haecker, München 1949
Kreiner, A. (1997): Gott im Leid. Zur Stichhaltigkeit der Theodizee-Argumente,
    Freiburg
Luther, M. (1883ff): Werke. Kritische Gesamtausgabe, Weimar 1883 ff (zit.
    als: WA + Bd. + Seitenzahl).
Malraux, A. (1967): Anti-Memoiren, Frankfurt/M.
Metz, J. B. (1995): Theodizee-empfindliche Gottesrede, in: Ders. (Hrsg.):
    ›Landschaft aus Schreien‹. Zur Dramatik der Theodizeefrage, Mainz, 1995,
    81–102
Moltmann, J. (1972): Der gekreuzigte Gott, München
Noël, M. (1959): Notes intimes. Paris
Pascal, B. (1963): Über die Religion (Pensées). Übertragen und hrsg. von E.
    Wasmuth, Heidelberg
Plantinga, A. (1965): The Free Will Defence, in: M. Black (Hrsg.): Philosophy
    in America, London 1965, 204–220
Rahner, K. (1980): Warum läßt Gott uns leiden? In: Ders.: Schriften zur
    Theologie Bd. 14, Zürich 1980, 250–266
Ders. (1982) in: P. Imhof/U. H. Biallowons (Hrsg.): Karl Rahner im Gespräch,
    Bd.1, München 1982
Scheler, M. (1923): Vom Ewigen im Menschen (1923), Bern ⁴1954
Schiwy, G. (1995): Abschied vom allmächtigen Gott, München
Stier, F. (1981): Vielleicht ist irgendwo Tag. Aufzeichnungen, Heidelberg–
    Freiburg.
Streminger, G. (1992): Gottes Güte und die Übel der Welt. Das Theodizee-
    problem, Tübingen
Swinburne, R. (1988): The Free Will Defence, in: M. Olivetti (Hrsg.): Teodicea
    oggi? Padua 1988, 585–596
Weil, S. (1990): Zeugnis für das Gute, München
Weizsäcker, C. F. v. (⁶1954): Naturgesetz und Theodizee, in: Ders.: Zum
    Weltbild der Physik, Stuttgart ⁶1954, 158–168.
Wiertz, O. (1996): Das Problem des Übels in R. Swinburnes Religions-
    philosophie, in: ThPh 71 (1996), 224–256

Autorinnen und Autoren

Jürgen Bereiter-Hahn, geb. 1941 in Innsbruck, 1960–1966 Studium der Zoologie, Botanik, Biochemie und Philosophie in Frankfurt. 1966 Promotion, 1972 Habilitation für das Fach Zoologie. Ernennung zum Professor und Übernahme der Leitung des Instituts für Kinematische Zellforschung. Forschungsaufenthalte im Ausland (Philadelphia, Miami, Stockholm u. a.), 1992 Bidder Lecturer der British Society for Experimental Biology, 1995 Ehrenmedaille der Medizinischen Fakultät der Karls-Universität in Hradec Kralove. Mitglied zahlreicher wissenschaftlicher Gesellschaften, u. a.: Deutsche Zoologische Gesellschaft (Mitbegründer der Studiengruppe Morphologie und seit 1993 ihr Sprecher), Deutsche Gesellschaft für Zellbiologie, Royal Microscopical Society London, Mitbegründer der European Society for Comparative Skin Biology, Gesellschaft für Biologische Chemie.

Wichtigste Veröffentlichungen: Dissoziation und Reaggregation von Epidermiszellen der Larven von Xenopus laevis in vitro (1966); Biology of the Integument, 2 Bde. (Mit-Hrsg., 1985/86), Cytomechanics (Mit-Hrsg., 1987); Behavior of mitochondria in the living cell, in: Int. Rev. Cytol. 122 (1990), 1–63; Cytomechanics and Biochemistry, in: Constructional Morphology, Hrsg. v. Schmidt-Kittler und Vogel (1991), 81–89; Changing Cell Structure, in: Verh. Dtsch. Zool. Ges. Progr. in Zoology 85 (1992), 329–338; The role of elasticity in the motile behaviour of the cells. NATO ASI Ser. H., in: Cell biology 84 (1994), 181–230; Probing biological cells and tissues with acoustic microscopy, in: Advances in Acoustic Microscopy, Hrsg. v. A.Briggs, New York 1995, 79–115; Mechanical basis of cell shape: Investigations with the scanning acoustic microscope, in: Biochemistry and Cell Biology 37 (1995), 145–154; u. v. a. Insgesamt über 160 Publikationen in wissenschaftlichen Zeitschriften.

Christine Büchner, geb. 1970 in Frankfurt am Main, Studium der katholischen Theologie, der Germanistik und der Lateinischen Philologie in Frankfurt, 1995 Erstes Staatsexamen, 1997 Zweites Staatsexamen. Seit 1999 wissenschaftliche Mitarbeiterin von Prof. Dr. Hans Kessler am Fachbereich Katholische Theologie der Johann Wolfgang Goethe-Universität Frankfurt am Main. Arbeitet zur Zeit an der Fertigstellung einer Dissertation über Meister Eckhart, in der das Verständnis des Mystikers von Geschöpflichkeit und Personalität herausgearbeitet und als Impuls für aktuelle Schöpfungstheologie geltend gemacht wird.

Brigitte Görnitz, Studium der Veterinärmedizin in Leipzig, Tätigkeit an der Universität in der Veterinärphysiologie, Promotion über ein Thema aus der Vollblutzucht. Aus politischen Gründen Relegation von der Universität. Nach Stellung eines Ausreiseantrages nicht mehr berufstätig. 1979 Übersiedlung nach München und Erziehung der 5 Kinder. Nachdem diese größer geworden waren, Beginn eines Zweitstudiums der Psychologie in München, Abschluß 1998 mit einer sozialpsychologischen Untersuchung über die DDR. Seitdem freiberufliche Tätigkeit, Vortragsveranstaltungen, Weiterbildung in Psychoanalyse. Verheiratet seit 1966 mit Thomas Görnitz.

Thomas Görnitz, Studium der Physik und Mathematik in Leipzig, dort Promotion in mathematischer Physik und Forschungstätigkeit an der Universität. Nach Stellung eines Ausreiseantrages Tätigkeit als Friedhofsarbeiter und Totengräber. 1979 Übersiedlung nach München und Arbeit bei und mit C. F. v. Weizsäcker über Grundfragen der Quantenphysik und Kosmologie. Ab 1992 tätig am Institut für mathematische Physik der TU Braunschweig. Seit 1994 Professor für Didaktik der Physik an der J. W. Goethe-Universität Frankfurt. Verheiratet seit 1966 mit Brigitte Görnitz, 5 Kinder. Aktuelles Buch: Quanten sind anders (1999).

Hans Kessler, geboren 1938 in Schwäbisch Gmünd, Studium der Katholischen Theologie, der Philosophie und der Evangelischen Theologie an den Universitäten Tübingen, Würzburg und Münster. Nach Tätigkeiten in Gemeindeseelsorge und Schule 1964–1969 Assistent an der Universität Münster, 1969 Promotion zum Dr.theol. in Münster. Lehrtätigkeit am Gymnasium. Seit 1972 Professor für Systematische Theologie (Dogmatik und Fundamentaltheologie) am Fachbereich Religionswissenschaften der J. W. Goethe-Universität Frankfurt, seit 1987 Professor für Systematische Theologie (Schwerpunkt Dogmatik) am Fachbereich Katholische Theologie derselben Universität. Mitglied der Europäischen Akademie der Wissenschaften und Künste.
Veröffentlichungen im Bereich Dogmatik und Fundamentaltheologie, besonders über Fragen der Erlösungslehre, der Christologie, der Schöpfungstheologie im Gespräch mit moderner Naturwissenschaft, der ökologischen Theologie und Ethik sowie über interkulturelle und interreligiöse Fragen. – Hauptwerke: Die theologische Bedeutung des Todes Jesu. Eine traditionsgeschichtliche Untersuchung (1970; ²1971); Erlösung als Befreiung (1972); Sucht den Lebenden nicht bei den Toten. Die Auferstehung Jesu Christi in biblischer, fundamentaltheologischer und systematischer Sicht (1985; ³1989; wesentlich erw. Neuausgabe 1995; spanisch, italienisch 1999); Das Stöhnen der Natur. Plädoyer für Schöpfungsspiritualität und Schöpfungsethik (1990; Nachdruck 1998); Christologie (im: Handbuch der Dogmatik, 1992; ²1995; italienisch, spanisch, portugiesisch, ungarisch); (Hrsg.) Ökologisches Weltethos im Dialog der Kulturen und Religionen (1996); (Hrsg. zus. mit G. Fuchs) Gott, der Kosmos und die Freiheit. Biologie, Philosophie und Theologie im Gespräch (1996).

Kristian Köchy, Jahrgang 1961, Studium der Biologie, Wissenschaftsgeschichte und Philosophie in Braunschweig und Dortmund. 1988 Diplom im Fach Biologie. 1991 Promotion zum Dr. rer. nat. im Fach Zoologie/Physiologie an der TU Braunschweig. 1995 Promotion zum Dr. phil. im Fach Philosophie an der Universität Dortmund. Seit 1995 dort wissenschaftlicher Assistent. Arbeitsschwerpunkte Wissenschaftstheorie, Wissenschaftsgeschichte, Naturphilosophie, Erkenntnistheorie, mit besonderer Berücksichtigung der Wissenschaftsphilosophie der Biologie und der Philosophie des Organischen. Forschungsarbeit (zur Promotion) über das Wissenschaftskonzept der deutschen Romantik unter der Frage nach den Folgen des Ganzheitsanspruchs in der Naturwissenschaft. Derzeitige Forschung (zur Habilitation) zum Zusammenhang zwischen Wissenschaftsphilosophie und Naturphilosophie.

Monographische Veröffentlichung: Ganzheit und Wissenschaft. Das historische Fallbeispiel der romantischen Naturforschung (1977).

Christian Kummer, geb. 1945 in Einzendobl, Gde. Eging, seit 1964 Jesuit. Studium der Theologie, Biologie und Philosophie; Dipl.-Biol., Dr. phil., Dr. phil. habil.; ao. Professor für Naturphilosophie an der Hochschule für Philosophie, München; Leiter des Instituts für naturwissenschaftliche Grenzfragen an dieser Hochschule. Forschungsschwerpunkte: Theorie des Organismus; Philosophische Diskussion der molekularen Entwicklungsbiologie, Fragen der Bioethik und Reproduktionsmedizin.

Buchveröffentlichungen: Evolution als Höherentwicklung des Bewußtseins, Freiburg 1987; Philosophie der organischen Entwicklung, Stuttgart 1996.

Jüngste Aufsätze zum Thema Evolution: Macht die Molekularbiologie eine Ganzheitstheorie des Organismus überflüssig? in: A. J. Bucher, D. S. Peters (Hrsg.), Evolution im Diskurs. Grenzgespräche zwischen Naturwissenschaft, Philosophie und Theologie (1998), 165–167; Die Selbstorganisation des Lebendigen, in: K. Hilpert, G. Hasenhüttl (Hrsg.), Schöpfung und Selbstorganisation. Beiträge zwischen Schöpfungstheologie und Naturwissenschaften (1999), 152–167.

Veröffentlichungen zur Reproduktionsbiologie: Extrauterine Abtreibung, in: Stimmen der Zeit 215 (1997) 11–16; Keine Angst vor Dolly. Was von geklonten Säugetieren zu halten ist, in: Stimmen der Zeit 215 (1997) 346–348; Was man aus Embryonen machen kann. Über Wert und Verwertung menschlicher Stammzellen, in: Stimmen der Zeit 217 (1999) 172–182.

Peter Kutter, geb. 1930 in Heidenheim (Württemberg), Studium der Medizin in Mainz, München, Göttingen und Heidelberg. 1955 Promotion. 1961 Facharzt für Neurologie und Psychiatrie, 1964 für innere Krankheiten. Weiterbildung 1958–1963 am Institut für Tiefenpsychologie und analytische Psychotherapie in Stuttgart (Zusatz »Psychotherapie« 1964), 1964–1968 am Sigmund-Freud-Institut in Frankfurt am Main (Zusatz »Psychoanalyse« 1968). Freie psychoanalytische Praxis in Stuttgart. 1972–1974 Assistenzprofessor am Institut für Sozialpädagogik und Erwachsenenbildung der Freien Universität

Berlin. Seit 1974 Professor für Psychoanalyse der J. W. Goethe-Universität Frankfurt. Lehr- und Kontrollanalytiker der Deutschen Psychoanalytischen Vereinigung. Veröffentlichungen u. a.: Sozialarbeit und Psychoanalyse (1974); Elemente der Gruppentherapie (1976, englisch 1982); Psychoanalyse in der Bewährung (1982); Psychoanalytische Interpretation und empirische Methoden (1985); Moderne Psychoanalyse (1989, ²1992, polnisch und russisch 1997); Psychoanalysis International. A Guide to Psychoanalysis throughout the World (Hrsg., 1992/95); Liebe, Haß, Neid, Eifersucht. Eine Psychoanalyse der Leidenschaften (1994); Kreuzwege. Theologische und psychoanalytische Zugänge zur Passion Jesu (1996, zus. mit Y. Spiegel); Weltanschauung und Menschenbild (Hrsg. zus. mit R. Páramo-Ortega und T. Müller, 1998); Selbstpsychologie (Hrsg., ²1999).

Dieter Stefan Peters, geboren in Gleiwitz (Oberschlesien); studierte in Breslau und Frankfurt am Main Biologie, Chemie und Politikwissenschaft. Erstes und zweites Staatsexamen, Promotion und Habilitation; apl. Professor für Zoologie an der Johann Wolfgang Goethe-Universität; stellvertretender Direktor des Forschungsinstitutes Senckenberg in Frankfurt am Main; seit Juli 1997 im Ruhestand, aber weiter als Ehrenamtlicher Mitarbeiter der Senckenbergischen Naturforschenden Gesellschaft tätig.

Forschungsgebiete: Zoologische Systematik, Morphologie und Evolution, besonders der Vögel; theoretische Grundlagen der Evolutionsbiologie.

Volker Sommer, geboren 1954 in Holzhausen am Reinhardswald, ist Professor für evolutionäre Anthropologie am Department of Anthropology, University College London. Studium der Biologie, Chemie und Theologie. 1991–1996 Heisenbergstipendiat der Deutschen Forschungsgemeinschaft und Privatdozent für Anthropologie und Primatologie an der Universität Göttingen. Jeweils mehrjährige Studien an Tempelaffen in Indien, Gibbons im thailändischen Regenwald und an der University of California. Mehr als einhundert Publikationen zur Biologie des Sozial- und Sexualverhaltens sowie belletristische Texte. Mitwirkung in Radio- und Fernsehproduktionen.

Ausgewählte Buchveröffentlichungen: Nektar der Unsterblichkeit. Poetische Annäherung an Indien (1983); Yeti. Eine Erzählung (1986); Die Rose. Entfaltungen eines Symbols (1988) mit G. Heinz-Mohr; Die Affen. Unsere wilde Verwandtschaft (1989); Wider die Natur? Homosexualität und Evolution (1990); Lob und Lüge. Täuschungen und Selbstbetrug bei Tier und Mensch (1992); Feste – Mythen – Rituale. Warum die Völker feiern (1992); Heilige Egoisten. Die Soziobiologie indischer Tempelaffen (1996); als Hrsg.: Biologie des Menschen (1996); mit K. Ammann: Die Großen Menschenaffen. Die Neue Sicht der Verhaltensforschung (1998).

Ursel Theile, Studium der Humanmedizin in Marburg, Freiburg und Wien. 1964 Promotion über ein Thema der Humangenetik in Marburg bei Prof. Dr.

G. G. Wendt. 1966 bis 1972 Weiterbildung zur Fachärztin für Innere Medizin an der II. Med. Univ.-Klinik, Mainz bei Prof. Dr. Dr. h.c. P. Schölmerich. 1975 Habilitation für das Fach Innere Medizin. 1975 Aufbau und Leitung der Genetischen Beratungsstelle des Landes Rheinland-Pfalz seit deren Gründung. 1979 Zusatzbezeichnung Medizinische Genetik. 1998 Fachärztin für Humangenetik. Mitglied der Bioethik-Kommission des Landes Rheinland-Pfalz. Preisträgerin des Hufeland-Preises 1975 und Trägerin der Soemmering-Plakette 1981.

Siegfried Wiedenhofer, 1941 geboren in Fladnitz an der Teichalpe (Steiermark/Österreich). 1960–1966 Studium der Katholischen Theologie, der Philosophie und der Evangelischen Theologie an den Universitäten Graz, Bonn und Münster. 1967–1981 Assistent an den Universitäten Tübingen und Regensburg. 1974 Promotion zum Dr. theol. in Regensburg. 1980 Habilitation mit der Lehrbefähigung für das Fachgebiet Dogmatik, Dogmengeschichte und ökumenische Theologie. Seit 1981 Professor für Systematische Theologie (Schwerpunkt Fundamentaltheologie) am Fachbereich Katholische Theologie der J. W. Goethe-Universität Frankfurt a. M. 1988 Melanchthon-Preis der Stadt Bretten für Forschungen im Bereich von Humanismus und Reformation. Seit 1967 verheiratet mit Elke Wiedenhofer, zwei Kinder.

Veröffentlichungen im Bereich der Fundamentaltheologie und Dogmatik, besonders über Grundlagen- und Methodenfragen, Ekklesiologie und Anthropologie, u.a.: Formalstrukturen humanistischer und reformatorischer Theologie bei Philipp Melanchthon, 2 Bde. (1976); Politische Theologie (1976); Theologische Hermeneutik im Kontext heutiger Wissenschaftstheorie (1984); Glaubensbegründung 1990. Das katholische Kirchenverständnis. Ein Lehrbuch der Ekklesiologie (1992); Zur Logik religiöser Traditionen (1998, Hrsg. zus. mit B. Schoppelreich). Erbsünde – was ist das? (1999, Hrsg.).